FARBSYSTEME IN KUNST UND WISSENSCHAFT

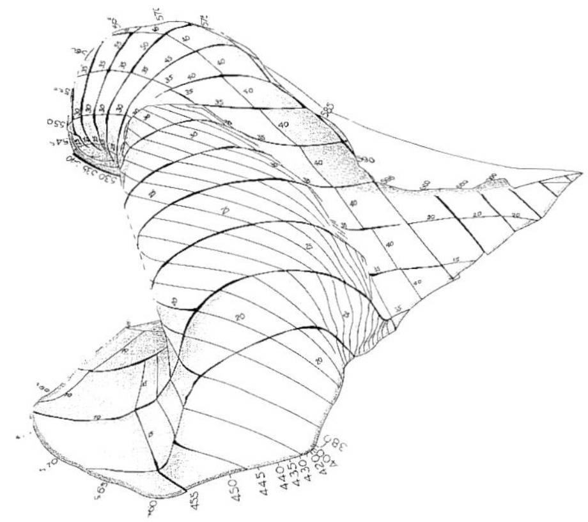

Narciso Silvestrini
Ernst Peter Fischer

FARBSYSTEME
in Kunst und Wissenschaft

herausgegeben von Klaus Stromer

DUMONT

Umschlagabbildungen
Rückseite: Farbsegmente nach Ewald Hering
Vorderseite von links nach rechts: Trilobe synoptique nach Charles Lacouture, Schnitt durch Doppelkegel nach Wilhelm Ostwald, Schnitt durch Farbenkugel nach Philipp Otto Runge, Farbenkubus nach William Benson
Steg: Farbenkugel nach Philipp Otto Runge
Frontispiz: Farbkörper nach Douglas L. MacAdam

Die Deutsche Bibliothek - CIP-Einheitsaufnahme
Farbsysteme in Kunst und Wissenschaft / Narciso Silvestrini ;
Ernst Peter Fischer. Hrsg. von Klaus Stromer. - Erstveröff. - Köln :
DuMont, 1998
ISBN 3-7701-4397-3

Erstveröffentlichung

Konzeption: Klaus Stromer, Urs Baumann
Redaktion, Gestaltung, Produktion: Edition Farbe Klaus Stromer
Umschlaggestaltung: Nicole Hardegen, Köln
Mitarbeit: Jürgen Hirn, Johanna Limmacher, Marco Politti
Reproduktionen: Lichtdruck AG, Dielsdorf
Druck: Rasch, Bramsche
Buchbinderische Verarbeitung: Bramscher Buchbinder Betriebe
Printed in Germany ISBN 3-7701-4397-3

INHALT

VORWORT

Es gibt viele Wege, die Farben der Welt ins Visier zu nehmen, und zwei davon werden von Künstlern und Wissenschaftlern beschritten. Wer wissenschaftlich unterwegs ist, hat erneut viele Möglichkeiten: Er kann sich unter chemischen Gesichtspunkten umsehen, er kann physikalisch vorgehen, er kann physiologischen Spuren folgen, er kann genetische Analysen machen und was es sonst noch für Möglichkeiten gibt, etwa für Linguisten oder Psychologen, und dabei haben wir die Forscher, die Farben messen wollen – die Farbmetriker – noch gar nicht erwähnt. Farben bieten ein großes Spielfeld für die menschliche Neugierde, und seit der Antike sind immer wieder zahlreiche Versuche unternommen worden, ihre Vielfalt zu bändigen und in einer Ordnung – in einem Farbsystem oder einer Farblehre – verständlich zu machen. Dabei ist eine neue Vielfalt entstanden – die der Farbordnungen nämlich. Der vorliegende Band bietet einen Einblick in ihre Geschichte und einen Überblick über ihre Entwicklung.

Faszinierend an den Farbsystemen ist neben der äußeren Mannigfaltigkeit eine doppelte innere Vielfalt. Zum einen finden sich hier die Überlegungen von Philosophen, von Dichtern, von Malern, von Physikern, von Physiologen, Psychologen, von Textilfabrikanten, von Chemikern, von Insektenforschern, von Farbmetrikern und vielen mehr. Und zum zweiten stammen die entsprechenden Personen aus aller Herren Länder – aus England, aus Schweden, aus der Schweiz, aus den USA, aus Deutschland, aus Italien, aus Ungarn, aus Frankreich und anderen mehr.

Alle Farbsysteme stellen im wesentlichen den letztlich vergeblichen Versuch dar, die bunte Freiheit der Farben in einen geometrischen Käfig einzusperren, wobei alle möglichen Anordnungen ausprobiert werden, damit es immer die gleichen Farbunterschiede sind, die wahrgenommen bzw. empfunden werden, wenn man gleiche Strecken im geometrischen Gebilde zurücklegt. Da finden wir Linien oder Bögen, da sehen wir Kreise oder Quadrate, da blicken wir auf Kugeln oder Kegel, da werden Quader oder Zylinder aufgeboten, und da gibt es auch höchst komplizierte dreidimensionale Gebilde, die nach aufwendigen Rechenverfahren zustande kommen.

All diese unterschiedlichen Ordnungen versuchen, das endgültige Farbsystem zu liefern, dem eine Harmonie der Farben entnommen werden kann. Und die Urheber der Systeme scheinen nicht zu merken, daß sie sich an einer unlösbaren Aufgabe versuchen, denn Farben gibt es nur aus und auf einem Grund, und dieser Grund geht verloren, wenn man die Farben davon trennt und sie allein nebeneinander stellt, wie dies in der Präsentation von Farbsystemen geschieht bzw. geschehen muß. Natürlich dienen viele Farbsysteme ihrem jeweiligen Zweck, aber sie liefern keine allgemeingültige Ordnung der Farben. Sie gibt es ebensowenig wie ein Gesetz für ihre Harmonie, das man einer hypothetischen maßgeblichen Farbordnung entnehmen könnte und viele Jahre lang zu entnehmen hoffte.

Wenn man als erste Übersicht eine grobe Geschichte der Farbsysteme vorstellen wollte, könnte man mit der Linie beginnen, auf der Aristoteles seine Eindrücke unterbringen wollte (Kapitel 1), man würde weiter zu Newton gehen, der an der Wende zum 18. Jahrhundert das eindimensionale Gebilde zum Kreis zurechtbog (Kapitel 8), und man könnte danach auf Philipp Otto Runge verweisen, der am Beginn des 19. Jahrhunderts die »Farbenkugel« vorstellte, die uns heute am ehesten als angemessen erscheint (Kapitel 15). Schließlich kann erst sie mit ihren drei Dimensionen die drei Parameter erfassen, die benötigt werden, um eine Farbe mit wissenschaftlichen Mitteln zu charakterisieren – ihren Farbton, ihre Helligkeit und ihren Grad der Sättigung.

Wenn von der Vielfalt der Farbsysteme die Rede ist, dann muß betont werden, daß die gezeigte Mannigfaltigkeit nur ein Teil der viel größeren Vielfalt ist, die es tatsächlich gibt und die offenbar stetig weiter zunimmt. Woche für Woche entwerfen Menschen neue Farbsysteme, weil sich immer neue Aufgaben stellen, mit Farben umzugehen, etwa beim Farbkopieren oder mit Overheadfolien. Es ist völlig ausgeschlossen, Vollständigkeit auch nur annähernd zu erreichen, und in diesem Buch haben sich die

Autoren eine Grenze von 56 Farbsystemen gesetzt – neben den als »Präsystemen« bezeichneten Ordnungen, die von ihren Autoren nicht als systematische Farbgruppierungen angelegt worden waren, und neben den eigenwilligen »Metasystemen«, die den impliziten Umgang von einigen ausgewählten Denktraditionen mit Farben veranschaulichen sollen (siehe Kapitel 59 bis 70). Die Beschränkung auf 56 echte Farbsysteme ist natürlich willkürlich, und sie hat unter anderem mit dem Platz zu tun, der Narciso Silvestrini aus Mailand zur Verfügung gestellt wurde, als er gebeten wurde, für die 1986er Biennale von Venedig Farbsysteme auszuwählen und zu zeichnen. Sie wurden dann im Rahmen einer Konzeption, die Wissenschaft und Kunst zusammenbringen wollte, ausgestellt. Silvestrinis Arbeiten wurden zum Ausgangspunkt dieses Buchs, das versucht, die Geschichte der Farbordnungen zu erzählen und Aspekte der Kunst neben denen der Wissenschaft zu berücksichtigen.

Die Abbildungen stammen von einem Künstler, und die Texte hat ein Wissenschaftler geschrieben. Hier treffen also die beiden Kulturen zusammen, die schon in Venedig in den Dialog treten sollten. Beide Bereiche stehen sich trotz guter Ansätze leider nach wie vor mehr oder weniger fremd gegenüber, und es sind vor allem die Farben, die den unterschiedlichen Zugang zur Wirklichkeit demonstrieren, der sich bei Vertretern aus beiden Kulturen erkennen läßt. Die Art, wie der große englische Physiker Isaac Newton an das Licht und seine Farben heranging (Kapitel 8), ist bekanntlich sehr verschieden von der Art, mit der der große deutsche Dichter Johann Wolfgang von Goethe sich mit Farben beschäftigte (Kapitel 14). Wichtig ist dabei, daß wir verstehen, daß hier – wie überall – nicht ein Ansatz über den anderen siegen kann, sondern daß es sich um zwei gleichberechtigte Beschreibungen der einen Welt handelt, die erst zusammen das ihr gemäße Bild liefern.

Farben sind dabei nicht etwas, das uns einfach gegeben ist. Überspitzt ausgedrückt, gibt es Farben in der Wirklichkeit gar nicht. Die Farben, die wir sehen, hängen zwar von dem Licht ab, das durch die äußere Welt in unsere Augen gelenkt wird, doch Wahrnehmungen wie Rot oder Grün entstehen erst tief im Inneren des Gehirns. Farben sind also nicht nur die »Taten des Lichts«, wie Goethe es einmal ausgedrückt hat. Farben sind immer auch »Taten des Ichs«. Wir schmücken mit ihnen die Welt, und wir tun das für uns.

Am einfachsten ist es, sich Farben als Ideen vorzustellen, auch wenn es natürlich klar ist, daß ein Chemiker zunächst eher an einen bestimmten Farbstoff denkt, daß einem Physiker in erster Linie eine wohldefinierte Wellenlänge in den Sinn kommt und ein Maler eine präzise auszumachende leuchtende Substanz auf seiner Palette vor Augen hat, um nur einige Beispiele für die Möglichkeiten zu nennen, die von dem einen Wort »Farbe« abgedeckt werden.

Was »Farbe« ist, läßt sich nur dann relativ genau definieren, wenn man den Kontext mit angibt, in dem sich der jeweilige Diskurs abspielt. Farben sind Merkmale (in der Biologie), Farben sind Substanzen (in der Warenhandlung), Farben sind Moleküle (in der Chemie), Farben sind Wellenlängen (in der Physik), Farben sind Empfindungen (in der Psychologie), Farben sind Wahrnehmungen, um strukturfreie Flächen gleicher Größe und Form unterscheiden zu können (in der Farbmetrik), Farben sind alles mögliche, nur keine objektive Eigenschaft der Gegenstände, aus denen die Welt vor unseren Augen besteht.

Das Wort »Gegenstand« ist übrigens im 17. Jahrhundert entstanden, als sich durch Francis Bacon, Galileo Galilei, Johannes Kepler, René Descartes und andere die heutige Art durchsetzte, die Welt wissenschaftlich zu betrachten, als man den Schnitt zwischen dem Ich und dem Rest machte, der dem Ich entgegentrat und wörtlich zum »Gegenstand« wurde. Damals wurde auch die Farbe zum Gegenstand der Forschung, und prompt wurde ein erstes Farbsystem entworfen, das von Aron Sigfrid Forsius (Kapitel 3). Forsius benutzt neben den beiden unbunten Farben Schwarz und Weiß die vier Grundfarben, die uns allen vertraut sind, nämlich Rot, Gelb, Grün und Blau. Er geht dabei auf die Reihe der einfachen Farben zurück, die Leonardo da Vinci angegeben hat, allerdings nicht ohne sich zu wundern, ob er das Grün dafür benötige. Schließlich lasse sich Grün durch eine Mischung herstellen, der Mischung aus Gelb und Blau nämlich.

Leonardo würde sich möglicherweise wundern, wenn man ihm sagen würde, daß seine Mischung der Farben aus der Palette nicht die einzig mögliche ist. Wenn ein Physiker nämlich Licht geeignet mischt, wird zum Beispiel aus Grün und Rot ein helles Gelb. Zwar läßt sich dies genau erklären, wenn man – wie seit dem 19. Jahrhundert endlich verstanden worden ist – additive und subtraktive Farbmischungen korrekt unterscheidet (vgl. etwa Kapitel 20), aber damit lenkt man nur von dem Problem ab, um das es Leonardo da Vinci und vielen anderen nach ihm ging, dem Problem nämlich, wie viele elementare Farben es tatsächlich gibt. Wie viele Grundfarben reichen der Welt aus, um die Buntheit zu produzieren, die uns begeistert?

Es ist klar, daß es in der Welt eine unendliche Vielfalt an Farbnuancen gibt, die unser Auge (natürlich nur mit Hilfe unseres Gehirns) unterscheiden kann, aber es ist ebenso klar, daß unser Sehorgan dafür nicht unendlich viele Empfänger zur Verfügung hat und unser Gehirn die auf der Netzhaut absorbierten Signale nicht in unendlich vielen Nervenzellen verarbeitet. Die Frage nach der Zahl der primären Farben, die ausreichen, um die gesamte nahezu unübersehbare Vielfalt bzw. Buntheit der Welt hervorzubringen, gehört zu den durchgehenden Themen der Geschichte, die in diesem Buch illustriert wird. Wie viele elementare Farben werden benötigt, um alle anderen benennen, wiedergeben, unterscheiden und zuordnen zu können? Wie viele Grundfarben bzw. Urfarben oder, wie sie sonst genannt werden, reichen aus? Gibt es auf diese Frage vielleicht sogar eine wissenschaftlich präzise Antwort?

Es gibt viele Antworten der Biologen, Neurologen und Genetiker, aber es gibt keine endgültige Antwort, die alle anderen überflüssig macht. Die wissenschaftlichen Standarderklärungen sehen etwa so aus: Im Auge – genauer: auf der Netzhaut – verfügen Menschen, die nicht farbenblind sind, über drei Pigmente, die empfindlich für die Wellenlängen sind, die man gewöhnlich mit den Farben »Rot«, »Grün« und »Blau« identifiziert. Während man noch im 19. Jahrhundert dachte, daß für das Gehirn gilt, was für das Auge gilt, weiß man heute, daß dies keineswegs so einfach ist. Wenn nämlich hinter der Netzhaut die lichtempfindlichen Zellen mit geeigneten Neuronen verbunden werden, die ins Gehirn laufen können, um hier die Nachricht zu melden, daß im Auge Licht angekommen ist, dann geschieht das unter anderem gerade so, daß Rot und Grün gemischt werden und Gelb als reine Empfindung weitergeleitet werden kann.

Mit anderen Worten: Während im Auge alle Farben auf drei Komponenten reduziert werden, operiert das Gehirn mit den vier Farben, die wir allein deshalb alle als Elementarfarben akzeptieren, weil unsere Sprache dafür die einfachsten Wörter liefert: Rot, Gelb, Grün und Blau. Es ist nun sicher kein Zufall, daß das erste Farbsystem, das eine Geschichte der Wissenschaft nachweisen kann, genau auf dieser Grundlage operiert (Kapitel 3). Und es ist erst recht kein Zufall, daß auch das in unserer Zeit vorgelegte und ebenfalls aus Skandinavien stammende Natural Colour System (Kapitel 50) wiederum mit diesen vier elementaren Farben arbeitet. Das Natural Colour System geht von den vier im Subjekt verankerten Farben aus, weil es versucht, eine nützliche und allgemeine Methode zu liefern, um Farbwahrnehmungen zu beschreiben.

Als es vorbereitet wurde, gab es zwei konkrete Systeme als Vorbilder, deren Vorteile man nutzen und deren Nachteile man vermeiden wollte. Gemeint sind das System des Chemikers und Nobelpreisträgers Wilhelm Ostwald (Kapitel 32), dessen regelmäßige Struktur – der Doppelkegel – überzeugte, und das System des Malers Albert Munsell (Kapitel 31), dessen eigenartige Baumstruktur sofort auffällt. Dieser Farbbaum bewahrt zwar die Offenheit, die Farbsysteme angesichts der Tatsache zeigen sollten, daß die Farbtechnologien in Zukunft neue Farbnuancen hervorbringen können, die es einzuordnen gilt, doch Munsells System war den Konstrukteuren des Natural Colour Systems zu unregelmäßig, was sie zu ihrer gezeigten Lösung brachte (Kapitel 50). Sie wurde auf dem Weg erreicht, den man gewöhnlich als phänomenologischen Weg bezeichnet und den man begehen konnte, als sich unter anderem nachweisen ließ, daß jede Wahrnehmung einer Oberflächenfarbe durch ihre Ähnlichkeit mit den vier elementaren Farbempfindungen Rot, Gelb, Grün und Blau beschrieben werden kann.

Tatsächlich glauben die Verfechter des Natural Colour Systems, sich völlig an natürlichen Gegebenheiten zu orientieren und somit im Grunde keine Wünsche mehr offenzulassen. Doch so wie es neue Farben durch neue Techniken geben kann, so kann es auch neue Einsichten durch neue Wissenschaften geben. Und die neue Wissenschaft, die unsere Zeit im Augenblick beherrscht, ist die neue Genetik, die immer genaueren Einblick in die Organisation und den Aufbau der menschlichen Gene bekommt. Dabei ist es nicht nur gelungen, jede Art von Farbenblindheit durch einen genetischen Mechanismus (Rekombination) zu erklären, die zunehmende Präzision der genetischen Methoden hat inzwischen auch gezeigt, daß gar keine Rede davon sein kann, daß sich alle Menschen mit drei Farben im Auge begnügen. Es gibt vielmehr Individuen, deren genetische Bandbreite (Variationen) es ihnen erlaubt, zwei (oder sogar mehr?) Pigmente für die Wellenlänge zu besitzen, die wir gewöhnlich mit der Empfindung Rot verbinden. Das heißt, diese Menschen sehen Rot anders, als sich der wissenschaftliche erfaßte Normalfall bisher präsentierte. Ihre Wahrnehmung ist reicher, als die Modelle zuließen, und es ist zu vermuten, daß mit dieser Entdeckung erst der Anfang einer neuen Vielfalt des inneren Farbreichtums aufgespürt worden ist. (Welche Feinheiten die genetische Analyse über die Farben im Gehirn erkennen wird, muß zur Zeit Spekulationen überlassen bleiben.)

Der entscheidende Punkt besteht darin, daß mit diesen Entdeckungen der Genetik eine direkte Bahn gefunden worden ist, die im Körper von der Welt der Moleküle (den Genen und ihren Varianten) unmittelbar in die Welt der Wahrnehmung führt und ihre Analyse erlaubt. Das Natural Colour System wäre nur noch natürlich für die Menschen, die über ein einziges Pigment für das rote Licht verfügen (und entsprechend für grün und blau empfundenes Licht). Es könnte sein, daß die künftigen Fortschritte der Genetik zeigen, daß ganz andere Farbsysteme viel natürlicher sind. Möglicherweise zeichnet sich dabei zuletzt die Chance ab, ein genetisches Farbsystem zu entwerfen, wobei wir dem Begriff »genetisch« gerne den ganzen Umfang an Bedeutung zubilligen, den er schon länger besitzt. Solch ein genetisches Farbsystem wäre nie abgeschlossen, es müßte sich vielmehr mit dem Wandel der Wissenschaften verändern können. Es müßte so offen sein, wie es das physikalische Spektrum der Farben ist, und sich gleichzeitig doch so geschlossen präsentieren, wie es der Farbenkreis tut, den unser Gehirn aus diesem Spektrum konstruiert (und der ausgerechnet bei dem Physiker Newton [Kapitel 8] zum ersten Mal auftaucht).

Mit diesem hypothetischen genetischen Farbsystem könnte ein Ziel in Reichweite rücken, das sich lohnt – nämlich Wissenschaft für die Kunst zu machen und Wissenschaft als Kunst zu treiben. Es bleibt offen, ob dies mit Farben und Genen gelingt. Aber wenn etwas offen ist, bleibt nichts verborgen. Man sieht dann die Farben besser, auf die es hier ankommt. Und sie sind so schön, daß es sich immer wieder lohnt, über sie nachzusinnen.

Ernst Peter Fischer
Klaus Stromer

1

PYTHAGORAS ARISTOTELES PLATON

ABB. 13-1

Aristoteles war vermutlich der erste, der Farbmischungen untersucht hat (und dabei gescheitert ist). Er ließ das Tageslicht, das seltsam farblos wirkt (worauf noch einzugehen ist), durch ein gelbes und durch ein blaues Glasstück auf eine weiße Marmorwand fallen. Er beobachtete die zwei dabei entstehenden Flecken mit ihren Farben und hielt anschließend das blaue Glas zwischen Wand und gelben Scherben. Als Aristoteles dabei neben den Ausgangsfarben Gelb und Blau zusätzlich die Komponente Grün sah, zog er den Schluß, daß grünes Licht entsteht, wenn gelbes und blaues Licht gemischt werden.

Vorerst möchte man dieser Addition zustimmen, aber wer dann beginnt, sich über farbige Gläser Gedanken zu machen, stellt fest, daß er dem Licht, das hier durchläuft, eher etwas entziehen müßte. Bei jeder Durchquerung eines bunten Glases wird dem zunächst weiß wirkenden Licht der Sonne ein Anteil genommen (wie man heute mit den Mitteln der Physik genau nachmessen kann). Hat es sowohl die gelbe als auch die blaue Scherbe durchquert, bleibt nur noch jenes Restlicht, das vom Gehirn als grün empfunden wird.

Aristoteles war bekanntlich ein sehr genauer Beobachter, und zwar nicht nur der Farben, sondern auch ihrer Kontraste *(De meteorologica)*. Er wußte, daß dasselbe Violett auf weißer Wolle anders aussieht als auf schwarzer Wolle, und daß Stickereien bei Tageslicht anders wirken als beim Schein der Kerze. Aristoteles hat somit bereits die Fragen gestellt, die erst viel später der französische Chemiker Michel Eugène Chevreul (Kapitel 17) systematisch behandelt und geklärt hat.

Wir lassen die exakt erfaßbaren Teile der Farbenlehre an dieser Stelle erst einmal auf sich beruhen, um mehr zu den Konzepten der Griechen zu sagen, die von der Erfahrung leben, die die Sinne uns vermitteln. Die Welt wird organisch verstanden, und Farben entstehen aus dem täglich zu beobachtenden Kampf zwischen dem Dunkel der Nacht und dem Licht des Tages. Eine Ordnung der Farben muß also von Weiß nach Schwarz verlaufen (Abb. 13-1), und wie bei jedem ersten Versuch probiert man zunächst die einfachste Möglichkeit, nämlich die gerade Linie. Die lineare Folge

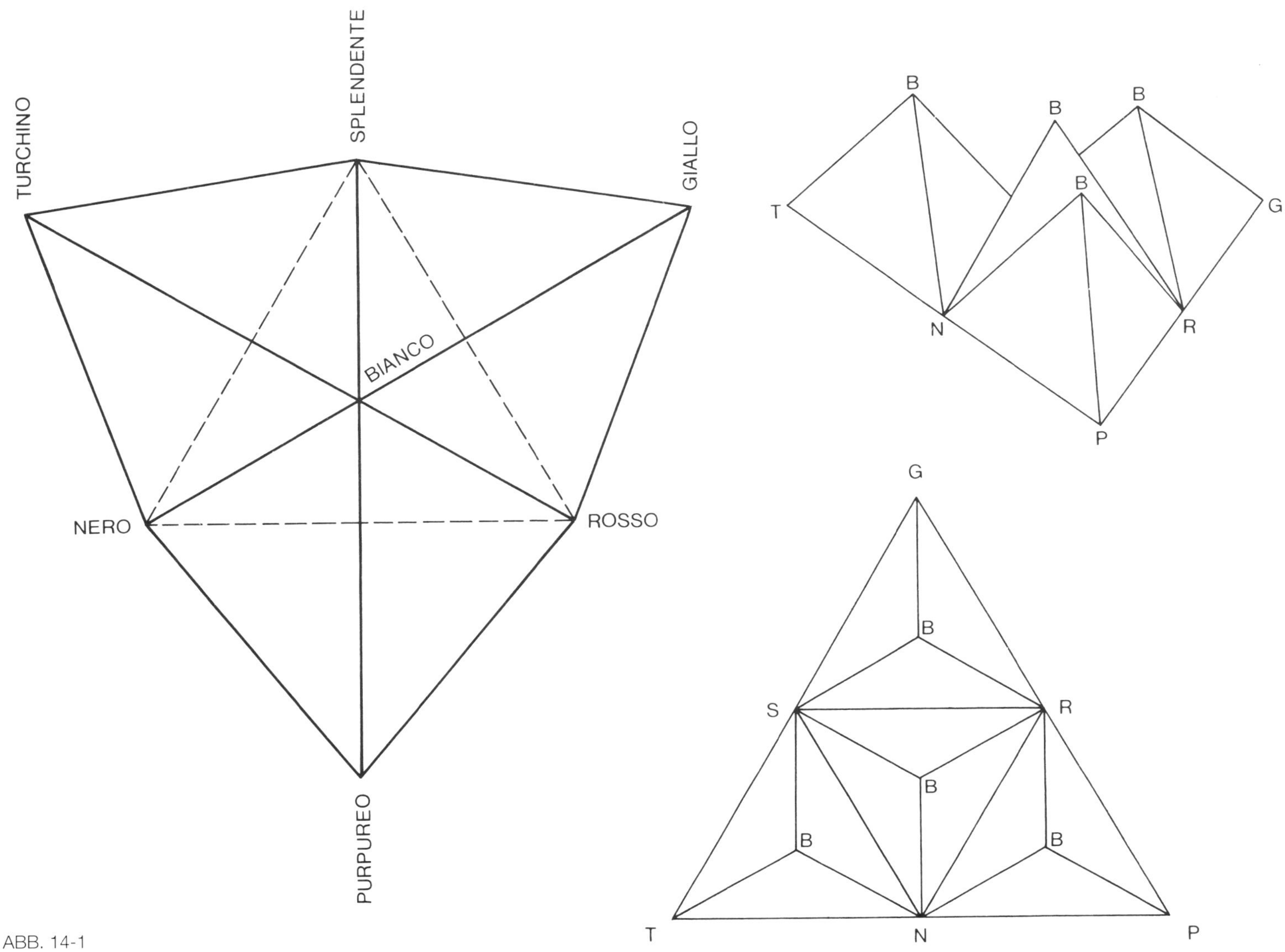

ABB. 14-1

der Farben nach Aristoteles läßt sich im Verlaufe eines Tages beobachten: Das weiße Licht des Mittags wird erst gelblich und wechselt dann über Orange zum Rot. Wenn die Sonne untergegangen ist, wandelt sich das Abendrot über ein Purpurviolett zum Nachthimmel, der tiefblau erscheint. Zwischendurch kann sich grünes Licht zeigen. (Wahrscheinlich haben die wenigsten Menschen einen grünen Schimmer bei einem Sonnenuntergang gesehen, aber es gibt zahlreiche Fotografien, auf denen diese Komponente dokumentiert worden ist.)

So einleuchtend dieses Schema des Aristoteles auch ist – daß Rot auch weniger dramatisch als Mischfarbe von Schwarz und Weiß auftreten kann, zeigt zum Beispiel der rötliche Schimmer in einem Spiegel aus schwarzem Stahl –, so kompliziert wirkt die »Erklärung der Farben«, die Platon im 30. Kapitel des *Timaios* gibt. Seine grundlegende Deutung jeder visuellen Wahrnehmung hat mit der heutigen Erklärung des Sehens nur wenig gemeinsam. Sie basiert nicht auf Lichtstrahlen, die ins Auge fallen, sie beruht vielmehr auf einem Sehstrahl, der vom Auge ausgeht und dabei mit Teilchen in Wechselwirkung tritt, die von den Gegenständen stammen. Platon führt damit die ersten zwei Grundfarben ein: »Das den Sehstrahl Erweiternde ist das Weiße, sein Gegenteil das Schwarze.« So klar diese Exposition noch beginnt, der Weg zu den zwei weiteren

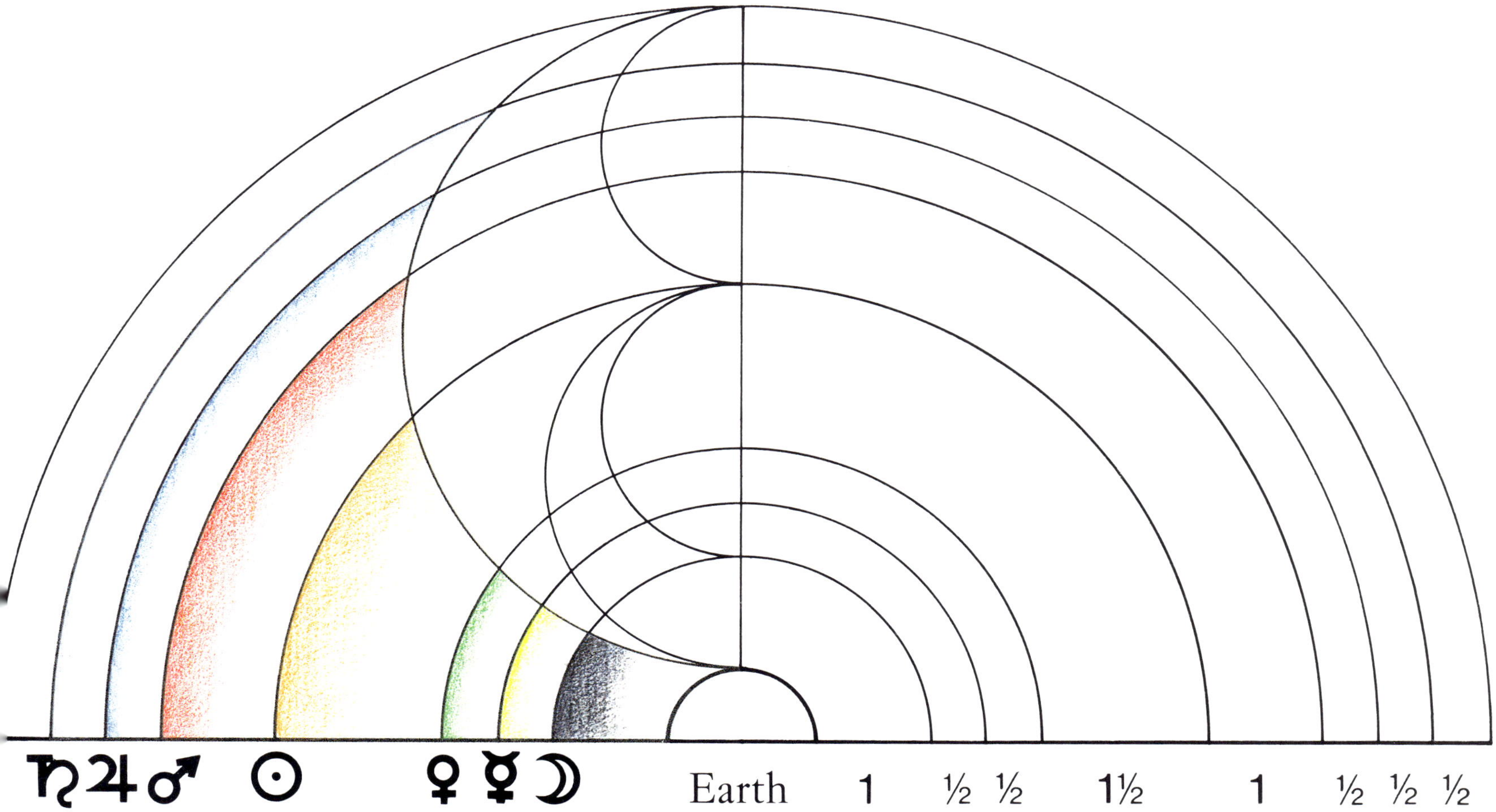

ABB. 15-1

Grundfarben Rot und »Glänzendes« bedarf einer höchst raffinierten Konzeption. Platon beobachtet, daß unsere Augen zu tränen beginnen, wenn wir zu nah am Feuer sind. Tränen – verstanden als Vereinigung von Wasser und Feuer – sorgen für die Feuchtigkeit des Auges, in dem schließlich die Mischungen zustande kommen, die zu verschiedenartigen Farben führen. Die Gegenstände bekommen dadurch etwas Glänzendes, sie schimmern. Rot als Farbe des Feuers wird nun so erklärt: Durch die Flamme wird »vermöge des durch die Feuchtigkeit schimmernden Strahls des vermischten Feuers eine Farbe der des Blutes ähnlich erzeugt«, und ihr »geben wir den Namen des Roten«. Mit diesen vier Grundfarben öffnet sich der Weg zu weiteren Mischungen: »Das mit Weiß und Rot verbundene Glänzende ist das Goldgelbe. (...) Die Mischung des Roten mit dem Weißen und Schwarzen ergibt die Purpurfarbe, das Dunkelviolette aber entsteht, wenn die Purpurfarbe gebrannt und Schwarzes in reichlicherem Maße beigemischt wird. (...) Verbindet sich das Weiße mit dem Glänzenden und trifft mit gesättigtem Schwarz zusammen, dann bildet sich die dunkelblaue Farbe, durch die Vermischung dieser mit dem Weißen die himmelblaue«, und so weiter bis hin zum »Gelbbraunen« und »Lauchgrünen«.

Will man diese Konstruktion aufzeichnen und als geometrisches Gebilde faßbar machen, kann man ebenso persönlich vorgehen, wie es Platon getan hat. Der Glanz (italienisch »Splendente«, abgekürzt als S) muß gleichwertig neben die Farben treten, wobei nur das Weiß (»Bianco«, abgekürzt als B) herausragen darf. Wenn man als Grundlage ein Tetraeder wählt (Abb. 14-1), kann man drei von ihnen – mit den jeweils angegebenen Farben an den drei Eckpunkten der Ebene und einer stets weißen Spitze – um ein zentrales Tetraeder gruppieren. Diese Mitte bleibt selbst ohne Farbe, also leer. Es zieht so als Schatten die anderen Tetraeder an, und die Farben mischen sich so, wie wir dies kennen.

Platon hat kein Farbsystem konstruiert, und die vorgestellte persönliche Interpretation soll nur helfen, seine beschriebenen Mischungen nachvollziehen zu können. Eine Theorie der Farbe war der damaligen Zeit nicht möglich, obwohl sicher verstanden worden war, daß sich in den Farben »verborgene Dinge von Harmonie oder Kontrast« finden lassen, »die durch sich selber wirken, und die man durch kein anderes Medium ausdrücken kann«, wie Vincent van Gogh 1882 es in einem Brief an seinen Bruder Theo ausgedrückt hat. Nach Harmonie hat man immer gesucht, und entsprechend viele Lehren sind auch überliefert. Bekannt ist dabei vor allem der Entwurf des Pythagoras, der eine Beziehung zwischen der Tonleiter (in ganzen oder halben Schritten) und den Positionen der Planeten zwischen der Erde und der Sphäre der Fixsterne angegeben hat. Stellt man diese Harmonielehre des Pythagoras durch Halbkreise mit den überlieferten Zeichen der Planeten dar und fügt dem Bild die entsprechende Folge der Farben hinzu (Abb. 15-1), könnte dabei ein erstes Farbsystem entstehen. Wir haben es für uns angefertigt, um die Harmonie zu sehen, von der wir wissen, daß wir sie suchen müssen und finden können.

Ein eigenes konkretes pythagoräisches Schema der Farben ist uns zwar nicht überliefert. Aber wir sind darüber informiert, daß es so etwas gegeben haben muß, denn antike Kommentatoren der Schriften von Empedokles betonen, daß er – Empedokles – nach solch einem Muster vorgegangen ist, als er zu den Primärfarben Schwarz und Weiß noch Rot und ωχρον (óchron) fügte, wobei dieses letzte Wort vage bleibt und nicht übersetzt wird. (Seine Bedeutung geht in Richtung eines blassen Gelbs; die Farbbezeichnung »Ocker« ist davon abgeleitet.) Aristoteles hat dann seinerseits auf Empedokles aufgebaut und die schon beschriebene, mit sieben Grundfarben besetzte Ausgangslinie aller Farbsysteme bis zu Newtons Zeiten geschaffen. Seine Grundannahme, die in vielen Köpfen weiterlebt, stellte Farben als die tatsächlichen Eigenschaften von Körperoberflächen und nicht als Empfindungen dar, die vom Auge bzw. im Gehirn durch Charakteristika des reflektierten Lichts hervorgerufen werden.

2 ROBERT GROSSETESTE LEON BATTISTA ALBERTI LEONARDO DA VINCI

Bei Aristoteles (Kapitel 1) benötigen wir sieben Farben, um die Extreme Schwarz und Weiß zu verbinden, wie er ausdrücklich in seiner Schrift *De sensu et sensibili* (»Von der sinnlichen Wahrnehmung und ihren Objekten«) anmerkt. Er gibt nicht immer dieselben Namen für die Stufen seiner Skala an – Grau kann zwischen Blau und Schwarz treten und dabei das Gelb am anderen Ende verdrängen –, aber es sind immer sieben Farben. Diese Anzahl finden wir ohne zugeordnete Namen wieder, als im frühen 13. Jahrhundert Robert Grosseteste, der erste Kanzler der Universität Oxford, ein Buch mit dem Titel *De colore* zu unserer Geschichte beisteuert und ihr eine neue Dimension gibt. Grosseteste hat die Schriften des Aristoteles übersetzt und ein eigenes Weltbild entworfen, das man eine »grandiose lichtmetaphysische Deutung« genannt hat. Das Licht liefert ihm als »prima materia« die erste körperliche Form, und der Raum ist eine Funktion des »lux«, das in seinen Farben wahrgenommen werden kann.

Grosseteste ist dabei aufgefallen, daß Farben nicht nur durch ihre Farbigkeit oder ihre Buntheit festliegen – wir werden noch genauer angeben, was darunter zu verstehen ist –, zu den Farben gehört auch so etwas wie ihre Helligkeit oder ihr Weißsein. Ein helles, leuchtendes Rot ist von einem grauen, dunklen Rot sehr leicht zu unterscheiden und auch anders zu beschreiben. Grosseteste behält zwar

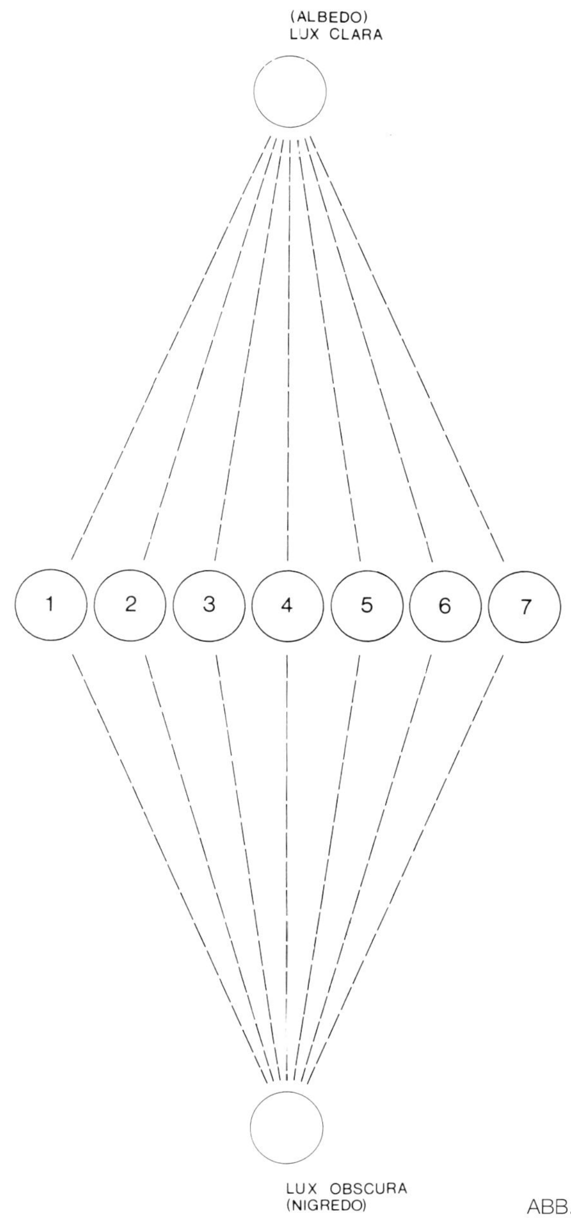

ABB. 17-1

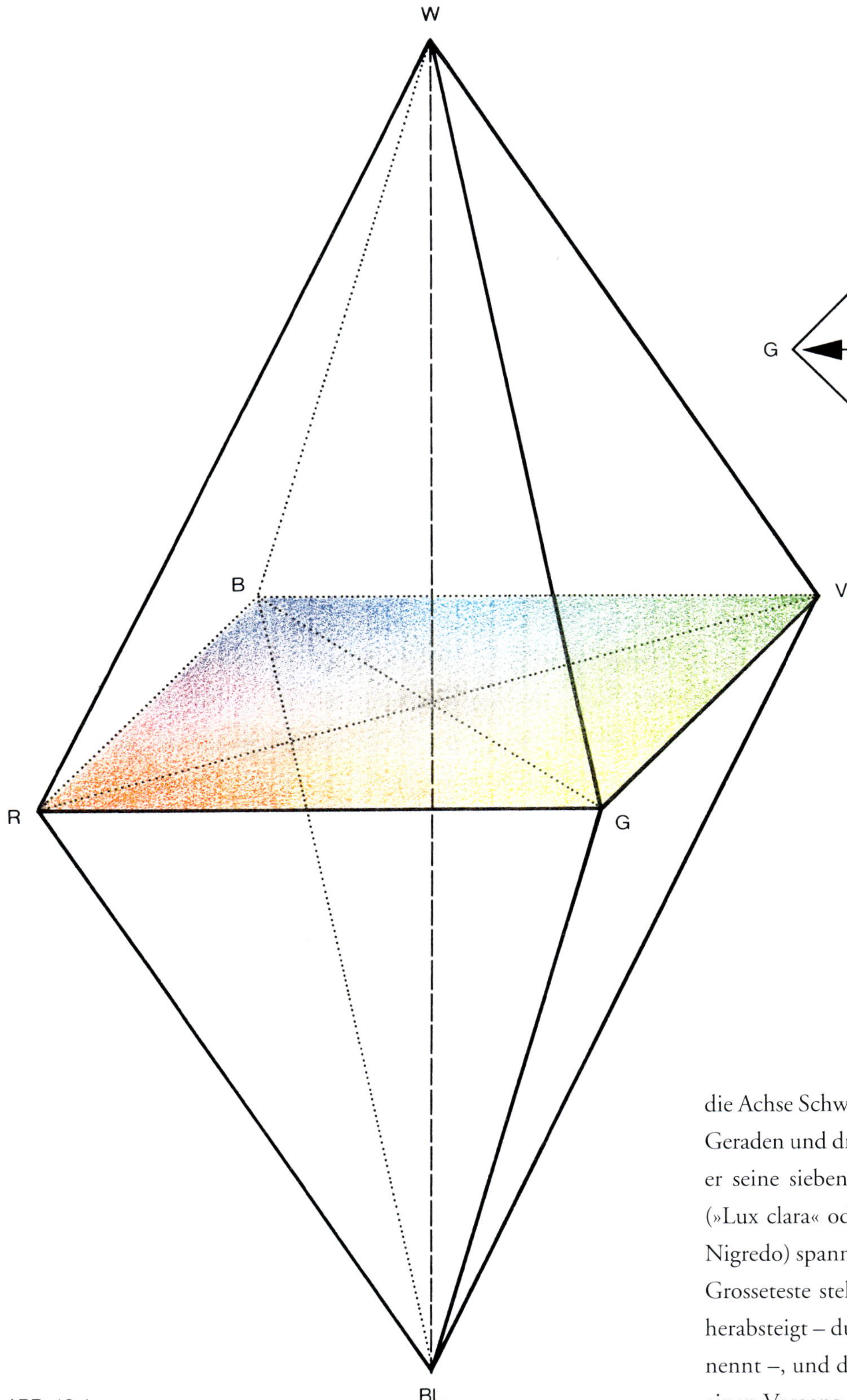

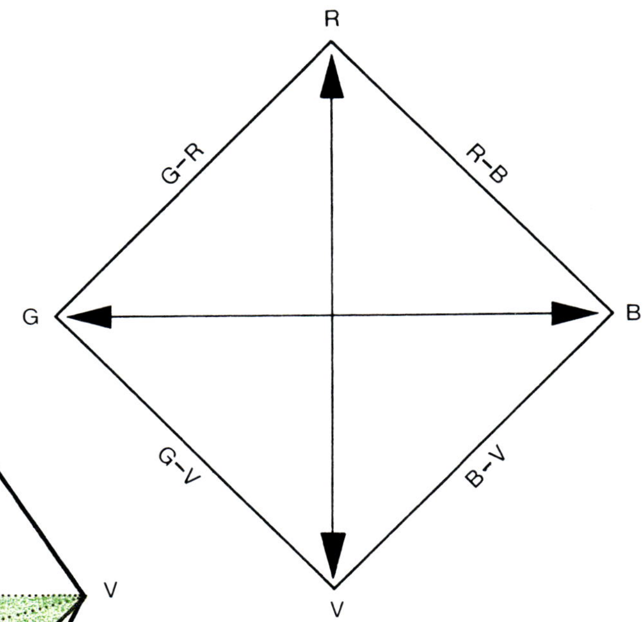

ABB. 18-1

die Achse Schwarz–Weiß bei, er entfernt sie aber aus der klassischen Geraden und dreht sie um einen rechten Winkel (Abb. 17-1). Indem er seine sieben gleichwertigen Grundfarben zwischen dem Weiß (»Lux clara« oder Albedo) und dem Schwarz (»Lux obscura« oder Nigredo) spannt, öffnet er den Farbsystemen eine neue Dimension. Grosseteste stellt sich dabei vor, daß das Lux clara zu den Farben herabsteigt – durch einen Vorgang, den er Nachlassen (»remission«) nennt –, und daß das Lux obscura zu den Farben aufsteigt – durch einen Vorgang, den er Bestreben (»intention«) nennt.

Wir wissen nicht, welche sieben Farben er linear in der Mitte zwischen Albedo und Nigredo angeordnet sehen wollte, aber Schwarz und Weiß gehören vermutlich nicht dazu. Dies bedeutet, daß Grosseteste zum ersten Mal zwischen den beiden Arten unterscheidet, die heute als Unbuntfarben (eben Schwarz, Grau und Weiß) beziehungsweise als Buntfarben (alle übrigen) gekennzeichnet werden. Daß diese Absonderung der – wie es manchmal auch heißt – eigentlichen Farben tatsächlich schwierig und umstritten war, zeigt ein Blick auf die immer noch lineare Skala der sechs »colori semplici«, die wir um 1510 bei Leonardo da Vinci finden. Bemerkenswert an seiner geraden Ordnung ist allerdings die Reihenfolge der Buntfarben – »Giallo, Verde, Azzurro, Rosso« – also Gelb, Grün, Blau und Rot –, die sich vom antiken Muster abhebt und dabei der psychologischen Folge nähert, die heute etabliert und noch ausführlicher zu erläutern ist.

Leonardo interessierte sich bei seinen Bemühungen für die Farben als Maler, und er zögerte deshalb zunächst, das Grün mit aufzunehmen, da dies als Mischung aus gelben und blauen Pigmenten erhalten werden kann. Damit können wir zum ersten Mal auf eine Unterscheidung hinweisen, die für spätere Systeme wichtig werden wird, nämlich die Unterscheidung zwischen primären und (entsprechend) sekundären Farben. Welche dabei wozu gezählt werden, hängt sehr vom Autor der jeweiligen Farbenlehre ab und den Zwecken, die er damit verfolgt. Die Farbe Grün gehört sicher zu beiden Kategorien, denn physikalisch gesehen ist sie eine primäre, und maltechnisch verwendet – siehe oben – ist sie eine sekundäre Farbe. Wir werden noch oft auf Dichotomien dieser Art treffen, wenn wir weitere »Farbsysteme« ins Auge fassen. Farben kommen eben auf viele Weisen zustande und zusammen.

Als Leonardo über Farben nachdachte, kannte er die Anordnung, die sein Landsmann Leon Battista Alberti im Jahre 1435 vorgelegt hatte (Abb. 18-1). Sie kommt mit vier (eigentlichen) Farben aus, die auf der Tafel ein Rechteck bilden – Gelb (»Giallo«, G), Grün (»Verde«, V), Blau (»Blu«, B), Rot (»Rosso«, R) –, das als Grundfläche für einen doppelten Kegel dient, an dessen Spitzen jeweils die unbunten Extreme sitzen. Offenbar ist man zu dieser Zeit von den sieben Farben abgekommen, die Grosseteste noch benutzt hat, und der Grund dafür liegt vermutlich in einer neuen Theorie, die im frühen 14. Jahrhundert über den Regenbogen aufgestellt worden war. Aristoteles hatte in der Antike zunächst nur drei Farben entdeckt, und die nannte er Rot, Grün und Blau. Andere Sichtweisen tauchten erst um das Jahr 1000 auf, als sich das Mittelalter mit optischen Experimenten befaßte. Schließlich faßte der Dominikaner Dietrich von Freiberg um 1310 viele seiner Beobachtungen in der Erkenntnis zusammen, daß es vier Farben sind, die sich vor dunklen Wolken über den Himmel spannen. Ihre Namen gab er mit Rot, Gelb, Grün und Blau an, und er sprach von primären »Mittelfarben«, die alle untereinander gemischt werden könnten.

Wir finden hier die erste Form einer wissenschaftlichen Kenntnis von Farbe – auch wenn es noch bis ins 19. Jahrhundert dauern sollte, bis zwischen der Reflexion des Lichtes etwa von Oberflächen und der Brechung des Lichtes wie beim Regenbogen unterschieden wird –, und die Farbtheoretiker der Renaissance konnten sie sich zu eigen machen. Leon Battista Alberti wollte diesen Fortschritt dann nutzen, um ein geeignetes System für die Mischung von Malfarben aufzustellen, um eine »ratio colorandi« anzugeben, wie er es nannte. Er hat uns keine bildliche Darstellung seiner Ideen hinterlassen und nur ein paar Zeilen dazu in seinem Buch über Malerei *(Della pittura)* notiert, das 1435 erschienen ist. Wir rekonstruieren seine Anordnung nach den Vorschlägen des amerikanischen Kunsthistorikers Charles Parkhurst. Er arrangiert die vier Grundfarben zu einem geschlossenen System – zum Beispiel in einem Quadrat, an dessen Stelle aber auch ein Kreis genommen werden könnte –, weil sie als Malfarben paarweise gemischt werden können, was es dem Künstler erlaubt, alle Übergänge zu erzielen. Schwarz und Weiß bilden wieder ihre eigene Dimension aus, wobei zu allen vier erwähnten Buntfarben der gleiche Abstand eingehalten wird. Da den vier »veri colori« bei Alberti vier Elemente entsprechen sollen, gibt es Probleme mit Gelb, das nicht geeignet zugeordnet werden kann und bei Alberti noch durch Grau ersetzt wird: Zum Feuer gehört Rot, zur Luft gehört Blau, zum Wasser gehört Grün, und zur Erde gehört Grau. Alberti ging es nicht um eine vierte Primärfarbe, sondern um den Mittelwert zwischen den absoluten Größen Schwarz und Weiß, wobei er dieses Grau eben als Farbe der Erde ansah. Wenn wir nun Gelb gegen Grau tauschen, weichen wir von seinem Schema ab, können wir uns dabei aber wieder auf Aristoteles berufen.

Wenn die Rekonstruktion richtig ist, dann hätte Alberti an einen Farbenkreis gedacht und ihn erfunden – auf den ersten Blick

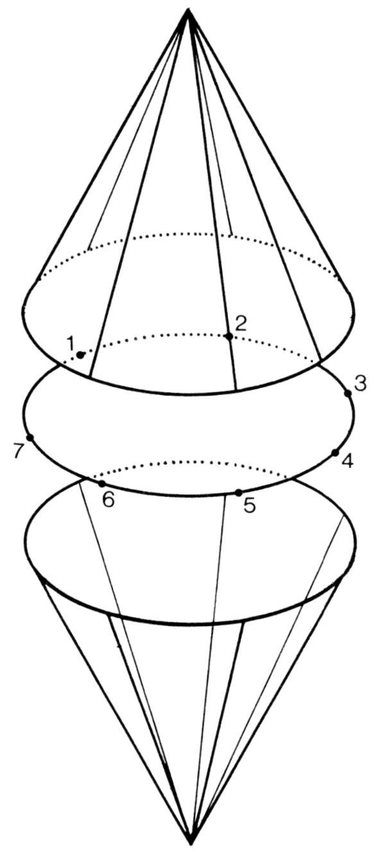

ABB. 20-1

wenigstens. Als aber Parkhurst gemeinsam mit seinem Kollegen Robert L. Feller der Frage nach der Erfindung des »color wheel« systematisch nachging, stellten beide fest, daß schon Grossetestes Schema räumlich zu verstehen ist, so wie es oben auf dieser Seite gezeigt wird (und eine kreisförmige Anordnung der Farben erwähnt auch schon Albertus Magnus im 13. Jahrhundert). Grosseteste hat in seinen Werken ganz allgemein angemerkt, daß aus dem Urlicht der ganze Kosmos entsteht, daß Naturphilosophie nicht ohne »Figuren« verstanden werden kann, und unter »figures« – so konnte nachgewiesen werden – hat er sicher dreidimensionale Gegenstände verstanden.

Der Gelehrte aus Oxford hat im übrigen keine besondere Anwendung der Farben vor Augen gehabt. Ihm ging es um eine allgemeine Theorie, und dazu hat er tatsächlich beigetragen, denn sein Grundkonzept, alle Farben in derselben Distanz zu Weiß und Schwarz anzuordnen, wird uns bis in das 20. Jahrhundert hinein wiederbegegnen. Grosseteste nimmt alle Systeme in Form von Doppelkegeln vorweg (Abb. 20-1), die auf Farbtönen mit gleicher Helligkeit basieren. Nichts Neues also auch bei den Farben unter der Sonne? Schon, aber weniger an der Oberfläche. Die Geschichte der Farbräder – so stellten die beiden Amerikaner fest – scheint weder einen Anfang noch ein Ende zu haben, wie der Kreis der Farben selbst, den das Licht der Sonne zusammen mit unserem Auge möglich macht.

3 ARON SIGFRID FORSIUS

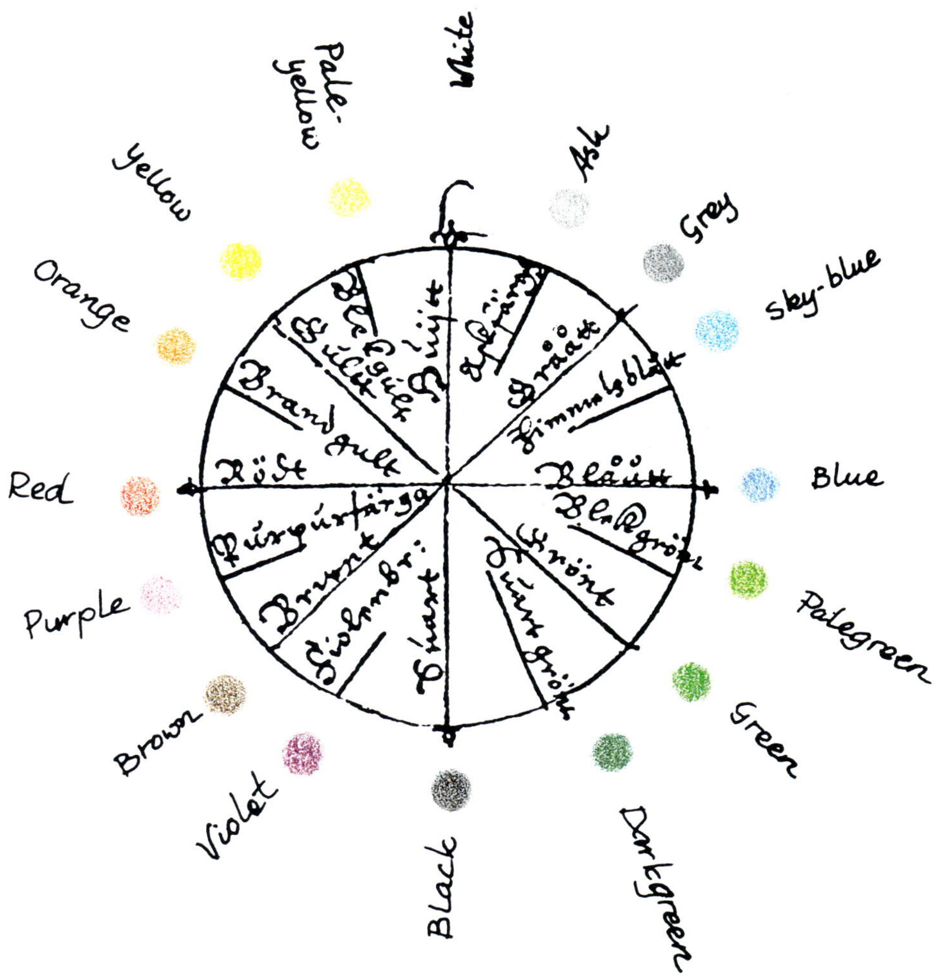

ABB. 21-1

Das älteste Farbsystem, das heute bekannt ist und diesen Namen verdient, stammt von dem in Finnland geborenen Astronomen, Priester und Neuplatoniker Aron Sigfrid Forsius (gestorben 1637), dessen Vornamen manchmal auch als Siegfried Aronsen aufgeführt werden. Forsius wurde 1603 Professor für Astronomie in Uppsala (Schweden) und ging später als Prediger nach Stockholm. 1619 wurde er seines Amtes enthoben, da er astrologische Weissagungen vorgenommen haben soll.

Acht Jahre zuvor war ein Manuskript erschienen, in dem er sich Gedanken über Farben macht und zu der Ansicht kommt, daß sie in eine räumliche Ordnung gebracht werden können. Dieser Text aus dem Jahre 1611 ist erst in unserem Jahrhundert in der Königlichen Bibliothek in Stockholm wiederentdeckt und anschließend bei dem ersten Kongress der International Color Association im Jahre 1969 vorgestellt worden. Forsius stellt seine Farbdiagramme im Kapitel VII eines physikalischen Werkes vor, das sich mit dem Sehen befaßt. Er diskutiert in diesem Abschnitt zunächst die fünf Sinne der Menschen, erläutert (für uns eher unverständlich und verzwickt), wie man Farben sieht, und kommt dann zu den Farbdiagrammen, mit denen er eine dreidimensionale Darstellung anstrebt. Forsius stellt zunächst fest:

»Unter den Farben gibt es zwei Primärfarben, Weiß und Schwarz, in denen alle anderen ihren Ursprung haben.« Damit schließt Forsius an Leonardo da Vinci (Kapitel 2) an, der mehr als 100 Jahre vor dem Schweden Schwarz und Weiß zu den Farben selbst zählte und sie neben Gelb, Rot, Blau und Grün als primäre Farben vorstellte. Forsius fährt dann fort:

»Mitten zwischen diesen Farben (Schwarz und Weiß) steht seit der klassischen Antike das Rote auf der einen und das Blaue auf der anderen Seite: Gelb kommt zwischen Weiß und Rot, Blaßgelb zwischen Weiß und Gelb, Orange zwischen Gelb und Rot (...).« Dies geht so weiter, bis Forsius den ganzen Kreis umlaufen hat (Abb. 21-1), dem wir außen die englische Übersetzung der innen notierten schwedischen Ausdrücke an die Seite gestellt haben. Wir haben die amerikanischen Begriffe deshalb gewählt, weil die Aufspürung des Manuskriptes von Forsius amerikanischen Gelehrten gelungen ist. Diesem Kreis folgt im Text eine Zeichnung, die ganz sicher eine Farbenkugel repräsentieren soll (Abb. 23-1). Wir zeigen deren schwedische Originalfassung nebst einer Fassung mit der englischen Übersetzung der Farbbezeichnungen (Abb. 23-2). Forsius benutzt vier Grundfarben (Rot, Gelb, Grün und Blau), die er zusammen mit dem Grau als »Mittelfarben« zwischen den Extremen (Schwarz und Weiß) betrachtet, und kommentiert sein zweites Diagramm:

»Wenn man aber den Ursprung und die Beziehung der Farben richtig betrachten will, dann muß man von den fünf grundlegenden Mittelfarben ausgehen, die Rot, Blau, Grün, Gelb und Grau aus Weiß und Schwarz sind, und man muß ihre Abstufungen beachten, wenn sie entweder durch ihre Blässe näher an das Weiße rücken oder durch ihre Dunkelheit näher an das Schwarze.«

Mit anderen Worten: Forsius hat die Idee, vier grundlegende Buntfarben einzuführen, und er präsentiert für jede von ihnen noch eine Grauskala, die von Hell nach Dunkel und durch das Zentrum der Kugel reicht. Die Farben auf der Kugeloberfläche sind dabei so angeordnet, daß drei Gegensatzpaare entstehen: Rot und Blau, Gelb und Grün, Weiß und Schwarz.

Wie wir sehen werden, hat Forsius damit den Weg zu den modernen Farbsystemen eingeschlagen (auch wenn später die Komplementärfarben noch genauer charakterisiert werden).

Wir geben im folgenden die Farben der Forsius-Kugel, deren Autor ein wenig Mühe mit der Perspektive hatte, auf Deutsch an:

Weiß
Lebensfarbe – Baum- und Weizenfarbe – Kreidegrau – Blaßgrün – Blaßblau
Blaßrot – Blaßgelb – Apfelschimmel – Grünspan – Himmelsblau
Rot – Gelb – Grau – Grün – Blau
Purpur – Flammengelb – Mausgrau – Dunkelgrün – Dunkelblau
Violett – Schwarzbraun – Schwarzgrau – Schwarzgrün – Indigo
Schwarz

Die Farbkugel von Forsius war Teil der im 17. Jahrhundert verbreitet einsetzenden Versuche, umfassende Farbskalen aufzustellen, was man unter anderem tat, um die Malstile verschiedener Künstler sehr genau differenzieren zu können. Ein technisches Problem, das dabei zunächst ungelöst blieb – auch bei Forsius –, bestand in dem koordinierten Auskommen der beiden Parameter Farbton und Tonwert bzw. Helligkeit. Reines Gelb ist einfach heller als unvermischtes Blau. 1677 soll dann dem englischen Arzt Francis Glisson ein Farbkörper gelungen sein, der in dieser Hinsicht kohärent war und zum Vorläufer sämtlicher Farbsysteme der Neuzeit taugte. Leider ist der Erfolg seines Unternehmens nirgendwo belegt, wie John Gage in seiner *Kulturgeschichte der Farbe* erwähnt. Glisson operierte mit den Primärfarben Rot, Gelb und Blau, und seine Grauskala kannte 23 Stufen zwischen Schwarz und Weiß, die konkret als Bleiweiß und schwarze Tinte herzustellen waren.

Die Mischungen, die Glisson etwa in seiner Skala der Röte (»Scala Rubedinis«) oder seiner Skala der Schwärze (»Scala Nigredinis«) entwickelte, wurden bald von dem naturwissenschaftlichen Fortschritt in den Hintergrund gedrängt, der durch Experimente eingeleitet wurde, die zur selben Zeit stattfanden, als Glisson seine Pigmente mischte. In Cambridge zerlegte Newton am Ende des 17. Jahrhunderts das weiße Licht der Sonne und lieferte die Farben dem Zugriff der Physik aus, wie wir noch näher kennenlernen werden.

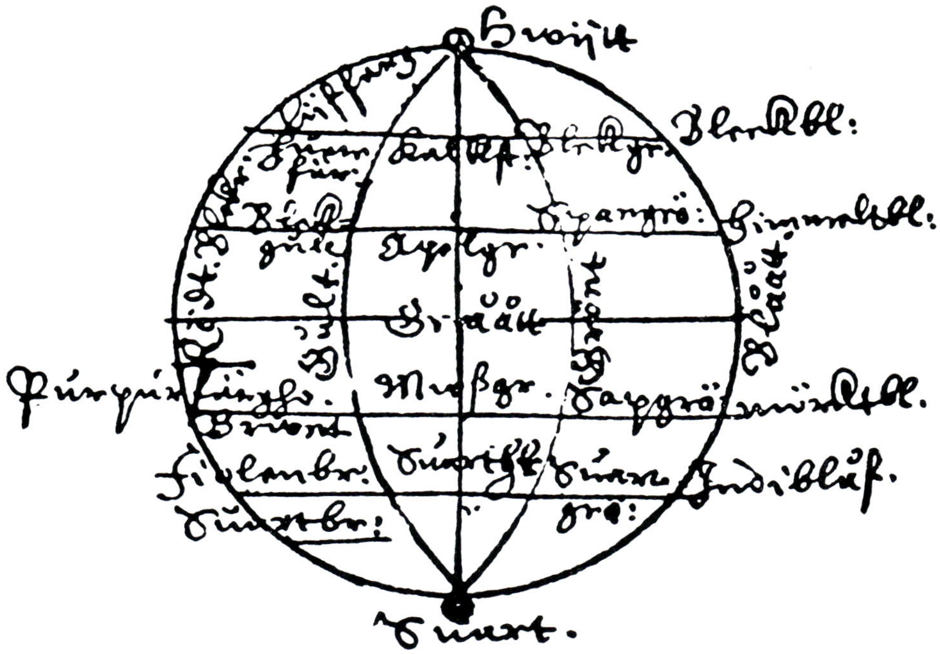

ABB. 23-1

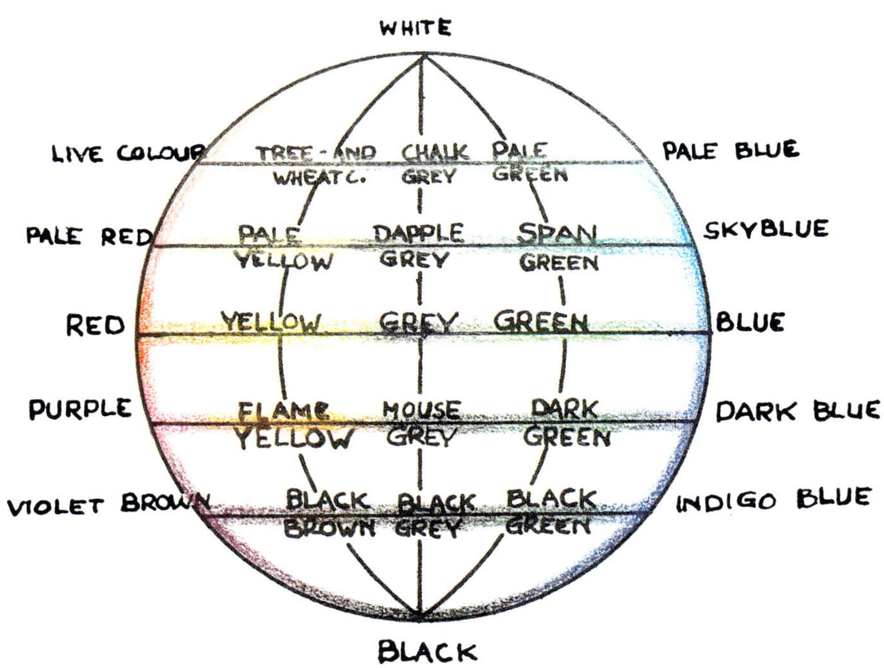

ABB. 23-2

4 FRANCISCUS AGUILONIUS

Franciscus Aguilonius (1567–1617) »war Jesuit zu Brüssel und gab 1613 seine Optik in Folio heraus zu Antwerpen«, wie Goethe in seiner *Geschichte der Farbenlehre* mitzuteilen weiß, und er bemerkt weiter: »Man sieht seinem Werke die Ruhe des Klosters an, die bei einer Arbeit bis ins einzelnste zu gehen weiß.« Wir könnten hinzufügen, daß – wer will – auch den Rundbögen des Farbsystems ihre Herkunft in den Gewölben und den Fenstern eines Kreuzgangs ansehen kann.

François d'Aguilon – so die französische Fassung seines Namens – steht offenbar ganz in der aristotelischen Tradition, und er gibt neben der klassischen linearen Einteilung die Möglichkeiten der Farbmischung durch Bögen an. Es ist wichtig, darauf zu achten, daß Aguilonius in seinem zwischen 1606 und 1611 entstandenen Lehrbuch zur Optik nicht die von Malern verwendeten »colores concreti« ins Auge fassen wollte. Er dachte vielmehr an die darin zutage tretenden sichtbaren Farbqualitäten, wie wir heute sagen würden.

Ausgangspunkt seiner Farbenskala ist der Versuch, musikalische Konsonanzen in den Bereich der Farbe zu übertragen, wobei es Aguilonius allerdings nicht auf Harmonien, sondern einfach auf Beziehungen zwischen den Farben ankommt. Der Brüsseler Jesuit führt den Begriff der »einfachen Farben« ein, und er meint damit diejenigen, aus denen die unendlich vielen anderen durch Mischung hervorgehen. Von diesen einfachen Farben gibt es nun gerade fünf, wie die Abbildung 25-1 zeigt, und aus ihnen lassen sich unmittelbar drei weitere zusammensetzen:

»Quinque sunt simplicium colorum species, ac tres compositae«, wie es in der »propositio 39« seines Werkes heißt. Zwischen den als

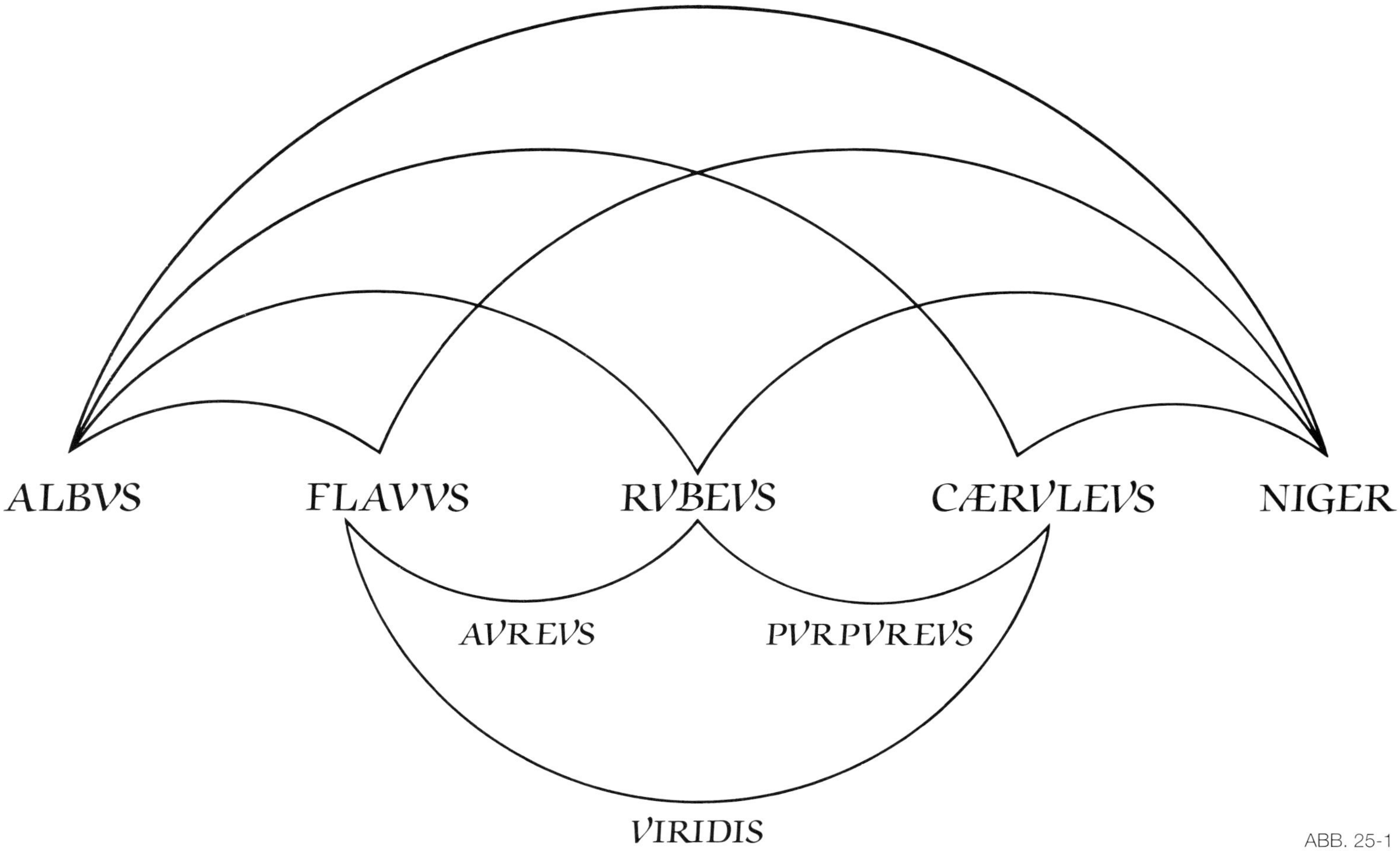

ABB. 25-1

Helligkeit und Dunkelheit bestimmten Extremfarben (»colores extremi«) – sie heißen »albus« und »niger« – stehen als Mittelfarben (»colores medii«) »flavus – rubeus – caeruleus«, also Gelb – Rot – Blau. Mischt man – dem jeweiligen Bogen folgend – je zwei der einfachen Grundfarben, so erhält man »aureus«, »purpureus« und »viridis«, also Gold, Purpur und Grün. Vor einer Mischung aller drei der einfachen Farben warnt Aguilonius ausdrücklich. Dabei würde nur ein schmutziggrauer Ton entstehen, eine leichenhafte Farbe.

Goethe lobt Aguilonius, da bei ihm deutlicher als gewohnt zur Sprache kommt, »daß nach den verschiedenen Erscheinungsweisen die Farben eingeteilt werden müssen«. Aguilonius unterscheidet dabei – in der Übersetzung von Goethe – »wahre, apparente und intentionelle Farben«, die uns der Dichter in seiner *Geschichte der Farbenlehre* so erläutert: »Die wahren Farben werden den Eigenschaften der Körper zugeschrieben, die apparenten für unerklärlich, ja als göttliches Geheimnis angesehen und doch gewissermaßen wieder als zufällig betrachtet.« Die intentionellen Farben sind noch schwieriger zu erfassen, denn mit dieser Formulierung unterlegt man den Farben einen Willen und eine Absicht, man schreibt ihnen »wegen ihrer Zartheit und Wirkung eine geistige Natur« zu. Goethe widmet ihnen ein ganzes Kapitel, auf das wir hier nur hinweisen können.

Aguilonius wendet die dreifache Einteilung der Farben auch auf die Mischungen an, und hier sind diese Konzepte leichter zu erfassen. Bei der intentionellen Mischung (»compositio intentionalis«) geht es einfach um die Überlagerung mehrerer Farbschichten.

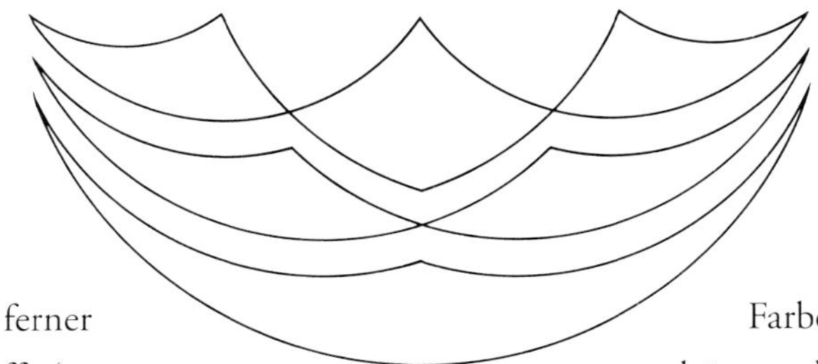

Neben dieser Art unterscheidet Aguilonius ferner die Verbindung der physikalischen Farbstoffe (»compositio realis«) sowie die vom Auge als Mischung wahrgenommene Verteilung kleinster Farbflecken (»compositio notionalis«), ohne sie allerdings in seinem Diagramm deutlich hervorzuheben. Seine Bögen lassen sich sicher nicht in allen drei Fällen anwenden, denn die Mischfarbe von gelbem und blauem Licht ist nicht Grün – wie es Aguilonius darstellt und wie es für Malfarben zutrifft – sondern Weiß.

»Aus dem Farbdiagramm ergibt sich die relative Stellung der einfachen und zusammengesetzten Farben innerhalb einer Skala, die den jeweiligen Rang durch die Teilhabe der Farbe am Licht bestimmt«, wie es vornehm im Jargon der Neuplatoniker heißen würde, zu denen Aguilonius gerechnet wird. Bei ihm können zudem alle Farben, je nach dem beigemischten Anteil an Weiß und Schwarz, verschiedene Grade der Intensität aufweisen.

Mit dem kleinen Diagramm oben deuten wir einen fortlaufenden Übergang von der durch die Folge der Farben gegebenen Aufteilung der Geraden zur Kontinuität des Bogens an, der Schwarz und Weiß verbindet. Farben laden auch zu geometrischen Spielen ein.

Das System des Aguilonius benutzt drei Grundfarben und erweist sich so als Vorläufer anderer Systeme, die auf die gleiche Weise operieren. Er verzichtet auf die vierte im reinen Bunde, das Grün, das schon bei Leonardo da Vinci Schwierigkeiten machte, allerdings nicht ohne ihr einen besonderen Platz einzuräumen. Wie das Rot (oben) steht das Grün in der Mitte (wenn auch unten). Die beiden Farben stehen sich also gegenüber, wie es sich gehört, und sie tun dies auf eine komplementäre Weise, wie Aguilonius unauffällig andeutet, indem er dem Rot eine Spitze (einen Punkt) zuweist, während das Grüne sich als Bogen ausdehnen kann. Das Diskrete steht dem Kontinuierlichen gegenüber, und wir verbinden sie durch das abgestufte Diagramm (Abb. 25-1).

Aguilonius hatte während der Arbeit an seinem Lehrbuch der Optik – *Opticorum libri sex* – mit dem flämischen Maler Peter Paul Rubens zusammengearbeitet, der zu dieser Zeit (genauer im Jahre 1611) seine berühmte Allegorie des Sehens unter dem Titel *Juno und Argus* malte. Auf dem Bild sind unter anderem ein Regenbogen und ein Pfau zu sehen, die beide immer schon durch ihre Farbenfülle und -vielfalt das Wundern der Menschen ausgelöst haben. Die Gnostiker haben dabei schon im 2. Jahrhundert nach Christus auf die erstaunliche Tatsache verwiesen und als allerhöchstes Mysterium verehrt, an die wir uns heute gewöhnt haben, die Beobachtung nämlich, daß die unendliche Farbenfülle des Pfauenschweifs aus einem einzigen weißen Ei hervorgeht. Der Gedanke, daß Weiß sämtliche Farben in potentia enthält, ist also uralt. Er taucht deutlich formuliert in einem Traktat aus dem 13. Jahrhundert auf, das auf Albertus Magnus zurückgeht. Dort kann man lesen: »Alle Farben, die sich der Mensch auf Erden nur vorstellen kann, erscheinen im Weiß.« Isaac Newton hat sich 1669 diese Sammlung mit Traktaten gekauft und danach mit seinen Versuchen begonnen, die dieser Einsicht ihre exakte Grundlage geben.

5 ROBERT FLUDD

Um 1630, also kaum zwanzig Jahre nach der Publikation des ersten gezeichneten Farbenkreises von A. S. Forsius (Kapitel 3), erscheint der erste gedruckte Farbenkreis in einem medizinischen Werk des Engländers Robert Fludd (1574–1637). Sein Farbenrad sieht insgesamt sieben Bereiche auf dem Umfang vor und weist damit auf seine Verwandtschaft zur Linie des Aristoteles hin (Kapitel 1). Fludd krümmt die klassische Linie und führt sie auf sich zurück. Er setzt konsequent Schwarz und Weiß (»Niger« und »Albus«) nebeneinander und das Rote (»Rubeus«) ihnen als »Mitte« (»Medium«) gegenüber. Alle drei stehen auf derselben Ebene wie die vier verbleibenden Farben, die wir als Grün (»Viridis«), Blau (»Coeruleus«), Gelb (»Flavus«) und Orange (»Croceus«) kennen. Fludd, der sich auch De Fluctibus nannte, hat insgesamt über 20 Werke in lateinischer Sprache verfaßt – unter anderem eine »Geschichte des Makrokosmos und des Mikrokosmos« –, die für uns viele unverständliche Gedanken enthalten. Er zieht in seinen Schriften gegen Johannes Kepler zu Felde und führt drei Prinzipien der Welt ein, und zwar die Dunkelheit, das Wasser und das göttliche Licht, das alles zu beleben hat. Seine Arbeiten zu den Farben erscheinen in einem Buch, das eine *Medicina Catholica* entwerfen will. Geplant war dabei ein universales Lehrbuch zur Medizin, von dem aber nur ein Band zwischen 1629 und 1631 zustande gekommen ist.

In diesem Werk bemüht sich Fludd auf 200 Seiten, Diagnosen durch die Betrachtung von Urin zu erstellen. Er versucht, aus dessen Farbe und Festigkeit Schlüsse auf das Befinden des Patienten zu ziehen. Bei diesem bis in unsere Gegenwart hinein verfolgtem Ansatz ging Fludd von seiner grundlegenden Überzeugung einer metaphysischen Dualität aus, die sich auf Erden durch die Pole Licht und Dunkelheit manifestiert. Sein Kreis der Farben (»Colorum Annulus«, Abb. 28-1) diente dazu, jede Farbe auf diese Dualität zurückzuführen. Er stellt grundsätzlich dazu fest, daß Farben nicht bloß Zufälle sind (»wie es noch die alten Philosophen meinten«), sondern daß es sich hierbei um Essenzen handelt, die der Schöpfer seinen Kreaturen eingegeben hat. Die Farben der Dinge sind Teile ihrer elementaren Konstitution.

Im Inneren seines Kreises ordnet Fludd seinen Ausgangsfarben Werte zu, indem er festlegt, wieviel »Helles« (Licht) und wieviel »Dunkles« (Schwärze) in ihnen vertreten ist. Weiß ist Licht ohne Schwärze (»Nigredinis nihil«), und Schwarz ist kein Licht (»Lux nulla«). Im Grün besteht eine Gleichheit von Licht und Schwärze, im Gelb eine Gleichheit zwischen Weiß und Rot. Orange entsteht, wenn im Gelben das Rote gegenüber dem Weißen zunimmt, und Himmelblau entsteht, wenn im Grünen die Schwärze gegenüber dem Licht zunimmt. Wir haben diese Spuren der Lehre des Aristoteles in einem zweiten Diagramm (Abb. 29-1) verdeutlicht.

Die Ideen des Aristoteles wirken also bis in das 17. Jahrhundert hinein, weshalb sich an dieser Stelle eine kurze Beschreibung lohnt, für die bisher kein Platz war. Grundsätzlich ist anzumerken, daß antike Farbenlehren sich auf einige Grundfarben und deren Mischungen beziehen. Ihr Verständnis wird dadurch erschwert, daß es nahezu ausgeschlossen ist, die griechischen oder lateinischen Farbbezeichnungen angemessen in unserer Sprache auszudrücken. Die Übersetzer etwa der Schriften von Aristoteles haben immer wieder darauf hingewiesen, daß ein und dieselbe Benennung dazu dient, unterschiedliche Nuancen zu charakterisieren. Dies rührt unter anderem daher, daß zahlreiche Farbnamen nicht in erster Linie einen Farbton meinen, sondern das Material, aus dem die Farbe gewonnen werden kann. Einzelne Wörter decken so ein ganzes Feld von unterschiedlicher Helligkeit oder unterschiedlichem Glanz ab, das mit unseren heutigen (standardisierten) Farbbenennungen nicht mehr gemeint ist.

Aristoteles (384–322 v. Chr.) hatte drei Vorläufer, die alle mit vier Farben beginnen. Empedokles (etwa 500–430) nennt Weiß, Schwarz, Rot und Ockergelb, die er den vier Elementen – Feuer, Erde, Wasser und Luft – zuordnet. Gesichert sind dabei nur die uns doch seltsam erscheinenden Verbindungen vom Weiß zum Feuer

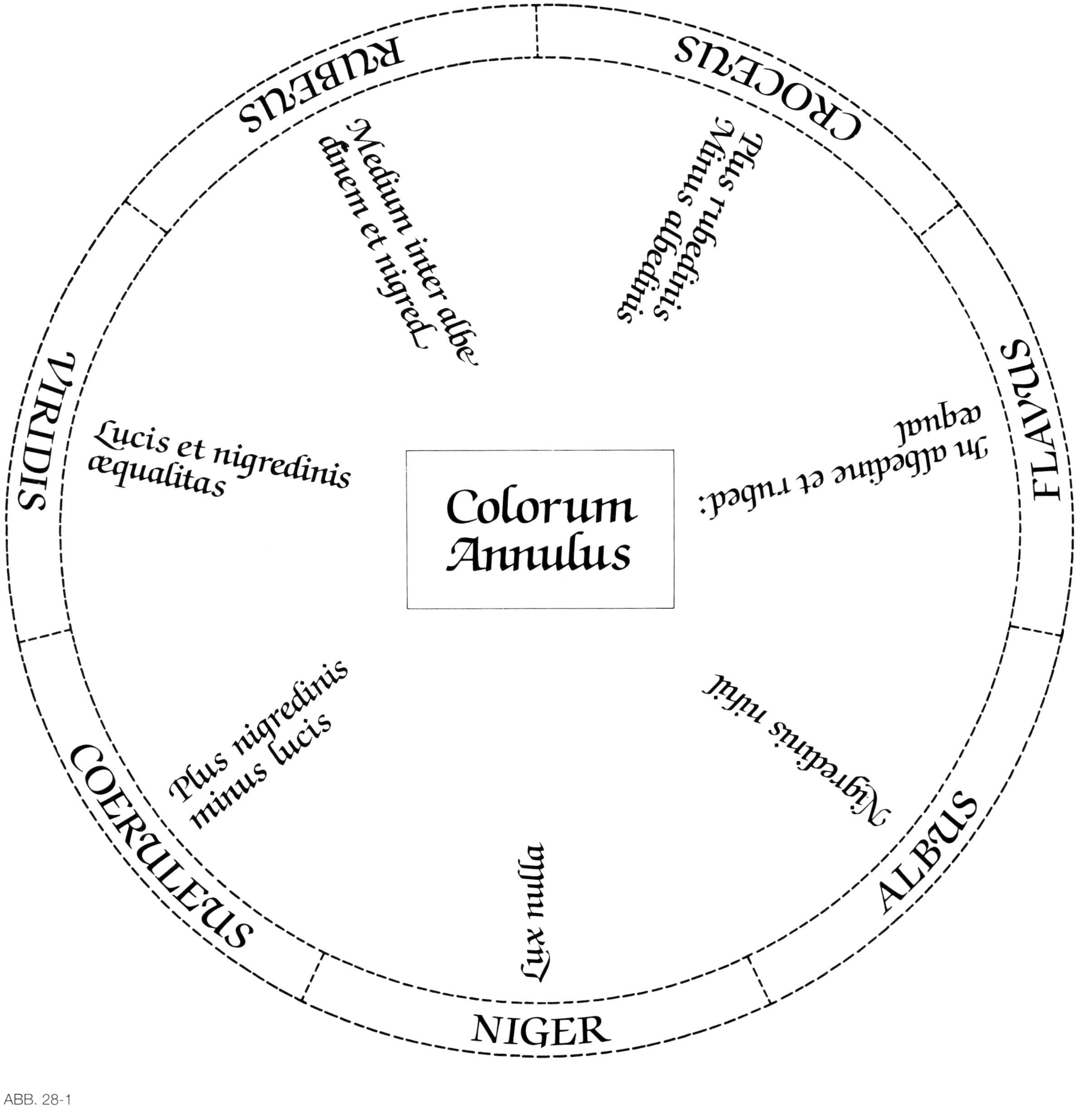

Colorum Annulus
RUBEUS
CROCEUS
FLAVUS
ALBUS
NIGER
COERULEUS
VIRIDIS
Medium inter albe dinem et nigred.
Plus rubedinis Minus albedinis
In albedine et rubed: æqual
Nigredinis nihil
Lux nulla
Plus nigredinis minus lucis
Lucis et nigredinis æqualitas

ABB. 28-1

und vom Schwarz zum Wasser. Während Empedokles an dem, was wir heute die chemische Zusammensetzung nennen würden, interessiert war, hatte nach ihm Demokrit (etwa 460–370) mehr den Blick des Physikers, bei dem bestimmte Atomverhältnisse eine Rolle spielen. Er unterscheidet ebenfalls vier Farben, ersetzt aber das Ockergelbe durch das Grüngelbe. Neben seinen Primärfarben gibt er daraus aufgebaute Mischfarben an, und zwar sieben Stück: neben Gelbrot, Purpur, Indigo, Lauchgrün und Dunkelblau eine Nuß- und eine Feuerfarbe, die wir uns als helles Braungelb vorzustellen haben.

Platon (427–348) bleibt bei vier Grundfarben, die wir oben kennengelernt haben (Weiß, Schwarz, Rot und »Glänzend«). Bei ihm spielt weder die Chemie noch die Physik eine Rolle. Die Farbe ist grundsätzlich ein Element des Schönen, und der Glanz soll ihre Wirkung steigern. Aristoteles geht die Sache dann wieder praktischer an. Er reduziert die Grundfarben auf die beiden Extreme Schwarz und Weiß, die durch Ab- beziehungsweise Anwesenheit von Licht definiert werden. Licht allein ist also Weiß, weshalb er es dem Element Luft zuweist. Dieser Punkt ist wichtig: Bei Aristoteles *(De sensu et sensibili)* hat Licht selbst keine Farbe; Licht ist nur das Medium, durch das die Farben gesehen werden, und zwar jene Farben, die die Gegenstände haben. Dort, wo ein begrenzter Körper nicht mehr durchsichtig ist, kommt Farbe zustande.

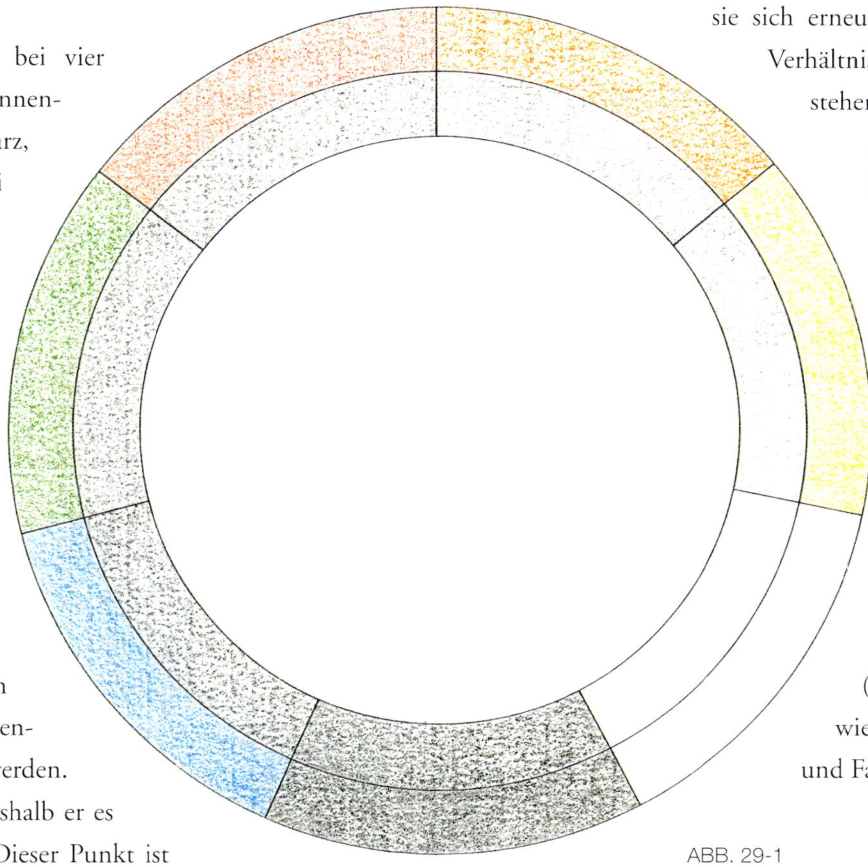

ABB. 29-1

Die vielen Farben der Welt konstruiert Aristoteles durch Mischungen, die auf unterschiedlichen Stufen erfolgen. Aus Schwarz und Weiß entstehen die fünf Farben seiner Skala – Gelb, Scharlachrot, Purpur, Lauchgrün und Dunkelblau –, die sich ihrerseits mischen lassen. Die sekundären Farben entstehen entweder durch das Nebeneinandersetzen von kleinsten, mit dem Auge nicht mehr wahrnehmbaren Punkten aus den Grundfarben oder durch Übereinanderschichten der Grundfarben oder durch Verschmelzung der farbigen Substanzen.

Die Lehren des Aristoteles wirken noch bis zu Robert Fludd im frühen 17. Jahrhundert nach, wobei sie nicht nur im europäischen Rahmen geblieben sind, sondern auch kräftig die arabischen Philosophen beschäftigt haben. Im 11. Jahrhundert stellen sie sich erneut die Frage, in welch einem Verhältnis Licht und Farbe zueinander stehen.

Avicenna (gestorben 1037) bestreitet, daß es Farbe gibt, wo es dunkel ist. Ohne Licht fehle ihr das »verum esse«. Sein Gegenspieler Alhazen (gestorben 1038) hält dem entgegen, daß die Farben noch vorhanden seien, wenn es dunkel ist, sie erreichten nur das Auge nicht mehr.

Im europäischen Mittelalter greift Roger Bacon (gestorben 1294) diese Frage wieder auf und erklärt, daß Licht und Farbe nur vereint vorkommen.

Schließen wollen wir diesen Exkurs mit dem Hinweis auf den Bischof von Brixen, Nikolaus Cusanus (1401–1464), der zum ersten Mal die Idee äußert, daß Licht nicht nur die Farbe der Gegenstände zeigt. Das Licht schafft die Farben vielmehr: »Omnis esse coloris datur per lucem descendentum.« Und er sagt noch etwas Schönes: Die vergänglichen irdischen Dinge verändern ihre Farbe, wenn sie selbst sich verändern. Und Cusanus zieht daraus den Schluß, daß die Farbe die Aufgabe hat, das »Werden-Können« sichtbar zu machen. Die Farben zeigen also, was das Leben kann.

6 ATHANASIUS KIRCHER

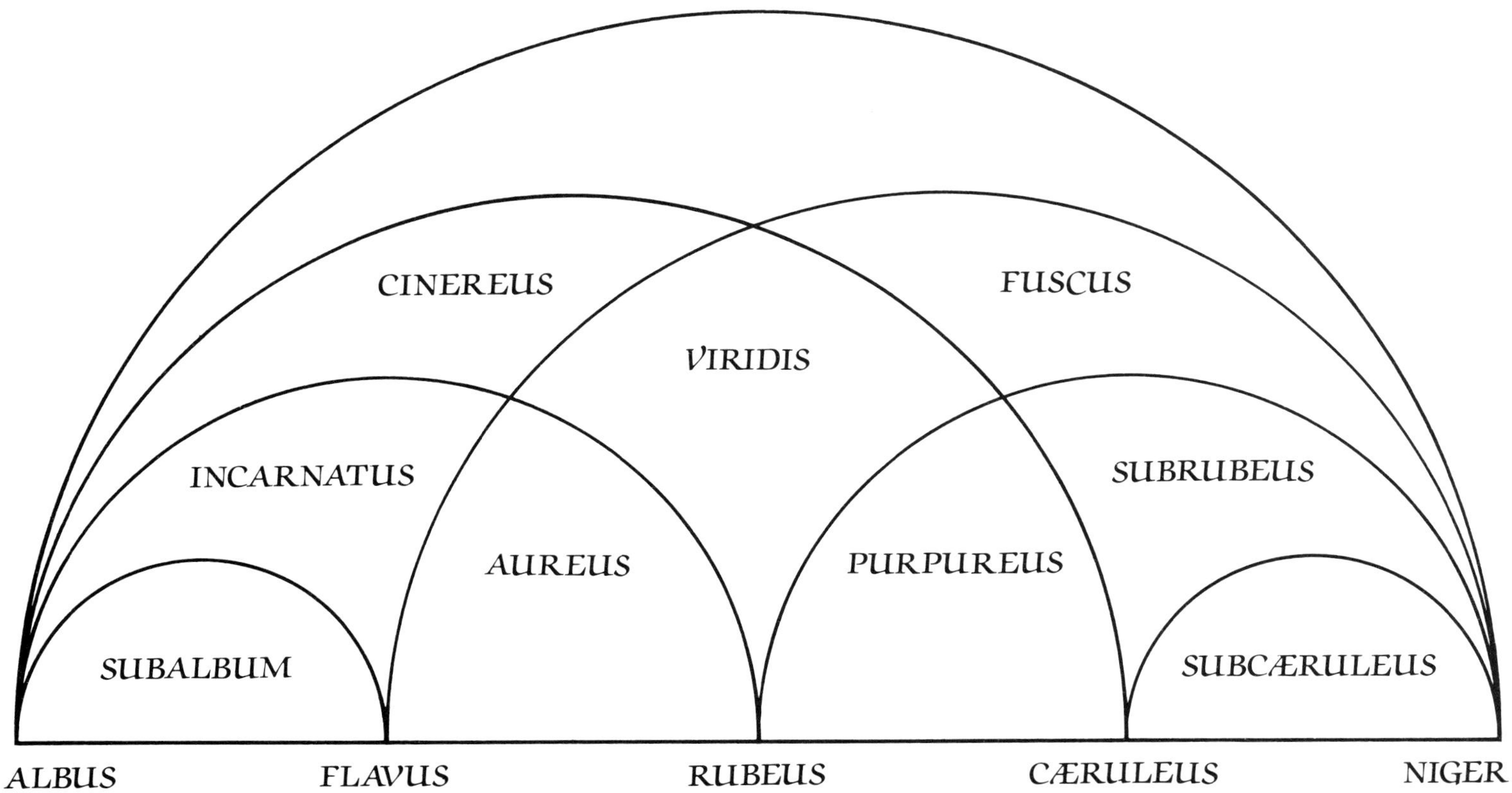

ABB. 30-1

Athanasius Kircher (1601–1680) werden wir später noch einmal in einer spannenden kosmologischen Konstruktion begegnen, in welcher sich ein Skarabäus zwischen den Planeten bewegt (Kapitel 59). Kircher, der aus Fulda stammte, war ein vielseitiger Mann und hat unter anderem Mathematik und Hebräisch unterrichtet, die Hieroglyphen zu entziffern versucht und den Brennspiegel erfunden. Über 40 Werke sind von ihm erhalten, von denen er eines ganz speziell den Farben widmete. 1646 erschien »Die große Kunst von Licht und Schatten« *(Ars magna lucis et umbrae).* Der Titel weist mit den ersten beiden Worten unübersehbar auf die Lullische Kunst hin, die noch beschrieben wird (Kapitel 60). Kein Wunder also, wenn sein System eine konsequente Vorstellung von Mischfarben liefert, die durch halbe Kreisbögen angegeben werden (Abb. 30-1).

Grundlage aller Kombinationen ist ein lineares Diagramm, das selbst – neben Weiß (»albus«) und Schwarz (»niger«) – von drei Farben aus operiert, und zwar Gelb (»flavus«), Rot (»rubeus«) und Blau (»caeruleus«). Wir wollen hier nicht alle Arrangements aufzählen und auch nicht versuchen, die vielen neuen Namen zu übersetzen – »subrubeus« etwa oder »fuscus« beziehungsweise »incarnatus«. Wir weisen aber auf die besondere Position des Grün (»virides«) hin, das wie das Rot im Zentrum steht, allerdings nicht auf der Ebene der reinen, sondern der gemischten Farben. Grün befindet sich dort, wo es zur Überschneidung von Gelb und Blau kommt.

Wenn man die vom Weißen ausgehenden Bögen nach oben und die zum Schwarzen hinlaufenden Kurven nach unten zeichnet, entsteht ein Gebilde (Abb. 31-1), das an das chinesische Yin-Yang-Symbol erinnert. (Man braucht nur den Weg durch Rot zu behalten und die beiden Linien durch Gelb und Blau wegzulassen.) Man kommt – so zeigt diese Darstellung – vom Weißen und Schwarzen zu allen Farbpunkten des Systems. Damit wird die Grundposition des Autors sichtbar. Kircher betrachtet Farbe nämlich als »des Lichts und des Schatten echte Ausgeburt«, wie er im Vorwort zu seinem erwähnten Buch von 1646 schreibt. Farbe ist ein »beschattetes Licht«, und »alles, was sichtlich in der Welt ist, ist es nur durch ein schattiges Licht oder einen lichten Schatten«.

Kirchers Buch setzt sich aus acht Kapiteln zusammen, die zum Beispiel von der Mannigfaltigkeit der Farben handeln, auf die Gefärbtheit durchsichtiger Steine eingehen und nach den Farben der Pflanzen und Tiere fragen. Warum, so will Kircher wissen, sehen vierfüßige Tiere nicht goldfarben aus, und warum nehmen Vögel und Insekten alle Arten von Farben an. Kircher überlegt auch, warum der Himmel blau erscheint, ohne allerdings zu einer befriedigenden Klärung zu gelangen.

Heute wissen wir, daß Fragen, die mit »Warum« beginnen, immer zwei Arten von Antworten zulassen, und nur eine von denen ist gewöhnlich zu finden. Dieser mechanische Aspekt der Frage, warum der Himmel blau ist, kann heute von der Physik beantwortet werden. Sie tut dies, indem sie darauf hinweist, daß das Licht, das uns vom Himmel erreicht, Streulicht ist. Die Strahlen der Sonne treffen auf die Partikel der Atmosphäre und werden von ihnen gestreut. Wenn man diesen Vorgang im Detail analysiert, stellt sich heraus, daß die unterschiedlichen Komponenten des Lichtes unterschiedlich gestreut werden. Es ist vor allem blaues Licht, das dabei überwiegt (was physikalisch dadurch zustande kommt, daß Blau eine hohe Frequenz hat), und zwar in einem derartigen Ausmaß, daß wir nur noch das Blaue überhaupt wahrnehmen. (Wer es genauer wissen will: Die Physiker zeigen, daß die Intensität des Streulichts proportional zur vierten Potenz der Frequenz ist, wenn die Teilchen, an denen das Licht gestreut wird, klein genug sind.) Deshalb ist der Himmel blau, zumindest im Physikunterricht.

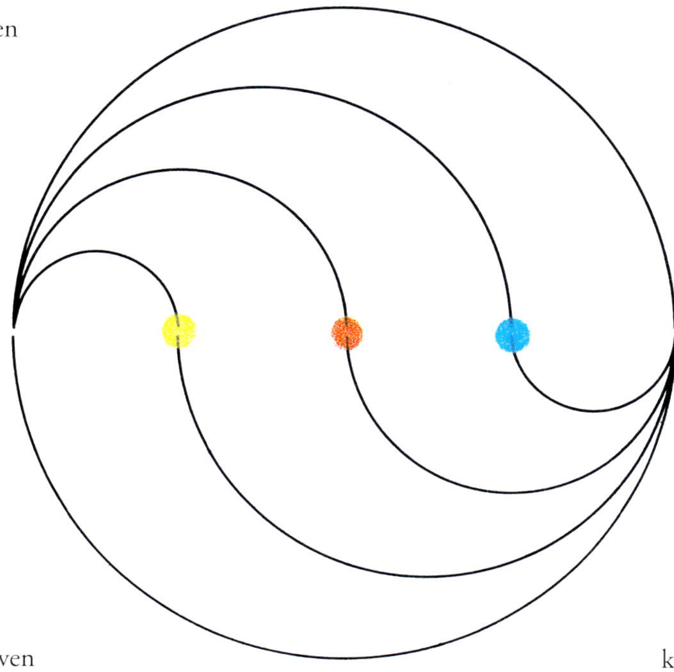

ABB. 31-1

Kircher hatte natürlich solch eine Antwort nicht im Sinn. Und er hätte sie nicht verstanden, wenn man sie ihm vorgetragen hätte. Die Physik des Lichtes und der Farben ließ zu seiner Zeit noch auf sich warten, aber es dauert nicht mehr lange, bis eine erste Optik entsteht, mit der wir auch heute noch etwas anfangen können. Wir werden sie in Angriff nehmen, wenn Sir Isaac Newton das farblose Sonnenlicht durch ein Prisma in Farben zerlegt. Das Prisma und seine Wirkung auf das Licht waren Kircher schon bekannt. Er deutet seine Farben, indem er sagt, die hellsten Farben kommen beim Durchgang durch die schwächste Seite des Glases, und die dunkelsten Farben kommen beim Durchgang durch die stärkste Seite des Glases zustande. Er ist der vorläufig letzte, der die Helligkeit der Grundfarben beachtet und in sein System mit aufnimmt. Diese Farbordnung von Hell nach Dunkel geht mit Kirchers Ordnung nach über 2000 Jahren zunächst einmal verloren, und sie taucht erst im 20. Jahrhundert wieder auf.

7 RICHARD WALLER

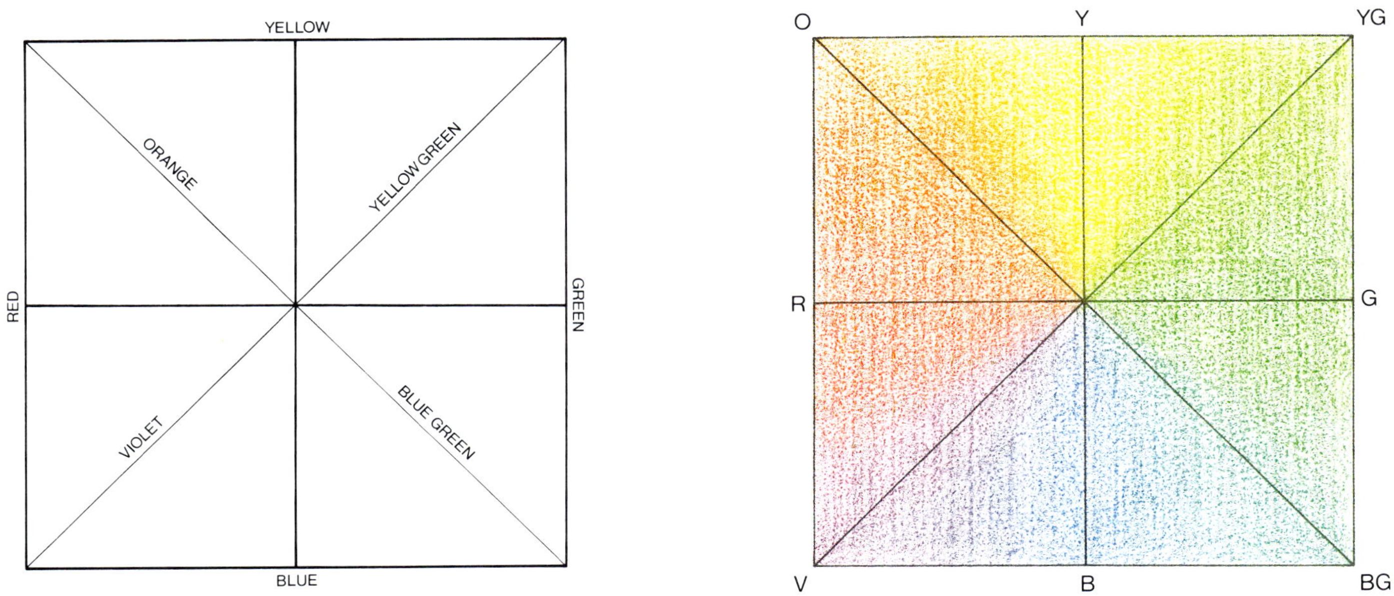

ABB. 32-1

Zu der Zeit, in der am Ende des 17. Jahrhunderts die alte Farbordnung von Hell nach Dunkel oder von Schwarz nach Weiß verschwindet und Isaac Newton eine neue Systematik auf die Beine stellt, versucht der Engländer Richard Waller in London, ob man die Farben nicht in einem Quadrat anordnen könnte. Er publiziert seine Ordnungsversuche in der Absicht, einen »Standard of Colours« zu geben, denn er beklagte, daß sich bis zu seiner Zeit noch kein Standardbegriff der Farbe unter den Philosophen durchgesetzt habe. Dies sei bedauerlich, weil die wissenschaftliche Praxis der Farbe über die diagnostische Anwendung in der Medizin hinausgehen und nun dazu dienen müsse, die Schöpfung zu katalogisieren.

Wir stellen Wallers System mit vier Grundfarben dar – Gelb (»Yellow«, Y), Rot (»Red«, R), Blau (»Blue«, B) und Grün (»Green«, G) –, die nicht an den Ecken, sondern auf der jeweiligen Seitenmitte liegen (Abb. 32-1). In die Felder des entstehenden Netzes können dann die resultierenden Mischungen eingezeichnet werden. Waller bestimmt diese Mitteltöne nun nicht nach seinem Gefühl, er geht vielmehr nach dem Gewicht vor, das heißt, er mischt die jeweiligen Ausgangspigmente im Gewichtsverhältnis 1:1. Zerlegt man das Wallersche Quadrat in seine primären und sekundären Linien, zeigen sich die Diagonalen als Orte der Synthese. Die Mischfarben – Orange (»Orange«, O), Gelbgrün (»Yellowgreen«, YG), Blaugrün (»Bluegreen«, BG) und Violett (»Violet«, V) – resultieren, physikalisch gesprochen, aus den Kräften, die die reinen Farben aufspannen.

Waller veröffentlicht sein System um 1686 unter dem Titel *Catalogue of Simple and Mixt Colours.* Sein Quadrat ist das letzte Hindernis auf dem Weg zu Newton, der seit 1670 mit optischen Experimenten befaßt war und der künftigen Ordnung der Farben eine grundlegend physikalische Denkweise unterlegt (Kapitel 8). An dieser Stelle endet zunächst die alte Betrachtung, derzufolge Farben als Modifikationen des weißen Lichtes durch die Beimengung von Dunkelheit entstehen. (Johann Wolfgang von Goethe [Kapitel 14] wird diesen Gedanken der Trübung später allerdings mit allem Nachdruck wiederbeleben.) Die Idee, daß Farben keine Abänderungen des weißen Lichtes, sondern vielmehr seine ursprünglichen Bestandteile sind, wurde durch Versuche mit einem Prisma gewonnen. Einen Glaskörper dieser Art hatte zum ersten Mal der böhmische Physiker Marcus Marci im Jahre 1648 benutzt. Er ließ Sonnenlicht in ein dunkles Zimmer mit einer kleinen Öffnung fallen und lenkte den resultierenden Strahl anschließend durch ein Prisma. Dabei sah er eine Folge von Farben, die wir heute ein Spektrum nennen: Rot, Weiß, Violett. Marci sah, daß die angebliche Modifikation vom Winkel abhing, unter dem das Licht abgelenkt wurde, und er bemerkte auch, daß das farbige Licht selbst anschließend nicht weiter zerlegt werden konnte.

Etwa zur gleichen Zeit (1650) entdeckte F. M. Grimaldi in Bologna, daß kleine Öffnungen farbige Lichterscheinungen nach sich ziehen, die wir heute durch die sogenannte Beugung erklären. Die Physik der Farben kam dann – vor Newton – durch Robert Hooke richtig in Schwung, der damit begann, die Farben zu untersuchen, die entstehen, wenn Licht an dünnen Glimmerblättchen beziehungsweise zwischen Glasplatten gebrochen wird. Hooke machte in seinem Werk *Mikrographia* auch schon kühne Annahmen über die Natur des Lichtes. Für ihn lief hier eine Wellenbewegung ab, und eine Wellenfläche, die senkrecht auf dem Strahl steht, produzierte seiner Ansicht nach Weiß. Stand die Wellenfläche schief, tauchte die Fähigkeit zur Färbung auf, die am Rande eines Lichtbündels wirksam wird. Farbe als Schiefe einer Wellenfläche – das konnte nur einem Physiker einfallen, aber die Vertreter ihrer Zunft hatten auch anschaulichere Ideen, und sie werden uns auf einigen folgenden Kapiteln beschäftigen.

8
ISAAC NEWTON

ABB. 34-1

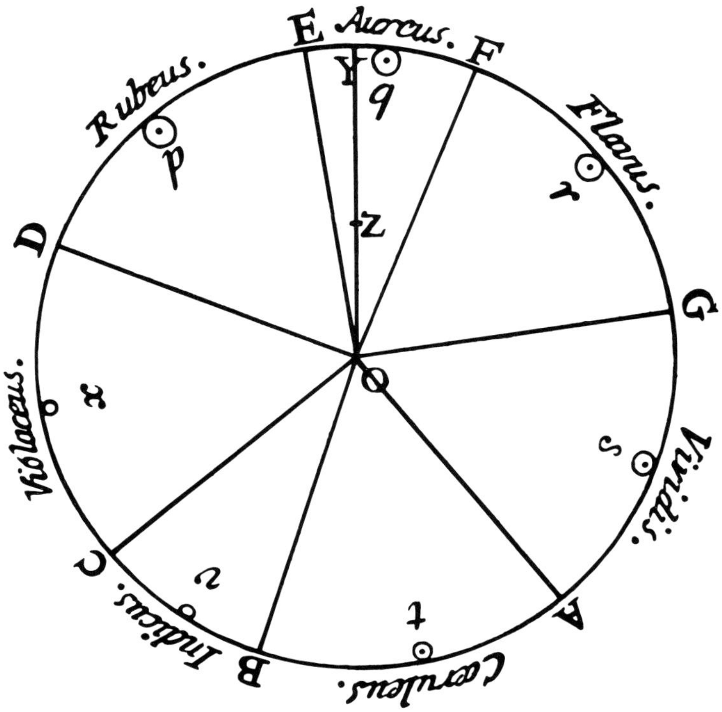

»Weiß hat Newton gemacht aus allen Farben. Gar manches hat er euch weis gemacht, das ihr ein Säkulum glaubt.«

So polemisierte der große deutsche Dichter Goethe gegen den großen englischen Physiker Newton noch mehr als einhundert Jahre, nachdem der Wissenschaftler eine neue Farbordnung angegeben hatte, die das herkömmliche lineare System zu einem Kreis bog und auf die alte Organisation nach Hell- und Dunkelwerten verzichtete. Der Newtonsche Farbenkreis besteht – mit unseren heutigen Bezeichnungen und Newtons Buchstaben – aus sieben Farben in der Folge Rot (p) – Orange (q) – Gelb (r) – Grün (s) – Cyanblau (t) – Ultramarinblau (v) – Violettblau (x) (Abb. 34-1). Schwarz und Weiß finden sich dabei nicht mehr. Statt dessen wird die freie Kreismitte ausdrücklich dem Weißen zugeordnet, um zu symbolisieren, daß die Summe aller angeführten Farben weißes Licht ergibt. Goethe wehrte sich vehement gegen diese Konzeption, und er zielte damit auf das Fundament der Newtonschen Optik, an deren Anfang die Zerlegung des Tageslichts durch ein Prisma steht.

Isaac Newton (1642–1726) gehört sicher zu den einflußreichsten Naturforschern unserer Geschichte, und die produktivste Zeit hatte er in seiner Jugend. Er war gerade erst zweiundzwanzig Jahre alt, als er die Grundlagen für das Verfahren entwickelte, das heute Infinitesimalrechnung heißt und eine mathematische Behandlung von Geschwindigkeiten und Beschleunigungen ermöglicht. Vier Jahre später konstruierte er ein Spiegelteleskop (um die ärgerlichen Farbfehler seiner Vorgänger zu vermeiden), und in diesen Jahren gelangen ihm auch die Einsichten, die ihn berühmt machten. Newton zeigte, daß ein auf den Boden fallender Apfel und der unseren Planeten umkreisende Mond denselben mechanischen Gesetzen folgen. Mit anderen Worten, die Physik der Erde ist auch die Physik des Himmels. Der Kosmos ist uns nicht fremd. Unsere Gesetze gelten dort auch.

Newton publizierte seine Vorstellungen von der Gravitation und ihre mathematische Behandlung 1687 in seinem Hauptwerk *Philosophiae naturalis principia mathematica.* Zu dieser Zeit hatte er sich auch schon mit optischen Versuchen beschäftigt und längst

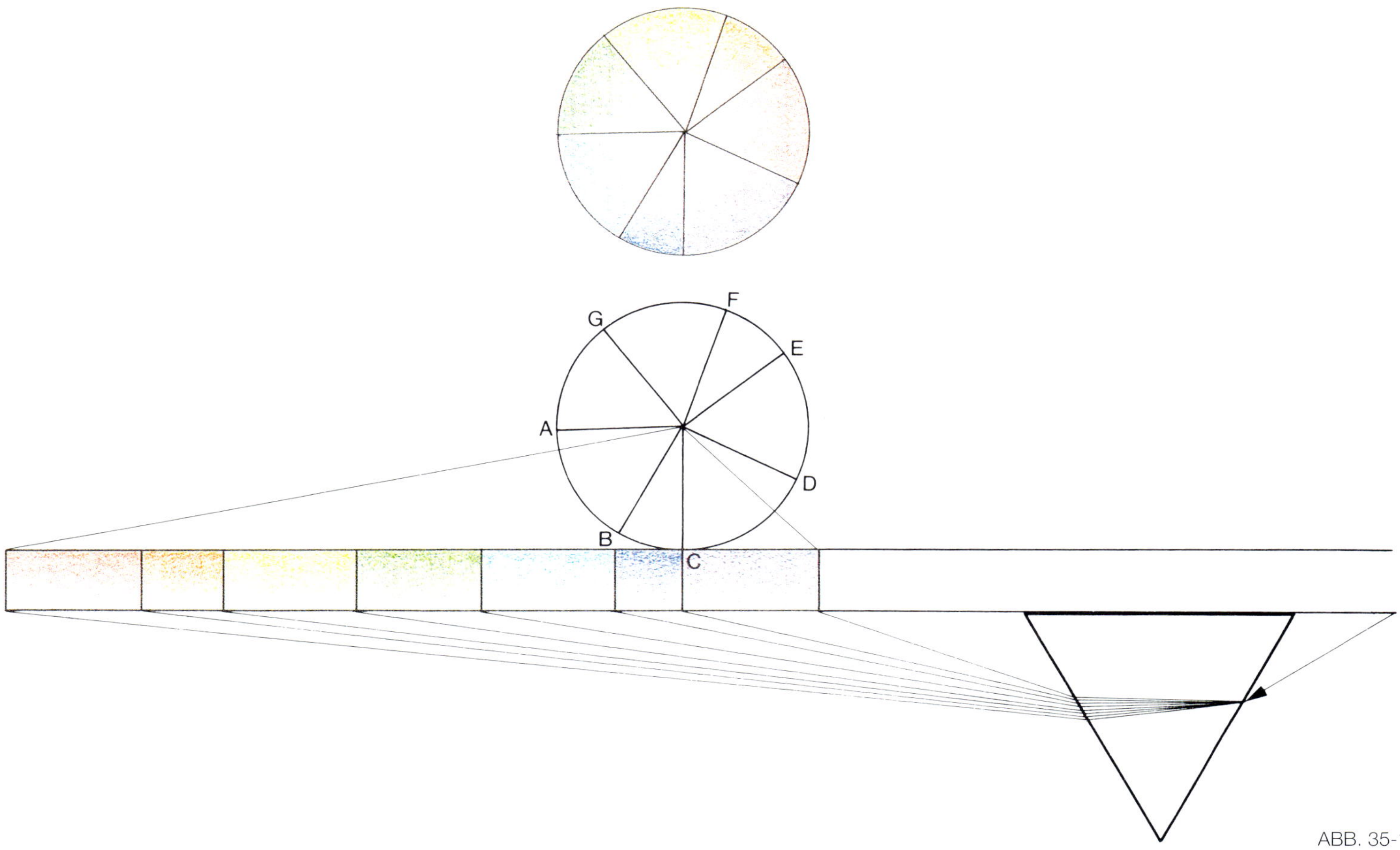

ABB. 35-1

verstanden, daß weißes Licht aus farbigen Strahlen zusammengesetzt ist. 1672 hatte er der Royal Society eine Arbeit geschickt, in der er »a new theory of light and colours« vorstellte. Im Jahr zuvor drohte die Pestgefahr in London, und Newton hatte sich mehrere Monate auf die elterliche Farm im Kreis Lincolnshire zurückgezogen. Hier wiederholte er zunächst die Experimente von Marci (Kapitel 7), der 1648 weißes Licht durch ein Prisma geleitet und seine Ablenkung beobachtet hatte. Newton ging dann einen ersten Schritt weiter, indem er sich davon überzeugte, daß die Lichtstrahlen selbst hinter dem Prisma geradlinig weiterliefen. Anschließend kam es zum »experimentum crucis«. Newton ließ die von einem ersten Prisma gebrochenen Strahlen durch ein zweites Prisma laufen. Er sah, daß sie dabei zwar erneut abgelenkt, aber sonst nicht weiter verändert (zerlegt) werden. Damit konnte er feststellen: Farben sind nicht Modifikationen des weißen Lichts. Farben sind vielmehr seine ursprünglichen Bestandteile. Weißes Licht besteht aus farbigem Licht, und zwar aus den sieben Komponenten, die sich im Farbkreis finden. Dieses farbige Licht ist nicht zusammengesetzt, es ist im Gegenteil einfach, und seine Farbe ist rein. Es kann natürlich gemischt werden, um sekundäre Farben zu erzeugen. Und wenn die Komponenten im richtigen Verhältnis aufeinandertreffen, sieht das Licht weiß aus.

Die Palette, die bei der Brechung des Lichts an einem Prisma zustande kommt, nennt man das Farbspektrum (Abb. 35-1), und seine Komponenten sind die Spektralfarben. Die Frage lautete nun, wie sie zu erklären sind. Warum wird blaues Licht stärker im Prisma abgelenkt (gebrochen) als rotes Licht?

Eine Antwort konnte nur gegeben werden, wenn mehr über die Natur des Lichtes bekannt war. Woraus bestand ein Lichtstrahl, der sich offensichtlich geradlinig bewegen konnte? Hatte man es hier

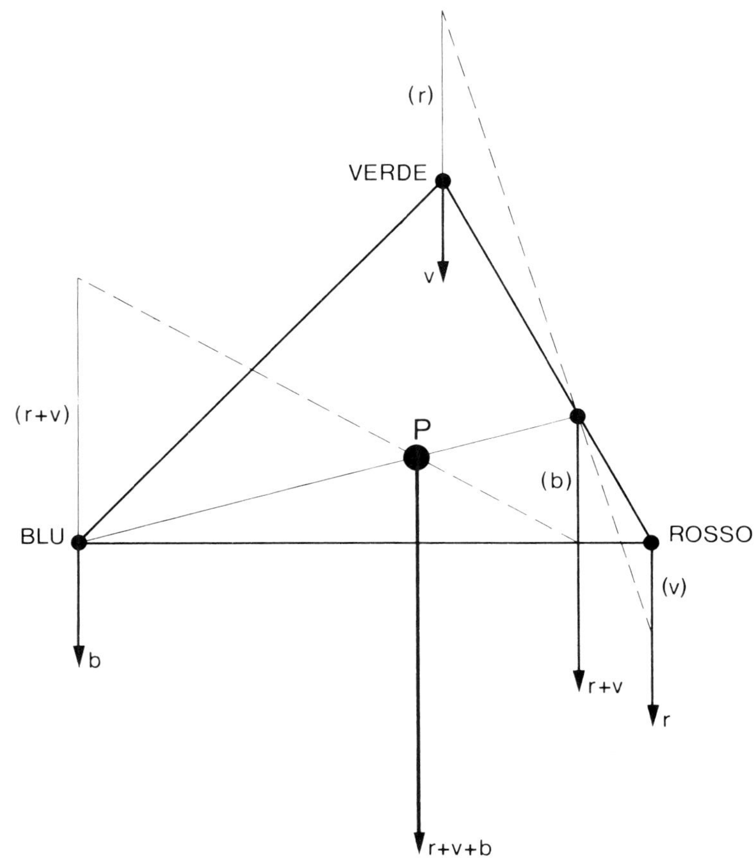

ABB. 36-1

mit einer Welle zu tun, wie man sie an einem Seil beobachten kann? Oder setzte sich Licht aus winzigen Partikeln (Korpuskeln) zusammen?

Newton versuchte, diese Themen in seinem zweiten grundlegenden Werk zu klären, seiner *Opticks*, die im Jahre 1704 erschien und auch den Farbenkreis enthält, den Abbildung 34-1 zeigt. Die Farben sind dabei mit kreisförmigen Gebilden markiert, die beim Rot am größten sind und zum Violettblau hin kleiner werden. Newton deutete damit seine Vorstellungen von der Natur des Lichtes an. Licht setzt sich seiner Ansicht nach aus Korpuskeln zusammen, die in Abhängigkeit von ihrer Größe durch das Prisma abgelenkt werden: das große Rot am wenigsten, das kleine Blau am stärksten. Wir können nun weitere Details in Newtons Farbenkreis erklären: Er ist in Sektoren unterteilt, deren Größe proportional zu ihrer Intensität im Spektrum ist. Mit dieser Länge und der unterschiedlichen Größe der Lichtkorpuskel läßt sich eine Art Schwerpunkt des Kreises berechnen und eintragen, der von Newton mit Z bezeichnet wurde. Die Gerade, die das weiße Farbzentrum O und das Gravitationszentrum Z verbindet, schneidet den Kreis in Y. Farbmischungen können dargestellt werden, indem man im Hinblick auf Newtons Liebe zur Mechanik ein Kräftedreieck (Abb. 36-1) zeichnet, dessen Eckpunkte durch drei Grundfarben – »Rosso« (Rot), »Blu« (Blau) und »Verde« (Grün) – gebildet werden.

Mit der korpuskularen Sicht von der Natur des Lichtes stellte sich Newton in Gegensatz zu einer Abhandlung des Holländers Christian Huygens, der 1678 sein *Traité de la lumière* veröffentlichte und das Licht als eine Bewegung in einem feinen Medium interpretierte, dessen Bewegung durch Stöße der lichtaussendenden Materie in Schwung kommt. Eine Vorahnung dieser Wellenvorstellung findet sich übrigens bereits 400 Jahre früher bei Robert Grosseteste (Kapitel 2), der sich auch schon Gedanken über die Ausbreitung der »Species« Licht gemacht hat (»multiplicatio speciorum«). Leider verwendete Huygens keinerlei Aufmerksamkeit auf die Frage, wie in seinem Bild die Spektralfarben zustande kommen können. Und die uns heute bekannte Antwort, daß sich hier eine Zunahme der Wellenlänge vom Blau zum Rot hin zeigt, mußte ihm verschlossen bleiben, weil es noch bis ins 19. Jahrhundert dauerte, bevor man durch Beugung von Licht an einem Gitter Wellenlängen von der Größenordnung messen konnte, die hier eine Rolle spielen.

Newtons Farbenkreis bleibt unvollständig erläutert ohne den Hinweis darauf, daß sein Erfinder davon überzeugt war, daß Licht- und Schallausbreitung vergleichbar sind und auch harmonisch übereinstimmend zu behandeln sind. Newton wählte sieben Farben, weil eine Oktave sieben Tonintervalle zeigt, und er ordnete ihnen Abschnitte in Analogie zu deren Größe in der dorischen Tonleiter zu. Die dazugehörenden einzelnen Töne fallen mit den Grenzen zwischen den Farbqualitäten zusammen, das D zum Beispiel mit der Grenze zwischen Violett und Rot, und das A mit der Grenze zwischen Grün und Blau. Diese mathematisch-musikalische Aneignung der Farben macht es vielen Beobachtern schwer, Newtons System zu verstehen, das seine sieben (statt fünf) Primärfarben weniger aus wissenschaftlichen und mehr aus ästhetischen Gründen hat.

Mit Newtons Kreisform wird der Übergang von der ein- zur zweidimensionalen Farbordnung vollzogen. Es ist dabei nützlich, sich klarzumachen, daß dieser Schritt zwar von einem Physiker durchgeführt wurde, dennoch aber wenig mit Physik zu tun hat. Das Spektrum, das Newton hinter seinem Prisma sieht, ist eine Linie, die er nur deshalb krümmen kann, weil die Farbtöne kontinuierlich ineinander übergehen. Allein deshalb kann das kurzwellige (violette) Ende – unter Verzicht auf Purpur – an das langwellige (rote) Ende angeschlossen werden. Die Lücke der Physik wird durch die Empfindung geschlossen. Unser Gehirn ist es, das aus der Linie der Physik den Kreis macht, den Newton als erster gezeichnet hat. Farben versteht man nur, wenn man die Menschen berücksichtigt, die sie sehen dürfen.

9 TOBIAS MAYER

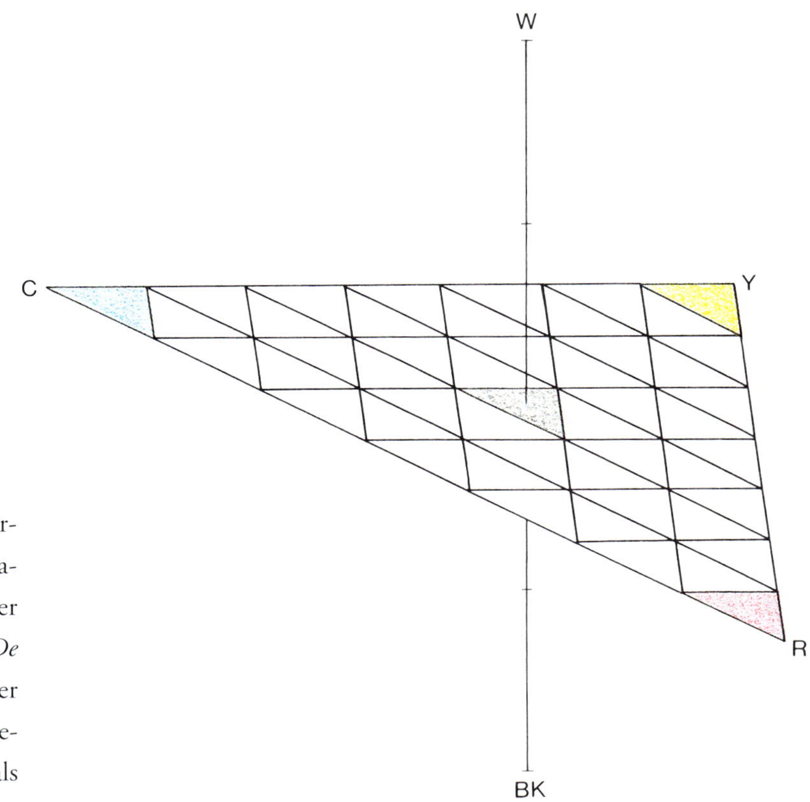

ABB. 38-1

Im Jahre 1758 – mehr als ein halbes Jahrhundert nach dem Erscheinen von Newtons *Opticks* – hielt der deutsche Mathematiker und Astronom Tobias Mayer (1723–1762) vor der Göttinger Akademie der Wissenschaften einen Vortrag mit dem Titel *De affinitate colorum commentatio.* Mayer versuchte hierin, die Zahl der mit dem Auge wahrnehmbaren Farben exakt zu ermitteln. Er operierte mit Rot, Gelb und Blau als Grundfarben und wählte dabei als ihre Repräsentanten unter den Pigmenten die Farben Zinnoberrot, Königsgelb und Bergblau aus. Schwarz und Weiß werden als Vertreter von Licht und Finsternis berücksichtigt, die Farben entweder aufhellen oder verdunkeln.

Mayer ist klar, daß sehr kleine Farbunterschiede vom Auge nicht wahrgenommen werden können, weshalb der Abstand zwischen Mischungen nicht beliebig klein gewählt werden darf. Um eine Grundlage für Berechnungen zu haben, nimmt Mayer – wie in einer Oktave – zwölf Stufen zwischen zwei Grundfarben an, und er postuliert, daß ein solches Zwölftel einer Farbe beigegeben werden muß, um die dabei neu entstehende Mischfarbe von der reinen Ausgangsfarbe unterscheiden zu können. Er führte dann folgende naheliegende Notation ein: Zinnober wird mit r12 (12 Einheiten Rot), Königsgelb mit g12 (12 Einheiten Gelb) und Bergblau mit b12 (12 Einheiten Blau) bezeichnet. Mischungen heißen zum Beispiel r6g6 (6 Einheiten Rot und 6 Einheiten Gelb ergeben Orange), b6g6 (6 Einheiten Blau und 6 Einheiten Gelb ergeben Grün) oder r6b6 (6 Einheiten Rot und 6 Einheiten Blau ergeben Violett). Indem Mayer die reinen Farben r12, b12 und g12 zu Eckpunkten eines Dreiecks machte, konstruierte er eine geometrische Figur, die systematisch angab, wie 91 Buntfarben zustande kamen, die dann zum Beispiel r4b5g3 oder r2b8g2 hießen.

Das Farbendreieck von Tobias Mayer wurde erst 1775, also mehr als ein Dutzend Jahre nach seinem Tode, durch den Göttinger

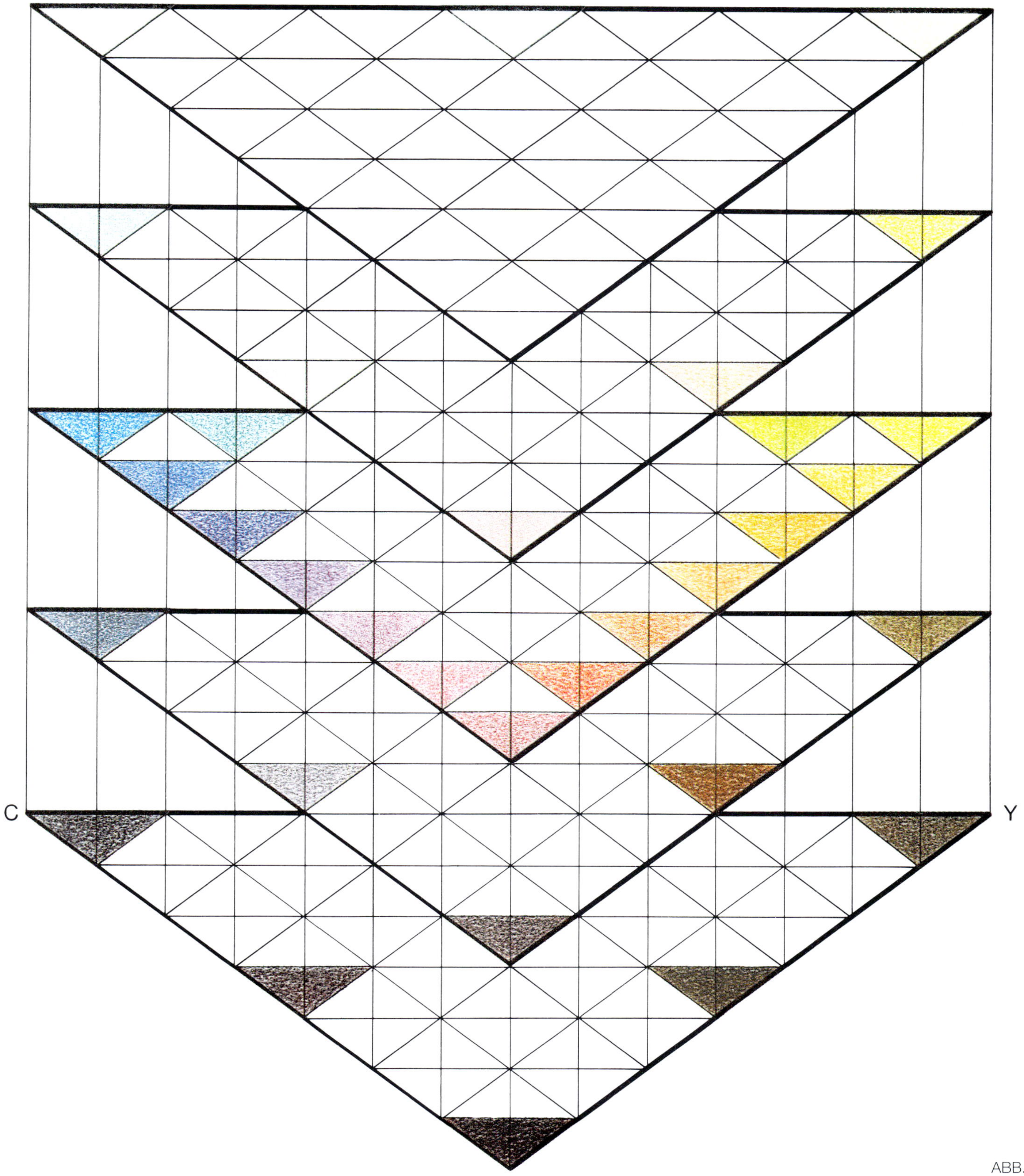

ABB. 39-1

Physiker Georg Christoph Lichtenberg veröffentlicht und in Verbindung mit anderen *Opera inedita* herausgebracht, und zwar auf Anregung von Johann Heinrich Lambert, der es drei Jahre zuvor benutzt hatte (Kapitel 11). Mayer hatte zwar nur eine ebene Figur mit 91 Kästchen gezeichnet, er hatte aber am Ende seiner Vorlesung noch erwähnt, daß jede der konstruierten (gemischten) Farben durch das Zusetzen von bis zu vier Teilen Weiß oder Schwarz ins Helle oder Dunkle verändert werden kann. Damit beläuft sich in seinem System die Zahl der theoretisch unterscheidbaren Farben auf 2 x 5 x 91, also auf 910. Den Platz, den sie einnehmen könnten, zeigt der abgebildete Körper mit den übereinanderliegenden Dreiecken (Abb. 39-1), der von Mayer selbst nur beschrieben, nicht aber dargestellt worden ist. Das Grunddreieck befindet sich dabei in der Mitte. In seinem Zentrum ist Grau. Nach unten wird Schwarz beigemischt (»Black«, BK), nach oben kommt Weiß hinzu (»White«, W). R steht für »Red« (Rot), Y steht für »Yellow« (Gelb) und C steht für »Cyanblue« (Cyanblau).

Die Konstruktion geht allerdings nicht auf, sie enthält eine Anomalie. Das graue Zentrum des Ausgangsdreiecks ist nämlich bereits so dunkel, daß die unter ihm liegenden zentralen Bereiche nur Wiederholungen sein und keine Abstufungen mehr bieten können.

Mayer ist in Astronomenkreisen berühmt für seine exakten Messungen, und er hat sich große Verdienste mit Methoden erworben, die es ermöglichen, Fehler von Instrumenten aufzudecken. Seine bedeutendste Leistung gelang ihm 1760, als er nachweisen konnte, daß Fixsterne gar nicht so fixiert sind, wie man bis dahin angenommen hatte. Vielmehr kommt ihnen eine Eigenbewegung zu. Diese Beobachtung nahm der *Theorie des Himmels,* die der Philosoph Immanuel Kant 1755 vorgelegt hatte, einiges an Wirkung. Sie ermutigte dafür den bereits erwähnten elsässischen Naturfoscher Lambert, ab 1761 in *Cosmologischen Briefen* eine neue Theorie des Weltalls zu versuchen. Mayer brachte also zweimal Bewegung in das Weltbild seiner Zeit, bei den Sternen ebenso wie bei den Farben.

10

MOSES HARRIS

Im Jahre 1766 – einhundert Jahre nach Newtons prismatischer Zerlegung des weißen Lichts – erscheint in England ein Buch mit dem Titel *The Natural System of Colours*. In diesem setzt sich der englische Entomologe und Kupferstecher Moses Harris (1731–1785) mit dem berühmten Physiker Newton auseinander, und er versucht, die Vielfalt der Farben zu entdecken, die aus drei Grundfarben geschaffen werden können. Harris will als Naturforscher verstehen, welche Beziehungen die Farben untereinander haben und wie sie verschlüsselt sind, und er versucht in seinem Werk zu erläutern, nach welchen Prinzipien, »materially, or by the painter's art«, aus Rot, Gelb und Blau weitere Farben erzeugt werden können.

Harris nutzt dabei eine Entdeckung des Franzosen Jacques Christophe Le Blon (1667–1741) aus, der als Erfinder des Farbdrucks bezeichnet zu werden verdient und bei seinen Arbeiten 1731 als erster entdeckte, was heute jedes Schulkind lernt, daß nämlich drei Malfarben – eben Rot, Gelb und Blau – ausreichen, um alle anderen hervorzubringen. Obwohl Le Blon die grundlegende Dreierpalette erfand und seine Entdeckung mit vielen Farbstoffen demonstrierte, baute er seine Idee nicht zu einem wohlgeordneten Farbsystem aus. Dies blieb Harris überlassen, der die ersten gedruckten Farbenkreise 1766 vorstellte und dabei seine Primärfarben sehr genau spezifizierte: Das Rot war der Zinnober, der aus Schwefel und Quecksilber gebildet werden konnte, das Gelb war das Königsgelb (ein künstliches Arsenmineral), und als Blau wurde Ultramarin verwendet.

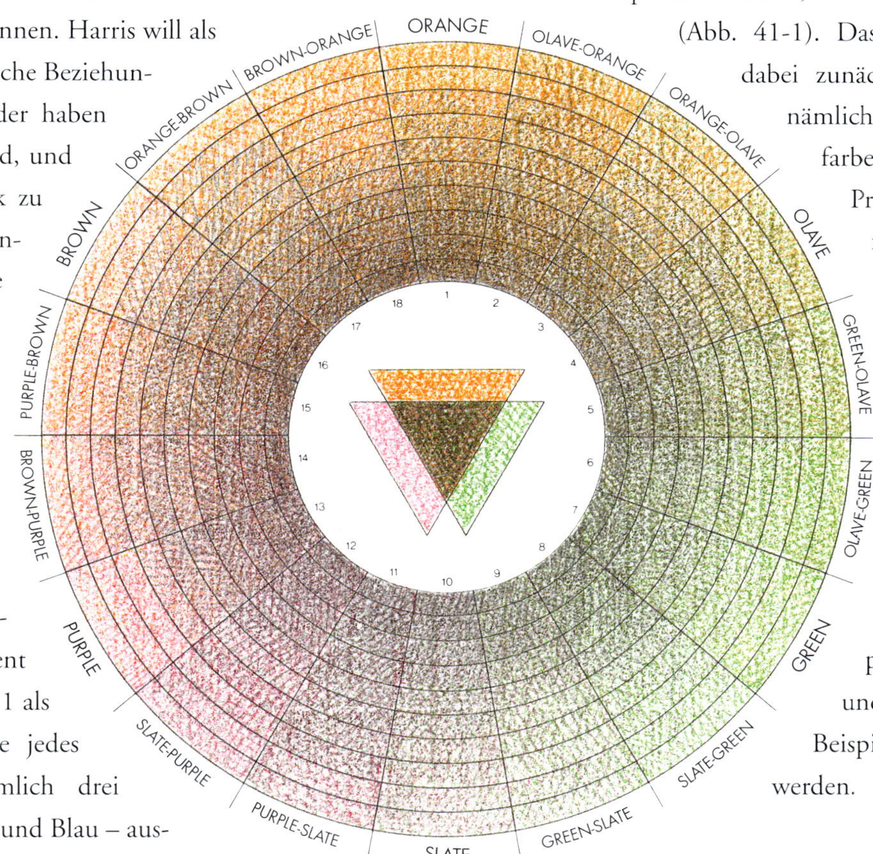

ABB. 41-1

Harris unterscheidet in seinem Werk die Harmonie der »prismatic or primitive colours«, die einen »prismatischen« Kreis bekommen (den wir in Abbildung 42-1 vorstellen), von den »compound colours«, die ihren eigenen Kreis bekommen (Abb. 41-1). Das Wort »prismatisch« könnte dabei zunächst verwirren. Harris meint nämlich nicht einfach die Spektralfarben, die Newton hinter einem Prisma beobachtet und kreisförmig angeordnet hat. Er meint vielmehr die unvermischten Pigmente (»grand or principal colours«). Die Mischung (»compound«) der drei Grundfarben ergibt die drei erwähnten Zwischenfarben (»mediates«) Orange, Grün und Purpur, die ebenfalls im prismatischen Kreis auftauchen und alle durch natürliche Beispiele (»fruit or flower«) belegt werden. Die drei Hauptfarben, Rot, Gelb und Blau, sind Harris zufolge »the greatest opposites in quality to each other and naturally take their places at greatest distance from each other in the circle«. Um diesen »größten Abstand« gleichmäßig im Kreis anzuordnen, braucht Harris eine gerade Anzahl von Kreissegmenten, und als Konsequenz entfällt Newtons siebente Farbe, das Indigo.

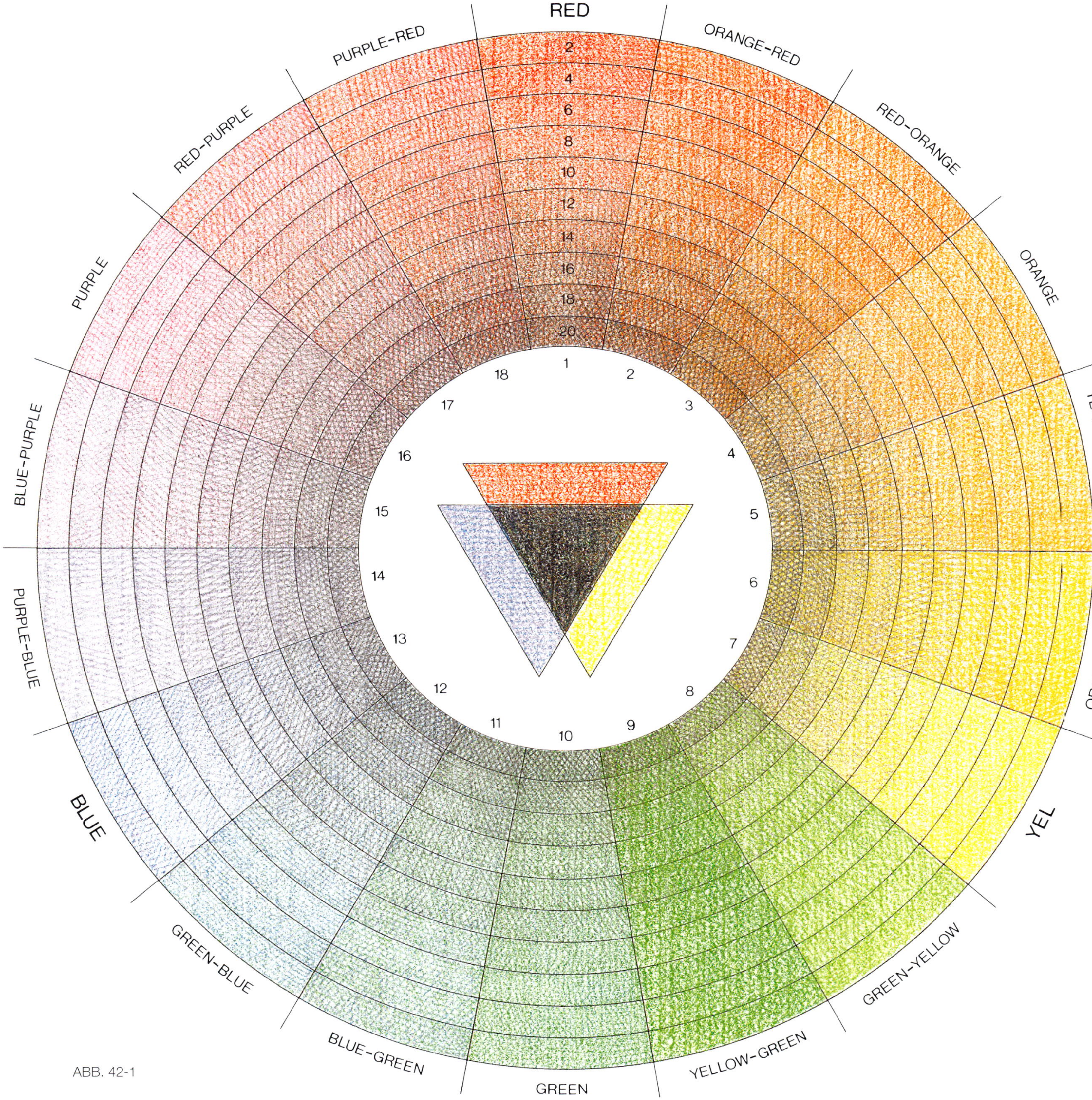

RED
ORANGE-RED
RED-ORANGE
ORANGE
YELLOW-ORANGE
ORANGE-YELLOW
YEL
GREEN-YELLOW
YELLOW-GREEN
GREEN
BLUE-GREEN
GREEN-BLUE
BLUE
PURPLE-BLUE
BLUE-PURPLE
PURPLE
RED-PURPLE
PURPLE-RED
2
4
6
8
10
12
14
16
18
20
1
2
3
4
5
6
7
8
9
10
11
12
13
14
15
16
17
18

ABB. 42-1

Harris schlägt in seinem System vor, von den sechs bislang vorhandenen Farben die einander benachbarten jeweils so zu mischen, daß eine der beiden Komponenten überwiegt. Dabei ergeben sich 18 Farben, die in der Reihenfolge Rot, Orange-Rot, Rot-Orange, Orange, Gelb-Orange, Orange-Gelb, Gelb, Grün-Gelb, Gelb-Grün, Grün, Blau-Grün, Grün-Blau, Blau, Purpur-Blau, Blau-Purpur, Purpur, Rot-Purpur, Purpur-Rot den Kreis ausfüllen. Da Harris jede der drei Ausgangsfarben mit Hilfe konzentrischer Kreise in 20 verschiedene Stärkegrade (Sättigung) unterteilte, bringt sein Verfahren im prismatischen Kreis insgesamt 360 Farbtöne hervor.

Dem Kreis der Mischfarben liegen Orange, Grün und Purpur zugrunde. Sie werden zu drei Tertiärfarben, Braun, Oliv und Schiefer (»Brown«, »Olive«, »Slate«), gemischt und zu einem analogen Kreis (»Compound«) angeordnet. Da die sekundären Mischfarben (Orange, Grün, Purpur) bereits im prismatischen Kreis enthalten sind, findet Harris nun durch seine Art der Mischung 15 weitere Farben, die er wiederum mit 20 Intensitätsgraden versieht, wodurch 300 neue und somit insgesamt 660 Farben bestimmbar werden (mit nur 33 Namen). Der Autor merkt dabei ausdrücklich an, daß viele von ihnen »never will be admit of being mixed together«, da das Ergebnis lediglich »a dirty unmeaning colour« und für einen Maler nicht akzeptabel wäre.

Im Zentrum seiner Kreise demonstriert Harris das, was wir heute die subtraktive Mischung der Farben nennen: Seine wichtigste Beobachtung zeigt dabei, daß durch Überlappen der drei Grundfarben – Rot, Gelb und Blau – Schwarz entsteht. Es ist wichtig, an dieser Stelle zu betonen, daß Newton solch eine Komposition fremd geblieben ist. Bei ihm wurden nicht Pigmente, sondern Lichtstrahlen gemischt. Newton addierte, während Harris subtrahierte. Additive und subtraktive Farbmischungen müssen sorgfältig unterschieden werden, wenn man Konfusionen vermeiden will.

Wenn wir erklären wollen, was bei der subtraktiven Farbmischung von Harris passiert, müssen wir nicht nur auf die spektrale Zusammensetzung des Lichtes eingehen und von Wellenlängen sprechen, sondern auch berücksichtigen, welche Farbeindrücke unser Kopf uns vermittelt, wenn ihm nur Teile des Spektrums angeboten werden. Hierbei zeigt sich, daß Farben nie einseitig und immer nur als Wechselspiel zu verstehen sind – in diesem Fall als Wechselspiel von Physik und Wahrnehmung.

Wir teilen das ganze dem Auge zugängliche Spektrum in drei Bereiche ein: Blau ist kurzwellige, Grün mittelwellige und Rot langwellige elektromagnetische Strahlung. Eine Fläche erscheint uns nun rot, wenn sie nur den langwelligen Anteil der Spektralfarben zurückwirft (reflektiert) und die übrigen verschluckt (absorbiert). Eine Fläche wird als gelb gemeldet, wenn sie nur Strahlungen aus dem mittel- und langwelligen Drittel reflektiert, und eine Fläche löst die Farbempfindung Blau aus, wenn von ihr aus nur kurz- und mittelwelliges Licht ins Auge fällt.

Indem Harris die Farben nun übereinanderschichtet, zieht er immer mehr Strahlungsanteile ab (Subtraktion). Kommen Gelb und Blau übereinander, bleibt nur der mittelwellige Teil, der im Kopf die Empfindung Grün auslöst. Kommen Rot und Blau übereinander, bleibt nur der kurzwellige Teil des Spektrums, der die Empfindung Violett bewirkt. Kommen alle drei zusammen, bleibt kein Anteil übrig. »Lux nulla« könnte man sagen, und das sieht so schwarz aus, wie es im Zentrum des prismatischen Kreises erscheint. (Das dunkle Braun in der Mitte des Mischkreises kann auf ähnliche, wenngleich auch kompliziertere Weise erklärt werden.)

Das Buch von Harris gehört zu den seltenen Exemplaren seiner Art. Nur drei Kopien haben die Zeiten überlebt, und nur eine von ihnen ist in einer zufriedenstellenden Verfassung. Die von Moses Harris per Hand kolorierten Kupferplatten sind zum ersten Mal 1963 mit Unterstützung des amerikanischen Kunsthistorikers Faber Birren durch die Whitney Library of Design in New York nachgefertigt und publiziert worden.

11 JOHANN HEINRICH LAMBERT

ABB. 44-1

Der elsässische Mathematiker und Naturforscher Johann Heinrich Lambert (1728–1777) gilt als Begründer der Lehre von der Lichtmessung, die damals noch »Photometria« hieß. Um 1760 stellte Lambert die heute nach ihm benannten Entfernungsgesetze der Beleuchtungsstärke auf, und er behandelte das Reflexionsvermögen und die Durchlässigkeit von Oberflächen. Unter Astronomen berühmt sind seine *Cosmologischen Briefe,* die er als Mitglied der Akademie Friedrichs des Großen in Berlin mit der Absicht verfaßte, den Aufbau des Weltalls zu erklären (von dem damals nicht einmal bekannt war, wie ausgedehnt unsere Galaxie, die Milchstraße, ist). Bei seinen Überlegungen griff Lambert auf Messungen zurück, die Tobias Mayer in Göttingen gelungen waren, und dabei lernte er auch dessen Farbendreieck aus dem Jahre 1758 kennen (Kapitel 9), für dessen Publikation er sich einsetzte. Lambert sah, daß Mayer zwar einen Weg gefunden hatte, viele der möglichen Farben zu konstruieren und zu benennen, er verstand aber zugleich auch, daß dem Dreieck allein die Tiefe fehlte, um die ganze Vielfalt aller möglichen Farben zu erfassen. Bei seinem

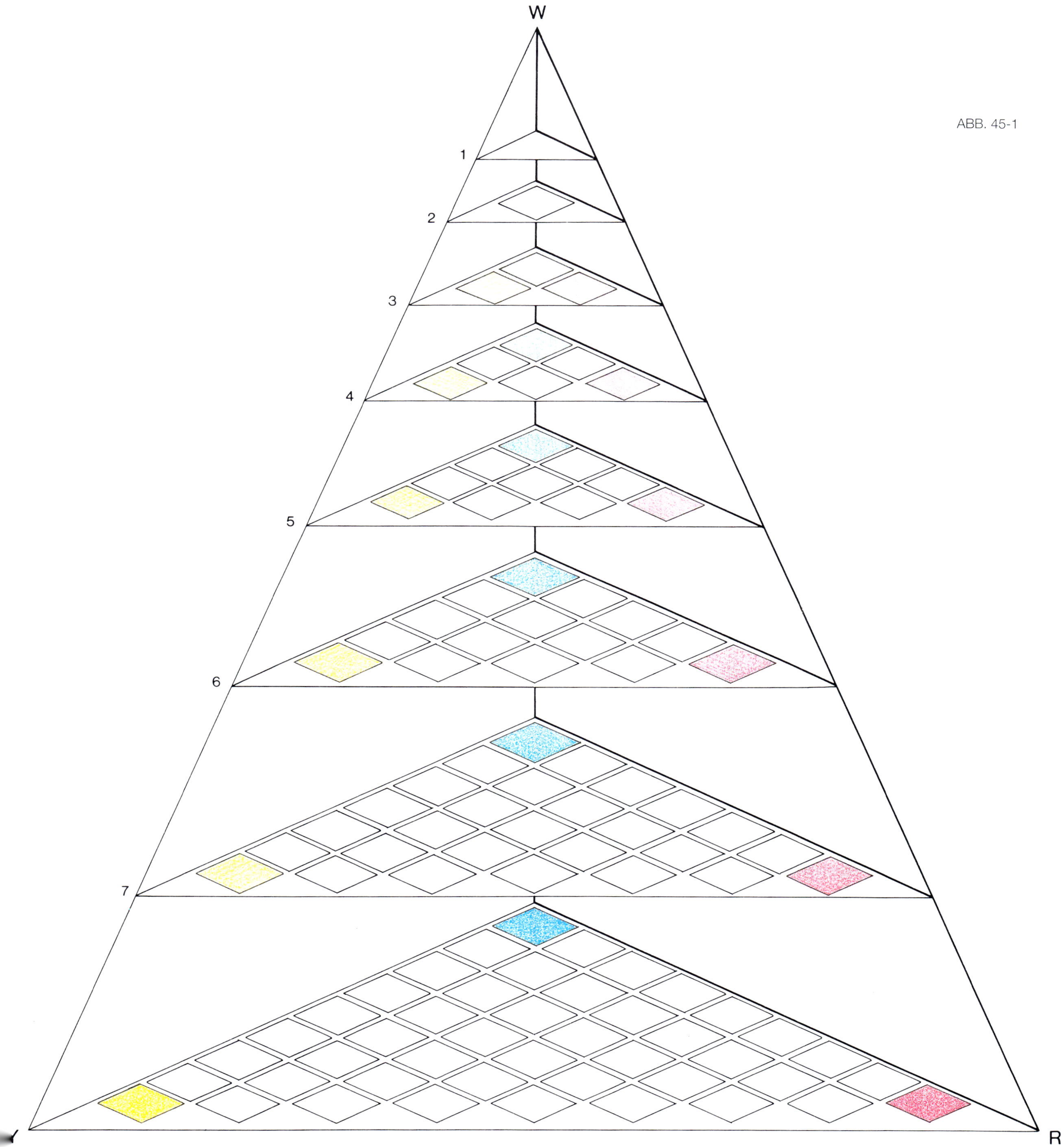

ABB. 45-1

eigenen Versuch, den gesamten Reichtum der natürlichen Farben in einem geometrischen Körper unterzubringen, schlug er daher eine Pyramide vor (Abb. 45-1), die durch eine Folge von Dreiecken aufgebaut wird. Sie unterscheiden sich sowohl der Größe als auch der Stellung des Schwarzen nach von den Dreiecken, die Mayer vorgelegt hatte.

Die Ecken des Basisdreiecks von Lambert werden wie bei seinem Vorbild (Abb. 39-1) mit Zinnober, Königsgelb und Bergblau besetzt (hier angegeben mit Y für Gelb und R für Rot). Je zwei Grundfarben werden (mit variierenden Anteilen) zu sieben Tönen entlang den Seiten gemischt, und im Inneren tragen alle drei zur Farbe der jeweiligen Flächeneinheit bei. Insgesamt 45 Farbtöne entstehen auf diese Weise im untersten Dreieck, über das sich die restlichen erheben, die sich nach oben verjüngen und heller werden. In ihnen sind 28, 15, 10, 6 und zuletzt noch 3 Felder enthalten. Insgesamt bringt Lambert 112 Farben beziehungsweise ihre Mischungen in der Pyramide unter, deren Spitze weiß ist.

Mit dieser Konstruktion gelingt es, die verschiedenen »Tertiärfarben« in einem System einzuführen und sie in eine logische Verbindung mit den neutralen Grauwerten zu bringen, die entlang der zentralen Achse des Farbkörpers zu finden sind. Im Zentrum des untersten Dreiecks findet sich die Farbe, die entsteht, wenn alle drei Grundfarben gemischt werden, also Schwarz. Auf dieser Ebene können mehr Farben unterschieden werden als dort, wo das Weiß vorherrscht. Diese Beobachtung erklärt, warum das System der Farben sich nach oben hin verjüngen, also eine Pyramide werden muß.

Lambert glaubte, sein System könne Textilhändlern Antwort auf die Frage geben, ob sie mit allen Farben ausgestattet waren oder ob sich zwischen den vorhandenen Waren einige Lücken befänden. Außerdem hoffte er, daß die Färber und Drucker seiner Zeit sich Anregungen für ihre Mixturen holen würden.

Als Naturforscher zielte Lambert darauf ab, mit der Pyramide alle Farben identifizieren und klassifizieren zu können, die sich in Pflanzen oder in Tieren zeigen. Dieses Vorhaben kann natürlich nur gelingen, wenn ein Mischsystem, das mit den drei Farben Gelb, Rot und Blau operiert, in der Lage ist, jede Farbe zu erzeugen. Dies ist leider nicht möglich. Es gibt in der Natur viele Nuancen von sehr farbigem Grün, Orange und Violett, die nicht dadurch zu erzielen sind, daß drei Primärfarben subtraktiv gemischt werden. Viele Farben der Schmetterlinge zum Beispiel kommen auch nicht durch eine Mischung dieser Art oder durch bestimmte Farbstoffe zustande, sondern durch die physikalische Eigenschaft des Lichts, die als Interferenz an dünnen Plättchen bekannt ist. Die hierdurch mögliche Vielfalt sprengt die Pyramide, mit der Lambert sie ordnen wollte.

12

IGNAZ SCHIFFERMÜLLER

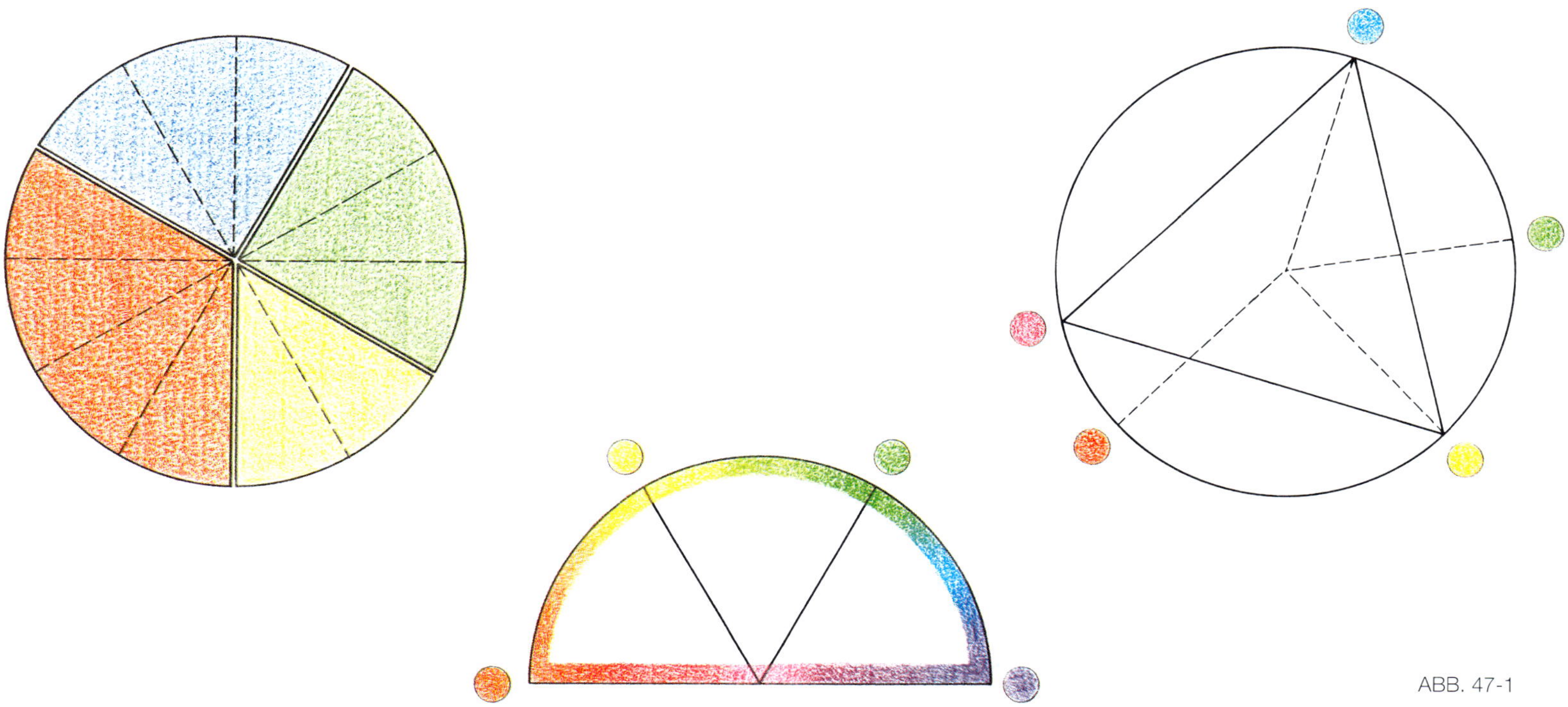

ABB. 47-1

In dem Jahr, als J. H. Lambert seine Farbenpyramide (Abb. 45-1) konstruierte und dabei zum ersten Mal deutlich machte, daß nur ein dreidimensionales System die gesamte Fülle der Farben erfassen kann, veröffentlichte in Wien Ignaz Schiffermüller einen weiteren Farbenkreis, dessen Rand mit zwölf Farben ausgefüllt ist, die er mit den angegebenen und zum Teil phantasievollen Namen bezeichnet – Blau, Meergrün, Grün, Olivengrün, Gelb, Oraniengelb, Feuerroth, Roth, Karmasinroth, Veilenroth, Veilenblau und Feuerblau (Abb. 48-1). Die Übergänge sind dabei – ganz anders als bei Moses Harris – kontinuierlich, und die drei Primärfarben – Blau, Gelb und Rot – sind nicht gleich weit voneinander entfernt. Zwischen ihnen befinden sich drei Arten von Grün, zwei Arten von Orange und vier Varianten von Violett (aber ohne diese Sekundärfarben selbst). Schiffermüller greift auf insgesamt 12 Farben und damit auf das System des französischen Jesuiten Louis Bertrand Castel zurück, der 1740 eine *Optique des couleurs* publiziert hatte,

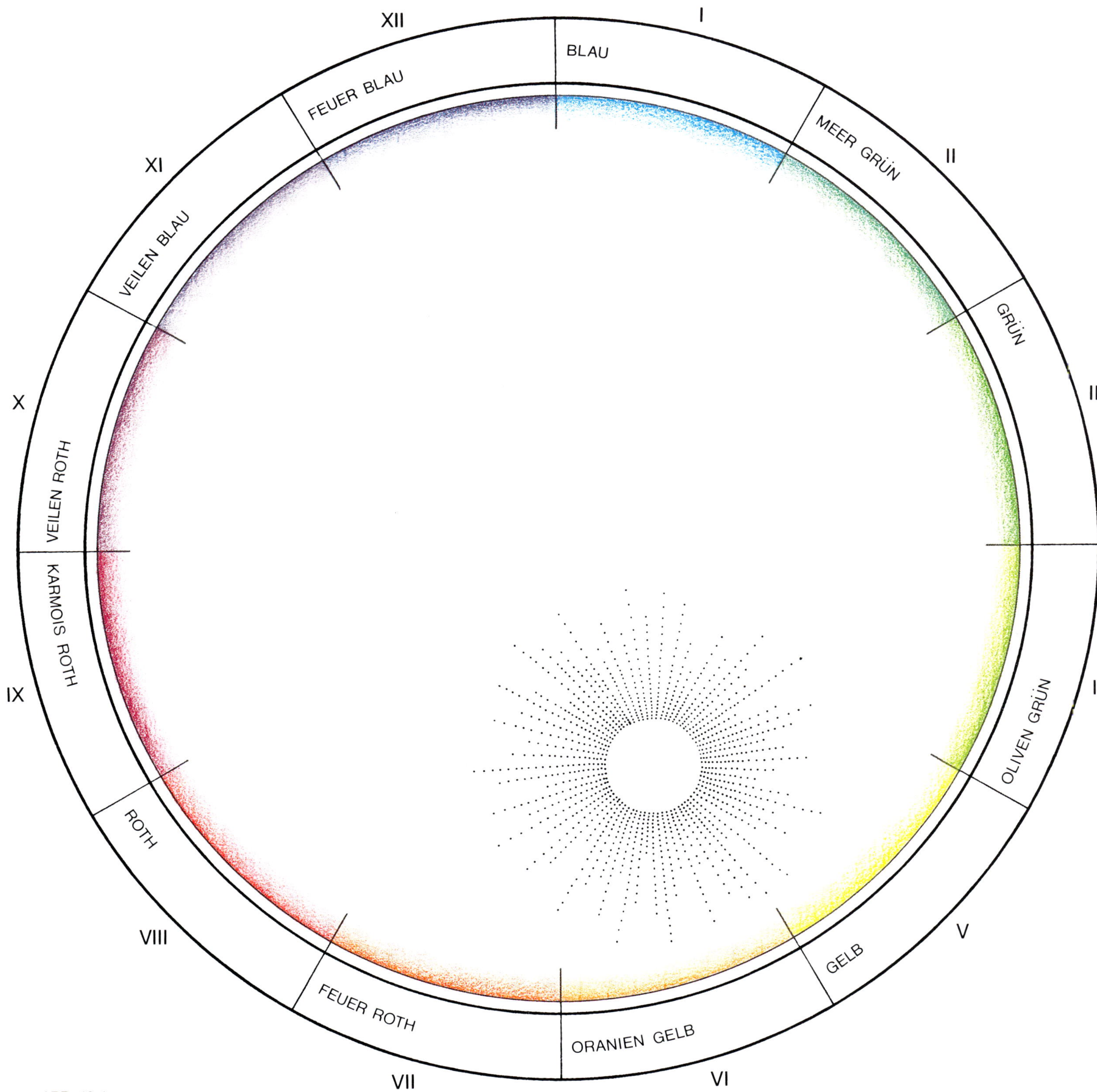
I
BLAU
II
MEER GRÜN
GRÜN
III
IV
OLIVEN GRÜN
V
GELB
VI
ORANIEN GELB
VII
FEUER ROTH
VIII
ROTH
IX
KARMOIS ROTH
X
VEILEN ROTH
XI
VEILEN BLAU
XII
FEUER BLAU

ABB. 48-1

um Newtons Kreis mit sieben Farben auf zwölf zu erweitern. Seine Wahl klingt dabei ungewohnt: »bleu«, »celadon« (blaßgrün), »vert«, »olive«, »jaune«, »fauve« (fahlrot), »nacarat« (orange), »rouge«, »cramoisi«, »violet«, »agathe« (achatblau) und »bleu violant«. Castel bezog sich dabei auf die Musik, genauer auf die 12 Halbtöne der Tonleiter.

Obwohl Castel versuchte, Newtons Theorie ihre Bedeutung zu nehmen und sie zurückzuweisen, erreicht Schiffermüllers Übernahme das Gegenteil. Sein System illustriert letztlich die Entdeckung von Newton, daß sich die reinen Farben auf einem Kreis anordnen lassen. Der Wiener Entomologe, der sich auf Schmetterlinge spezialisiert hatte, ordnet als einer der ersten Komplementärfarben an jeweils gegenüberliegenden Stellen an: Blau gegenüber Orange, Gelb gegenüber Violett, Rot gegenüber Meergrün. Schiffermüller setzt dabei zusätzlich eine (hier nur angedeutete) Sonne in seinen Farbenkreis, um deutlich zu machen, daß er »die blühenden Farben« zeigen will, die die Natur hervorgebracht hat. Mit den Mischungen will er zu »lebhaften und glänzenden Farben« kommen, wie diejenigen, die man im Regenbogen bewundert. Weitere Zusammenstellungen von »Nebenfarben« hält er für ästhetisch unpassend.

Im übrigen war Schiffermüller 1771 der Ansicht, daß es an der Zeit sei, die Farben genauso als natürliches System zu behandeln und ihnen eine Art von natürlicher Ordnung zu geben, wie man es inzwischen schon längst mit den Tieren, den Pflanzen und den Mineralien gemacht habe. Eine solche Ordnung wäre ein unentbehrliches Handwerkszeug für den deskriptiv vorgehenden Naturforscher am Ende des 18. Jahrhunderts. In seiner *Kulturgeschichte der Farbe* zitiert John Gage die Geschichte, die der Maler William Williams 1787 von einem entomologischen Illustrator erzählt, der, »da er in einem fernen Land lebte und weder andere Künstler kannte noch irgendein rationales Farbsystem hatte, mit einer Geduld, die jede Schwierigkeit überwunden hätte, eine Vielzahl farbiger Muscheln zusammengetragen hatte, und zwar in jeder einzelnen der verschiedenen Farbnuancen, die im Flügel jenes wunderschönen Insekts [eines Schmetterlings] auszumachen waren, denn er hatte ja keine Ahnung, daß aus zweien er eine dritte machen konnte. Auf diese Weise hatte er zwei große Körbe voller Muscheln angesammelt, die er zu beiden Seiten neben sich hinstellte, und manchmal brauchte er eines halben Tages Mühe und Arbeit, bis er einen bestimmten von ihm gesuchten Farbton auch fand. Welch vorzügliche Leistung hätte er erbracht, hätte er gewußt, wie er seine Farben hätte mischen können.«

13 JAMES SOWERBY

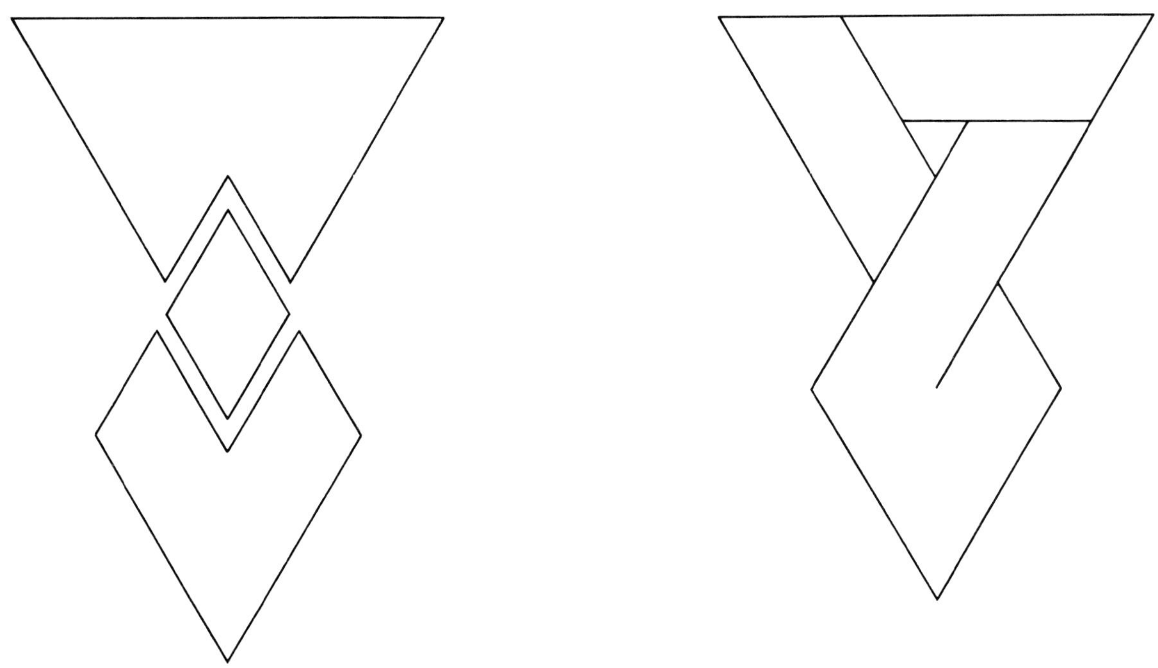

ABB. 50-1

Zu Beginn des 19. Jahrhunderts stellt der Engländer James Sowerby (1757–1822), der zuvor schon als Autor von Büchern über Botanik und Naturgeschichte hervorgetreten war, sein dem »großen Sir Isaac Newton« gewidmetes Farbsystem vor (Abb. 51-1). Es trägt den langen Titel *A New Elucidation of Colours, Original Prismatic, and Material: Showing their Concordance in the Three Primitives, Yellow, Red, and Blue: and the Means of Producing, Measuring, and Mixing Them: with some Observations on the Accuracy of Sir Isaac Newton.* Mit diesem 1809 in London erschienenen Werk stellt sich Sowerby zwei Aufgaben: Er will zum einen wieder die Bedeutung der Helligkeit und der Dunkelheit betonen, die seit Newton etwas in Vergessenheit geraten ist, und er will zum anderen einen Unterschied deutlich machen, der zwischen Farben besteht. Die Farben des Lichtes und die Farben der Materie verhalten sich nämlich anders, wenn man sie zusammenbringt (worauf wir schon in Kapitel 11 hingewiesen haben). Sowerby geht dabei von drei Grundfarben – Rot, Gelb und Blau – aus, die kombiniert werden. Als die Grundfarben selbst greift er auf Gummigutt (ein giftiges, gelbes Harz aus asiatischen Pflanzen), Karmin und Preußischblau zurück.

Die Skizzen in Abbildung 50-1 heben zum einen die drei Teile hervor, auf denen Sowerbys Theorie beruht, und sie drücken zum anderen die Kontinuität aus, die sich zwischen ihnen stabilisierend einstellen kann. Sowerbys Versuch, Newtons sieben Primärfarben in drei materiell verfügbare Ausgangsfarben umzuwandeln, hat übrigens das Interesse des englischen Malers William Turner gefunden, die beide persönlich miteinander bekannt waren. Turner hat um

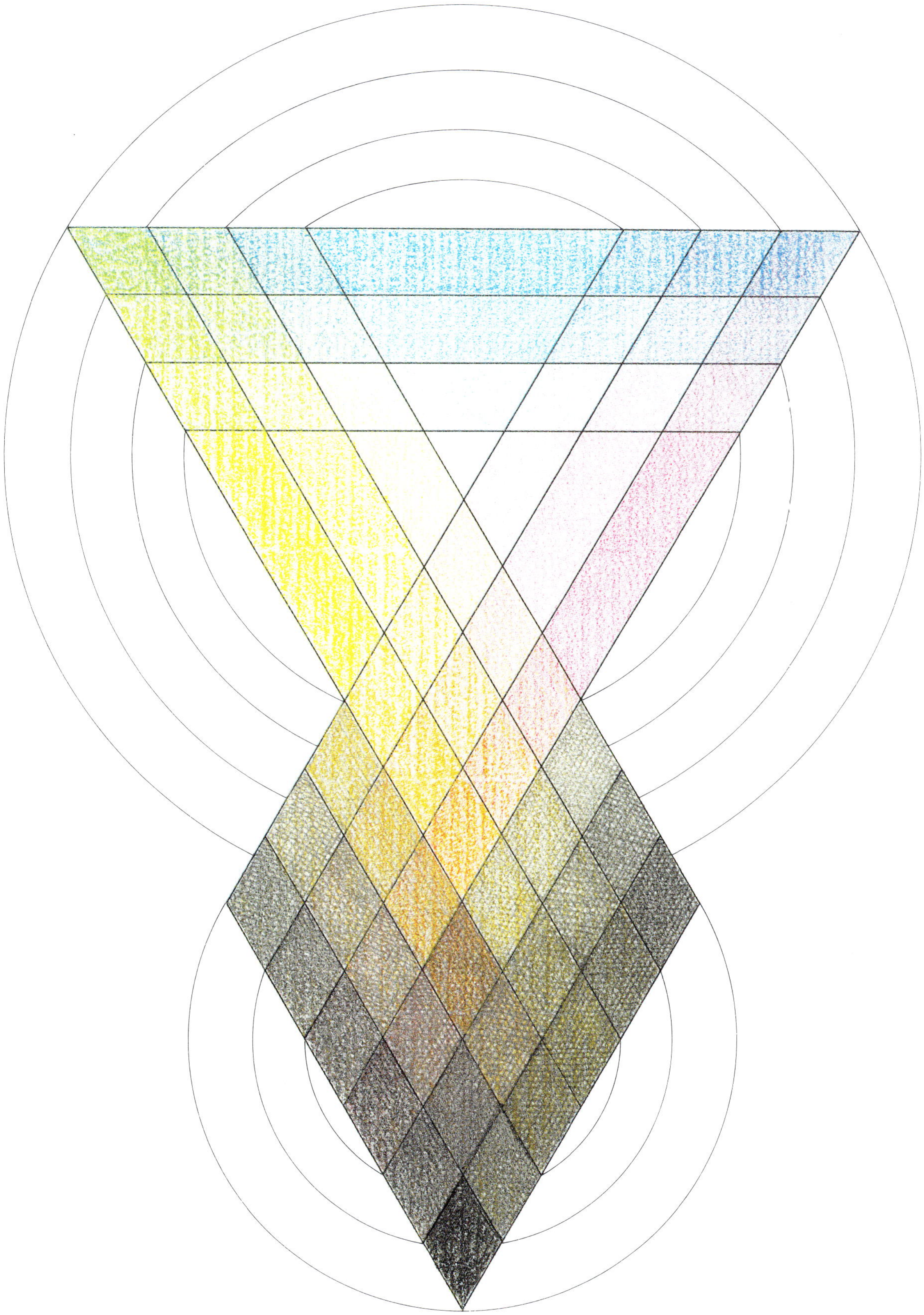

ABB. 51-1

1820 herum – ähnlich wie der Maler Philipp Otto Runge – versucht, das Schema der drei Farben Rot, Gelb und Blau in das der Tageszeiten einzupassen (wofür es allerdings mehr als eine Möglichkeit gibt, wie er bald bemerkte).

Sowerby zeigt in seinem Text, welche optischen Mischungen sich ergeben, wenn man enge und dichte Streifen mit Primärfarben zu Papier bringt. Es sollte allerdings noch ein paar Jahrzehnte dauern, bis die Unterscheidung richtig erfaßt worden war, mit der man heute in der Lage ist, Farbmischungen präziser zu unterscheiden. Farbiges Licht mischt sich additiv, wie man heute sagt. Das heißt, die Summierung von Lichtstrahlen mit unterschiedlichem spektralem Aufbau, die etwa aus zwei Lampen kommen, ergibt eine neue Farbe. Anders als das Ohr führt das Auge (und mit ihm das Gehirn) keine Analyse der einfallenden Wellenzüge durch, es baut dabei vielmehr einen neuen Eindruck – eine neue Farbe – auf.

Die additive Mischung von Rot und Grün ergibt zum Beispiel Gelb, und Violett-Blau zusammen mit Grün ergibt Cyan-Blau. Zwei Farben, die sich additiv aufheben und zu Weiß ergänzen, nennt man Komplementärfarben. Führt man die entsprechenden Versuche durch, stellt sich heraus, daß es drei solcher Paare gibt: Grün und Magenta-Rot, Violett-Blau und Gelb, Rot und Cyan-Blau, wenn man die Farben so genau wie möglich bezeichnet.

Farbige Pigmente wirken nun ganz anders als farbiges Licht. Während gelbes Licht aus dem Licht einer bestimmten Wellenlänge besteht, kommt die Farbe eines gelben Pigments dadurch zustande, daß es die Komplementärfarbe zu Gelb, also Violett-Blau, absorbiert. Die subtraktive Mischung eines gelben und eines violett-blauen Pigments ergibt nicht Weiß, sondern Schwarz (siehe Kapitel 10). Dies trifft auch für die beiden anderen komplementären Farbpaare zu. Sowohl Rot und Cyan-Blau als auch Grün und Magenta-Rot ergeben zusammen ein Pigment, das kein Licht mehr reflektiert, das also Schwarz ist.

Damit können wir einige Unterschiede verdeutlichen, die traditionell immer verwischt worden sind und deren Nichtbeachtung zur Verwirrung führt. Komplementärfarben ergeben additiv Weiß und subtraktiv Schwarz. Subtraktion geht von allen Farben (Weiß) aus und endet beim Schwarzen. Addition beginnt ohne Licht (Schwarz) und endet, wenn alle Wellenlängen vorhanden sind (Weiß). Wenn man – wie es oftmals üblich ist – Rot, Grün und Blau als Primärfarben der Addition betrachtet, weil sie die größte Palette der Mischung liefern, dann sollten aus demselben Grund als Primärfarben der Subtraktion diejenigen Pigmente genommen werden, die Rot, Grün oder Blau absorbieren. Mit anderen Worten: die entsprechenden subtraktiven Primärfarben heißen Cyan-Blau, Magenta und Gelb.

Wir haben von den drei Grundfarben Sowerbys – Rot, Gelb und Blau – das Gelbe gegen das Grüne getauscht, weil zu der Zeit, als er sein System vorlegte, der englische Arzt und Physiker Thomas Young (1773–1829) seine später bestätigte Theorie vorlegte, derzufolge das Auge durch die Wahrnehmung von nur drei Wellenlängen alle Farben kombinierend zustande bringt. Diese *theory of trichromatic vision* basierte auf den erwähnten additiven Primärfarben Rot, Grün und Blau. Young war zu seinen Überlegungen einer Dreifarbentheorie zum ersten Mal um 1801 gekommen, als er sich klarmachte, daß ein Auge nicht jede der nahezu unendlich vielen Farben gesondert aufnehmen kann, sondern dies sicher ökonomischer tut: »Da es kaum möglich ist, zu glauben, daß jeder lichtempfindliche Punkt der Retina eine unendliche Zahl von Partikeln enthält, die alle in der Lage sein müssen, mit der jeweiligen Welle in völliger Übereinstimmung zu oszillieren, wird die Annahme notwendig, daß ihre Zahl begrenzt ist, zum Beispiel auf die drei Hauptfarben Rot, Gelb und Blau.«

Dies ist kein Schreibfehler. Young hat erst 1807 in seinen »Vorlesungen über die Naturphilosophie und die mechanischen Künste« *(Lectures on natural philosophy and mechanical arts)* das Farbtrio eingeführt, mit dem die Dreifarbentheorie heute verbunden ist. »Es ist erforderlich«, so schrieb er damals, »die Annahmen zu modifizieren, die ich in meiner letzten Schrift gemacht habe (...) und an die Stelle von Rot, Gelb und Blau Rot, Grün und Violett zu setzen.« Da das von Young benutzte Violett seinen Nachfolgern eher wie Blau erschien, spricht man der Einfachheit wegen von Rot, Grün und Blau, wenn man die »theory of trichromatic vision« meint.

Diese Theorie wurde in den sechziger Jahren unseres Jahrhunderts glänzend bestätigt, als es vor allem englischen Physiologen und Biochemikern gelang, den Nachweis zu führen, daß auf der menschlichen Netzhaut drei verschiedene Arten von farbempfindlichen Zellen – die sogenannten Zapfen – existieren.

14

JOHANN WOLFGANG VON GOETHE

Hundert Jahre nach Newton befaßte sich Johann Wolfgang Goethe (1749–1832) mit Problemen der Farbe, und obwohl er hoffte, mit seiner »Farbenlehre« durch Einbeziehung aller Zweige der Naturlehre eine »vollkommenere Einheit des physischen Wissens« zu erreichen, ging er das Thema zunächst an, um »in Absicht auf Kunst« etwas über die Farben zu gewinnen. Und als sich Goethe an die *Geschichte der Farbenlehre* setzte, hoffte er, damit eine »Geschichte des menschlichen Geistes im Kleinen« liefern zu können, wie er 1798 an Wilhelm von Humboldt schrieb.

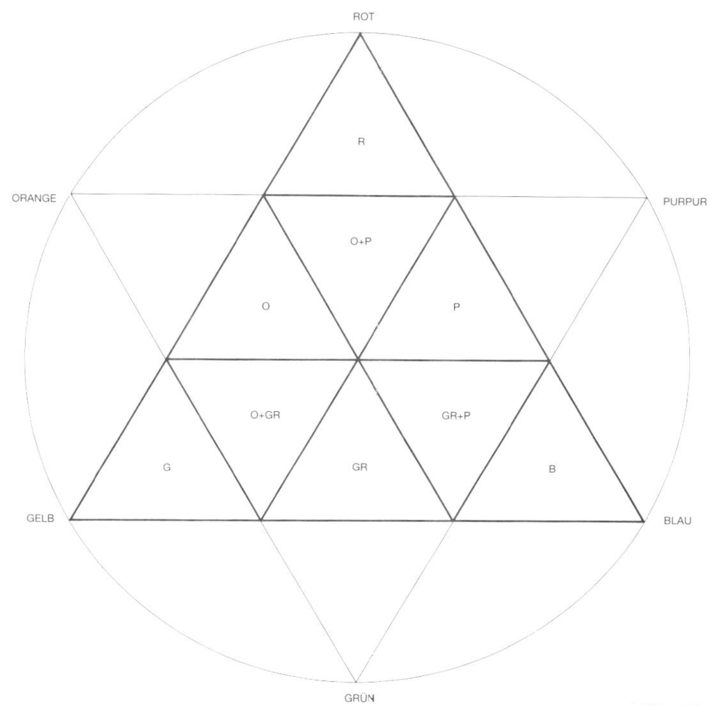

ABB. 53-1

Goethes erste *Beiträge zur Optik* stammen aus dem Jahre 1791, nachdem ihm bereits auf der Italienreise die Schwierigkeiten aufgefallen waren, die lebende Künstler mit dem Kolorit und der Harmonie der Farben hatten: »Ich hörte zwar von kalten und warmen Farben, von Farben, die einander heben, und was dergleichen mehr war«, aber alles drehte sich »in einem wunderlichen Kreise (...) durcheinander.«

Zwischen 1790 und 1823 bringt Goethe etwa 2000 Seiten über Farben zu Papier, von denen die meisten zwischen 1808 und 1810 unter dem Titel *Zur Farbenlehre* erscheinen. Er entwickelt sein System dabei aus dem elementaren Gegensatz von Hell und Dunkel heraus (der bei Newton keine Rolle spielt). In seiner Schrift *Über die Einteilung der Farben und ihr Verhältnis zueinander* stellt Goethe fest, daß nur Gelb und Blau als ganz reine Farben, »ohne an etwas anderes zu erinnern, von uns wahrgenommen werden.« Das der Helligkeit am ehesten vergleichbare Gelb (»zunächst am Licht«) und das der Dunkelheit am meisten verwandte Blau (»zunächst an der Finsternis«) sind die beiden Gegenpole, zwischen denen sich dann alle anderen Farben gruppieren lassen.

1793 skizziert Goethe seinen Farbenkreis (Abb. 53-1), in dem er das Ausgangspaar Gelb und Blau nicht in gegensätzlicher Position anordnet, sondern zusammen mit einem ursprünglich als Purpur bezeichneten Rot zum Dreieck erweitert. Er bezeichnet »diesen Effekt Roth« als »höchste Steigerung« der von Gelb nach Blau führenden Farbenreihe und stellt ihm das Grün gegenüber, das durch die Mischung von Gelb und Blau entsteht. Der Kreis wird vollständig

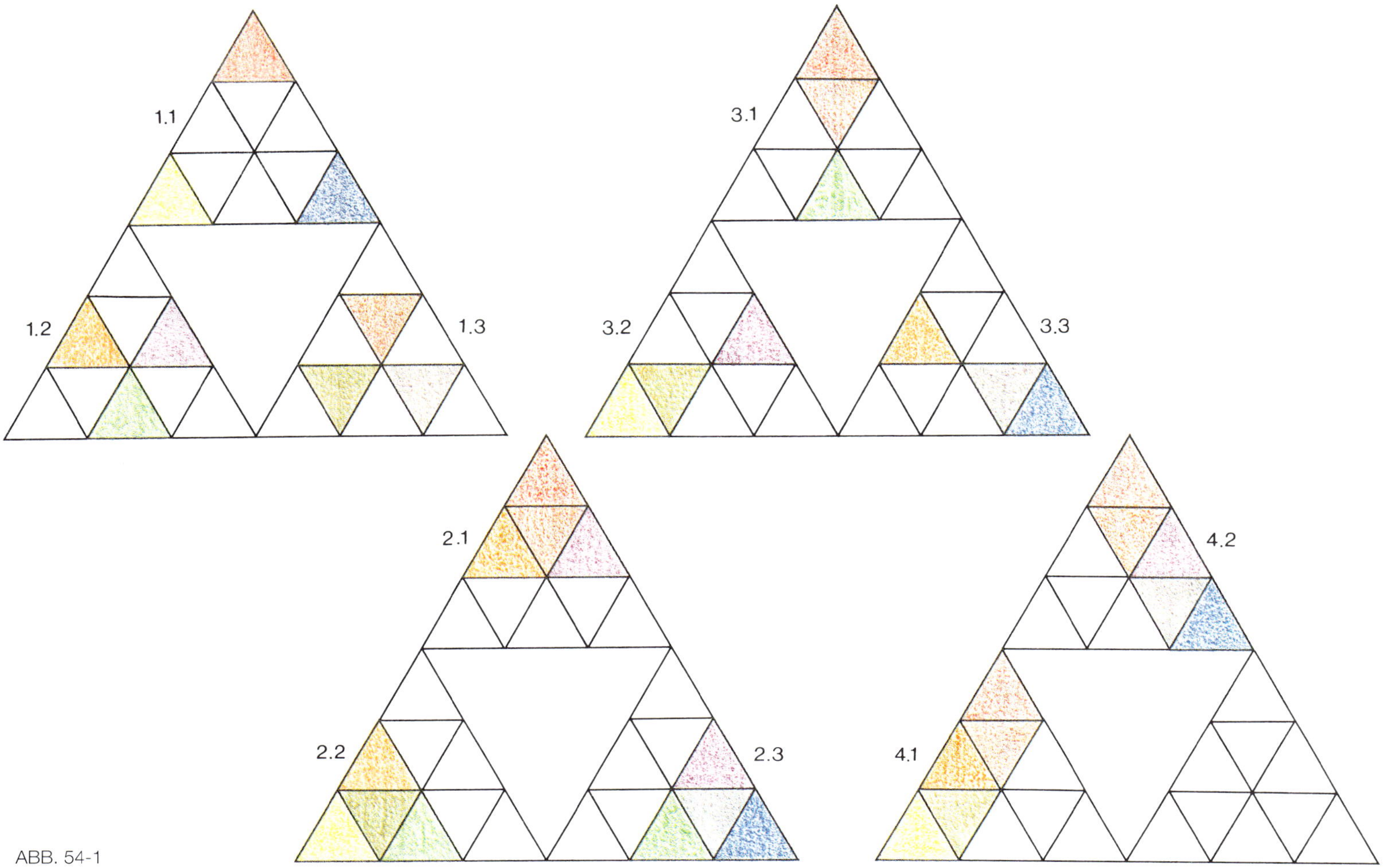

ABB. 54-1

zum einen durch ein Orange auf der aufsteigenden Seite, das Goethe noch Gelbrot nannte, und zum anderen durch ein Blaurot auf der absteigenden Seite, das oft auch als Violett bezeichnet wird.

Neben dem Kreis stellen wir in verschiedenen kleineren Dreiecken einige der möglichen internen Aufgliederungen des großen Dreiecks heraus (Abb. 54-1), etwa in der Art, wie dies später Joseph Albers in seiner *Interaction of Color* (1963) gemacht hat, um »expressive Farbakkorde« aufzuzeigen.

Im ersten Fall sieht man die Folge Primärfarbe (1.1), Sekundärfarbe (1.2) und Tertiärfarbe (1.3). Im zweiten Fall deuten wir an, was Goethe »sinnlich-sittlich« gesehen als Kraft (2.1), Heiterkeit (2.2) oder Melancholie (2.3) deutete (mehr dazu im folgenden Abschnitt). Der dritte Fall hebt die drei Achsen der komplementären Farben hervor, die rote (3.1), die gelbe (3.2) und die blaue (3.3) Achse. Zuletzt betonen wir noch Helligkeit (4.1) und Strenge (4.2).

Goethe nannte den vom Gelb zum Rot laufenden Teil seines Farbkreises die Plusseite und seine Fortsetzung zum Blau hin die Minusseite. Dabei traf er folgende Zuordnungen: Das Gelb wurde mit »Wirkung, Licht, Hell, Kraft, Wärme, Nähe, Abstoßen« und das Blau mit »Beraubung, Schatten, Dunkel, Schwäche, Kälte, Ferne, Anziehen« in Verbindung gebracht. Damit deutet sich an, daß Goethes Absicht vor allem darin bestand, die »sinnlich-sittliche Wirkung« der einzelnen Farbe »auf den Sinn des Auges (...) und durch dessen Vermittlung auf das Gemüt« zu ermitteln. Er versteht

Farben in erster Linie »als Bewußtseinsinhalte von sinnlichen Qualitäten« und verlagert seine Analyse in das Gebiet der Psychologie. Die Farben der Plusseite »stimmen regsam, lebhaft, strebend«, Gelb wirkt »prächtig und edel« und macht einen »warmen und behaglichen Eindruck«. Die Farben der Minusseite »stimmen zu einer unruhigen, weichen und sehnenden Empfindung«, und das Blau selbst »gibt uns ein Gefühl der Kälte«.

Mit der Einsicht in die sinnlich-sittliche Wirkung der Farben kommt Goethe seinem anfänglichen Ziel näher, nämlich die ästhetische Seite aus dem Durcheinander zur Ordnung zu führen. Er begreift ein Kolorit in den Kategorien des Mächtigen, des Sanften und des Glänzenden und stellt folgende Konzeption auf: Die mächtige Wirkung kommt zustande, wenn Gelb, Gelbrot und Purpur überwiegen, und das Sanfte wird vor allem vom Blau und seinen Nachbarn bestimmt. Sind »alle Farben nebeneinander im Gleichgewicht«, entsteht ein harmonisches Kolorit, das sowohl das Glänzende als auch das Angenehme hervorbringen kann. (Der Philosoph Ludwig Wittgenstein notiert dazu übrigens in seinen *Bemerkungen über Farben:* »Ich bezweifle, daß Goethes Bemerkungen über die Charaktere der Farben für einen Maler nützlich sein können. Kaum für einen Dekorateur.«)

Wer diesen sehr kurzen Streifzug durch Goethes Farbenlehre mit dem Zugang vergleicht, den Newton zu den Farben gewählt hat, erkennt, daß es sich hier um zwei völlig unterschiedliche Zugänge zu einem Thema handelt. Sie stehen aber nicht nur im Gegensatz zueinander, sie ergänzen sich auch in dem Sinne, als keines der beiden Systeme allein die Farben vollständig erfassen kann. Ein derartiges Verhältnis wird durch den Ausdruck »komplementär« beschrieben, der dabei eine tiefere Bedeutung bekommt, als er sie bei den Farben hat. Newtons Analyse der Farben ist demnach komplementär zu Goethes Umgang mit ihnen. Falsch ist keine der beiden Farbenlehren. Jede für sich gibt einen richtigen Aspekt der Welt wieder, der durch die andere ergänzt wird. Falsch ist nur der Schluß, den Goethe zieht, wenn er behauptet, Newton habe sich geirrt, und zwar gleich »doppelt und dreifach«.

Um dieser Idee der Komplementarität Leben zu verleihen, vergleichen wir, was der britische Physiker und der deutsche Dichter zu den Farben sagen: Was für Newton einfach ist – reines Blau zum Beispiel, also (»monochromatisches«) Licht mit einer Wellenlänge –, ist für Goethe kompliziert, denn reines Blau muß erst durch aufwendige Mittel angefertigt werden. Es ist künstlich. Einfach für Goethe ist hingegen weißes Licht, weil es ohne Aufwand und ganz natürlich vorhanden ist. Newton sieht hierin allerdings eine Mischung aus allen Farben. Weißes Licht ist für ihn nicht einfach, sondern zusammengesetzt.

Was bei Goethe eine Einheit, ein Ganzes ist – das Schauen – zerfällt bei Newton (und seinen Nachfolgern) in viele Teile. Das Sehen von Farben fängt mit Reaktionen im Auge an, benötigt zu seiner Erklärung weitere Details aus der Netzhaut, den nachgeschalteten Nervenzellen, den Stationen, die sie auf dem Weg ins Gehirn anlaufen, und den Regionen im Kopf, die aus den elektrischen Signalen Sehen machen.

Die wesentliche Komplementarität der beiden Farbenlehren erkennt man, wenn man nach der Rolle des Subjekts fragt. Während Goethe es selbstverständlich in den Mittelpunkt stellt, nimmt Newton es ganz aus seiner Beschreibung heraus. Hier treffen zwei Wahrheiten aufeinander, die sich ergänzen. Goethe bietet die unmittelbare Wahrheit des sinnlichen Eindrucks gegen die mittelbare Wahrheit der Wissenschaft Newtons auf. Newton läßt die Anschauung (»den reinen Menschensinn«, wie Goethe es nennen würde) hinter sich, die Goethe ausdrücklich verwendet, um Klarheit über die Natur der Farben zu erlangen. Auf diesem Weg taucht etwas Trübes auf, und dadurch wird die Spannung geschaffen, die Komplementarität heißt und uns langsam vertraut sein sollte. Das Gegenteil einer tiefen Wahrheit (der von Newton) ist eben nichts Falsches, sondern wieder eine tiefe Wahrheit (die von Goethe).

15

PHILIPP OTTO RUNGE

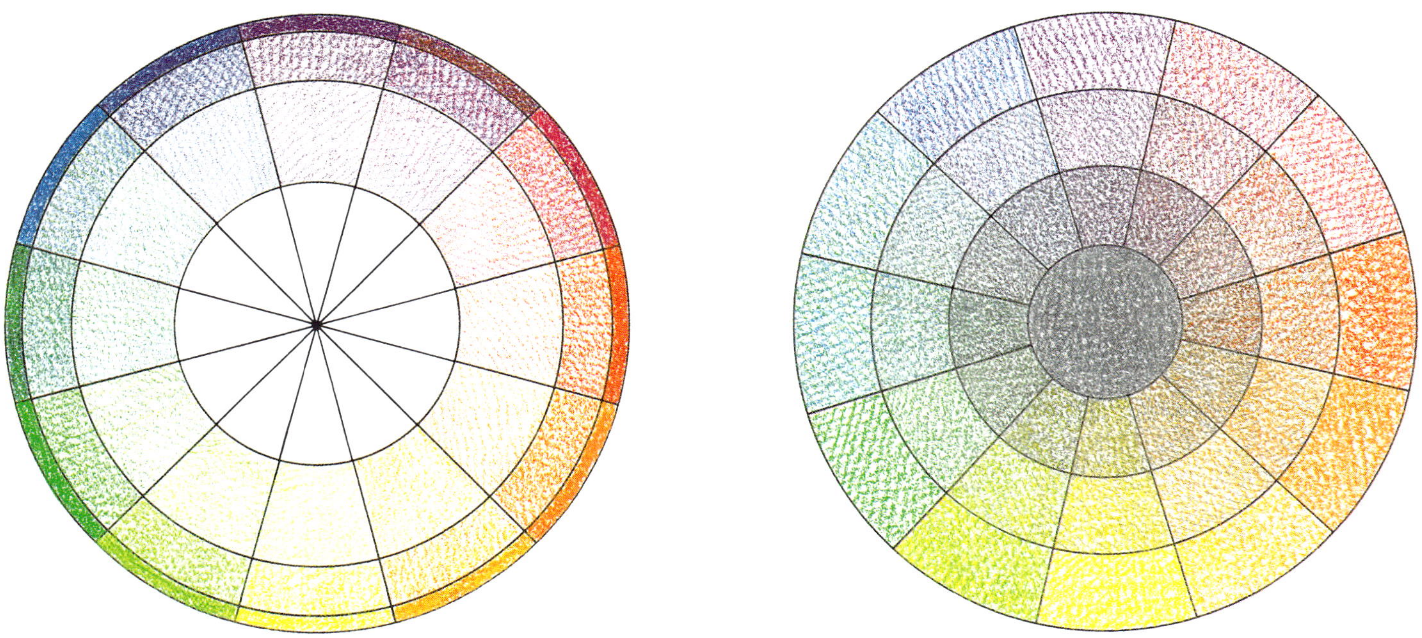

ABB. 56-1

In demselben Jahr 1810, in dem Goethes Schrift *Zur Farbenlehre* mit ihrem Farbenkreis (Kapitel 14) veröffentlicht wird, legt der Maler Philipp Otto Runge (1777–1810) sein Werk über eine »Farbenkugel« vor, in der es ihm laut Untertitel um die »Construction des Verhältnisses aller Mischungen der Farben zueinander und ihrer vollständigen Affinität« geht. Runges Kugel erscheint im Todesjahr des Malers, der schon im jungen Alter von 33 Jahren stirbt. Seine Farbordnung stellt die Summe seiner Bemühungen um die Farbe dar, die man in einem Lexikon einmal als »ein Gemisch von naturwissenschaftlich-mathematischen Erkenntnissen, mystisch-magischen Kombinationen und symbolischen Deutungen« bezeichnet hat. Runges Farbenglobus steht am vorläufigen Ende einer Entwicklung, die von den Farbenreihen über die zweidimensionalen Farbenkreise zur räumlichen Anordnung der Farben in Form einer Pyramide geführt hat.

Runge sah in den drei (bei ihm als Maler subtraktiven) Grundfarben, Blau, Rot und Gelb, das »simple Symbol der Dreyeinigkeit Gottes«, wie er in einem Brief 1803 schrieb. Schwarz und Weiß sind für ihn keine Farben, denn »das Licht ist das Gute, und die Finsternis ist das Böse«.

Der Weg zur Kugel beginnt mit einem Farbenkreis, den er in einem Brief an Goethe im Jahre 1806 entwirft (er wurde in Auszügen im didaktischen Teil von Goethes Farbenlehre wiedergegeben): »Drey Farben, Gelb, Roth und Blau, giebt es bekanntlich nur. Wenn wir diese in ihrer ganzen Kraft annehmen, und stellen sie uns als einen Cirkel begränzt vor, so bilden sich aus diesen drey Übergänge,

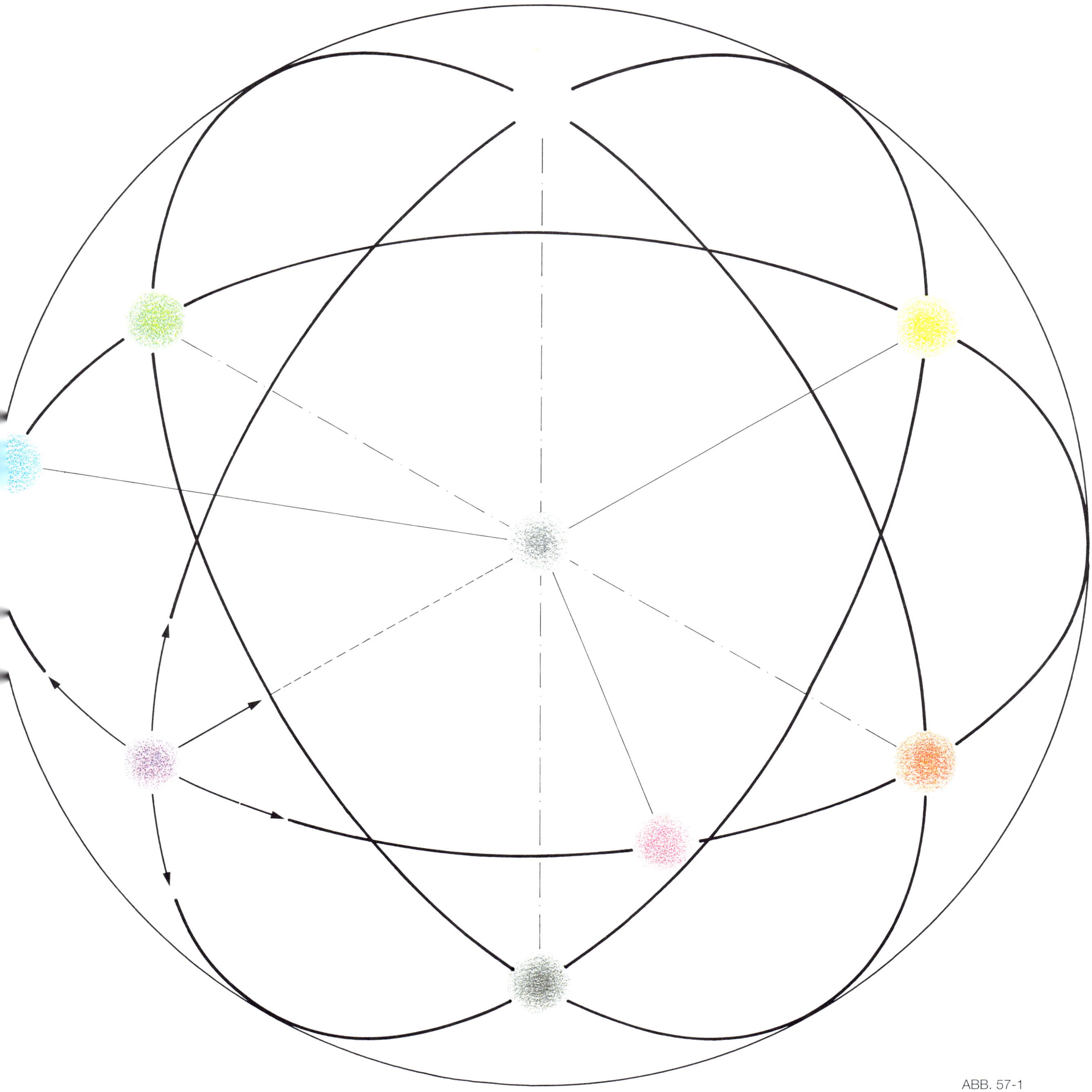

ABB. 57-1

Orange, Violett und Grün (ich heiße alles Orange, was zwischen Gelb und Roth fällt, oder was von Gelb aus sich nach dem Rothen, oder umgekehrt, hinneigt) und diese sind in ihrer mittleren Stellung am brillantesten und die reinen Mischungen der Farben.«

Sowohl die drei reinen als auch die drei Mischfarben heben sich im Grau der Mitte auf. Grau kann allerdings auch aus Schwarz und Weiß gemischt werden. Um das Verhältnis der Buntfarben zu Schwarz und Weiß geometrisch faßbar zu machen, geht Runge 1807 zum Modell eines »Globus« über, aus dem 1809 die Farbenkugel wird, deren Pole schwarz und weiß sind. Die reinen Farben selbst laufen entlang des Äquators, wobei ihnen die gleichen Intervalle zugestanden werden. Jede auf der Kugeloberfläche plazierte Farbe kann sich in fünf Richtungen bewegen: Auf die rechts beziehungsweise links stehenden Farben zu, nach oben zum Weißen und nach unten zum Schwarzen hin, und zum Grauen hin und durch die Mitte an diesem vorbei auf die Komplementärfarbe zu.

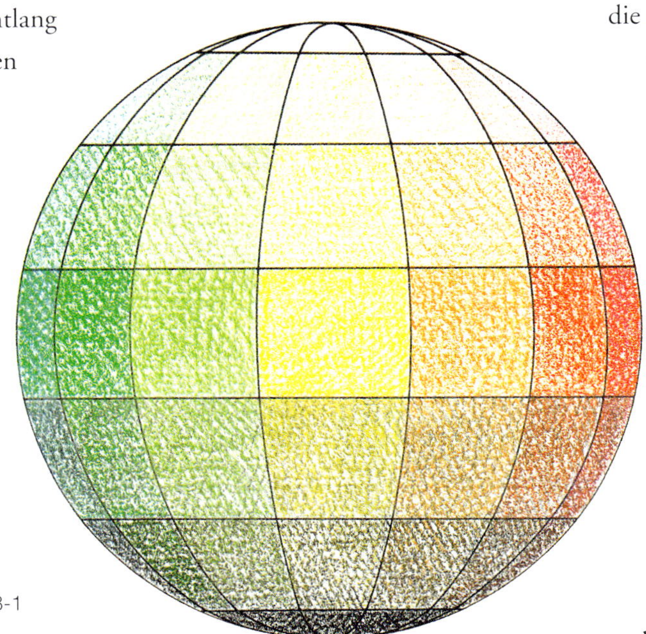
ABB. 58-1

In der Einleitung zu seiner Farbenlehre beklagt Runge sich darüber, daß die Künstler von den Wissenschaftlern im Stich gelassen worden sind, da sie diejenigen Wirkungen der Farbe, »die aus der bloßen Brechung des Lichtstrahls nicht zu erklären waren«, außer acht gelassen hätten. Sein Ziel besteht darin, »die Verhältnisse der gegebenen Farben zueinander (...) zu erforschen, (...) um die Eindrücke, welche ihre Zusammenstellungen auf uns machten, und die veränderten Erscheinungen, welche aus ihren Mischungen entstehen, bestimmt herausfinden und jedesmal mit unserem Material wiedergeben zu können«. Er betrachtet Farben als »eine gegebene, ja selbständige Erscheinung«, weshalb seine Untersuchungen »als ganz abgesondert von der Wissenschaft, wie durch das Licht die Farben entstehen«, angesehen werden können.

Runge wählt die perfekte Symmetrie der Kugel (und nicht etwa die eines Doppelkegels), weil seiner Ansicht nach nur so im Zentrum ein »völlig gleichgültiges Grau« entsteht. Die auf der Kugeloberfläche diametral entgegengesetzten Farbpaare lösen sich nur so im Mittelpunkt auf. Runge wollte seine Farbenkugel nicht als »Kunstproduct« verstanden wissen, sondern als »eine mathematische Figur von einigen philosophischen Reflexionen« vorlegen.

Runge kannte natürlich Lamberts Pyramide (Abb. 45-1), aber er wollte die reinen Farben im gleichen Abstand zu Schwarz und Weiß plazieren und entschied sich deshalb für die runde Konstruktion, die auch viel eher mit der göttlichen Ordnung des Kosmos in Verbindung zu bringen war. Ihm war klar, daß seine Darstellungen nur die unvollkommene Illustration der idealen Kugel sein konnten. Ihm mußte auch klar sein, daß die subtraktive Farbmischung – nur die kommt bei seinen Malfarben in Frage – nicht das neutrale, mittlere Grau produziert, das ihm so wichtig war. Der Schluß liegt nahe, daß Runge etwas ganz anderes im Sinn hatte als Lambert, der vor allem ein praktisches System vorlegen wollte, mit dessen Hilfe Farben gemischt werden können. Runge wollte nicht das Verhältnis von Mischungen, sondern vor allem die Harmonien von Farben anschaulich fassen. Er wollte Ordnung in die Gesamtheit der möglichen Farben bringen, die anders begrenzt wird als durch unsere sprachlichen Mittel, wie er in einem Brief an Goethe festhielt: »Wenn man sich ein bläuliches Orange, ein rötliches Grün oder ein gelbliches Violett denken will, wird einem zu Muthe wie bei einem südwestlichen Nordwinde.« Seine Kugel zielte auf ein echtes Farbsystem, und dieser Versuch ist in seinem Jahrhundert nicht wieder übertroffen worden.

16 CHARLES HAYTER

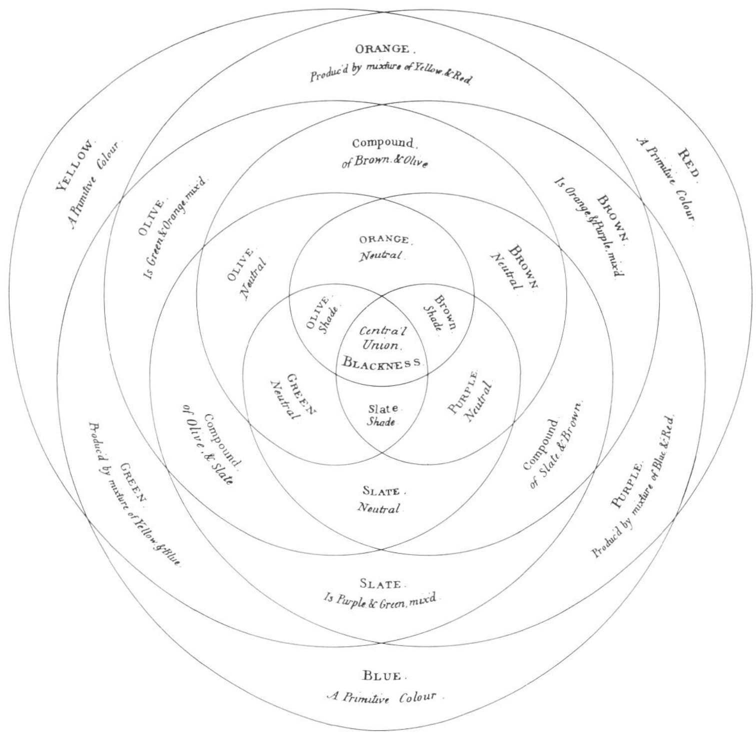

ABB. 59-1

Im Jahre 1826 publizierte der englische Architekt und Maler Charles Hayter (1761–1835) ein Buch, in dem er die von Thomas Young vorgeschlagene Theorie eines Drei-Farben-Systems als praktische Grundlage für die Farbreproduktion empfiehlt (siehe dazu Kapitel 13). Sein »Kompendium« der Farbe will – so der Untertitel – »beispielhaft die natürlichen und unausweichlichen Konsequenzen der gleichseitigen Vereinigung vorführen, welche sich durch allmähliche und systematische Konzentration der drei Primärfarben nach den Vorschlägen von Leonardo da Vinci ergeben«. Hayter schreibt im Vorwort, daß er bereits im Jahre 1813 die als Anleitung für Maler gedachten Diagramme und Erklärungen im Kopf und vor diesem Zeitpunkt nie etwas von Moses Harris gehört oder gesehen habe, bei dem sich vieles von dem findet, was Hayter nun vorlegt. Es muß auf den Widerspruch hingewiesen werden, daß Hayter als Maler sicher subtraktive Mischungen ordnen will, daß er aber die entsprechenden Vorläufer dieser Richtung nicht zitiert, wohl aber Leonardo, Newton und Young, die alle mehr an additive Systeme gedacht haben. Ungewöhnlich klar sieht er aber, daß man unterscheiden muß »between the properties of such materials as give their colours in substances, suitable to the purposes of art, and the transient effects of LIGHT, which must not be considered as belonging to the system of mixing colours for the purpose of painting«. Obwohl Hayter diese Unterscheidung nicht duchgängig und konsequent für die Zwecke der Malerei analysiert, kommt er zu dem Schluß, »all transient or prismatic effects can be imitated with the Three Primitive Colours, ... but only in the same degree of comparison as white bears to LIGHT«.

ABB. 60-1

Hayters Ausgangsdreieck, das aus den drei subtraktiven Primärfarben, Gelb, Rot und Blau, besteht, ist natürlich zu dieser Zeit keine unbekannte Konstruktion mehr, und das schwarze Zentrum kennen wir spätestens auch seit Moses Harris (Kapitel 10), so daß es schwer fällt, die Originalität Hayters zu beurteilen. Der erste, der die durch Goethe berühmt gewordene Dreiergruppe Gelb–Rot–Blau als (subtraktives) Primärtrio einführte, war der schon oben (in Kapitel 10) erwähnte Franzose J. C. Le Blon, und zwar in einer kleinen Schrift, die bereits vor 1731 angefertigt wurde. Gedruckt liegt Le Blons Ansicht über den fundamentalen Charakter seiner Primärfarben seit 1756 unter dem Titel *L'Art D'Imprimer Les Tableaux* vor, in dem er Hinweise über die Verwendung seiner Grundfarben beim Drucken, Weben und Malen gibt. Le Blon ist stolz auf seine Konstruktion, und er weist ausdrücklich darauf hin, daß wohl viele seiner Kollegen gar nicht geglaubt haben, daß es so einfache Regeln der Kunst gebe.

Hayter führt diese Konzeptionen im Detail weiter (vielleicht erfindet er sie auch neu), wobei er seine Mischfarben erläutert (Abb. 59-1). Wir folgen ihm in drei Linien von den primitiven Farben aus. Erst vom Blau nach oben zum Orange, dann vom Rot nach links unten zum Grün und schließlich vom Gelb nach rechts unten zum Purpur.

Vom Blau zum Schwarz in der Mitte taucht dreimal das Wort »slate« auf, also Schiefer, der vermutlich auch damals grau ausgesehen hat. Diese Schieferfarbe gibt es in drei Stufen, als Mischung aus Purpur und Grün, als neutrales und als schattiges Grau. Nach dem Zentrum wird es wieder heller. Hier reiht sich zwischen einem neutralen und einem gelbroten Orange die Mischung aus Braun und Oliv.

Das Rot verändert sich zum Zentrum hin über drei Stufen von Braun und schlägt danach in ein Grün um, von dem es eine neutrale, eine oliv-graue und eine gelb-blaue Variante gibt. Aus dem Gelb wird die Olivenfarbe, die sich über den neutralen Ton zur Mitte hin verdunkelt und danach als Purpur zum Blaurot verläuft.

Die nebenstehenden Skizzen (Abb. 60-1) zeigen, wie ein Durchlaufen des Systems aussehen könnte. Um von einer Farbe zu einer anderen zu gelangen, muß das Zentrum (Schwarz) passiert werden. Die interessante Form stellt wieder die Spirale dar, in der die zirkuläre und die radiale Bewegung koexistieren, in der sich also Singularitäten und Pluralitäten zusammenfinden.

Wissenschaftshistorisch gesehen fällt Hayters System in eine Zeit, in der der seit Newton währende Streit um die Frage, ob Licht aus Wellen oder aus Teilchen besteht, endgültig entschieden zu sein scheint. Zum einen hatte der bereits erwähnte Thomas Young nachgewiesen, daß Lichtstrahlen miteinander interferieren können, wie es technisch heißt. Licht plus Licht kann Dunkelheit ergeben – unter kontrollierten experimentellen Bedingungen –, und diese Eigenschaft der Interferenz ist nur für Wellen geläufig, nicht aber für Teilchen. In den 20er Jahren des 19. Jahrhunderts zeigte zudem der Franzose A. J. Fresnel, daß alle Erscheinungen der Optik verstanden werden können, wenn Licht als eine Schwingung in einem (hypothetischen) Medium aufgefaßt wird, wobei die Richtung der Schwingung senkrecht zur Richtung der Ausbreitung verläuft (transversal). Und dem deutschen Physiker J. von Fraunhofer gelang es 1821 sogar, zum ersten Mal die Längen der Wellen zu bestimmen, aus denen Licht besteht. Er kratzte dazu mit einem Diamanten feine, eng nebeneinanderliegende parallele senkrechte Linien in ein Glas und studierte die Ablenkungen des Lichtes durch ein solches Beugungsgitter, wie es im Jargon heißt. Spätestens seit 1835 konnte dann der Physiker F. M. Schwerd mit Hilfe eines solchen Gitters das Spektrum der Farben genau vermessen und zeigen, daß rotes Licht mit einer kleineren Wellenlänge als blaues Licht ausgestattet ist und gelbes und grünes Licht im mittleren Bereich liegen. (Als Maßeinheit hat sich dafür heute die Größe »Nanometer« durchgesetzt, also 10^{-9} m beziehungsweise 10^{-7} cm, und die Wellenlänge des sichtbaren Lichts liegt im Bereich von einigen hundert solcher Nanometer.)

Die erste Hälfte des 19. Jahrhunderts war also die Hochzeit der Wellentheorie. Man konnte sich zum ersten Mal in dem Glauben wiegen, die Natur des Lichts verstanden zu haben. Probleme mit der Wellenvorstellung tauchten erst zu Beginn unseres Jahrhunderts wieder auf. Wir sind sie bis heute nicht losgeworden.

17 MICHEL EUGÈNE CHEVREUL

Vermutlich hat kaum ein Chemiker so viel Einfluß auf die Entwicklung der Kunst ausgeübt wie der Franzose Michel Eugène Chevreul (1786–1889), der umfassende Talente besaß und 1824 zum Direktor in der berühmten Gobelin-Teppichmanufaktur ernannt wurde. Hier konzentrierte sich Chevreul auf die Probleme der Färberei und damit auf Farben, und 1839 erscheint sein umfassender Versuch, ihrer Ästhetik eine systematische Grundlage zu geben. Er trägt den Titel *De la loi du contrast simultané des couleurs* und handelt also vom sogenannten Simultankontrast der Farben, für den Chevreul zwei Gesetze formuliert: »Sieht das Auge gleichzeitig zwei benachbarte Farben, so werden diese von ihrer optischen Zusammensetzung ebenso wie von ihrem Farbtonwert verschieden erscheinen.« Und: »In der Harmonie des Kontrastes ist die komplementäre Zusammensetzung allen anderen überlegen.«

Mit seinem Werk über den Simultankontrast beeinflußte Chevreul die Richtungen der Kunst, die als Impressionismus, Neoimpressionismus und Orphischer Kubismus bezeichnet werden, wobei es hier vor allem Robert Delaunay (1885–1941) ist, der farbige »Simultanscheiben« bildnerisch verwendet. Obwohl sein Werk für die Praxis wenig tauglich bleibt und nie abgeschlossen

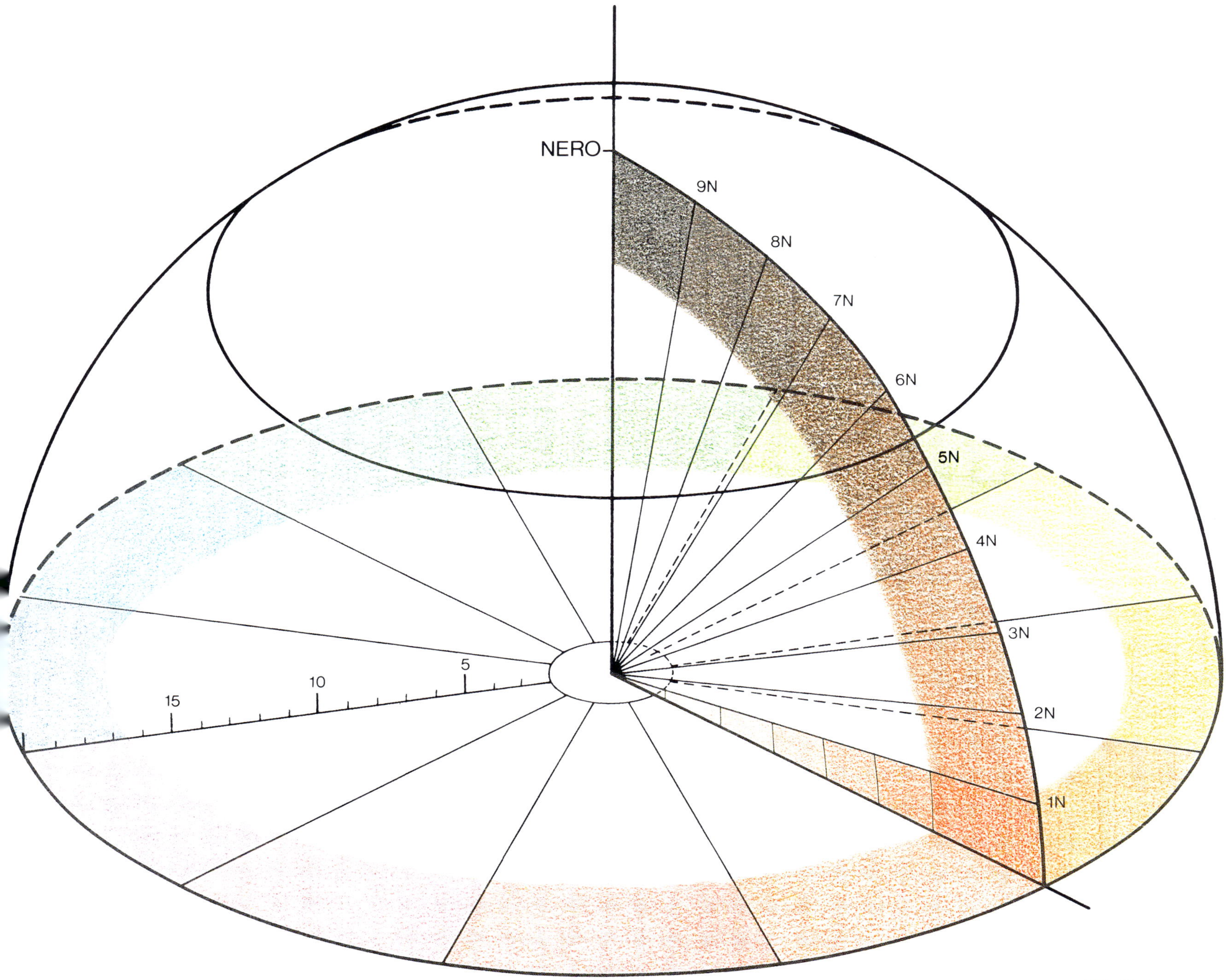

ABB. 63-1

wird, wirkt Chevreul auch auf die Ansichten ein, die Eugène Delacroix (1798–1863) und Georges Seurat (1859–1891) zu den Farben und der Art haben, wie sie mit ihnen umgehen.

Natürlich hatte spätestens Leonardo da Vinci bemerkt, daß sich Farben gegenseitig beeinflussen, wenn sie nebeneinander gesehen werden, aber es war dann erst Goethe, der gezielt auf die dazugehörenden Kontraste aufmerksam gemacht und sie so eindringlich beschrieben hat, daß sie fortan beachtet wurden. Wer gleichzeitig (simultan) dasselbe Rot etwa auf einem gelblichen und auf einem violetten Hintergrund ansieht, wird zwei verschiedene Empfindungen haben – im ersten Fall eher Dunkelrot und im zweiten Fall eher Orange. Chevreul konnte dabei zwei Weisen unterscheiden, mit

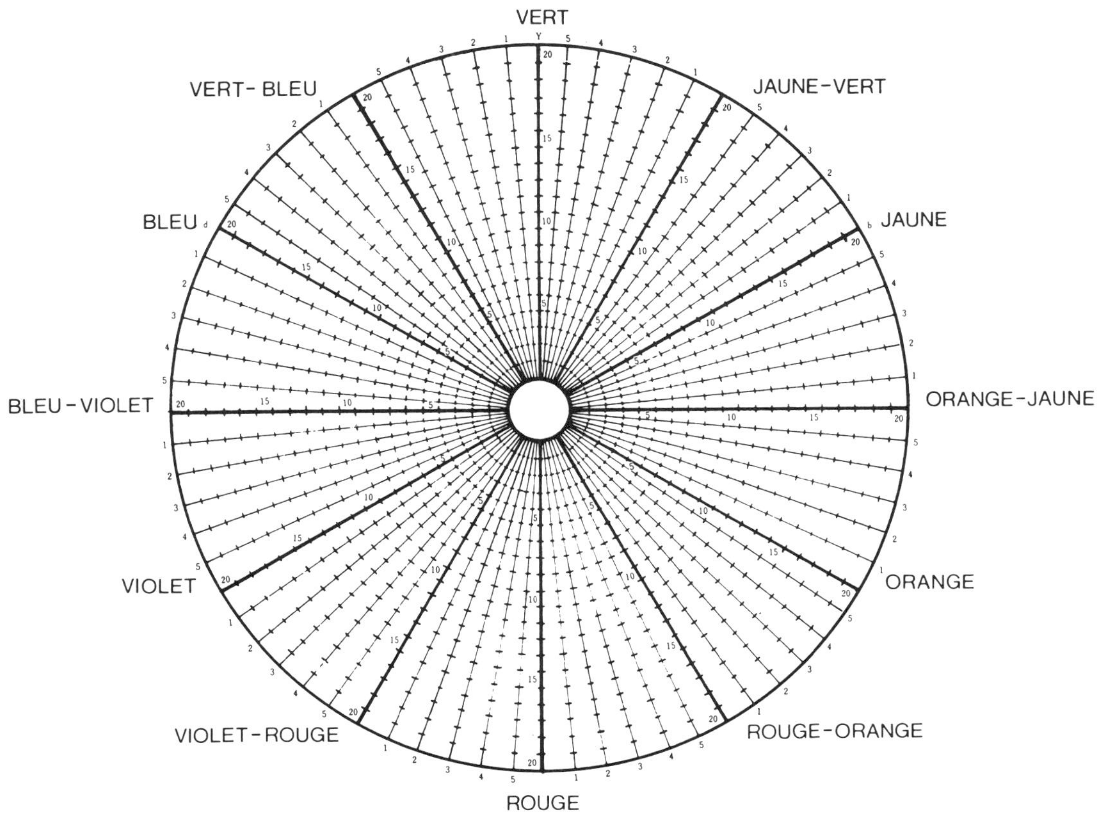

ABB. 64-1

denen dieser Simultankontrast zustande kam, und er sprach von Änderungen der Intensität beziehungsweise der »optischen Komposition«. Heute wissen wir genauer, daß es drei Komponenten sind, die sich unter dem Einfluß einer andersfarbigen Umgebung verschieben können, und diese drei Komponenten entsprechen den Dimensionen einer räumlichen Farbordnung. Sie heißen Helligkeit, Farbrichtung und Buntheit. Ein- und dieselbe Farbe wirkt auf dunklem Grund heller und auf hellem Grund dunkler; ein reines Rot wirkt auf gelblichem Grund röter und auf rötlichem Grund gelber, und ein vergrautes Rot wirkt auf einem grauen Grund bunter (weniger grau) als auf einem bunten Grund.

Man kann diese simultane Wechselwirkung der Farben mit Hilfe der Farbenkreise beziehungsweise der Farbenkugel dann einfach nachvollziehen oder deuten, wenn man annimmt, daß die Farbe des Hintergrunds die Farbe des betrachteten Farbfeldes von sich wegstößt. Konkret durchführen muß dies natürlich unsere Wahrnehmung, und da hierfür sicher die Annahme plausibel ist, daß sich Auge und Gehirn darum bemühen, die Unterschiede in der Natur möglichst deutlich wahrzunehmen, paßt die Erklärung mit der Verschiebung im Farbenkreis zusammen.

Wir treffen hier zum ersten Mal auf eine aktive Rolle des Gehirns bei der Entstehung der Farben, und wir können uns schon einmal an den Gedanken gewöhnen, daß die Farben auch Taten der Welt in unserem Kopf sind, wie noch genauer vorzustellen ist, wenn mehr Beiträge der Physiologie gefragt sein werden.

Kehren wir zu Chevreul zurück, der in seinem Werk aus dem Jahre 1839 zeigt, daß eine Farbe ihrer benachbarten einen komplementären Stich (im Farbton) gibt. Als Konsequenz hellen sich gegenüberstehende komplementäre Farben auf, und nicht-komplementäre Farben erscheinen »verdreckt«, etwa wenn ein Gelb neben einem Grün einen Violett-Stich bekommt.

Die Gesetze der Farbkontraste beschäftigten Chevreul während seiner Suche nach einer guten Farborganisation, die er für die Herstellung von Textilien benötigte. Dazu entwarf er den vorgestellten

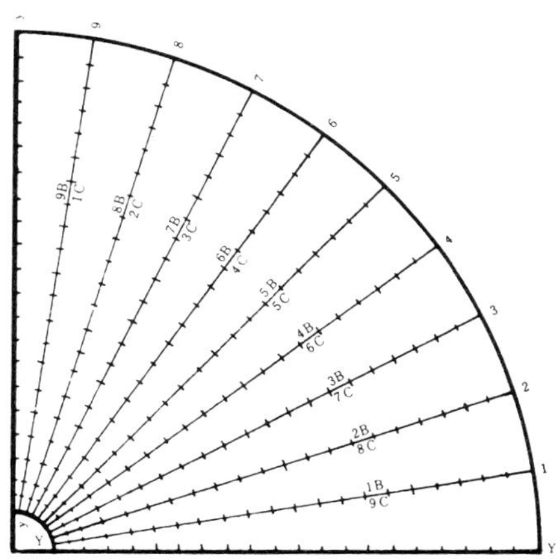

ABB. 65-1

72teiligen Farbenkreis (Abb. 64-1), der Farbtöne durch die verschiedenen Veränderungen definiert, die eine Farbe in Richtung auf Weiß (höhere Intensität) oder Schwarz (schwächere Intensität) erfährt. Dabei sind gemäß Chevreul 10 Stufen möglich. Es gilt zu beachten, daß Chevreul in seinem Farbkreis jede gesättigte Farbe an einer anderen Stelle ihres dazugehörenden Radius anordnet. Reines Gelb liegt näher am Zentrum als reines Blau. Reines Rot liegt bei Punkt 15 der Skala. Damit erhalten die Farbtonwerte der Pigmente einen angemesseneren Platz als in vorhergehenden Systemen.

Bei Chevreuls Farbenkreis finden wir neben den drei subtraktiven Primärfarben (Rot, Gelb und Blau) drei sekundäre Farben (die primären Mischungen Orange, Grün und Violett) sowie sechs sekundäre Mischungen. Die dabei entstehenden Sektoren werden in fünf Zonen gegliedert, und jeder Radius ist nach Art einer Leiter in 20 Abschnitte unterteilt, die verschiedene Helligkeitsstufen angeben. Die Notation gibt die Proportionen der Farben wieder. So bedeutet 9B/1C, daß 9/10 Schwarz und 1/10 des entsprechenden Farbtons vorliegen.

Mit der Halbkugel (Abb. 63-1) versucht Chevreul eine physikalische Repräsentation der Farben im Raum. Die Schwarz-Achse wird dabei zum Strahl, der die verschiedenen Stufen absuchen kann.

Chevreul war davon überzeugt, daß sich die vielen verschiedenen Farbtöne und ihre Harmonie durch Beziehungen zwischen Zahlen festlegen lassen, und er wollte mit seinem Farbsystem allen Künstlern, die farbiges Material verwenden, ein entsprechendes Instrument in die Hand geben. Doch so einflußreich die Harmonielehren auch waren, die Chevreul als »Harmonie d'analogues« (Harmonie der Analogie) und als »Harmonie de contraste« (Harmonie des Kontrastes) bezeichnet hat, ein Gesetz der Farbharmonie hat er nicht finden können. Es existiert einfach nicht.

18 GEORGE FIELD

George Field (1777–1854) war ein Chemiker, der sich sein Leben lang nicht nur praktisch mit Farben (»pigments«) und Färben (»dyes«), sondern auch theoretisch mit ihren harmonischen Beziehungen beschäftigt hat. Sein erstes Werk, ein Essay über die *Analogie und Harmonie der Farben* aus dem Jahre 1817, operiert mit den drei subtraktiven Primärfarben, Rot, Gelb und Blau, und bemüht sich darum, eine Farbharmonie in »ästhetischer Analogie« zur musikalischen Harmonielehre aufzustellen. Field beschreibt hierin auch ein zum Metronom der Musik äquivalentes »Metrochrome«, das aus drei geeichten keilförmigen Glasgefäßen besteht, die mit roten, gelben und blauen Flüssigkeiten gefüllt sind. (Man versteht, warum es die vielen Zahlen in seinem System gibt, ohne sie im einzelnen verstehen zu müssen.)

1835 folgte eine zweite Abhandlung über »Farben und Pigmente« unter dem, heutigen Ohren eine wissenschaftliche Methode suggerierenden, Titel *Chromatography,* und 1850 schließlich stellte er eine »Grammatik der Farbgebung« *(A Grammar of Colouring)* zusammen, die sich vornehmlich an Künstler wandte und Auskunft über Herkunft, Zusammensetzung und Eigenschaften von Pigmenten, Farbstoffen und Malfarben gab.

In allen drei Werken knüpft Field an die Arbeiten von Jakob Christof Le Blon an, der 1730 einen Farbenkreis aus den drei »primitiven« Farben Rot (»Red«), Gelb (»Yellow«) und Blau (»Blue«) und den drei Mischfarben Orange (»Orange«), Grün (»Green«) und Purpur (»Purple«) vorschlug (und sich damit von Newton abhob). Field erklärt nun die sechs Kreisfarben zu Primärfarben, aus denen durch kontinuierliche Überlagerung die Sekundär- und Tertiärfarben entstehen. Während er die Sekundärfarben einfach durch Doppelnamen und drei Tertiärfarben als dunkle (»dark«, dk) Varianten der erwähnten Mischfarben bezeichnet,

ABB. 66-1

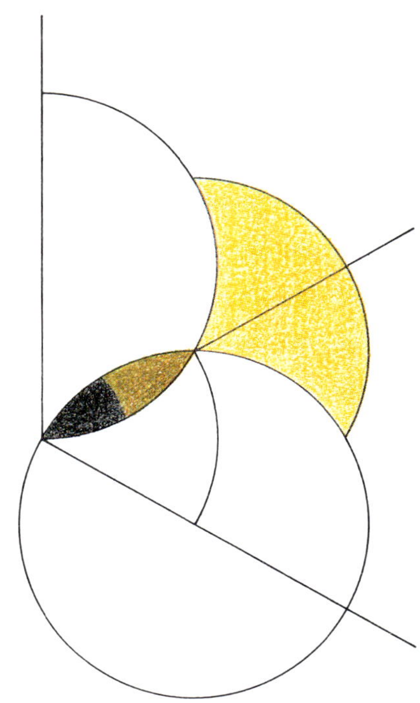

ABB. 66-2

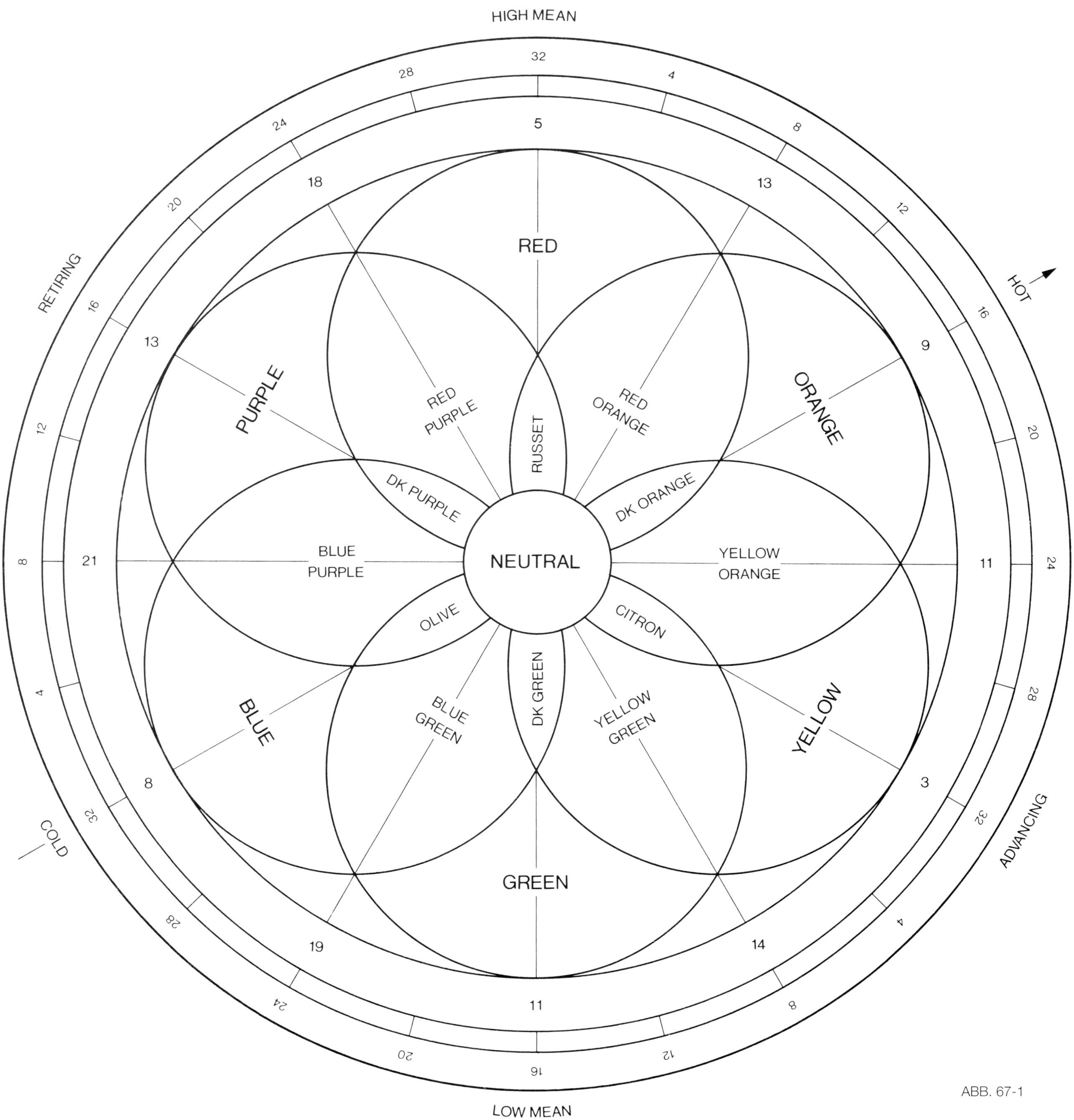
HIGH MEAN
LOW MEAN
RETIRING
HOT
COLD
ADVANCING
RED
ORANGE
YELLOW
GREEN
BLUE
PURPLE
RED PURPLE
RED ORANGE
RUSSET
DK PURPLE
DK ORANGE
NEUTRAL
BLUE PURPLE
YELLOW ORANGE
OLIVE
CITRON
DK GREEN
BLUE GREEN
YELLOW GREEN
5
18
13
13
9
21
11
8
3
19
14
11
32
4
8
12
16
20
24
28

ABB. 67-1

finden sich drei besondere Namen in seinem System: Die Mischung aus Purpur, Blau und Grün heißt Oliv (»Olive«), die Mischung aus Grün, Gelb und Orange heißt Zitron (»Citron«), und jene aus Orange, Rot und Purpur heißt Rostbraun (»Russet«).

Mit den Farben werden Bedeutungen (Konnotationen) verbunden, die entlang des Kreisumfangs notiert sind: Heiß (»hot«) und kalt (»cold«) stehen sich ebenso gegenüber wie vorrücken (»advancing«) und sich zurückziehen (»retiring«) beziehungsweise ein hoher Mittelwert (»high mean«) und ein tiefer Mittelwert (»low mean«). Die beiden Skizzen (Abb. 66-1 und 66-2) zeigen, wie man den Kreis durchlaufen kann – von außen nach innen, vom Hellen zum Dunklen, vom Konkaven zum Konvexen, vom Ausgedehnten zum Zusammengezogenen.

Vielleicht ist an dieser Stelle ein knapper Hinweis auf die Verbindung erlaubt, die George Field zwischen Farben und Tönen anvisierte. Die Versuche, Licht und Musik zu verbinden, sind alt, und spätestens Athanasius Kircher (Kapitel 2 und 5) hat deutlich formuliert, daß alles, was für das Auge sichtbar ist, auch dem Ohr hörbar gemacht werden kann. Ein ausgearbeitetes System für Farbenmusik hat aber erst um 1760 der Franzose Louis-Bertrand Castel vorgelegt, der folgende ziemlich willkürliche Zuordnungen vornahm: Das C wird durch Blau ausgedrückt, das Cis durch Blau-Grün, D durch Grün, Dis durch Gelb-Grün, E durch Gelb, F durch Gelb-Orange, Fis durch Orange, G durch Rot und so weiter bis zum B, das durch Indigo dargestellt wird. Vom Dreiklang Blau (Grundton, C) – Gelb (Terz, E) – Rot (Quinte, G) gelangte er über verschiedene Zwischenstufen zu einer zwölfstufigen chromatischen Farbtonleiter. 1844 schlug Field eine andere Zuordnung vor. Er ließ das C beim Blau, brachte das D aber zum Purpur, das E zum Rot, das F zum Orange, das G zum Gelb, das A zum Gelb-Grün und das B zum Grün. Seine »Analogous Scale of Sounds and Colours« ging dabei vom Dreiklang Blau–Rot–Gelb aus.

Es ist zu vermuten, daß Musik und Farben in der Tiefe miteinander zusammenhängen. Aber besonders einfach wird es nicht sein, ihre Verbindung aufzunehmen – ein Farbenklavier überfordert dabei sicher unsere Aufnahmefähigkeit –, selbst wenn man oberflächlich den Eindruck haben könnte, es gäbe in beiden Fällen ein und dieselbe physikalische Grundlage, nämlich eine Bewegung von Wellen. Schall- und Lichtwellen sind nicht vergleichbar, ja sie sind so verschieden, wie zwei Dinge es nur sein können. Der wesentliche Unterschied liegt dabei im Medium, in dem sich die jeweiligen Erscheinungen ausbreiten. Wellen kann es nur geben, wenn für sie ein Träger – ein Medium – vorhanden ist. Die Meereswellen werden vom Wasser getragen, die Wellen der Musik und der Geräusche von der Luft und ihren Bestandteilen, wie sich im Versuch zeigt, wenn man einen Wecker unter eine Glasglocke stellt und die Luft herauspumpt. Man sieht dann zwar noch, wie der Wecker im Vakuum rappelt, aber man hört ihn nicht mehr, weil die Schallwellen kein Medium der Ausbreitung mehr vorfinden. Während also Töne vor der relativen Leere der Glocke kapitulieren, schaffen es die Lichtwellen bequem, sich hier weiter zu bewegen (denn wir sehen den Wecker tatsächlich noch). Die Luft ist ihr Medium jedenfalls nicht. Lichtwellen können sogar die absolute Leere der Milchstraße durchqueren (sonst sähe man die Sterne nicht), und damit stand man etwa zu der Zeit, als George Field starb, vor einem großen Rätsel: Wie muß man sich die Natur des Mediums vorstellen, von dem die Lichtwellen getragen werden? Die Physiker hatten der geheimnisvollen Substanz den Namen »Äther« gegeben und versuchten nun herauszufinden, wie etwas, das härter als Stahl sein mußte, um die winzigen Wellenlängen zu ermöglichen, die das Licht nachweisbar auszeichnete, gleichzeitig so unmerklich sein konnte, daß die Planeten ungestört in ihm kreisen konnten. Eine erste Lösung deutete sich nach 1860 durch grundlegende Arbeiten des schottischen Physikers James Clerk Maxwell an, der nicht nur die Geschichte des Lichts, sondern auch die der Farbe wesentlich beeinflußt hat (Kapitel 19).

Es ist sicher deutlich geworden, daß Field trotz aller Neigung zur Musik anders als Newton über den Ursprung der Farben dachte und sie eher in der Tradition des Aristoteles sah. Farben entstehen, wenn die Koexistenz von Licht und Dunkelheit unterschiedliche Gewichte annimmt. Herrscht das Dunkle vor, entsteht Blau, herrscht das Helle vor, entsteht Gelb, herrscht ein Ausgleich vor, entsteht Rot.

So wie diese Konstruktion von polaren Prinzipien aus positivem Weiß und negativem Schwarz blieb vieles bei Field – wie seine »chromatischen Äquivalente« – willkürlich, und er wurde später nicht mehr zitiert. Nach den Theorien von Maxwell (Kapitel 19) und von Helmholtz (Kapitel 20) war Fields Vorschlag obsolet geworden, so schön sein Kompaß der Farben ist.

19 JAMES CLERK MAXWELL

Das Jahr 1859 gehört zu den großen Jahren der Wissenschaftsgeschichte. Der Engländer Charles Darwin publizierte damals seine Vorstellungen von der Abstammung der Arten und räumte dabei der Idee der Evolution den Weg frei. Im gleichen Jahr veröffentlichte der schottische Physiker James Clerk Maxwell (1831–1879) die *Dynamische Theorie der Gase,* in der er die statistische Beschreibung von Bewegungen und ihre mathematische Handhabung einführte, die heute als Maxwell-Verteilung berühmt ist und zum Basiswissen der Physik gehört.

Der damals 28jährige Maxwell legte dann ebenfalls noch 1859 seine *Theorie des Farbensehens* vor, die als Ursprung der quantitativen Farbmessung (Colorimetrie) gilt. Maxwell zeigte hierin, daß alle Farben durch Mischungen von drei Spektralfarben zustande kommen können – zum Beispiel durch Rot (R), Grün (hier durch V [Verde] abgekürzt) und Blau (B) –, vorausgesetzt, daß die Lichtreize sowohl addiert als auch subtrahiert werden können. Er ordnete die drei Hauptfarben in den Eckpunkten eines Dreiecks (Abb. 70-1) an, in das wir noch eine mit technischen Daten versehene Kurve der Spektralfarben gelegt haben (siehe dazu Kapitel 20), um den Bezug zur Naturwissenschaft herzustellen. Eine Linie dieser Art wird später erneut auftauchen (Kapitel 37). Wir führen sie hier an, weil alle damit verbundenen Einsichten auf Maxwell zurückgehen, der mit seinem Dreieck den ersten zweidimensionalen Farbraum vorstellte, der auf psychophysikalischen Messungen basiert.

Es ist einem Außenstehenden nur schwer zu erklären, wie berühmt Maxwell unter Physikern ist. Neben der erwähnten Verteilung bleibt sein Name auch mit vier sogenannten Feldgleichungen verbunden, die erklären konnten, wie sich Licht ausbreitet, und die auf die Existenz elektromagnetischer Wellen hinwiesen, deren Empfang wir zum Beispiel heute alle nutzen, wenn wir Radio hören. Maxwell zeigte, daß Lichtwellen als Oszillationen von elektrischen und magnetischen Feldern zu verstehen sind, und er machte auf diese Weise verständlich, wie es den Lichtstrahlen gelingt, die Leere des Universums zu durchqueren (siehe Kapitel 18) und uns die Sterne zu zeigen.

Bevor Maxwell auf diese Weise der Natur des Lichtes näher auf die Schliche kam, hatte er sich um einen exakteren Zugang zu den Farben bemüht. Mit seinem Beitrag taucht nach Newton erneut die Physik und die Messung von Licht und Farbe in unserer Geschichte auf, und Maxwells Dreieck ist unter anderem der Versuch, Newtons Methode der Lichtmischung zu verbessern. In den Jahrzehnten zuvor (siehe Kapitel 16) hatten die Physiker gelernt, mit Hilfe von mikroskopischen Beugungsgittern Wellenlängen im Bereich von 10^{-7} m zu bestimmen, die heute genauer mit Nanometern (1 nm = 10^{-9} m) angegeben werden können. Man sagt, die Wellenlänge des sichtbaren Lichts liegt in einem Bereich zwischen 760 nm für Rot und 380 nm für Blau, Grün liegt bei etwa 550 nm. (Diese Zahlen finden sich entlang der Kurve.)

Maxwells Betrachtung der Farbe baute auf den Vorschlägen von Thomas Young auf (siehe Kapitel 16), der schon vorher bemerkt hatte, daß nicht mehr als drei Farben des Spektrums benötigt werden, um alle anderen zuwege zu bringen. Als Young seine Dreifarbentheorie vorschlug, wußten viele Künstler schon längst, daß sie mit drei primären Pigmenten alle übrigen Farbtöne mischen können, aber die Physiker standen noch unter dem Eindruck von Newtons Anspruch, daß die sieben Farben, die aus dem Prisma kommen, elementar (und also nicht mischbar) sind.

Youngs drei Rezeptoren gewannen an Glaubwürdigkeit, als George Wilson aus Edinburgh 1855 eine erste statistische Analyse der Farbblindheit vorlegte und Maxwell in deren Anhang zeigen konnte, daß die Beobachtungen verstanden werden konnten, wenn man annahm, daß ein oder zwei Rezeptoren bei farbenblinden Menschen unwirksam waren.

Maxwell hatte seine eigenen Versuche zur Farbmischung im Laboratorium von J. D. Forbes in Edinburgh begonnen, der selbst mit schnell rotierenden Scheiben arbeitete und damit die Spektralfarben zu Grau mischen wollte. Forbes versuchte dabei vergeblich, ein Grau aus Rot, Gelb und Blau zu mischen. Er sah auch bald, woran dies lag, nämlich daran, daß Blau und Gelb unter diesen

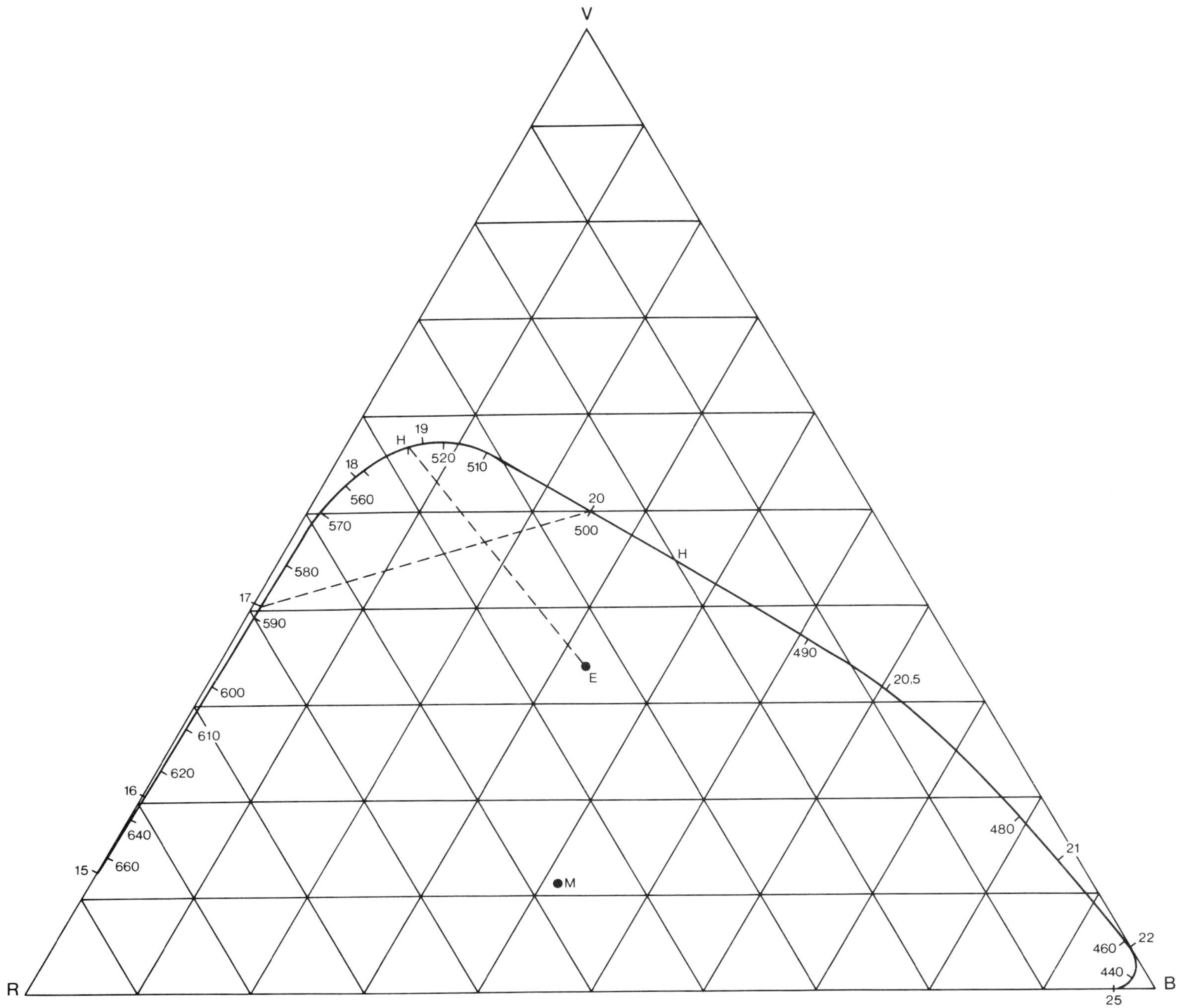

ABB. 70-1

Umständen kein Grün (sondern eine Art Rosa) ergeben. Maxwell entschied sich daraufhin für die Grundfarben Rot (R für Rosso), Grün (V für Verde) und Blau (B für Blu), die wir dann auch in seinem Dreieck wiederfinden. Er betonte aber ausdrücklich, daß man auch jedes andere Trio wählen kann, das zu Weiß kombiniert werden kann, und damit löste er das sogenannte Problem der Primärfarben – Maxwell erklärte es einfach für nichtig, indem er zeigte, daß man keine geheimnisvollen »primaries« suchen und begründen muß, sondern lediglich drei Koordinaten der Farbe braucht, die im Spektrum weit genug auseinander liegen.

In seinen Versuchen zur Farbmessung ließ Maxwell durch Probanden beurteilen, wie die Farbe einer Probe mit einer Mischung aus den drei Grundfarben übereinstimmte. Heute läßt man die Versuchspersonen so lange die Mischung aus Rot, Grün und Blau (mit Hilfe von standardisierten Lichtquellen) verändern, bis der Farbeindruck mit dem der Probe zusammenpaßt (»colour match«).

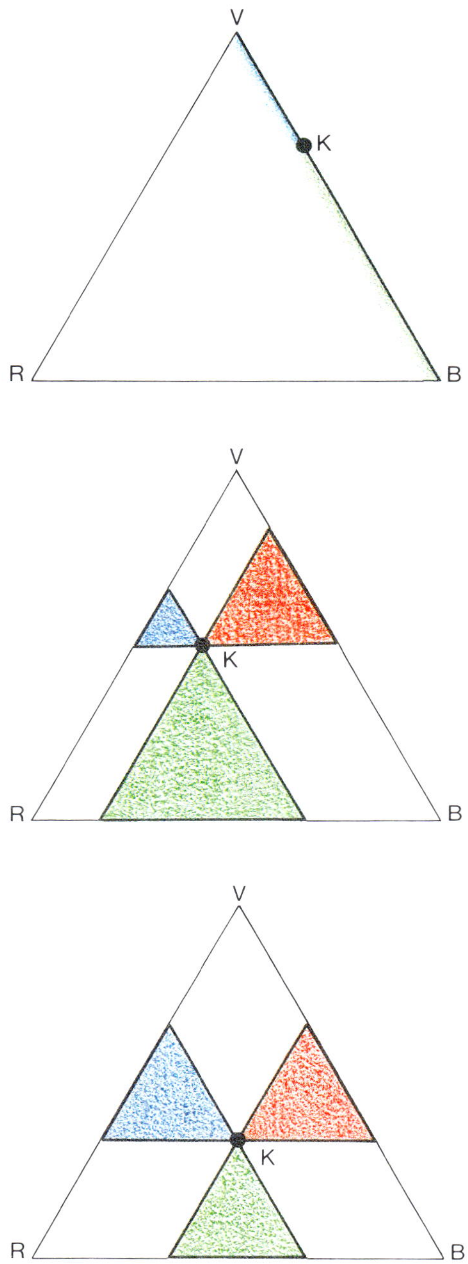

ABB. 71-1

Die jeweilige Einstellung der Mischung läßt sich durch drei Zahlen festhalten, die wir als R, V und B bezeichnen wollen und die seit Maxwell als »tristimulus values« bekannt sind (Dreifarbenwerte).

Maxwell fiel nun auf, daß die Farbigkeit einer bunten Oberfläche relativ unempfindlich gegenüber Änderungen der Helligkeit ist, und er konnte diesen Faktor ganz eliminieren, indem er neue Parameter, r, v und b, einführte und jeden Dreifarbenwert durch ihre Summe teilte: $r = R/(R+V+B)$, $v = V/(R+V+B)$ und $b = B/(R+V+B)$.

Diese neuen Farbkoordinaten einer Probe erfüllen eine einfache Bedingung. Ihre Summe ist eins ($r + v + b = 1$), und dies bedeutet, daß alle ihre möglichen Kombinationen als Punkte eines gleichseitigen Dreiecks dargestellt werden können, dem Maxwellschen Dreieck eben. Einige Beispiele finden sich in der links dargestellten Reihe. Dabei liegt der Neutralpunkt Weiß im Zentrum der Konstruktion.

Das Dreieck erlaubt es, das Ergebnis einer Mischung von zwei Farben vorherzusagen, da sich ihre Dreifarbenwerte beziehungsweise ihre Farbkoordinaten addieren. Alle möglichen Kombinationen von je zwei Farben liegen auf der Linie, die ihre jeweiligen Positionen im Dreieck verbindet. Natürlich hatte schon zuvor Newtons Kreis die Ergebnisse von Farbmischungen angegeben. Maxwells Fortschritt besteht darin, daß die geometrischen Beziehungen und Abstände zwischen den Farben in seinem Dreieck eine präzise Bedeutung haben, die auf psychophysikalischen Messungen basieren.

Maxwell konnte in seinen Farbmischversuchen zeigen, daß Newtons Kreis aus sieben Farben mit Weiß in der Mitte implizit die Dreifarbentheorie zufriedenstellt, da sie einer Darstellung äquivalent ist, die jeder Farbe einen Punkt in einem dreidimensionalen Raum zuordnet. Als er die experimentellen Ergebnisse in sein Farbdreieck eintrug, fand er im Inneren einen Punkt für das Weiß. Mit seiner Hilfe konnte Maxwell – ähnlich wie H. von Helmholtz (Kapitel 20) – drei neue Variable angeben, die eine Farbe charakterisieren: den Farbton (»hue«), die Farbsättigung (»tint«) und die Helligkeit (»shade«). Maxwell machte auch deutlich, daß es leicht ist, zwischen diesen Variablen und der Darstellung von Farben als Summe aus drei Primärfarben zu vermitteln.

Das Dreieck stößt übrigens bald an Grenzen. Seine Werte beruhen auf Pigmentvergleichen, und das Licht der Spektralfarben kann viel intensiver sein. Wer zum Beispiel die Position von gesättigtem Gelb sucht, stellt fest, daß es außerhalb der Linie zwischen V und R liegen muß. Wenn alle Spektralfarben und auch die Purpurtöne in Maxwells Schema erfaßt werden sollen, muß sein Dreieck erweitert oder umkonstruiert werden. Ein Versuch dazu stammt von von Helmholtz (Abb. 72-1), und heute greift man auf ein raffiniertes Verfahren zurück, auf das schon der Linienzug im Dreieck einstimmt (mehr dazu in Kapitel 37).

20 HERMANN VON HELMHOLTZ

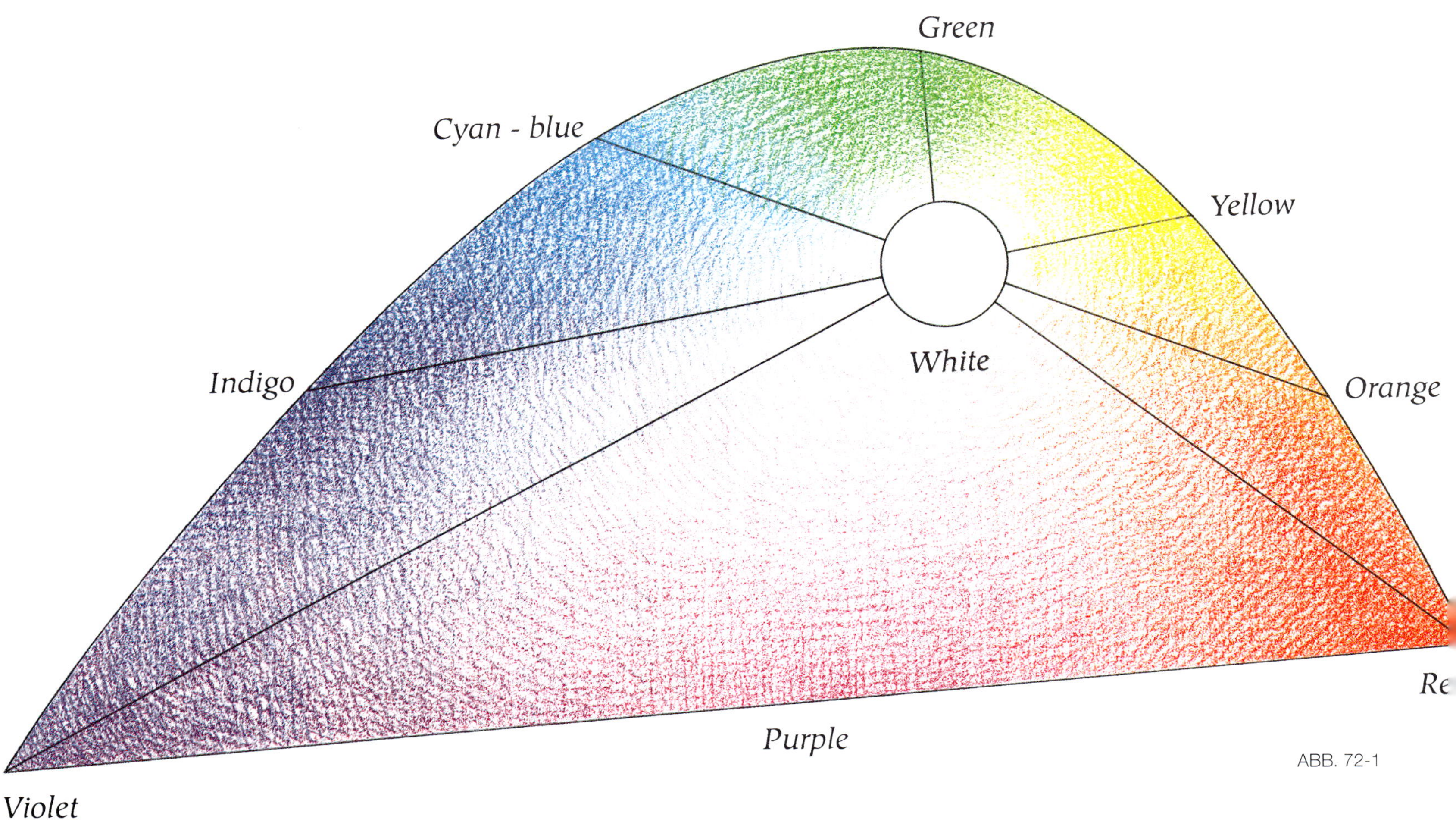

ABB. 72-1

Hermann von Helmholtz (1821–1894) beherrschte die Naturwissenschaft seiner Zeit – in doppelter Hinsicht. Er verstand und dominierte sie zugleich. Die erste große Leistung gelang bereits dem 26jährigen, der 1847 das Prinzip von der Erhaltung der Energie formulierte. Von Helmholtz zeigte zudem große praktische Begabung, als er den Augenspiegel erfand, und seine »Lehre von den Tonempfindungen« (1862) gibt eine Theorie der Kombinationstöne an, analysiert die Klangfarbe der Instrumente und wagt sich sogar an eine Harmonielehre heran.

Zwischen 1856 und 1867 erschien sein berühmtes *Handbuch der physiologischen Optik,* das noch 60 Jahre später ins Englische übersetzt wurde und in aller Welt eine große Wirkung entfaltete. In diesem Werk stellte von Helmholtz die drei Variablen vor, die heute immer noch verwendet werden, um eine Farbe zu charakterisieren:

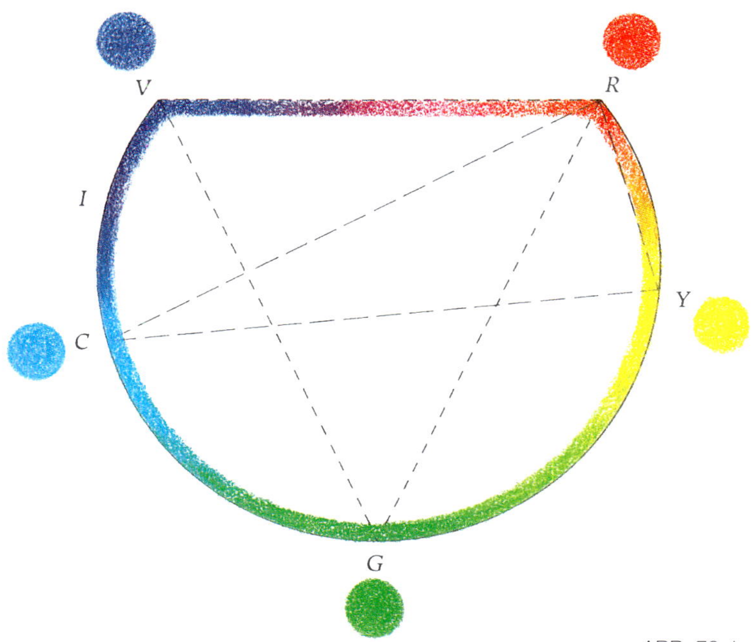

ABB. 73-1

den Farbton, die Sättigung und die Helligkeit, und er wies zum ersten Mal deutlich darauf hin, daß ein Unterschied zwischen den Farben besteht, die Newton in seinem Spektrum beobachtet hat (Kapitel 8), und den Farben, die mit Hilfe von Pigmenten auf eine weiße Unterlage gebracht werden. Die Spektralfarben leuchten stärker und liegen gesättigter vor. Sie mischen sich additiv, während die Pigmente dies subtraktiv tun, und in beiden Fällen gelten andere Regeln der Kombination.

Von Helmholtz' Untersuchungen waren durch die stets präsente Analogie von Auge und Ohr geleitet. Die erwähnten drei Variablen der Farbempfindung waren analog zu den drei Parametern des Klangs gewählt: Lautstärke, Tonhöhe und Klangfarbe. Der Unterschied zwischen den akustischen Erscheinungen und den Farbempfindungen besteht nur darin, daß das Auge die Komponenten einer gemischten Farbe nicht unterscheiden kann, während das Ohr sehr wohl die Elemente eines komplizierten Tons identifizieren kann. In von Helmholtz' eigenen Worten von 1857: »Das Auge kann zusammengesetzte Farben nicht von einander scheiden; es empfindet sie in einer nicht aufzulösenden, einfachen Empfindung, der einer Mischfarbe. Es ist ihm deshalb gleichgültig, ob in der Mischfarbe Grundfarben von einfachen oder nicht einfachen Schwingungsverhältnissen vereinigt sind. Es hat keine Harmonie in dem Sinne wie das Ohr; es hat keine Musik.«

Von Helmholtz vertrat in Anlehnung an Thomas Young (siehe Kapitel 16 und 19) eine Dreifarbenlehre, und er wies nach, wie jede Farbe als Gemisch von drei grundlegenden Farbempfindungen – zum Beispiel Rot, Grün und Blauviolett als sogenannte »einfache Farben« – zusammengesetzt werden kann. Der große Physiologe unterbreitete in seinem Handbuch nun mehrere Vorschläge, wie diese einfachen (oder reinen) Farben – und mit ihnen das ganze Spektrum – anzuordnen sind. Er versuchte dabei – etwas salopp formuliert, aber anschaulich verständlich – zwischen Newton und Maxwell zu vermitteln. Maxwells Dreieck ist zu klein (Abb. 70-1), um die gesättigten Spektralfarben aufzunehmen, und Newtons Kreis verweist nicht explizit auf die Dreifarbentheorie, die doch eine tiefe Einsicht enthält.

Von Helmholtz unternimmt es zunächst, die Spektralfarben auf einer gebogenen Linie anzuordnen, um so ihre Mischungen besser zu verstehen. Er stellt sich eine Art Kraftfeld der Farben vor – das Farbenfeld (Abb. 72-1) –, in dessen Mitte analog zum Gravitationszentrum Newtons das Weiße Platz finden soll. Nun hatte von Helmholtz bemerkt, daß man zum Beispiel nicht gleichviel von Violett-Blau und Gelb braucht, um Weiß zu erhalten, und entsprechend ordnete er die Farben so an, daß die komplementäre Farbe, von der mehr benötigt wird, einen längeren Hebelarm bekommt.

Einer zweiten Konstruktion von von Helmholtz liegt Newtons Kreis zugrunde, in den zwei Dreiecke eingetragen werden, nachdem auf den Teil verzichtet worden ist, den die Linie zwischen Rot (R) und Violett (V) abschneidet (Abb. 73-1). Diese Kappung ist nur deshalb ohne Verlust möglich, weil die beiden verbundenen Farben die beiden Enden des Spektrums markieren. (Diese Linie wird uns später in Kapitel 37 als Purpurlinie erneut begegnen.) In der verbleibenden Figur sieht man zwei Dreiecke, deren Eckpunkte durch die zwei möglichen Kombinationen aus jeweils drei Grundfarben bestimmt wurden, zwischen denen Young zu Beginn des 19. Jahrhunderts geschwankt hatte (Kapitel 16). Das Dreieck mit den Eckpunkten Violett, Rot und Grün (VRG) enthält dann alle Farben, die durch Mischungen aus Violett, Rot und Grün zustande kommen, und entsprechendes gilt für das Dreieck mit den Eckpunkten Rot, Gelb und Cyanblau (RYC). In der Figur zeigt sich deutlich – wie zuvor

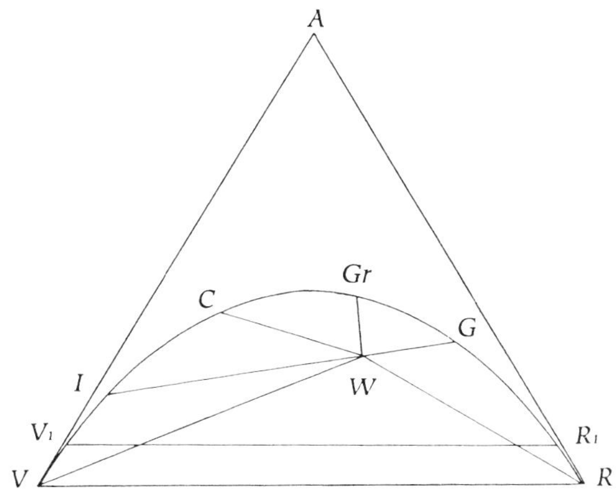

ABB. 74-1

schon bei Maxwells Dreieck (Abb. 70-1) –, daß auf diese Weise nicht alle Farben zu erfassen sind und große Teile des Farbenkreises unerreicht bleiben.

Nun bestand allerdings zu von Helmholtz' Zeiten kein Zweifel an der Dreifarbentheorie, was den Schluß nahelegte, daß es doch ein (ideales) Dreieck geben mußte, in dem alle Mischfarben des Spektrums ihren Platz finden. Für seine Konstruktion greift von Helmholtz auf die erste Kurve der einfachen Farben zurück, die er unter der Annahme gezeichnet hatte, daß Lichtmengen unterschiedlicher Farbe als gleich angesehen werden, wenn sie für bestimmte Intensitäten dem Auge als gleich hell erscheinen. Ausgehend von den reinen Grundfarben Rot und Violett, verschiebt er – ohne weitere Erläuterung – die Wahrnehmung von reinem Grün zu einem Punkt A und erhält dabei ein Dreieck AVR, in dem nun alle Farbwahrnehmungen enthalten sind, die für einen Beobachter überhaupt möglich werden (Abb. 74-1).

Von Helmholtz weist anschließend darauf hin, daß seiner Ansicht nach das reine Rot und das reine Violett des Spektrums als einfache Wahrnehmung einer fundamentalen Farbe nicht vorkommen, weshalb die untere Linie zu den Werten V/ und R/ hin verschoben werden muß. Die Farben, die im normalsichtigen Auge direkt durch äußeres Licht erzielt werden können, liegen dann auf der geschlossenen Kurve V/ICGrGR/ (die Abkürzungen weisen auf Indigo, Cyan, Grün und Gelb hin). Der Rest des Dreiecks enthält Farben, die weiter als die gerade erwähnten vom Weiß weg liegen und also gesättigter sind als alle bekannten Farben.

Das Interesse von von Helmholtz und Maxwell richtete sich auf die Frage, mit welchem Diagramm man am besten die beobachteten Tatsachen der Farbmischung erklären könnte. Weil man eine Dreifarbentheorie besaß und akzeptierte, orientierte man sich an der Geometrie des Dreiecks, ohne an irgendwelche phänomenologische Gesichtspunkte zu denken. Die Frage, wo in dem jeweils verwendeten Dreieck der Ort der Spektralfarben zu suchen ist, wurde schlüssig erst am Ende des 19. Jahrhunderts beantwortet, als A. König und C. Dieterici *Die Grundempfindungen in normalen und anomalen Farbensystemen und ihre Intensitätsverteilung im Spektrum* untersuchten und den Linienzug angaben, den wir in Maxwells Dreieck eingetragen haben. Dies ist wissenschaftlich nur dann korrekt, wenn wir uns ein ideales Dreieck vorstellen, dessen Farben gesättigter als die Spektralfarben sind. (Der Buchstabe E markiert den Punkt gleicher Energie, was man auch mit Weiß übersetzen kann.) Die Ergebnisse der Spektralmischungen machten dabei deutlich, wie einfach es sich Newton gemacht hatte, als er annahm, daß Mischfarben weniger gesättigt sind, wenn ihre Bestandteile in der Reihe der Farben weiter voneinander entfernt sind.

Die erwähnte Arbeit von König und Dieterici ist 1892 in der »Zeitschrift für Psychologie« erschienen. So wird deutlich, daß die Physiker zu dieser Zeit das Primat für die Farben verloren hatten. Die Empfindung forderte endlich ihr Recht, und ohne ihren Beitrag bleibt das technische Spiel mit der Farbe allzu sehr in geometrischen Konstruktionen gefangen, auch wenn es von Genies vom Schlage eines von Helmholtz oder Maxwell exerziert wird.

21 WILLIAM BENSON

In dem Dreieck von Maxwell (Kapitel 19) liegen den drei eher dunklen Primärfarben drei helle Farben gegenüber, die von den Ecken aus durch den weißen Mittelpunkt gefunden werden: Dies wären vom Rot aus Grünblau (oder Cyan), vom Grün aus Purpur (oder Magenta) und vom Blau aus gesehen Gelb. Will man aus dem eher explanatorischen Dreieck ein räumliches Farbsystem schaffen, kann man zum Beispiel so vorgehen, wie es der englische Architekt William Benson 1868 getan hat, als er den ersten einer Vielzahl von noch folgenden Farbwürfel vorschlug (Abb. 76-1). Er hielt diese Anordnung für das »natürliche System der Farben«, wie es in der Überschrift zum 7. Kapitel seiner *Principles of the Science of Color* heißt. Benson weist zunächst auf Vorarbeiten von Mayer, Runge und Chevreul hin, dann begründet er in langen Sätzen, warum er eine andere Geometrie bevorzugt:

»Um die gewöhnliche Methode der geometrischen Repräsentation aller Kombinationen, die aus drei unabhängigen Variablen geformt werden können, anzuwenden, muß ein Punkt ausgewählt werden, der Null oder Schwarz darstellt, die Abwesenheit allen Lichtes, und drei Linien müssen von ihm im rechten Winkel zueinander gezogen werden, an denen entlang und auf allen parallelen Koordinaten Rot, Grün und Blau an Intensität von Null aus zunehmen sollten. Die Intensitäten von Rot, Grün und Blau, die zusammengenommen Weiß ergeben, sollten gleich sein und daher durch gleiche Entfernungen in den drei rechtwinkligen Koordinaten repräsentiert werden. Die Endpunkte dieser drei Linien werden daher die Plätze für das volle Rot, das volle Grün und das volle Blau sein, während die Linien selbst die Abstufungen dieser drei Farben zu Schwarz hin enthalten. (...) Die Ecke des Würfels, die dem Schwarzen gegenüberliegt, wäre das volle Weiß, und die Ecken, die Rot, Grün und Blau gegenüberliegen, wären Seegrün (»Seagreen«), Rosa (»Pink«) und Gelb (»Yellow«). Der zentrale Punkt wäre ein mittleres Grau.« Die Tatsache, daß Rosa den Vorzug vor Purpur erfährt, hängt vermutlich mit dessen Helligkeit zusammen.

Bensons Würfel enthält 13 Hauptachsen, die er in drei Gruppen aufteilt (um damit Kontraste, Abstufungen und Harmonien besser faßbar zu machen). Es gibt drei Achsen, die die Mittelpunkte von gegenüberliegenden Flächen verbinden. Sie heißen Primärachsen, weil sich auf ihnen nur eine der Primärfarben ändert. In der Abbildung 76-1 sind sie (und dazu parallele Linien) durchgezogen gezeichnet. Es gibt weiterhin sechs Achsen, die die Mittelpunkte von gegenüberliegenden Kanten verbinden. Geht man an ihnen entlang, ändern sich zwei Primärfarben, weshalb Benson von Sekundärachsen spricht. Sie sind (nebst den entsprechenden Parallelen) gestrichelt gezeichnet. Die vier Achsen schließlich, die gegenüberliegende Ecken verknüpfen, heißen Tertiärachsen, weil sich bei ihnen alle drei Primärfarben ändern. Sie sind ebenfalls gestrichelt eingetragen.

Benson hat all den vielen Punkten genaue Farbnamen gegeben, die wir nur am Beispiel der Reihe von m^1 bis m^6 anführen wollen: m^1 ist Rosarot, m^2 ist Gelbrot, m^3 ist Rosablau, m^4 ist Gelbgrün, m^5 ist Seegrünblau, und m^6 schließlich ist Seegrüngrün.

Man kann diesen Kubus auf vielen Wegen durchqueren und in viele Ebenen unterteilen. Um die Farben, die dabei in seinem Inneren möglich werden, zu illustrieren, tragen wir einige der dabei entstehenden Hauptpunkte auf (Abb. 77-1). Die rechts außen angeführte Spalte (Abb. 77-2) stellt verschiedene horizontale Projektionen dar, die man beim Durchgang vom Weißen zum Schwarzen erhält. Die Umkehrung des Dreiecks ergibt sich dabei als Folge der Geometrie.

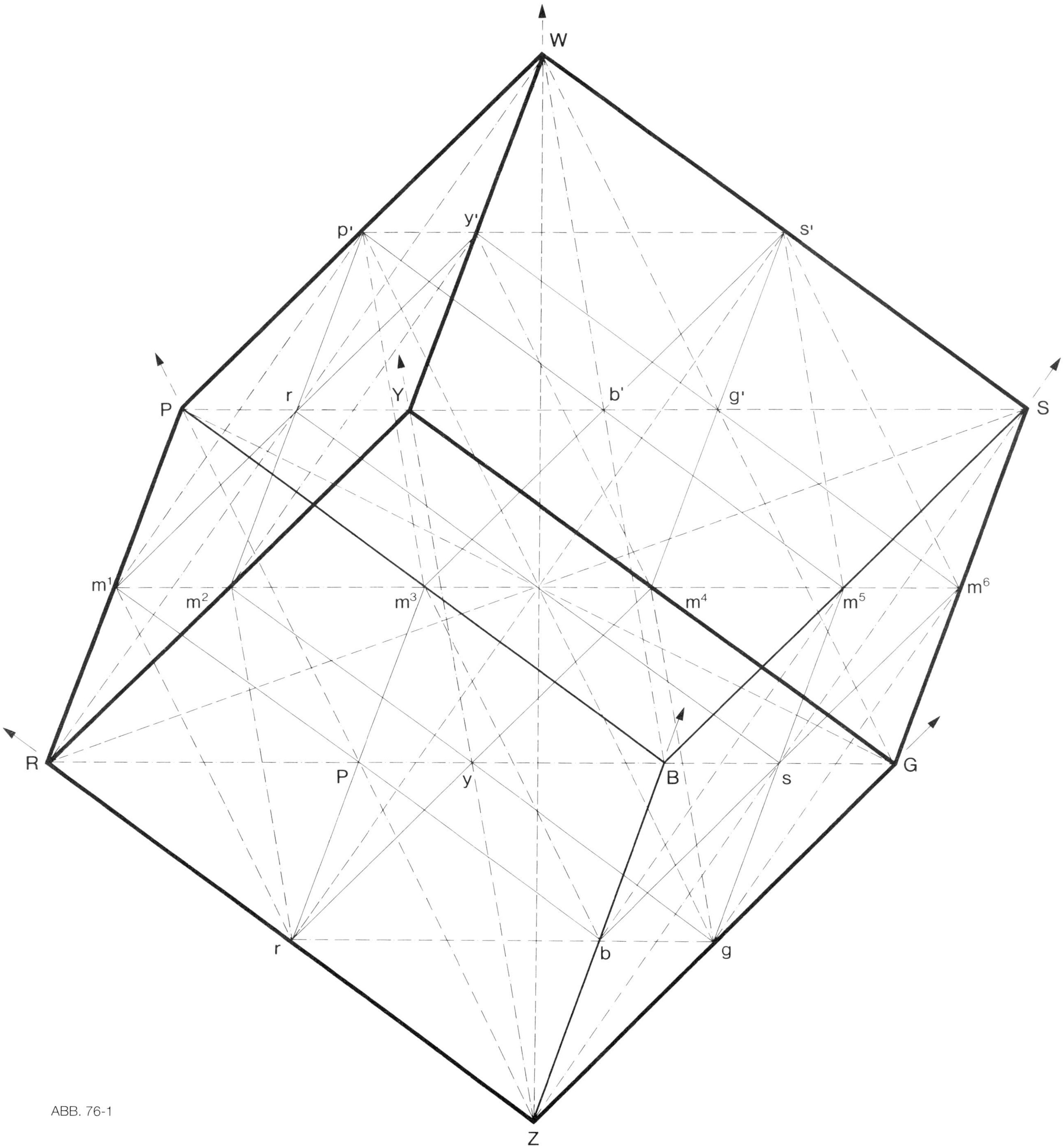

ABB. 76-1

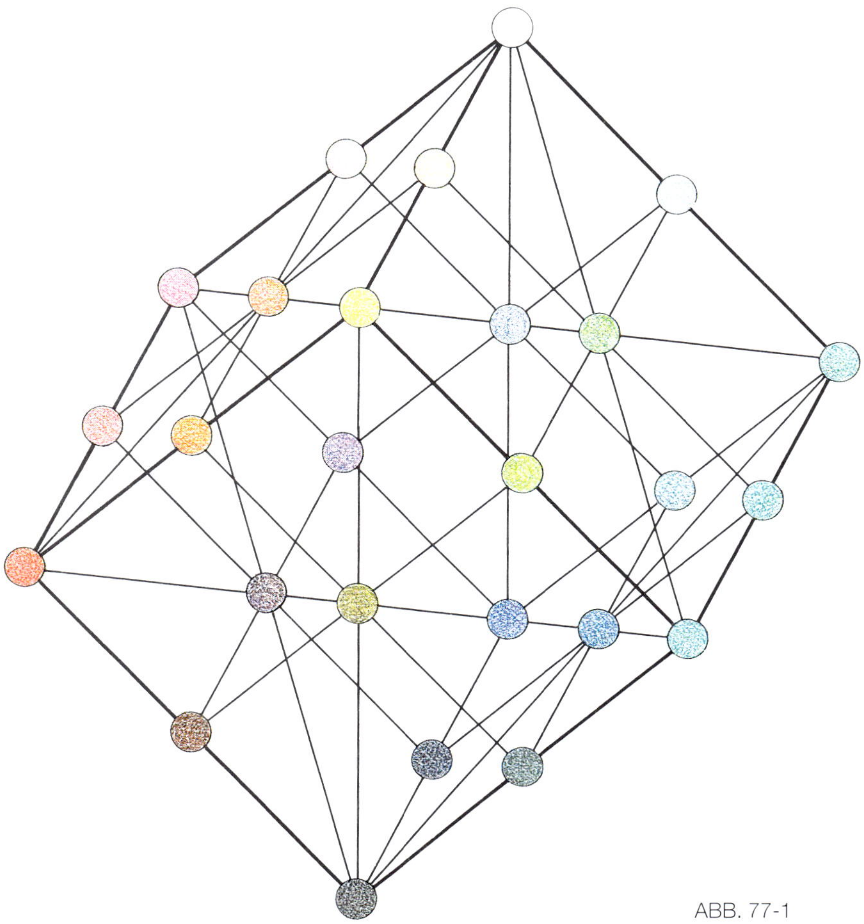

ABB. 77-1

ABB. 77-2

Das System von William Benson versucht, sowohl die additive als auch die subtraktive Farbmischung in den Griff zu bekommen. Ein Würfel stößt als Farbsystem auf ein grundsätzliches Problem. Er kommt mit der Bedeutung der Helligkeit nicht zurecht und ordnet die Farbtöne entsprechend falsch ein. Das System von Benson wirkt in den Augen einiger kritischer Betrachter daher eher wie eine Farbunordnung. Wer den Würfel mit seinen komplizierten Bezeichnungen an den Kanten und den vielen Geraden im Inneren aber nicht verwenden muß und mit seiner Betrachtung zufrieden sein kann, darf sich trotzdem daran erfreuen.

22

WILHELM VON BEZOLD

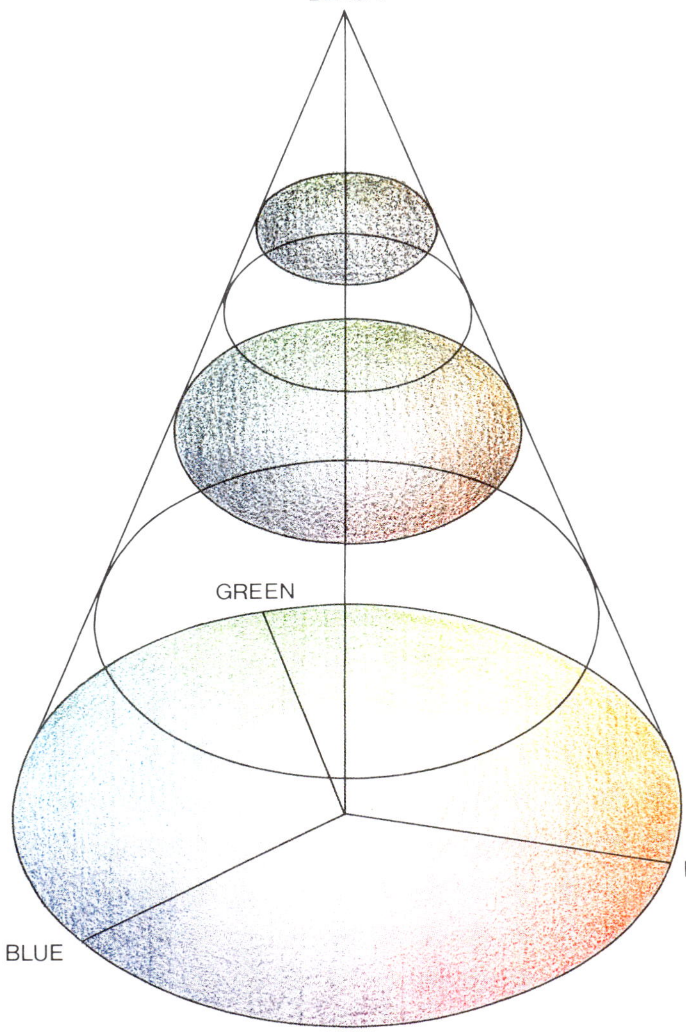

ABB. 78-1

Wilhelm von Bezold (1837–1907) war Professor für Meteorologie in München und Direktor des Preußischen Instituts für Wetterkunde. Als Wissenschaftler interessierte ihn vor allem die Physik der Atmosphäre, und er hat sich dabei um die Gewitterlehre verdient gemacht. Sein Onkel Gustav war ein bekannter Kunsthistoriker, und vielleicht läßt sich so die Tatsache verstehen, daß 1874 eine *Farbenlehre im Hinblick auf Kunst und Kunstgewerbe* erscheint, in der Wilhelm von Bezold ein Farbsystem in Kegelform (oben) vorstellt, das zwar an die Pyramide von Lambert (Abb. 45-1) erinnert, aber anders konzipiert ist, und zwar

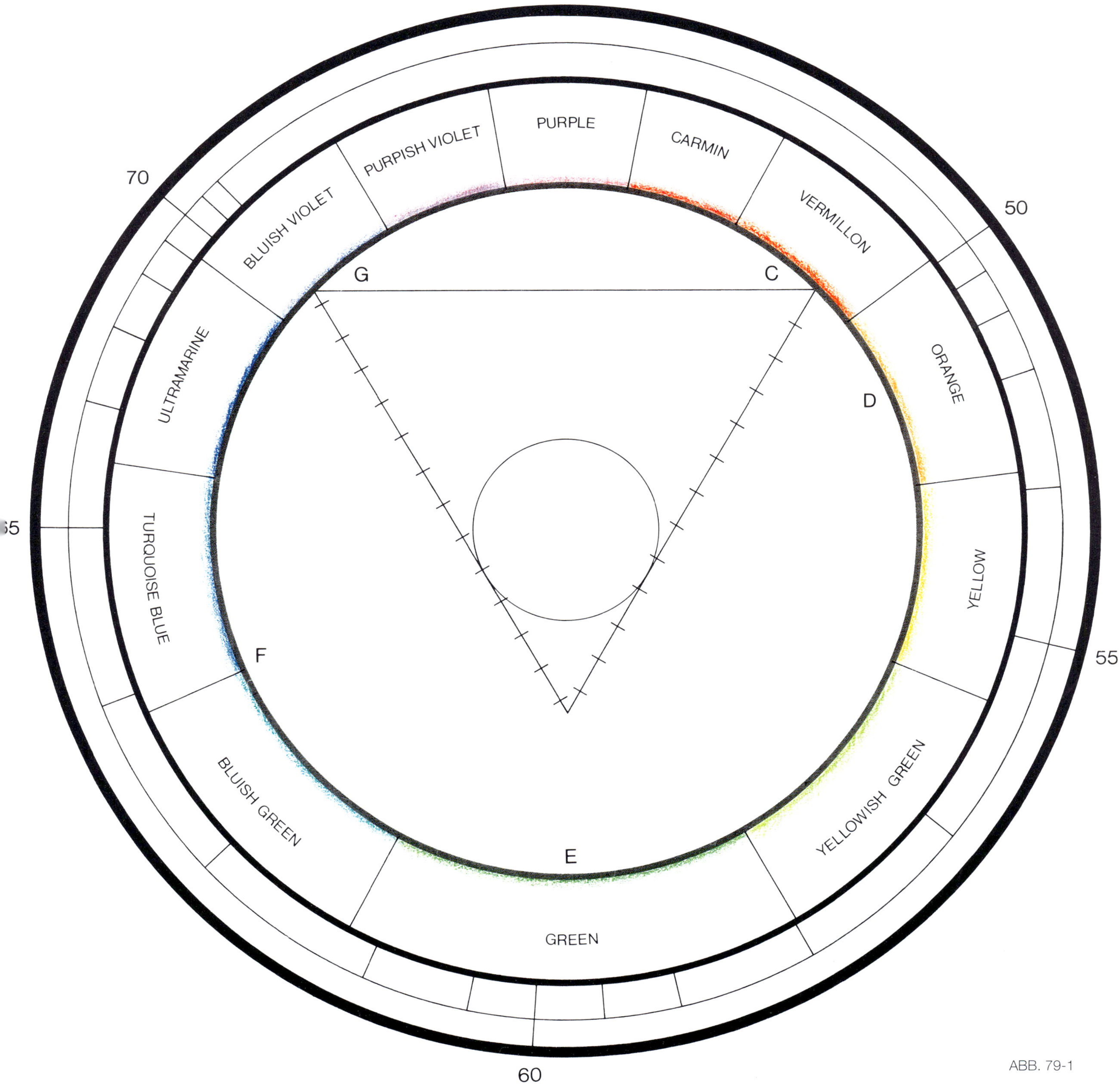
PURPLE
CARMIN
VERMILLON
ORANGE
YELLOW
YELLOWISH GREEN
GREEN
BLUISH GREEN
TURQUOISE BLUE
ULTRAMARINE
BLUISH VIOLET
PURPISH VIOLET
G
C
D
E
F
70
50
55
60

ABB. 79-1

äquivalent zu der Halbkugel, die Chevreul vorgelegt hat (Abb. 63-1). Von Bezold schreibt:

»In einem solchen Farbenkegel kann man (...) alle nur denkbaren Farben, das heißt alle Farbtöne, zu deren Empfindung unser Auge befähigt ist, unterbringen. Auf dem Mantel enthält der Kegel nur vollkommen gesättigte Farben in ihren verschiedenen Helligkeitsstufen.« Und weiter: »Will man sich einen solchen Kegel wirklich mit Hilfe von Farbstoffen herstellen, so muß man sich natürlich den äußersten Mantel, welcher die Spektralfarben, das heißt die vollkommen reinen Farben, enthält, noch hinzudenken, da auch die äußersten Pigmente von vollkommener Reinheit noch weit entfernt sind.«

Bezold versucht, ein Farbsystem aufzustellen, das sich direkt auf Wahrnehmung gründet. Er ist dabei nicht der erste, der sich darum bemüht. Diese Ehre gebührt wahrscheinlich dem Berliner Maler Johann Christoph Frisch, der 1788 eine Asymmetrie einführt und einen achtteiligen Farbenkreis vorschlägt, der berücksichtigt, daß das Auge sowohl zwischen Blau und Rot als auch zwischen Blau und Gelb eine größere Distanz erkennt als zwischen Gelb und Rot. Frischs Versuch stieß allerdings in seiner Zeit auf wenig Resonanz, und es dauerte fast 100 Jahre, bis Bezold eine ähnliche Arbeit vorlegte.

Der Farbkegel von Bezold trägt das Weiße im Zentrum eines Kreises, der die Basis bildet. Zur Spitze des Kegels hin verdunkeln sich die Farben, bis das Schwarz erreicht wird. Den Kreis selbst entnimmt er der Erfahrung, denn »man kann nämlich die sämtlichen Töne in eine in sich zurücklaufende Reihe bringen, wenn man zwischen Violett und Rot die Purpurfarben einschaltet, man kann sie mithin auch auf einer geschlossenen Linie, am einfachsten auf den Umfang eines Kreises auftragen und so versinnlichen«.

(In der zweiten Auflage der Farbenlehre von Wilhelm von Bezold, die fast ein halbes Jahrhundert später, im Jahre 1921, erschien, hat der Herausgeber, W. Seitz, starke Eingriffe vorgenommen. Der Bezoldsche Kegel wurde zum Beispiel einfach gegen den Doppelkegel von Wilhelm Ostwald (Kapitel 32) ausgetauscht, den wir später erläutern.)

Neben dem Kegel stellt von Bezold einen besonderen Farbenkreis (Abb. 79-1) vor, den er als einen Ausschnitt ansieht, nämlich als »ein Stück der wahren Farbentafel, welche sich der Gestalt eines Dreiecks nähert, in dessen Ecken die Farben Roth, Grün und Blauviolett ihren Platz finden«. Er orientiert sich also stark an den drei Primärfarben Blau, Grün und Rot, die Hermann von Helmholtz (Kapitel 20) und James Clerck Maxwell (Kapitel 19) in ihrer Dreifarbentheorie wissenschaftlich begründet und populär gemacht hatten und von der aus der Schluß auf ein Dreieck als die wahre Farbentafel gezogen wurde. Von Bezold erwähnt seine beiden Vorbilder und ihre Leistungen im Vorwort von 1874. Er erinnert daran, daß es von Helmholtz war, der zuerst zwischen der (additiven) Mischung von Lichtstrahlen und der (subtraktiven) Mischung von Farbstoffen unterschieden hat, und daß es Maxwell zu verdanken ist, die Gesetze der »wahren Farbenmischung mit Hilfe überzeugender Experimente festgestellt« zu haben. Erst nach ihren Untersuchungen sei die physikalische und physiologische Seite der Farbenlehre hinlänglich ausgebildet, »um als Grundlage für praktisch ästhetische Untersuchungen dienen zu können«. Nun sei es an der Zeit, den Versuch zu unternehmen – und Bezold hat dabei sein eigenes Werk im Auge –, »die Lehre von der Farbengebung in ähnlicher Weise auf fester Grundlage zu errichten und sie als ebenbürtige Schwester den beiden anderen Wissenschaften an die Seite zu stellen«: gemeint sind Anatomie und Geometrie, die beide für die Kunst von Bedeutung sind.

Sein eigener Farbenkreis ist deshalb »mit Hülfe des Farbendreiecks construirt, das heißt, er ist ein Ausschnitt aus demselben, beziehungsweise als Vergrößerung des in das Farbendreieck eingezeichneten kleinen Kreises zu betrachten. Auf dem Umfange sind Striche angebracht, welche die Schwingungszahlen angeben, und zwar in der Art, daß man beim Fortschreiten von einem Striche zum benachbarten zu einer Farbe gelangt, welche in der Secunde 10 Billionen Schwingungen mehr macht als die vorhergehende. (...) Schon die bloße Verteilung dieser Striche, welche eine Versinnlichung des scharf mathematisch gefaßten Mischungsgesetzes in sich bergen, deutet auf das eigenthümliche Verhältnis der drei Farben Roth, Grün und Blauviolett.«

Von Bezold denkt trotz aller Einbeziehung der Wissenschaft und ihrer Quantifizierung vor allem an Kunst und Kunstgewerbe, und er will mit seinem Kreis den Malern und Färbern Hilfe bieten. Selbst wenn es genaue Untersuchungen und der Ordnungssinn nahelegen, daß »auf gleichen Strecken des Kreisumfanges eine ungefähr gleiche Zahl von eben noch unterscheidbaren Tönen sich aneinanderschließt, so hat man doch den Eindruck, daß der Ton im Gebiet von Blau und Grün sich viel langsamer ändert als in dem des Purpur und Violett«. Er unternimmt folglich den (in Abbildung 78-1 angedeuteten) Versuch, »den Kreis so in Farbgruppen einzuteilen, daß der Charakter benachbarter Gruppen dem Auge gleich große Unterschiede darzubieten scheint«. Die zum Grünen hin zunehmenden Töne sind im einzelnen: Purpur (»Purple«), Carminrot (»Carmin«), Zinnober (»Vermillon«), Orange (»Orange«), Gelb (»Yellow«), Grüngelb (»Yellovish green«), Grün (»Green«), Blaugrün (»Bluish green«), Eisblau (»Turquoise blue«), Ultramarin (»Ultramarin«), Blauviolett (»Bluish violet«) und Purpurviolett (»Purpish violet«). Dem größten Sektor Grün stehen dabei mehrere »ergänzende Farben« gegenüber.

Die Buchstaben, die entlang des inneren Kreisumfangs notiert sind, bezeichnen musikalische Noten und stehen mit einem Versuch in Verbindung, die Lehre von den »chromatischen Äquivalenten« zu widerlegen, die auf George Field (Kapitel 18) zurückgeht. Wir wollen beides hier auf sich beruhen lassen, obwohl von Bezold viel Mühe darauf verwandte, nach einem Zusammenklang der Farben zu suchen. Er bemühte sich, harmonische Triaden durch die Konstruktion gleichseitiger Dreiecke zu finden, die um die weiße Mitte zu legen waren. Gezeigt wird ein Dreieck, das das Blauviolette und das Zinnober mit dem Grün verknüpft. Daß seine Spitze nicht ganz auf den grünen Sektor reicht, zeigt eine grundsätzliche Beschränkung von Systemen, die meinen, die Metrik der Farben sei durch eine Geometrie des Raumes zu fassen. Farbordnungen müssen dreidimensional sein, aber ihre Struktur muß nicht anschaulich einfach sein. Diesen Gedanken setzt aber erst das System des amerikanischen Malers Henry Munsell (Kapitel 31) um, das zu Beginn des 20. Jahrhunderts vorgelegt wird.

Von Bezold hat zwar kein umfassend akzeptiertes Farbsystem vorlegen können – er betont dafür die blauen und violetten Töne zu stark –, aber sein Name bleibt in der heutigen Physiologie der Sinne durch das sogenannte Bezold-Brücke-Phänomen lebendig. Er hatte Glühbirnen durch Farbfilter betrachtet und dabei beobachtet, daß die hellste Stelle der Birne zum Beispiel durch ein Rotfilter gelblich und durch ein Blaugrünfilter grünlich verfärbt wird. Die Farbe, die man sieht, hängt also – bei hohen Werten – von der Leuchtstärke ab. Gedeutet wird diese Verschiebung der Wahrnehmung heute durch die Annahme, daß bei den höchsten Intensitäten – an der hellsten Stelle eben – im Auge die maximal erregten Sehzellen gesättigt sind und damit nur noch relativ wenig zur Farbempfindung beitragen.

Der mitgenannte Brücke hatte übrigens in den Jahren zuvor versucht, die Physiologie der Farben in eine Ästhetik einmünden zu lassen. Von Bezold wagte mit seinem Buch einen zweiten Versuch, der ihm umso dringlicher erschien, da Goethes Farbenlehre – wie er meinte – »auf die Entwicklung der Wissenschaft keinen bleibenden Einfluß äußerte und schon längst vortreffliche Widerlegungen gefunden hat«. Vor gut einhundert Jahren konnte man dies noch schreiben, ohne auf Widerspruch zu stoßen. Inzwischen haben die Wissenschaftler es auch besser verstanden.

2.3 WILHELM WUNDT

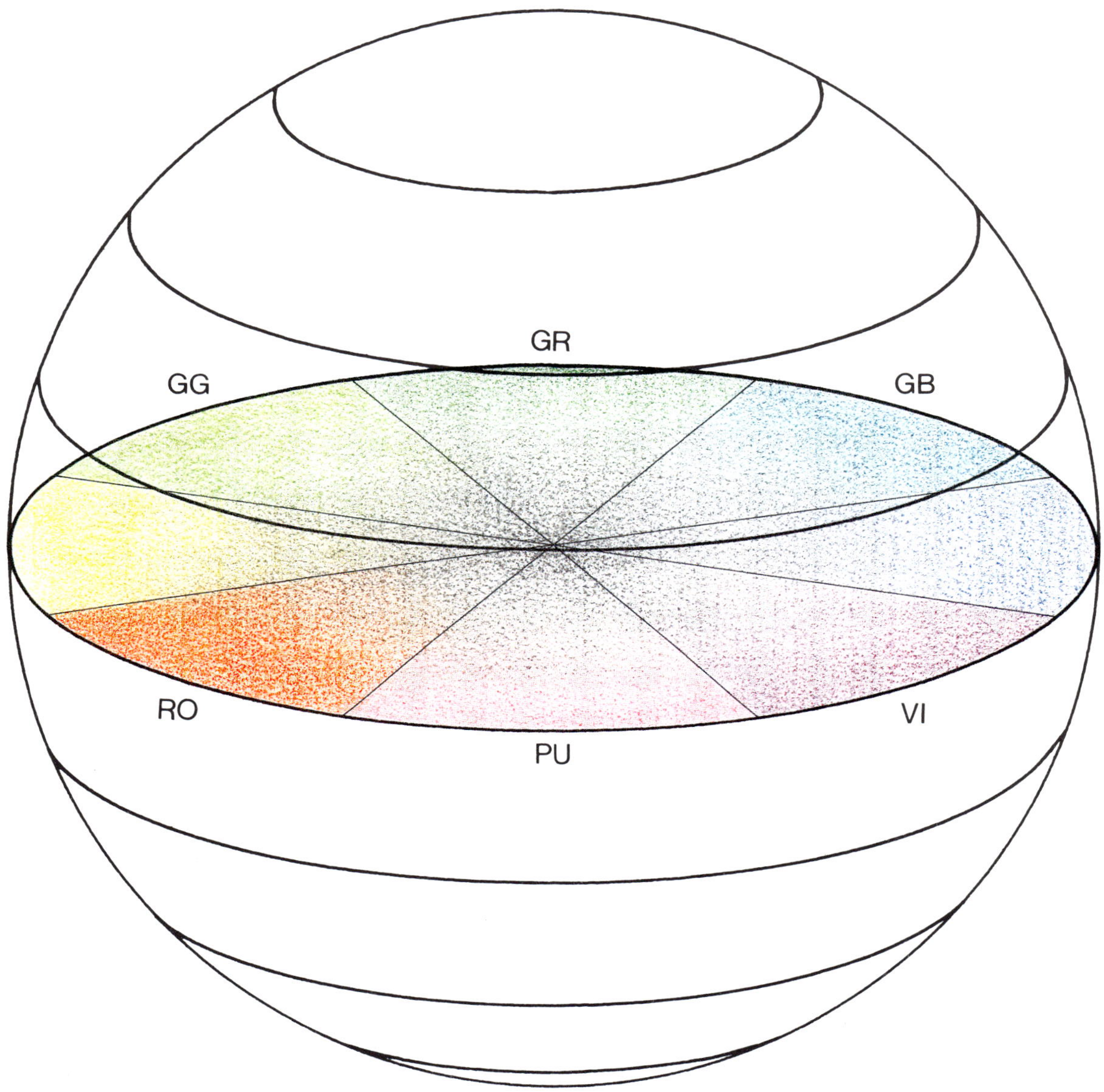

ABB. 82-1

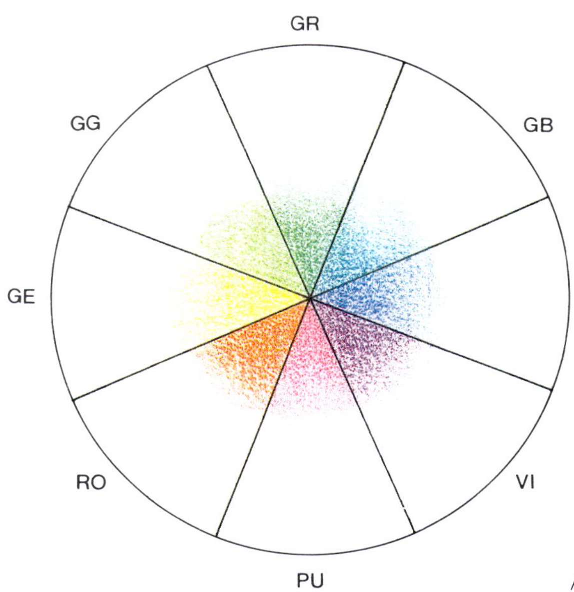

ABB. 83-1

Gegen Ende des 19. Jahrhunderts taucht die Psychologie im Bereich der Wissenschaften auf. Zu den frühen Pionieren, die eine experimentelle Psychologie als Erfahrungswissenschaft aufbauen und absichern, gehört Wilhelm Wundt (1832–1920), der Physiologie und Philosophie studiert und im Laufe seines Forscherlebens die Grundlagen für eine *Physiologische Psychologie* entwirft – so der Titel seines zweibändigen Lehrbuchs aus dem Jahre 1887 –, die heute selbstverständlich und erfolgreich betrieben wird.

Wundt konnte dabei auf eine Psychophysik zurückgreifen, die vor allem durch Gustav Fechner (1801–1887) entwickelt worden war und in der es darum ging, Relationen zwischen meßbaren Gegebenheiten der physikalischen Umwelt und ihrem erlebten (psychischen) Abbild – der Empfindung – zu erkunden. Aus der Tatsache, daß im Dunklen kleinere Helligkeitsunterschiede wahrgenommen werden als im Hellen, riskierte man zunächst den allgemeinen Schluß, daß der merkliche Reizzuwachs (Zunahme an Helligkeit) in einem konstanten Verhältnis zum Grundreiz (der Helligkeit selbst) steht. Fechner stellte sich dann weiter vor, daß diese Beziehung kontinuierlich wirkt und auch für winzigste (»infinitesimale«) Änderungen zutrifft, woraus er das berühmte Fechnersche Gesetz ableitete, das dann gestattete, Unterschiede in der Helligkeitsempfindung mit den Leuchtdichten beziehungsweise den entsprechenden Differenzen von Farbtönen in Beziehung zu setzen (genauer müßte man vom Fechner-Weber-Gesetz sprechen).

Wundt schwärmte von Fechners Gesetz und versuchte, es zu erweitern. Statt einer Verbindung von Reiz und Reaktion schwebte ihm sogar eine Relation von Reiz und Empfindung vor. Sie konnte allerdings nie überzeugend formuliert werden, und auch die Fechnersche Beziehung ist kein Gesetz im strengen Wortsinn, sondern bestenfalls eine Annäherung an die tatsächlichen Sachverhalte. Nach der ersten Begeisterung ist die Psychophysik heute eher eine Wissenschaft am Rande geworden.

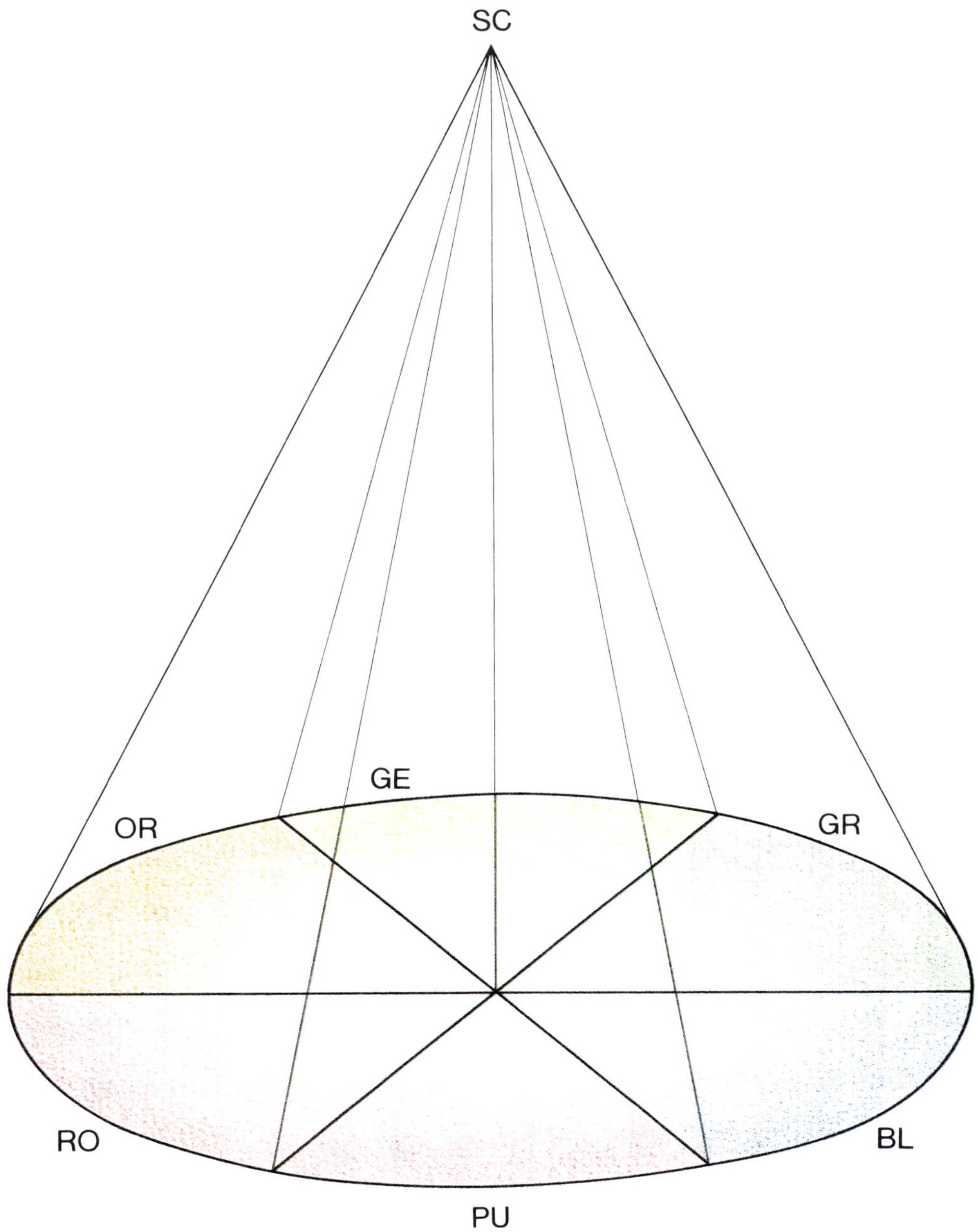

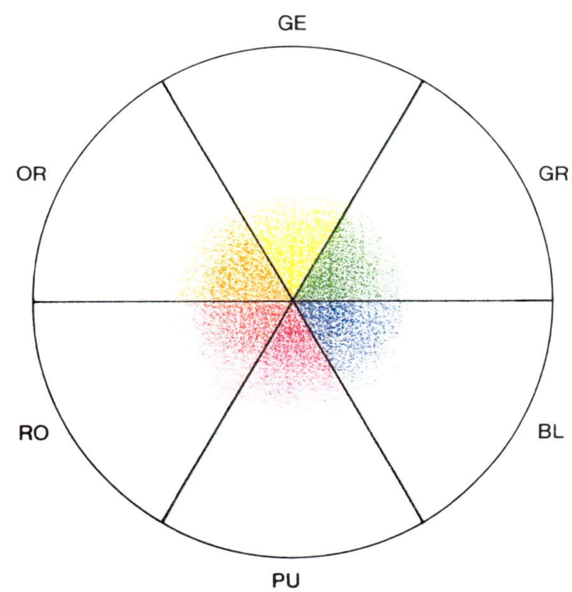

ABB. 84-1

Wundt hat sich ausführlich mit Farben befaßt und sogar zwei Systeme entworfen, die sich beide aus dem Prinzip der Opposition heraus konzipieren (was sich aus den polaren Attributen der Erfahrungswelt – wie Erregung und Ruhe oder Wohlbefinden und Schmerz – ableiten läßt). Neben einem ersten kugelförmigen System von 1874 (Abb. 82-1), das sich am Diagramm von Forsius (Kapitel 3) orientiert, stellte Wundt 1893 einen konischen Aufbau vor, der an die Vorschläge von Chevreul (Kapitel 17) und Lambert (Kapitel 11) erinnert. (Den Kegel legte Wundt zum ersten Mal in der zweiten Auflage seiner *Vorlesungen über die Menschen- und*

Thierseele vor. In der ersten Auflage von 1863 fehlte er noch. Die Frage bleibt offen, warum er dieses Schema überhaupt noch eingeführt hat, nachdem er bereits 1874 seine wesentlich informativere Kugel beschrieben hatte.)

Wundt interessiert sich für Farbsysteme vor allem, um mehr über den Prozeß der Wahrnehmung und Empfindung selbst zu verstehen, wobei er mit Empfindungen diejenigen Zustände des Bewußtseins meint, »welche sich nicht in einfachere Bestandteile zerlegen lassen«, wie er in dem erwähnten Lehrbuch schreibt, in dem sich auch eine Darstellung der Farbenkugel findet. Sie hat Weiß (WE) und Schwarz (SC) an den Polen und einen Äquator aus acht Farben – Grün (GR), Grünblau (GB), Blau (BL), Violett (VI), Purpur (PU), Rot (RO), Gelb (GE) und Gelbgrün (GG) –, der einen Ring bildet, in dessen Zentrum das Graue steht. Wundt merkt dazu an: »Ist auch diese Darstellung in einer Kugel insofern willkürlich, als statt ihrer ein anderes körperliches Gebilde von analogen Eigenschaften gewählt werden kann, so findet in ihr doch die psychologische Thatsache, daß das gesammte System der Lichtempfindungen ein dreidimensionales und in sich geschlossenes Continuum ist, ihren anschaulichen Ausdruck.«

Während man bei der Farbenkugel von der größten Schnittfläche (im Zentrum) aus in zwei Richtungen laufen kann, bleibt beim Kegel nur ein Weg, der von der weißen Mitte des Grundkreises zur schwarzen Spitze führt. Der Kreis selbst beherbergt nur sechs Farben, und zwar Gelb, Grün, Blau, Purpur, Rot und Orange (Abb. 84-1). Diese Reduzierung führt natürlich dazu, daß sich in den beiden Systemen von Wundt unterschiedliche Farben gegenüberstehen.

In beiden Anordnungen von Wundt spielt die Zahl Acht eine auffallende Rolle. Im Kegel tauchen insgesamt acht Farben auf, und in der Kugel finden sich acht Farben im größten Querschnitt durch die Mitte wieder. In der Tat ist es so, daß acht Grundfarben die äußersten Farbempfindungen repräsentieren, die das Auge hervorbringen kann, wenn man die drei Urfarben zugrunde legt, auf die Maxwell hingewiesen hat (Kapitel 19). Aus drei Komponenten lassen sich acht Kombinationen anfertigen, zu denen natürlich auch Schwarz (das keine Urfarbe enthält) und Weiß (das alle drei Urfarben enthält) gehören.

An dieser Stelle ist eine besondere Anmerkung zum Konzept des Farbenkreises erforderlich, der in beiden Systemen von Wundt auftaucht und natürlich auf Newton zurückgeht. Spätestens seit bekannt ist, daß das elektromagnetische Spektrum des sichtbaren Lichts (zwischen 400 nm [Blau] und 700 nm [Rot]) offen ist, muß verwundern, daß man die Farben mit einem geschlossenen System darstellen kann. Den Farbenkreis gibt es in Wirklichkeit gar nicht. Er existiert nur in unserem Kopf, eine konstruktive Leistung unserer Wahrnehmung.

Farben zeigen, daß unsere Wahrnehmung sowohl selektiv als auch konstruktiv ist. Sie ist selektiv, da nicht alle Wellenlängen des Lichtes vom Auge empfangen werden, und sie ist konstruktiv, da aus physikalischen Reizen (Licht verschiedener Wellenlängen) Qualitäten (Farben) entstehen. Bei Mischungen zweier Wellenlängen, die physikalisch trennbar bleiben, entsteht eine dritte Farbe, die physiologisch nicht teilbar ist; Weiß und Purpur können dabei nur durch Mischung (und nicht als reine Farbe) entstehen.

Wir können noch fragen, warum unser Auge gerade für den Wellenlängenbereich zwischen 400 nm und 800 nm empfindlich ist. Die Antwort findet sich in der Atmosphäre, die für Strahlung nur bedingt durchlässig ist. Tatsächlich hat die Atmosphäre unseres Planeten ein »optisches Fenster«, das mit dem unserer Wahrnehmung praktisch übereinstimmt. Unser Auge ist also gerade für den Ausschnitt empfindlich, in dem das elektromagnetische Spektrum des Lichts, das die Erde erreicht, ein Maximum zeigt. Dieses Maximum liegt im Grün, also etwa in der Mitte der Spektralfarben und gerade in dem Bereich, dem von Bezold in seinem Kreis (Kapitel 22) den größten Platz eingeräumt hat. Biologen sprechen dabei vom »Passungscharakter« der Wahrnehmung. Nur die Strahlung, die uns erreicht, ist zum Licht geworden, das wir sehen können.

24 EWALD HERING

In der Mitte des 19. Jahrhunderts galt es als ausgemacht, daß drei und nur drei Variable – drei Rezeptoren – erforderlich sind und ausreichen, um die Farbmischungen zu erklären, mit denen 1859 James Maxwell (Kapitel 19) und 1867 Hermann von Helmholtz (Kapitel 20) experimentiert hatten. Die heutigen Physiologen können dies nur bestätigen, nachdem die modernen Formen ihrer Wissenschaft – die Neuro- und die Elektrophysiologie – bestätigt haben, daß es drei Arten von Molekülen (Fotorezeptoren) gibt, die besonders empfindlich auf kurze, mittlere und lange Wellen reagieren. Mit dieser Beobachtung kann man erklären, warum einige Verteilungen von Wellenlängen im einfallenden Licht nicht von anderen Verteilungen unterschieden werden können (warum also viele Mischungen dieselben Farben ergeben), man kann aber nicht die Farbtöne erklären, die wir wahrnehmen.

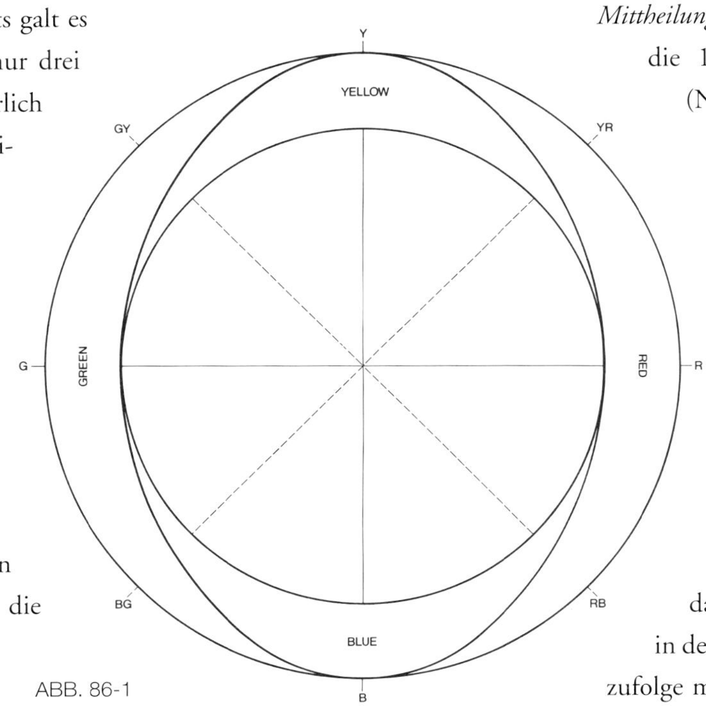

ABB. 86-1

Von Helmholtz nahm an, daß jeder der drei von ihm postulierten Rezeptoren direkt einen bestimmten Farbton signalisiert. Daher nannte er die Rezeptoren »Blau«, »Grün« und »Rot«, und er glaubte, daß zum Beispiel der blaue Rezeptor die Empfindung Blau hervorruft, und entsprechendes gilt für die anderen Fälle. Ihm war dabei natürlich klar, daß die spektrale Empfindlichkeit der Rezeptoren überlappen mußte, so daß jede Wellenlänge verschiedene Verhältnisse (und eine andere Wahrnehmung) nach sich zog. Dieser Ansicht über die Erscheinung der Farben widersprach der Physiologe Ewald Hering (1834–1918), der an die Kaiserliche Akademie der Wissenschaften in Wien zwischen 1872 und 1874 *Sechs Mittheilungen zur Lehre vom Lichtsinne* richtete, die 1878 geschlossen publiziert wurden. (Nach 1905 veröffentlichte Hering noch *Grundzüge der Lehre vom Lichtsinn.* Sie erschienen in vier Lieferungen, von denen die ersten drei mit einem unvollständigen Satz endeten. Jahrelang mußten die Leser danach auf das Verb warten.)

Hering geht es mehr um die Introspektion der Farben, und er hatte sich lange Zeit auch mit dem Raumsinn des Auges beschäftigt. Er wies in seinen Arbeiten zur Farbe auf das Problem hin, das zum Beispiel Gelb in dem Dreierschema hatte. Von Helmholtz zufolge müßte Gelb als Mischung aus Rot und Grün zustande kommen, und dies – so stellte Hering fest – stimmt mit der menschlichen Erfahrung nicht überein. Die Empfindung Gelb ist elementar und nicht auf eine Mischung zurückführbar. Hering wies weiter darauf hin, daß niemals Mischungen von Rot und Grün auftreten. Sie löschen sich vielmehr aus. Ein rotes Grün ist einfach undenkbar.

Hering zog daraus den Schluß, daß es nicht drei, sondern vier elementare Farbempfindungen oder psychologische Primärfarben gibt, die unsere Wahrnehmung durch opponente Prozesse kodieren, wie wir heute sagen. »Gelb kann in's Rothe oder in's Grüne, nicht aber in's Blaue, Blau nur entweder in's Rothe oder in's Grüne, Roth nur entweder in's Gelbe oder in's Blaue spielen. Die vier Farben«, schreibt Hering 1878, »kann man also mit vollem Rechte, wie dies schon Leonardo da Vinci getan hat, als einfache oder Grundfarben bezeichnen. Deshalb hat auch die Sprache für sie einfache und nicht von farbigen Naturkörpern entlehnte Bezeichnungen, mögen dieselben ursprünglich entlehnt worden sein oder nicht.«

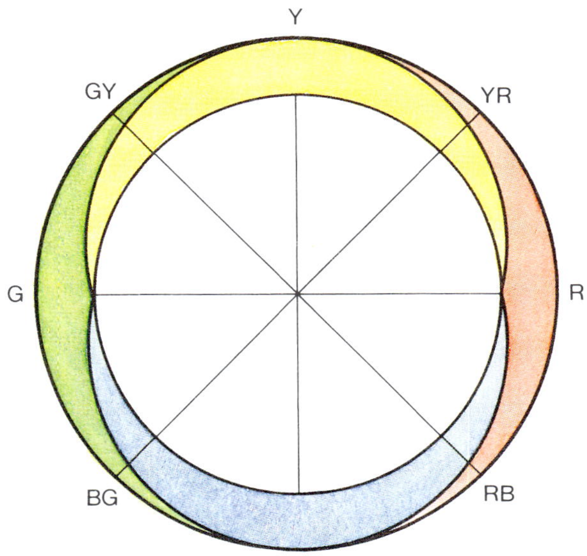

ABB. 87-1

Hering selbst spricht bei den opponenten Paaren, die allen Farbtönen des sichtbaren Lichtes Rechnung tragen, noch von »antagonistischen Lichtarten«, »welche zusammen Weiß geben«, das heißt, »sie ergänzen sich nicht zu Weiß, sondern lassen dieses nur rein hervortreten, weil sie als Antagonisten sich gegenseitig ihre Wirkung unmöglich machen«. Weiß war für ihn dabei »eine Empfindung eigener Art, ebenso wie Schwarz, Roth, Grün, Gelb oder Blau«. Daher hat Hering noch zusätzlich einen schwarz-weiß-opponenten Prozeß postuliert, um die Helligkeit beriichsichtigen zu können. Insgesamt gibt es somit sechs fundamentale Farbtöne.

Hering hebt seine »Lehre vom Lichtsinne« ausdrücklich von den Kenntnissen der Physik ab. Die Behauptung, daß Rot und Grün beziehungsweise Blau und Gelb zusammen Weiß ergeben, mache »nur Sinn, wenn man unter Roth und Grün nicht Empfindungen, sondern Ätherschwingungen versteht«.

Experimente, bei denen Personen gebeten werden, einen farbigen Lichteindruck zu beschreiben, bestätigen Herings Opponenten-Theorie heute überzeugend. Genau dann, wenn den Probanden vier Ausdrücke – eben Rot, Grün, Gelb und Blau – zur Verfügung stehen, können sie jede Farbe durch eine geeignete Zusammenstellung beschreiben. Es gibt in der Tat vier (und nicht drei) fundamentale Farbtöne (die neurophysiologischen Beweise dafür liegen seit 1966 vor; sie werden an anderer Stelle behandelt), und sie stehen sich in Herings Farbsystem gegenüber, das ein Kreis aus opponenten Ringen ist (Abb. 86-2). Wir stellen ihn mit den vier Grundfarben Gelb (Yellow, Y), Rot (Red, R), Blau (Blue, B) und Grün (Green, G) rechtwinklig zueinander angeordnet vor. Die gestrichelten Linien weisen auf Mischungen im Verhältnis 50:50 hin: Gelbrot (YR), Rotblau (RB), Blaugrün (BG) und Grüngelb (GY). Unten haben wir den Opponentenkreis zu einem Band gestreckt.

Herings Farbordnung, die er »das natürliche System der Farbempfindungen« nannte, bildet die Grundlage des Systems, das sich heute mit den drei Buchstaben NCS präsentiert (Kapitel 50), die als Abkürzung für »Natural Colour System« stehen. Die Abfolge des Farbenkreises (Abb. 87-1) zeigt die Position der vier »elementaren« Farben und die Proportionen, womit zwei Elementarfarben Mischungen bilden können.

Herings Opponenten-Theorie wurde nicht akzeptiert und vor allem von von Helmholtz' Schülern kritisiert. Ihre Argumentation machte darauf aufmerksam, daß Herings Vorschlag nur Sinn macht, wenn es zwei unterschiedliche Prozesse im Nervensystem gibt, nämlich erregende und hemmende Vorgänge. Was heute selbstverständlich ist, mußte zu Herings Zeit erst noch erarbeitet und bewiesen werden. Die Farbwahrnehmung ist seitdem nicht übersichtlicher geworden.

ABB. 87-2

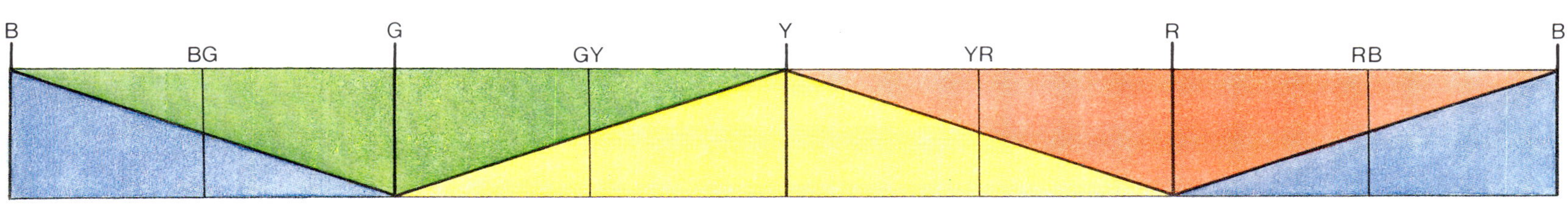

25 CHARLES BLANC

Der französische Kunstschriftsteller Charles Blanc (1813–1882) war nach der Revolution von 1848 für einige Jahre Direktor der Abteilung für Schöne Künste im Pariser Innenministerium. Er hat sich nach seiner politischen Tätigkeit mit praktischen Aspekten der Kunst beschäftigt und zum Beispiel 1881 seine *Grammaire des arts décoratifs* vorgelegt, die unter Malern stark verbreitet war und gelesen wurde, zum Beispiel von Gauguin, Seurat und van Gogh. Blancs Schriften gelten als die einflußreichsten farbtheoretischen Texte in der zweiten Hälfte des 19. Jahrhunderts.

Zwei Jahre vor der Publikation seiner Grammatik – im Jahre 1879 – hat Blanc ein Farbsystem entworfen, das auf den Gesetzen zum Simultankontrast von Chevreul (Kapitel 17) und auf einigen Vorstellungen des Malers Eugène Delacroix beruht, der Chevreuls Theorie der Kontraste in die Tat der Bilder umzusetzen versuchte. Für Delacroix entstehen die Halbtöne, die ihm zufolge das »beherrschende Prinzip der Malerei« sind, nicht dadurch, daß man den reinen Farben »schmutzig machendes« Schwarz beifügt, sondern dadurch, daß man auf neutralisierende Komplementärfarben zurückgreift. Er skizziert seine Vorstellungen zu den Farben in Form eines gleichseitigen Dreiecks, an dessen Eckpunkten Gelb, Rot und Blau und an dessen Seiten Violett (zwischen Rot und Blau), Grün (zwischen Blau und Gelb) und Orange (zwischen Gelb und Rot) liegen.

Blanc baut nun seinen Farbenkreis (Abb. 89-1) aus Dreiecken ohne Schwarz und Weiß auf, in dem sich wiederum drei chromatische Dreiecke befinden, je eines mit den additiven Primärfarben Rot (Rouge), Gelb (Jaune) und Blau (Bleu) und je eines mit ihren komplementären Gegenstücken Orange (Orange), Grün (Vert) und Violett (Violet).

Die Mischfarben sind durch Hinweise auf Stoffe und Dinge charakterisiert: Granatrot (Grenat), Kapuziner (Capucine), Safran (Safrane), Schwefel (Soufre), Türkis (Tourquoise) und Glockenblume (Campanule). Nimmt man (die) Orange noch hier hinzu, bleiben genau vier eigenständige Farbnamen, die mit den psychologischen Primärfarben von Hering (Kapitel 24) identisch sind.

Vor seiner »Grammatik der dekorativen Künste« hatte Blanc bereits eine »Grammatik der Zeichenkunst« (*Grammaire des arts du dessin,* 1867) vorgelegt, in der er die Farbe als »weibliche« Komponente der Kunst betrachtete, die sich der »männlichen« Zeichnung unterzuordnen habe. Wie es scheint, haben die Künstler unter seinen Lesern mit dieser Unterscheidung nicht viel anfangen können. Sie haben sich aber an andere Vorschläge angelehnt, wie etwa Vincent van Gogh, der sich vor allem durch die Dynamik der komplementären Farbenpaare begeistern ließ. Blanc hatte Komplementärfarben als siegreiche Verbündete bezeichnet, wenn sie nebeneinander vorliegen, und er hatte sie als Todfeinde charakterisiert, wenn sie miteinander vermischt waren. Van Gogh hat sie dann genutzt, um »Kampf und Antithese« in seinen Bildern darzustellen, wie er es in den Briefen an seinen Bruder Theo genannt hat.

Blancs Hauptschriften erscheinen um das Jahr 1880, und zu dieser Zeit läßt sich eine neue Form der Wechselwirkung zwischen Wissenschaft und Kunst erkennen. Die Blütezeit des Impressionismus geht ihrem Ende entgegen, und in den folgenden Jahren versuchen die Neo-Impressionisten unter Führung von Georges Seurat den impressionistischen Farben eine wissenschaftlichere Basis zu geben. Material steht ihnen in Hülle und Fülle zur Verfügung – die Arbeiten von Hermann von Helmholtz, dessen *Handbuch der Physiologischen Optik* 1867 auf Französisch erschienen war, und die Texte von Wilhelm von Bezold, die 1876 in französischer Sprache erschienen sind, um nur ein paar Beispiele zu nennen. Seurat und seine Kollegen gewannen den Eindruck, daß die Kunst intellektuell unbefriedigend bleiben mußte, wenn sie nicht näher auf die Wissenschaft einging, die die optischen Effekte erklären konnte, auf die es der Kunst ankam. Eine Hilfe bot ihnen dabei die Arbeit eines Physikers, der malen konnte, Nicholas Odgen Rood, und seine Ordnung der Farben und sein Umgang mit ihnen stellen wir im nächsten Kapitel vor.

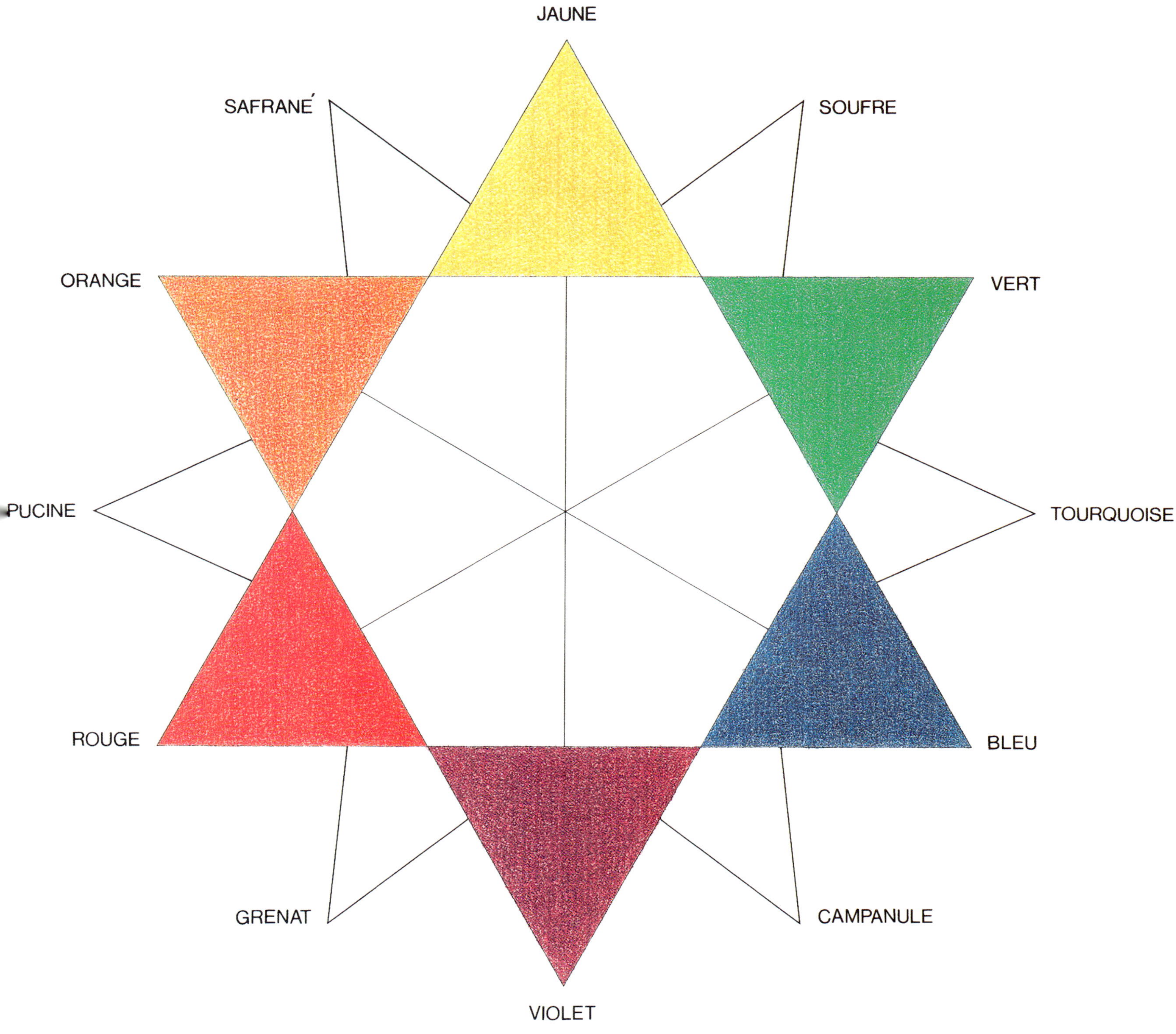
JAUNE
SAFRANÉ
SOUFRE
ORANGE
VERT
PUCINE
TOURQUOISE
ROUGE
BLEU
GRENAT
CAMPANULE
VIOLET

ABB. 89-1

26 NICHOLAS ODGEN ROOD

Der Amerikaner Nicholas Odgen Rood (1831–1902) hat Physik studiert und dabei während eines Aufenthaltes in Deutschland auch mit dem Malen angefangen. Er war also an den Farben sowohl aus technisch-wissenschaftlicher als auch aus künstlerischer Sicht interessiert, und beide Aspekte finden sich auch in seinen Versuchen wieder, den Farben eine systematische Ordnung zu geben. 1879 erscheint sein Buch *Modern Chromatics,* das im Untertitel »Anwendungen für Kunst und Industrie« verspricht und in dem der Autor ankündigt, »auf einfache und umfassende Weise die Tatsachen vorzustellen, auf denen die künstlerische Verwendung von Farbe beruht«. Zwei Jahre später erscheint eine zweite Auflage des Werks, diesmal unter dem weniger interessanten Titel *Student's Textbook of Colour,* in dem er den Künstlern die Einsichten von von Helmholtz nahebringen und ihnen sagen will, daß sie »mit Licht malen« sollen.

Rood schlägt in seinem Farbsystem erstmals konzentrische Farbkreise vor, die von den drei additiven Primärfarben Rot, Grün und Blau ausgehen und insgesamt 12 äußere Segmente gleicher Größe aufweisen (hier nicht gezeigt). Ihre Farben sind Rot, Orange, Orange-Gelb, Gelb, Grün-Gelb, Grün, Grün-Blau, Cyan-Blau, Blau, Ultramarin-Blau, Violett und Purpur. Die Kreise werden nach innen hin blasser (pale), und im Zentrum der Ringe befindet sich schließlich Weiß.

(Als Mittel zur Standardisierung der Farben schlägt Rood noch zusätzlich einen zylindrischen Farbkörper vor, dessen kreisförmiger Querschnitt die erwähnten zwölf Farbtöne aufnimmt, die entlang der Höhe von Weiß nach Schwarz variieren.)

Neben diesem eher konventionellen Farbenkreis hat Rood auch eine wissenschaftliche Ausführung angefertigt, die wir in Abbildung 91-1 zeigen. In ihr finden sich mit genau bezeichneten Winkelpositionen die Farben, die tatsächlich von Malern auf ihrer Palette verwendet werden.

Ausgangspunkt des Roodschen Farbenrads ist eine mühsam erzielte Verbesserung des Maxwellschen Dreiecks. Als Physiker interessiert sich Rood für die additive Farbmischung, und er nimmt die von James C. Maxwell ersonnene Farbscheibe zu Hilfe, um die genauen Positionen von einzelnen Farben und ihre Gewichtung zu bestimmen. Farbmischungen werden durch das Drehen einer Farbscheibe erzielt, auf der die drei Primärfarben mit unterschiedlichem Anteil (Fläche) vertreten sind, wobei der entstehende Eindruck mit einem optischen Grau verglichen wird, das aus schwarzen und weißen Komponenten zusammengesetzt ist. Wenn die Anteile der Primärfarben auf der Scheibe variiert werden, läßt sich der relative Anteil von ihnen ermitteln, der dabei benötigt wird, um ein farbloses Grau zu produzieren. Die entsprechenden Proportionen werden im Sinne Newtons behandelt, nämlich so, als ob sie Gewichte wären, die an den Enden von Hebeln hingen, wobei die Länge der Hebelarme so einzustellen ist, daß sich das System im Gleichgewicht befindet. Nach vielen mühsamen Messungen und mit einigem Formelaufwand konnte Rood ein (hier nicht gezeigtes) Dreieck anfertigen, das »die Farben oder die Farbtöne nach ihrer Winkelposition und die Sättigung oder Intensität durch größeren oder kleineren Abstand zu Weiß« zeigte, wie es in der *Modern Chromatics* heißt. Um nun die wahre Natur des komplementären Kontrasts zu zeigen, legt Rood zusätzlich das gezeichnete Farbenrad vor, auf dem die Winkelpositionen der Farben eingetragen sind, die tatsächlich bei Malern in Gebrauch sind:

Grün (Verde), Smaragdgrün (Verde smeraldo), sehr grünliches Blau (Blu molto verdastro), grünliches Blau (Blu verdastro), grünliches Cyan-Blau (Blu Cyan verdastro), Cyan-Blau 2 und 1 (Blu Cyan),

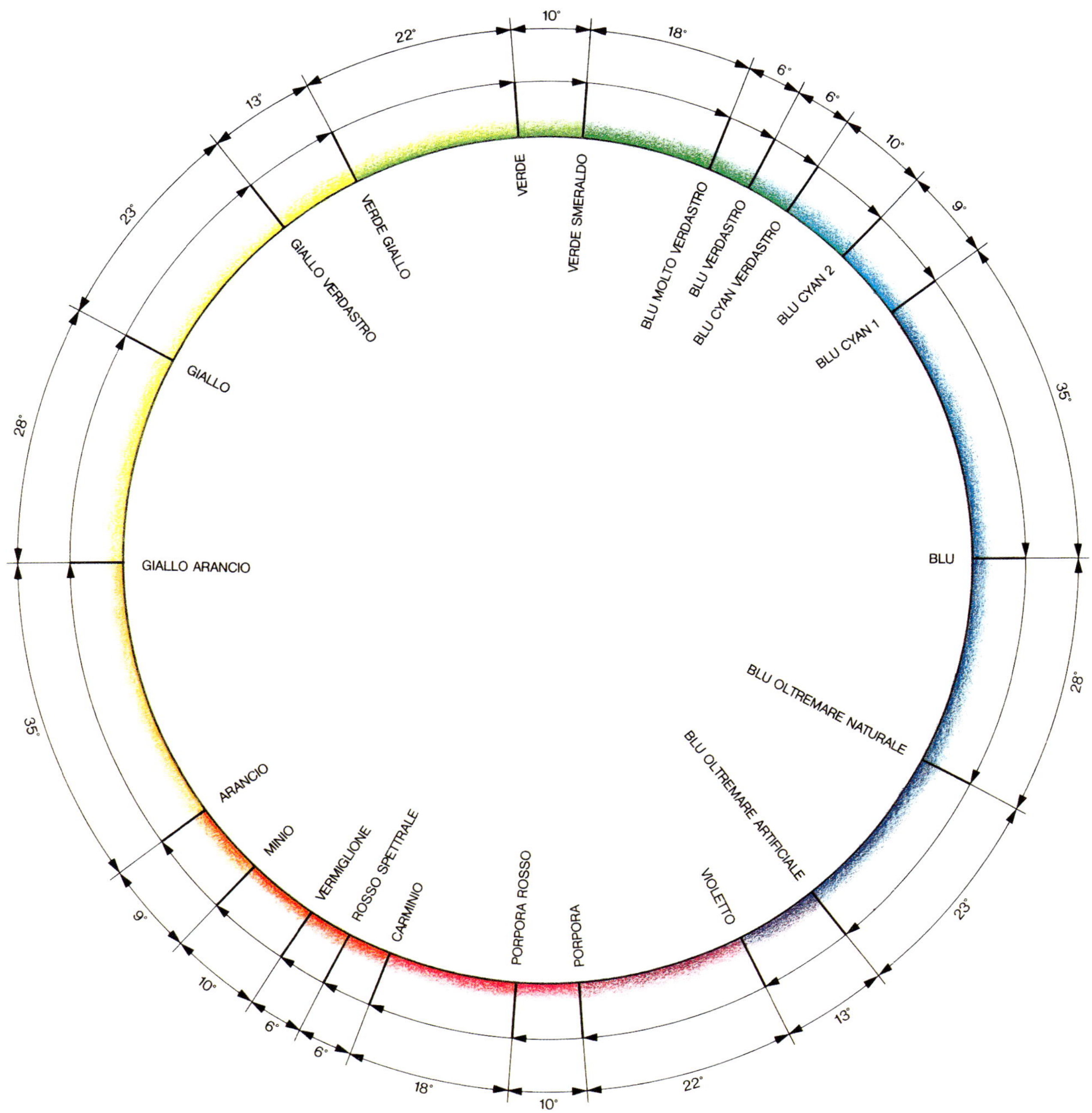

ABB. 91-1

Blau (Blu), natürliches Ultramarinblau (Blu oltremare naturale), künstliches Ultramarinblau (Blu oltremare artificiale), Violett (Violetto), Purpur (Porpora), Purpurrot (Porpora rosso), Karminrot (Carminio), spektrales Rot (Rosso spettrale), Zinnober (Vermiglione), Orangerot (Minio), Orange (Arancio), Gelborange (Giallo arancio), Gelb (Giallo), grünliches Gelb (Giallo verdastro), Grüngelb (Verde giallo) und zurück zum Grün (Verde).

Roods mathematisch ermittelte Diagramme versprachen die Präzision im Umgang mit der Farbe, die Georg Seurat und die Neo-Impressionisten nach 1880 anstrebten. Kein Wunder, daß sie sich von der *Modern Chromatics* angezogen fühlten, und es ist bekannt, daß Seurat eine Ausgabe des asymmetrischen Farbenrads besaß und sich an ihm orientiert hat. Rood selbst hat aber betont, daß die Frage nach der geeigneten oder ungeeigneten Zusammenstellung (Harmonie) von Farben »nicht mit den Methoden des Laboratoriums« gelöst werden könne, sondern »dunkle und sogar unbekannte Erwägungen« dazugehörten.

27 CHARLES LACOUTURE

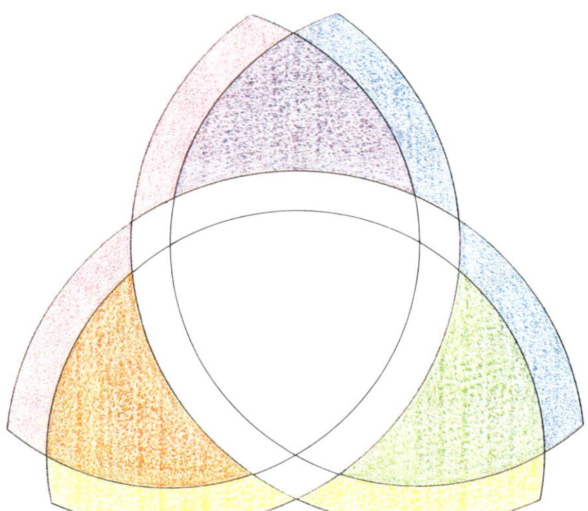

ABB. 92-1

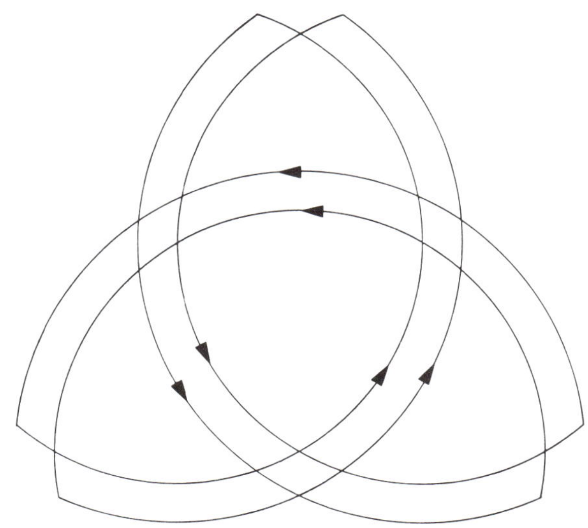

ABB. 92-2

Im Jahre 1890 erscheint in Paris das Werk *Répertoire chromatique* des französischen Botanikers und Naturwissenschaftlers Charles Lacouture (1832 –1908), der Professor am Collège St. Clément in Metz war. Lacouture hatte schon viele Bücher über Moose und andere nicht-blühende Pflanzen verfaßt, als er sein Werk über die Farben vorlegte, im dem er »vernünftige und praktische Lösungen« der Probleme verspricht, die bei der mehrfachen Verwendung – also bei der Mischung – von Farben auftreten. Er konstruiert eine Figur, die er »Trilobe synoptique« nennt (Abb. 93-1), und die auch enthält, was der Name meint, wenn man ihn freundlich übersetzt: drei »Ohrläppchen«, die eine vergleichende Übersicht über die Farben geben. Lacouture orientiert sich an den drei Ausgangsfarben Rot (R), Blau (B) und Gelb (J), und in seiner Originalfigur von 1890 zieht er feine Linien mit ihnen, die auf Kreisbögen verlaufen, etwa vom Feld J links unten zum gegenüberliegenden Feld J rechts unten. Er produziert die unterschiedlichen Farbtöne und Nuancen nicht, indem er die Farbe der Tinte wechselt, mit der er arbeitet. Vielmehr variiert Lacouture die Stärke und Zahl der Linien, die er durch seine Farbfelder legt, jeweils von Weiß ausgehend in sechs Stufen: R1, R2, (...) R5. R steht für Rot und entsprechend B für Blau und J für Gelb. Jede der drei Primärfarben tritt als Erzeugerin von Farbfeldern in Erscheinung, die alle miteinander überlappen.

Die Primärfarben an den Rändern der dreilappigen Form (Abb. 92-1) wirken wie ein Register, in dem die zentralen Mischungen nachgesehen werden können. Die in dieser Darstellung heraustretenden Linien können wie angedeutet durchlaufen werden (Abb. 92-2), um alle Farbfelder zu erkunden, bevor der Ausgangspunkt wieder erreicht wird.

ABB. 93-1

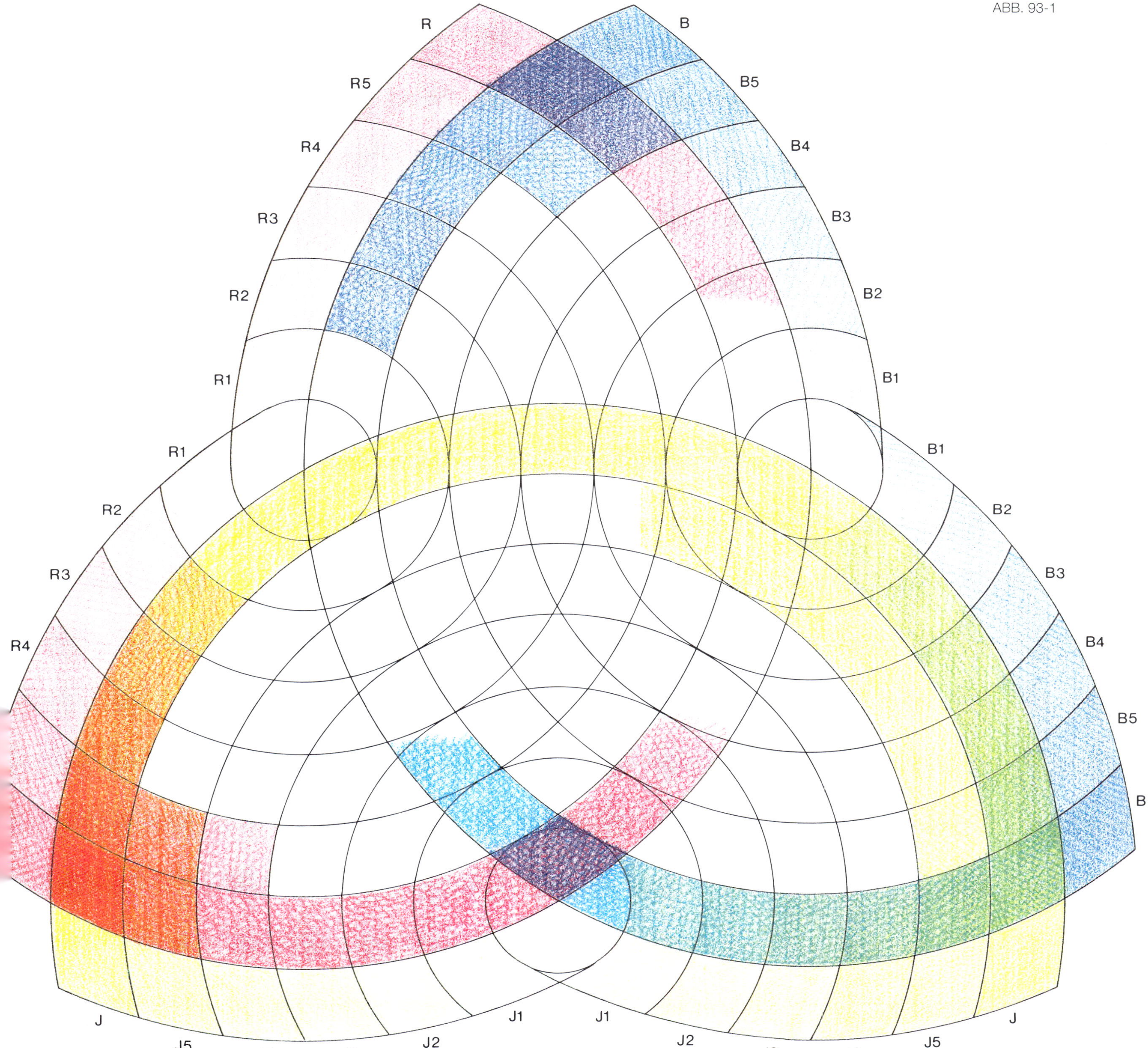
R
R5
R4
R3
R2
R1
B
B5
B4
B3
B2
B1
R1
R2
R3
R4
B1
B2
B3
B4
B5
B
J
J5
J4
J3
J2
J1
J1
J2
J3
J4
J5
J

28 ALOIS HÖFLER

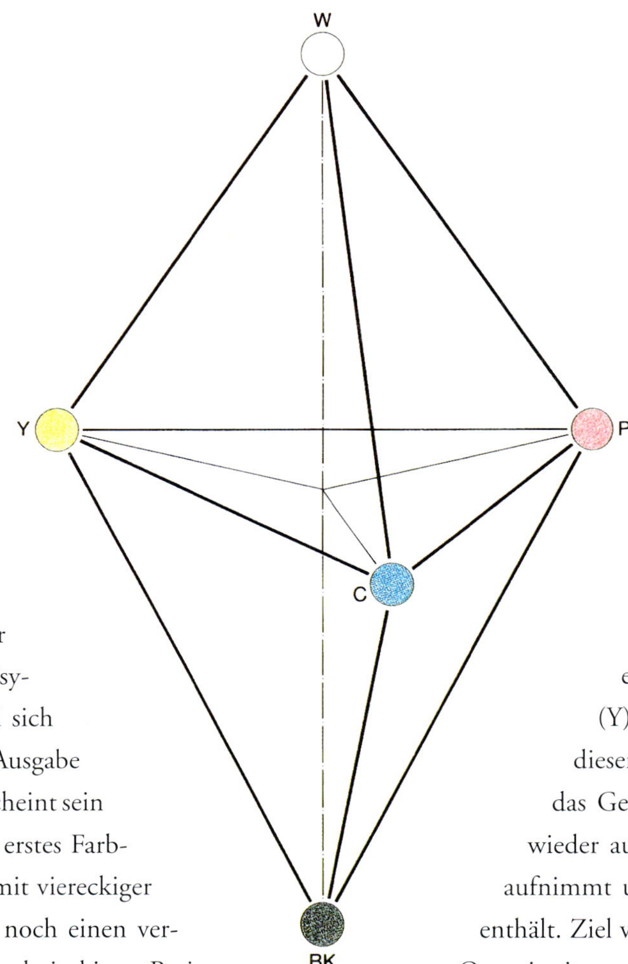

ABB. 94-1

Der österreichische Pädagoge und Philosoph Alois Höfler (1853–1928) hat viele Schriften zur Psychologie und Naturlehre vorgelegt und sich auch als Herausgeber der Berliner Kant-Ausgabe (1903) einen Namen gemacht. 1897 erscheint sein *Lehrbuch zur Psychologie,* in dem er ein erstes Farbsystem vorstellt, eine Doppelpyramide mit viereckiger Basis (ein Oktaeder). Später schlägt er noch einen verwandten Farbkörper vor, der von einer dreieckigen Basis (Tetraeder) ausgeht. An den Spitzen beider Konstruktionen liegen jeweils Weiß (W, oben) und Schwarz (BK, unten), in der Mitte findet sich stets das Graue.

Auf die Reihe Weiß–Grau–Schwarz weist Höfler in seinen Büchern ausdrücklich hin, da er hier eine »Quasi-Gerade« entdeckt, womit eine beiderseits begrenzte Gerade gemeint ist, die der Musik und ihren Tönen fremd zu sein scheint.

Das Viereck (Abb. 95-1) – das Vierersystem – operiert mit den vier elementaren Farben der Empfindung, Gelb (Y), Rot (R), Blau (B) und Grün (G). Von diesem Quartett der Psychologen taucht nur das Gelbe im Dreieck der Artisten (Abb. 94-1) wieder auf, das zudem Cyan (C) und Purpur (P) aufnimmt und damit die subtraktiven Primärfarben enthält. Ziel von Höflers Farbanordnungen ist es nicht, Organisations- oder Benennungssysteme zu liefern, und er denkt auch nicht, daß sich die Verschiedenheit der Farben zum Beispiel den geometrischen Eigenschaften einer Kugel unterordnet. Ihm kommt es mehr auf »gewisse andere innere Beziehungen« zwischen den Farben an. Sein Farbenoktaeder stellt nicht nur die Heringschen Grundfarben, sondern auch ihre Beziehung als Gegenfarben dar.

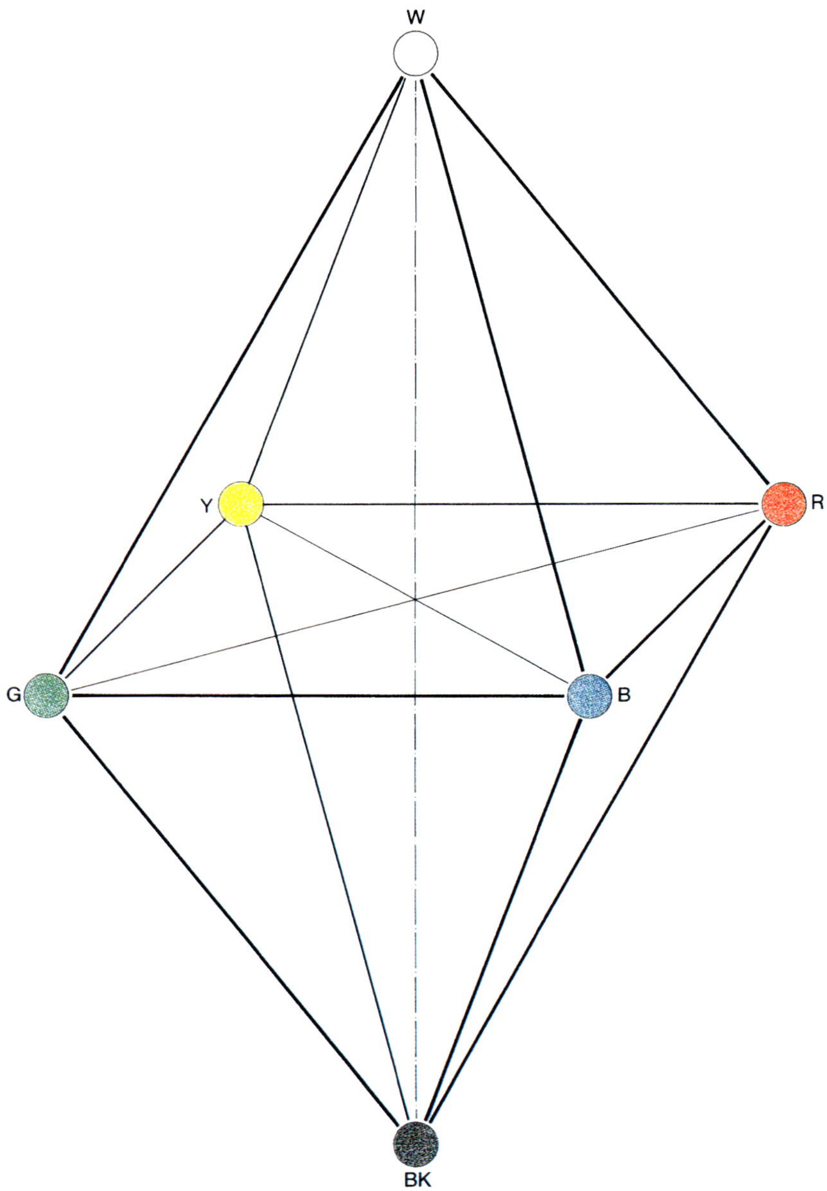

ABB. 95-1

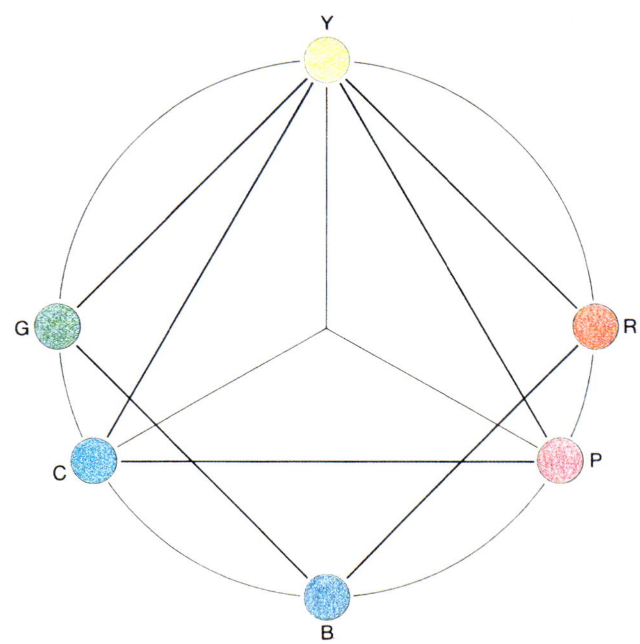

ABB. 95-2

Höflers Körper sollen die Relation zwischen dem Sehen von Farben und ihrer psychologischen Wirkung ausdrücken, und viele Lehrbücher der Psychologie haben seine Pyramiden tatsächlich übernommen, um über die Wahrnehmung der Farben zu informieren.

Wenn man von dem den beiden Doppelpyramiden gemeinsamen Gelb ausgeht, kann man einen Farbenkreis (Abb. 95-2) konstruieren, in dem dann zwölf Segmente eigenwillig verteilt auftauchen, und zwar die sechs genannten Farben und die Bereiche zwischen ihnen.

29 HERMANN EBBINGHAUS

Mit dem beginnenden 20. Jahrhundert gewinnt die Doppelpyramide Anhänger. Auch der deutsche Wahrnehmungspsychologe Hermann Ebbinghaus (1850–1909) konstruiert ein Farbsystem auf dieser Grundlage. Er rundet es allerdings ab und legt zusätzlich die mittlere Ebene schief. Der dabei entstehende Farbkörper mit den vier Primärfarben Rot, Gelb, Grün und Blau verbindet die Idee von Leonardo da Vinci (Kapitel 2) mit der Einsicht, daß die chromatischen Farben in ihrer Helligkeit variieren und dadurch unterschieden werden können. Neben dem Farbkörper selbst (rechts) zeigen wir einige Projektionen (Abb. 98-1) etwa auf die Ebenen Gelb-Blau oder Rot-Grün, um die Differenzierungen zu zeigen, die mit der Pyramide möglich sind.

Das Grundquadrat des Doppelkörpers ist so gekippt, daß die besten Gelbtöne, die relativ hell sind, näher beim Weiß zu liegen kommen, und die besten Blautöne, die relativ dunkel sind, näher zum Schwarzen gelangen. Ebbinghaus schleift die Ecken seines Körpers im übrigen ab, weil die Wendepunkte nicht scharf definiert sind. Sein System sagt keine Mischungen von Farben voraus. Es ist eine rein phänomenologisch orientierte Darstellung von Farben, in der sich die komplementären Paare nicht gegenüberliegen.

Ebbinghaus hatte 1893 in der »Zeitschrift für Psychologie« eine *Theorie des Farbensehens* publiziert, in der er unter anderem darauf hinweist, daß die Wahrnehmung von Farben nur mit Hilfe von »höheren geistigen Prozessen« gelingen kann. Er kannte als Psychologe schließlich die vier elementaren Farbempfindungen, verstand aber auch, daß die Physiologen etwas in der Hand hielten und es in der Netzhaut des Auges nur drei photosensible Substanzen gibt, mit denen die Erscheinungen des Farbensehens und die Anomalien zu erklären sind. Ebbinghaus hatte zudem entdeckt, daß zwei Weißtöne, die Farbkreisel aus Rot und Grün beziehungsweise Blau und Gelb zustande brachten, zwar bei einer bestimmten Helligkeit gleich erschienen, aber anders aussehen, wenn die Beleuchtung vermindert wurde.

Die Ebbinghaussche Doppelpyramide stellte lange Zeit die letzte Festung der Phänomenologie gegen die immer stärker sich ausbreitende Physiologie und ihre Behandlung des Nervensystems dar. In der Farbpyramide sollte sich wenigstens eine Tatsache zeigen, die unabhängig von Lichtreiz und physiologischer Reaktion ist. Doch im Verlauf der folgenden Jahre haben die Phänomenalisten immer stärker den Experimentalisten das Feld überlassen müssen. Mit Ebbinghaus ging die Zeit zu Ende, in der die Farben einfach waren.

Zur gleichen Zeit ging in der Physik die Zeit zu Ende, in der man sicher sein konnte, die Natur des Lichtes verstanden zu haben. Rund 100 Jahre nachdem der Engländer Young mit seinen Interferenzversuchen den Wellencharakter des Lichtes scheinbar eindeutig nachgewiesen hatte, zeigte eine genaue Analyse der Wechselwirkung zwischen Strahlung und Materie, daß es auch Lichtteilchen geben mußte. Albert Einstein war der erste, der offen darauf hinwies (wofür ihm später der Nobelpreis für Physik verliehen wurde) und dabei erkannte, daß seiner Wissenschaft damit ein Fundament entzogen worden war, auf dem sie lange Zeit sicher geruht hatte. Einstein sprach von der Dualität des Lichtes, als die Sprache der Experimente immer deutlicher zum Ausdruck brachte, daß seine Eigenschaften sowohl durch das Bild einer Welle als auch durch die Vorstellung von Teilchen – sogenannten Photonen – gefaßt werden mußten, um sie anschaulich umfassend zu verstehen.

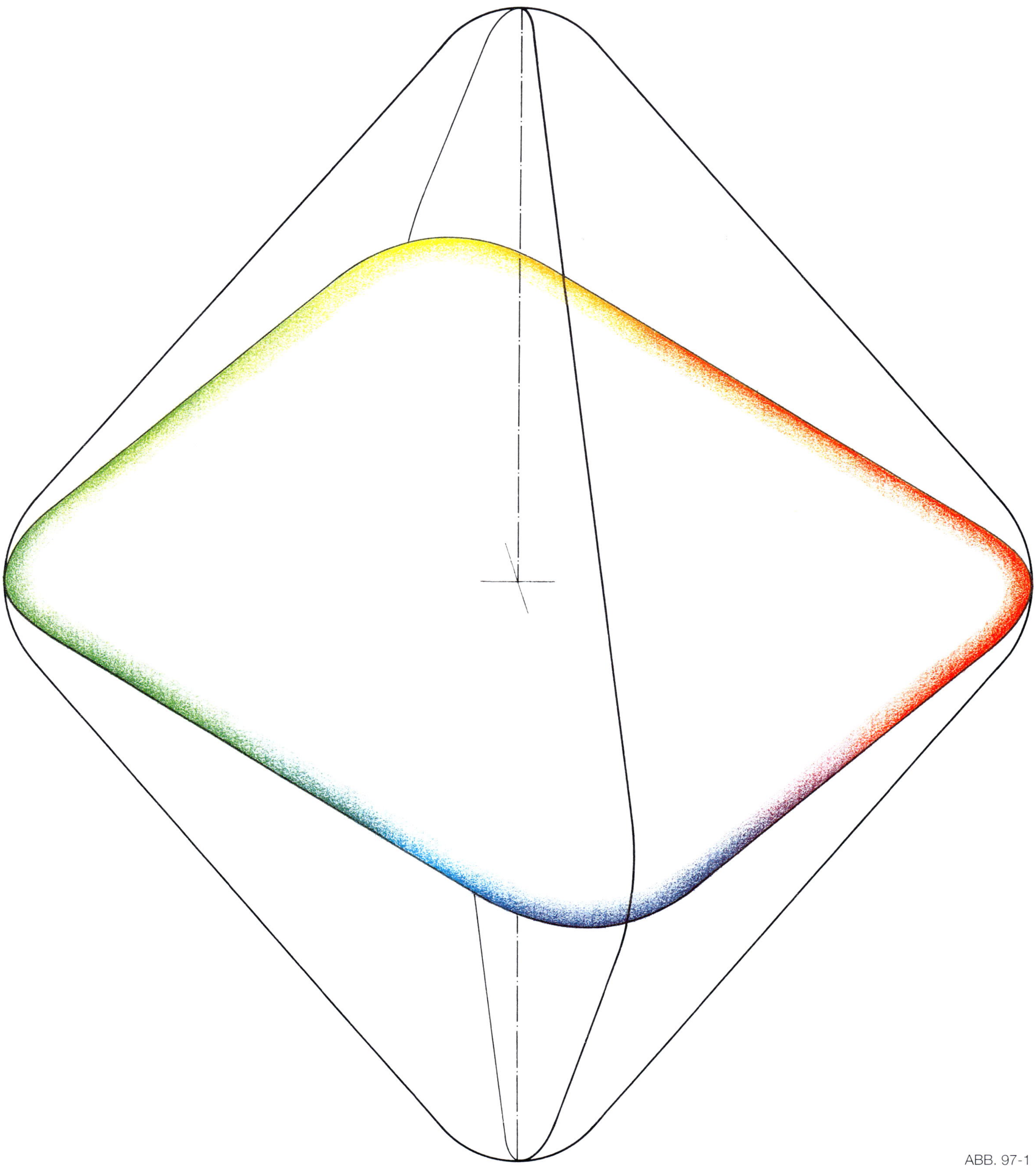

ABB. 97-1

ABB. 98-1

Nun kommen Farben erst zustande, nachdem Licht mit (biologischer) Materie in wechselwirkende Verbindung getreten ist, und der Schluß ist nicht zu vermeiden, daß es genaugenommen die Photonen sind, die unsere Netzhaut in die Lage versetzen, dem Gehirn zu melden, welche Farbe es vor sich hat. Doch so sorgfältig brauchen wir die Physik nicht zu berücksichtigen, wenn es um Farbsysteme geht. Für unsere Zwecke reicht die Vorstellung aus, daß es Wellen sind, die im Auge absorbiert werden. Was danach im Gehirn passiert, ist noch kompliziert genug.

30 ROBERT RIDGWAY

Der amerikanische Ornithologe und Botaniker Robert Ridgway (1850 –1929) hatte bei seinen Streifzügen durch die Natur nahezu unendlich viele Farben gesehen. Ihm wurde im Laufe der Zeit klar, daß die für eine wissenschaftliche Beschreibung der Farben notwendige Genauigkeit nur durch eine Standardisierung zu erreichen ist. Als Konsequenz schlug er ein Farbsystem vor, daß 1912 unter dem Titel *Color Standards and Nomenclature* veröffentlicht wurde.

Ridgway macht bei seinem System von den Möglichkeiten der additiven Farbmischung Gebrauch. Als Ausgangsbasis für seine gewünschte systematische Ordnung der Farben dient ein Kreis, der durch 36 reine Körperfarben (Vollfarben) unterteilt wird, deren Abstände »empfindungsgemäß« etwa gleich sind. Dieser Kreis ist als äußerer Umfang in Abbildung 101-1 gezeichnet, die auch die von Ridgway verwendeten Farbkennzeichen von 1 bis 71 mit anführt. Durch die zum Zentrum hin fortschreitende additive Zumischung eines mittleren Graus verliert jede Ausgangsfarbe an Sättigung, wobei ihr Farbton näherungsweise unverändert bleibt. Zwischen dem äußeren Vollfarbenring und dem zentralen Grau hat Ridgway fünf Stufen – durch Striche bezeichnet – gelegt und durch Farbstandards realisiert. Die sechs konzentrischen Ringe enthalten dabei nicht alle die gleiche Zahl an Farben, um die visuelle Äquidistanz zwischen ihnen aufrechtzuerhalten.

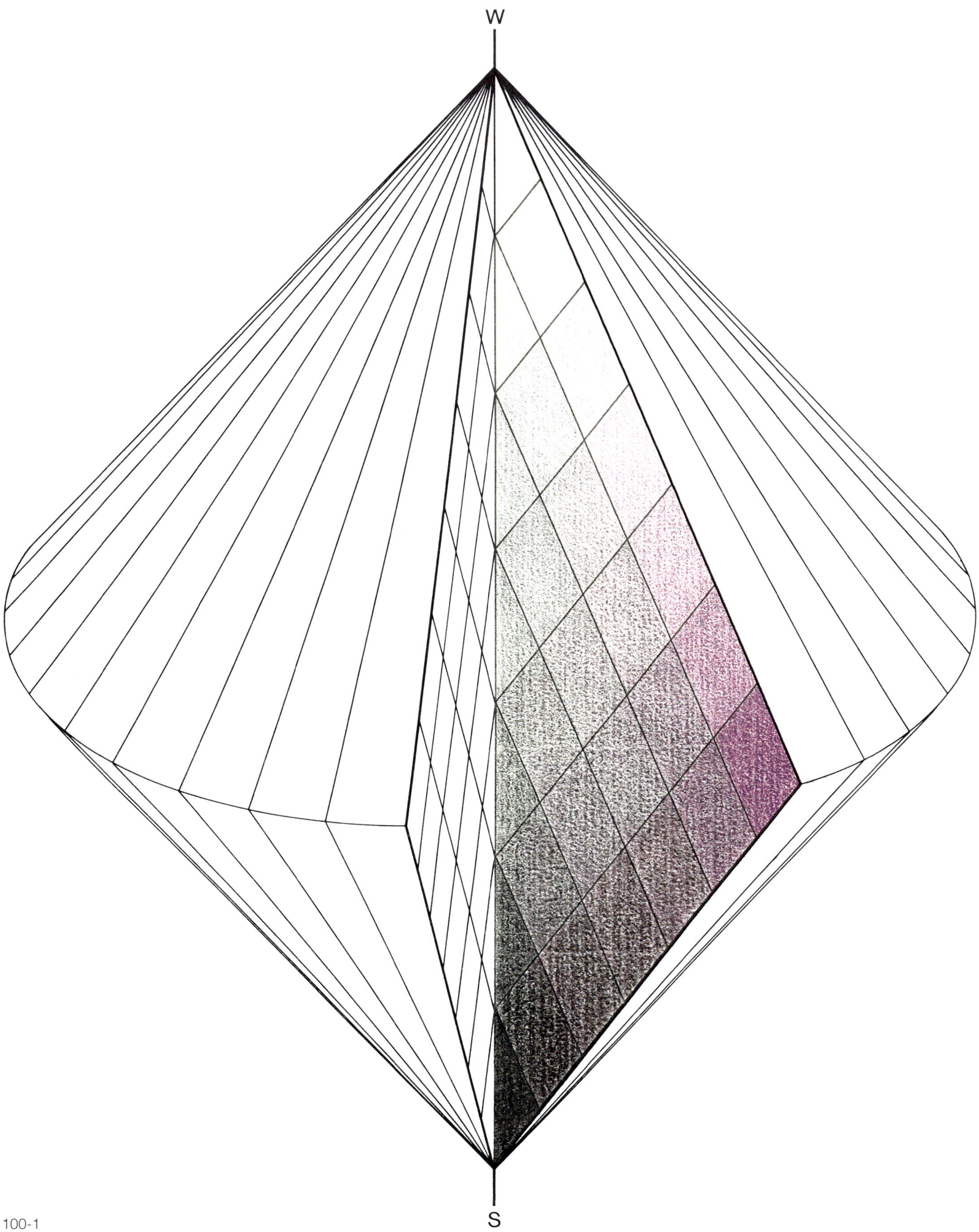

ABB. 100-1

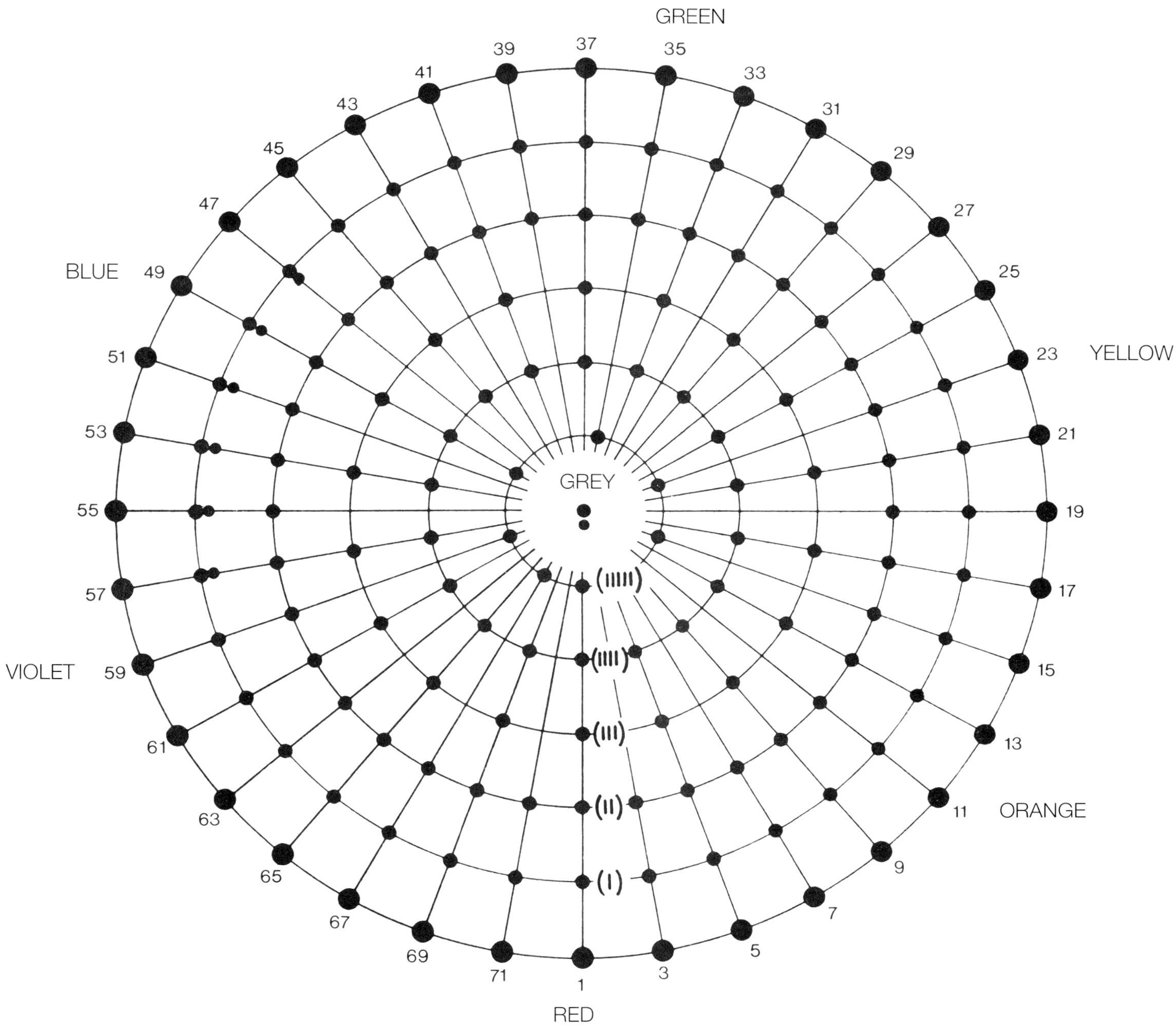

ABB. 101-1

Durch fortschreitende additive Zumischung von Weiß oder Schwarz zu jeder der in der Ebene des Vollfarbenkreises gelegenen 159 Farben gelangt Ridgway schließlich zu einer dreidimensionalen Mannigfaltigkeit der Körperfarben. In jede Richtung werden drei Stufen eingeschaltet. Sie heißen zum Schwarz hin »shades« und zum Weiß hin »tints«. Damit erfaßt Ridgway 7 x 159 = 1113 Farben, was zusammen mit den beiden Spitzen 1115 Farbstandards liefert; mit ihnen sollten sich die Farben der Vögel identifizieren lassen.

Die dreidimensionale Ordnung dieser Standards kann durch den gezeigten (aufgeschnittenen) Doppelkegel (Abb. 100-1) veranschaulicht werden. Entlang des Äquators verlaufen die Vollfarben, und entlang der Achse die grauen Farben von Weiß nach Schwarz.

31 ALBERT HENRY MUNSELL

ABB. 102-1

Von den vielen Versuchen, Farbsysteme dadurch zu konstruieren, daß man Standardproben nach einem logischen Plan organisiert und zugleich die empfundene Affinität der Farben berücksichtigt, hat nach allgemeiner Einschätzung der Ansatz des amerikanischen Malers Albert Henry Munsell (1858–1918) den größten Erfolg gehabt. Es gehört jedenfalls zu den am meisten verbreiteten und genutzten Farbsystemen, die auf der Grundlage der »empfindungsgemäßen Gleichabständigkeit« aufgebaut sind, wie es technisch korrekt und sprachlich mühsam heißt. Munsell hatte zunächst (*A Color Notation,* 1905) noch unter dem Einfluß von N. O. Roods *Modern Chromatics* (1879, Kapitel 26) eine eher unauffällige Kugel der Farben vorgeschlagen, aber als er sie mit gemalten Proben realisieren wollte, fiel ihm auf, daß der geometrisch symmetrische Körper unzureichend ist, wenn die gegenseitigen

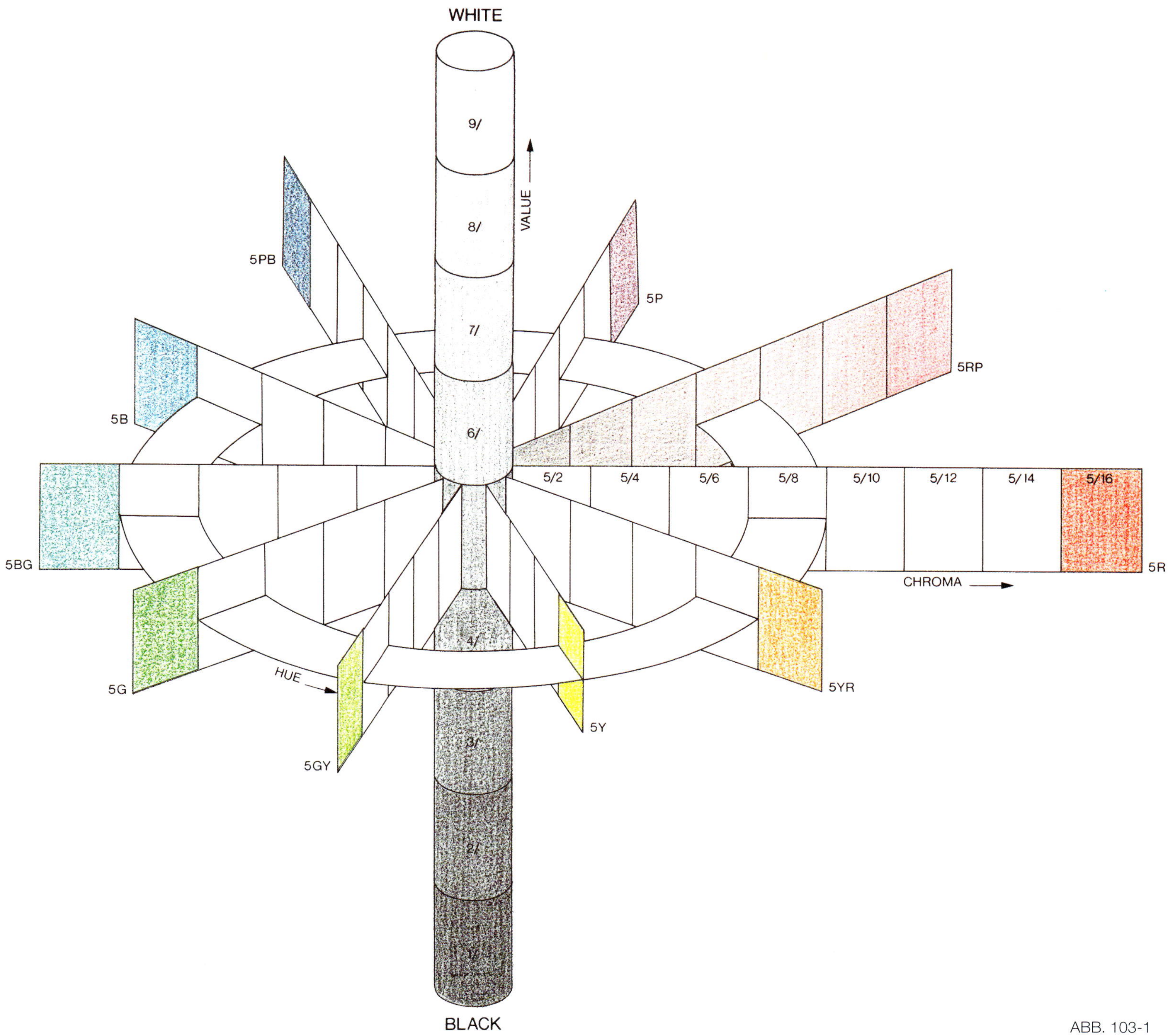

ABB. 103-1

Beziehungen zwischen den Farben so dargestellt werden sollen, wie wir sie wahrnehmen. Die Helligkeit der reinen Buntfarben ist zu unterschiedlich, als daß man sie als Reihe auf einem Äquator anordnen könnte: Gelb zum Beispiel ist heller als Rot, und dieses wieder heller als Violett.

Munsells Bemühungen, ein System zu konstruieren, in dem die Abstände zwischen jeder Farbe und jedem Nachbarn als gleich groß empfunden werden, resultierten in einem 1915 publizierten »Farbatlas« *(Color Atlas).* Hierin legt er eine um eine zentrale senkrechte Graureihe gruppierte »natürlich gewachsene« Ordnung vor, die der unregelmäßigen äußeren Umrisse wegen auch als »color tree« (»Farbbaum«) bezeichnet wird (Abb. 102-1).

Munsell baute sein System auf einem zehnteiligen Kreis auf (Abb. 104-1), dessen Farben er in gleichen Abständen anordnete

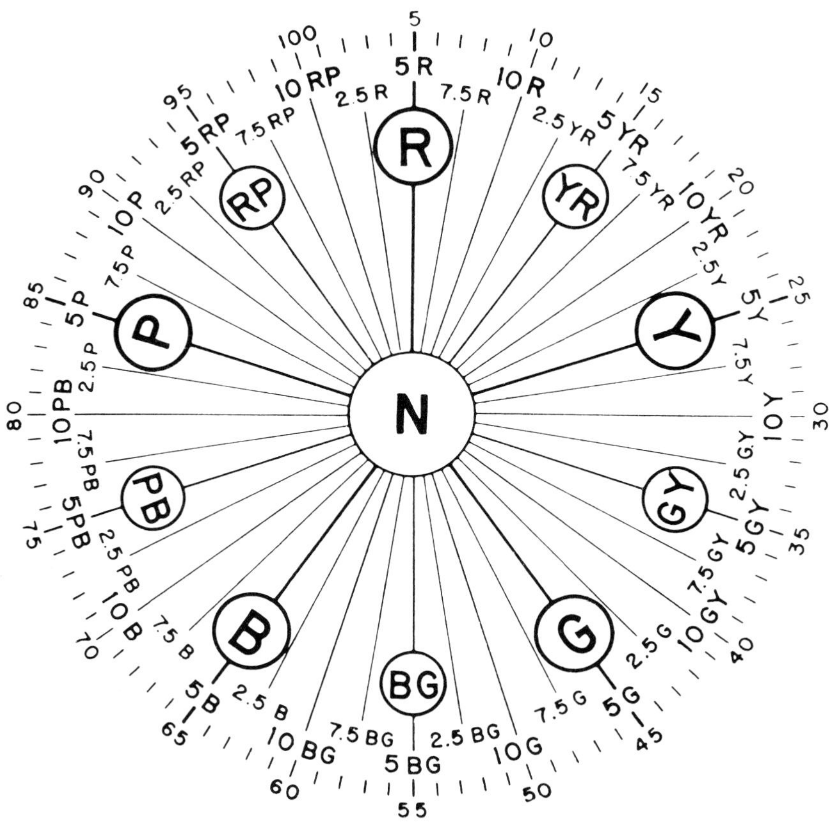

ABB. 104-1

und so auswählte, daß sich gegenüberliegende Paare zu Unbunt mischen (Prinzip der Kompensativität). Die Farbtöne der handbemalten Plättchen, aus denen er seinen Baum zusammensetzte, hat Munsell nach drei Variablen ausgerichtet, die in seiner eigenwilligen Nomenklatur angeführt werden. Munsells Parameter heißen »Hue« (Farbton), »Value« (Index für die Helligkeit) und »Chroma« (Stufen der Sättigung). Jede Farbe wird durch einen Dreierblock charakterisiert, der symbolisch als H/V/C zu verstehen und noch näher zu erläutern ist. Mit diesen Festlegungen entwickelte Munsell durch Farbkreiselmischungen das ganze System, wobei er dem Urteil seiner Augen vertraute (Abb. 103-1).

Die (senkrechte) Value-Skala (Munsells Werte-Skala) teilt den Bereich zwischen Schwarz (Black) und Weiß (White) in 10 Schritte ein, die Munsell mit einem selbstkonstruierten Photometer festlegte. Er legte die Stufen dabei nicht einfach durch lineare Änderungen der Reflexion fest, sondern wählte eine Skala, in der sich die Quadrat-Wurzel aus der gemessenen reflektierten Intensität gleichmäßig änderte (siehe dazu auch das System von Ostwald, Kapitel 32).

Nachdem die Value-Skala eingerichtet war, wählte Munsell Proben von Rot (Red, R), Gelb (Yellow, Y), Grün (Green, G), Blau (Blue, B) und Purpur (Purple, P), die ihm – seinem Malerauge – untereinander und von einem Grau dieses Wertes gleich weit entfernt erschienen. Sie wurden zu den grundlegenden Farbtönen (hues) seines Systems, denen er fünf Mischungen hinzugesellte – Gelbrot (YR), Grüngelb (GY), Blaugrün (BG), Purpurblau (PB) und Rotpurpur (RP) – und in einem Kreis um das oben erwähnte neutrale Grau (N) anordnete (Abb. 104-1). Allen diesen 10 Hauptfarben und ihren Mischungen wurde willkürlich der Parameter Chroma 5 zugewiesen. Die Chroma-Skala besitzt im übrigen ein offenes Ende und kann Werte bis zu 12 und 14 erreichen, je nachdem, wie intensiv die benutzten Farben sind. Zinnober zum Beispiel erreicht diese extreme Position und wird in der Munsell-Notation entsprechend als 5R 5/14 abgekürzt, während Rosa – mit geringerer Sättigung – durch 5R 5/4 festliegt.

Der Farbenkreis (Abb. 104-1) unterscheidet insgesamt 40 Farbtöne (hues), die dadurch zustande kommen, daß die ursprünglichen fünf Farbtonintervalle zwischen den Hauptfarbtönen erst in 10, dann 20 und schließlich 40 Segmente unterteilt werden, und zwar wieder so, daß sie der Empfindung nach gleich weit voneinander entfernt sind. Ihre eigenwilligen Bezeichnungen sind ebenfalls angeführt.

Nach Munsells Tod erschien im Jahre 1929 eine neue Ausgabe des »Color Atlas«, und zwar unter dem Titel *Munsell Book of Color,* und es ist diese Fassung, die heute noch benutzt wird. Im Jahre 1942 empfahl die Organisation »American Standards« seine Verwendung, wenn es darum geht, die Farben von Oberflächen zu spezifizieren. Die ungefähre Identifizierung der Munsell-Parameter Hue, Value und Chroma konnte durch direkten visuellen Vergleich mit den Farbtäfelchen selbst sichergestellt werden. Allerdings wurde empfohlen, die Munsell-Notation zu verfeinern (was in Verbindung mit der »Optical Society of America« geschehen und als »renotation« bekannt ist).

Wichtig an dieser Festlegung eines materiellen Standards war vor allem, daß man nun – mit üblichen physikalischen Methoden – eine Grundform hatte, in die man alle anderen Farbsysteme übersetzen konnte.

Moderne Farbforscher wünschten, daß Munsell sein System noch einmal, heute unter Zuhilfenahme der modernen Mittel der Farbmessung, konstruieren würde. Dann könnte sich vielleicht tatsächlich eine Anordnung ergeben, die seine höchst empfindsam empfindende Bewertung der Farben mit ihrer valenzmetrischen Erfassung – wie es so schön heißt – verknüpfen und so einzigartig sein würde. Unter »Farbvalenz« – diesem spezifisch deutschen Ausdruck, für den es keine Übersetzung ins Englische gibt – wird dabei die Eigenschaft eines Farbreizes verstanden, die seinen Beitrag zur Wirkung einer Mischung ausmacht. Munsell war aber auf Kreiselmischungen angewiesen, die er so korrigierte, daß die systematischen Abweichungen der Farbempfindungen von der modernen Valenzmetrik minimal wurden. Munsells Baum voller Farben wird noch lange blühen.

32 WILHELM OSTWALD

Im Jahre 1909 erhielt der Balte Wilhelm Ostwald (1853–1932) den Nobelpreis für Chemie, und zwar für Arbeiten, die sich im Grenzbereich zur Physik abspielten und industriell genutzt werden konnten (Stichwort Katalyse). Ostwald half zudem, die erste »Zeitschrift für Physikalische Chemie« zu gründen, und er war auch außerhalb seines Faches ein Grenzgänger. Über die rein wissenschaftliche Tätigkeit hinaus zeigte Ostwald großes Interesse an der Naturphilosophie und an der Geschichte seines Fachs, was sich durch *Ostwalds Klassiker der exakten Naturwissenschaften* bis in unsere Tage hinein verfolgen läßt.

Er versuchte viele neue Ansätze im naturwissenschaftlichen Denken, die nicht immer erfolgreich waren, so zum Beispiel die Existenz von Atomen als überflüssige Hypothese abzutun, da man diese Gebilde ja nicht sehen konnte.

Seine letzte Liebe galt der Farbenlehre, und nach seiner Emeritierung im jungen Alter von 53 Jahren widmete er sich ihren Gesetzmäßigkeiten in der Hoffnung, die Harmonien ihrer Empfindung in den wissenschaftlichen Griff zu bekommen. 1916 erschien seine *Farbfibel,* die sein entsprechendes System vorstellte (und 15 Auflagen erlebte).

Ostwald, der Albert H. Munsell (Kapitel 31) auf einer Reise durch die USA im Jahre 1905 kennengelernt hatte, versuchte, wie der amerikanische Maler, die Farben durch ein System zu ordnen, das von der Empfindung ausgeht und die entsprechenden Unterschiede zwischen den einzelnen Farben gleich macht. Modern und technisch ausgedrückt kann man sagen, daß Ostwald anstrebte, mit valenzmetrischen Mitteln ein empfindungsgemäßes Farbsystem aufzubauen. Anstelle der drei Munsell-Parameter wählte Ostwald eine andere Gruppe von Variablen, nämlich Farbgehalt, Weißgehalt und Schwarzgehalt. Er führte noch den besonderen Ausdruck einer »Vollfarbe« ein, worunter er eine Farbe verstand, die einen einzigen Farbton (Munsells »hue«) wahrnehmen ließ und keine Beimischung von Weiß oder Schwarz enthielt. Genauer könnte man sagen, daß eine Vollfarbe eine optimal reine Farbe ist, das heißt, sie ist möglichst gesättigt und zudem gleichzeitig hell. Vollfarben sind natürlich Ideale, die von tatsächlich gegebenen Pigmenten nicht reproduziert werden können. (Als Ostwald seine *Farbfibel* herausbrachte, enthielten seine Vollfarben rund 5% Weiß und etwas weniger Schwarz, wie er selbst angab.)

Mit dieser Konzeption läßt sich der Hauptsatz von Ostwalds Farbenlehre wie folgt formulieren: Die allgemeinste Mischung ist die Mischung aus Vollfarbe, Weiß und Schwarz. Jede Pigmentfarbe läßt sich durch Angabe von Farbgehalt (zum bestimmten Farbton), Weißgehalt und Schwarzgehalt charakterisieren.

In der *Farbfibel* geht Ostwald systematisch vor und unterscheidet zunächst die bunten von den unbunten Farben. Die unbunten Farben ordnet er auf einer Linie als Grauskala aus acht Stufen an, wobei diese Stufen einer geometrischen Reihe folgen. Das heißt, der Einfluß des visuell dominierenden Weiß nimmt von oben nach unten nicht gleichmäßig, sondern eben geometrisch ab, wodurch die durch die Empfindung festgelegte Mitte zwischen Schwarz und Weiß durch einen Weißanteil von etwa 20% charakterisiert ist. (Ostwald verwendet dabei eine hier übergangene, weil eher verwirrende Auswahl von Buchstaben, um seine Stufen bezeichnen zu können.) Grundlage der Reihe ist das sogenannte Weber-Fechnersche Gesetz der Psychophysiologie, dessen Umsetzung aber technische Grenzen gesetzt sind (an denen Ostwald seine Graureihe auch abbrach).

Die Vollfarben werden auf einem Kreis angeordnet, der sich an dem System von Ewald Hering orientiert (Kapitel 24) und mit vier Grundfarben beginnt, und zwar Gelb im Norden, Rot im Osten, Blau (genauer: Ultramarinblau) im Süden und Seegrün im Westen. Vier weitere Farben werden anschließend zwischen diese Hauptfarben

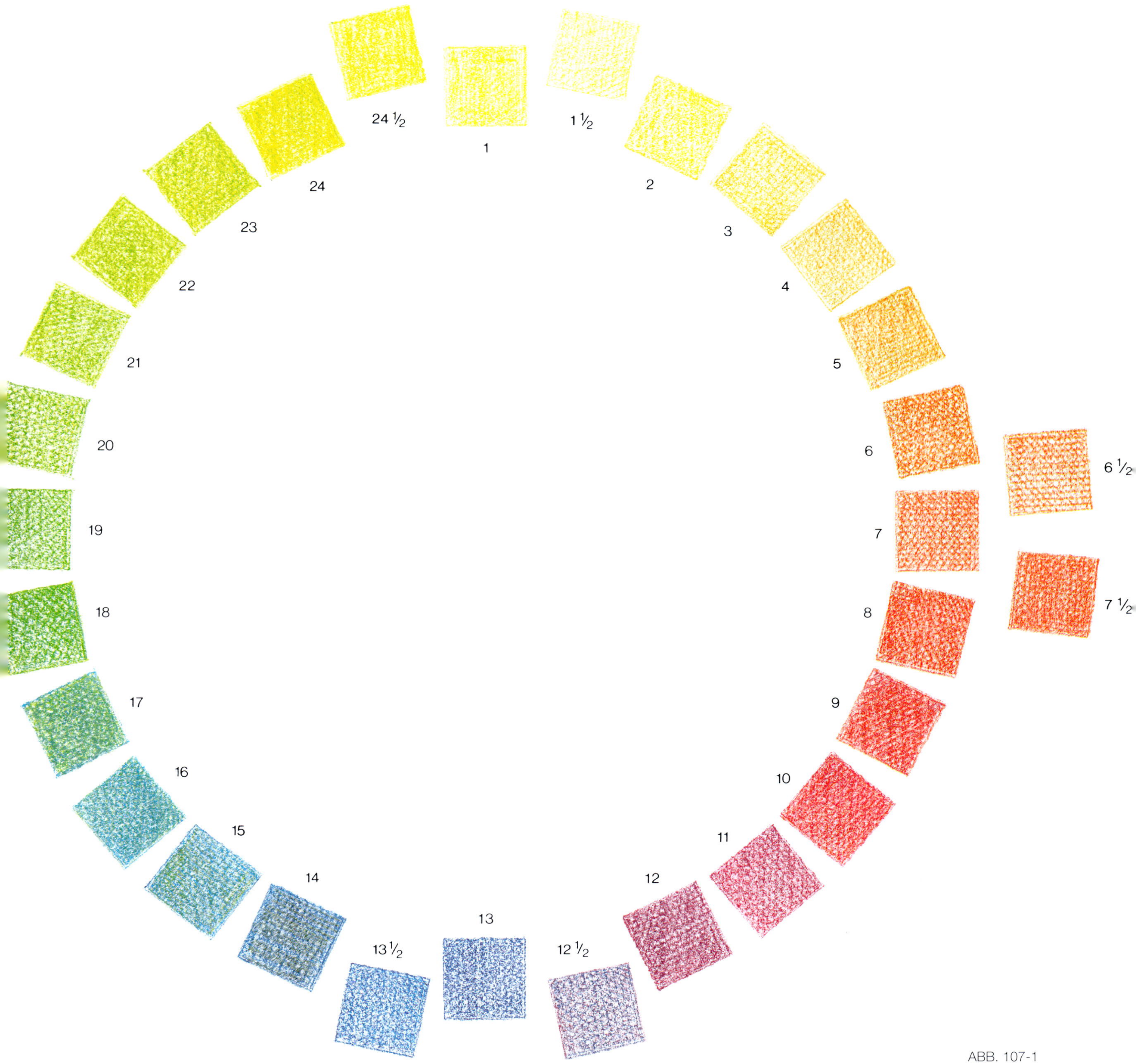
1
1 1/2
2
3
4
5
6
6 1/2
7
7 1/2
8
9
10
11
12
12 1/2
13
13 1/2
14
15
16
17
18
19
20
21
22
23
24
24 1/2

ABB. 107-1

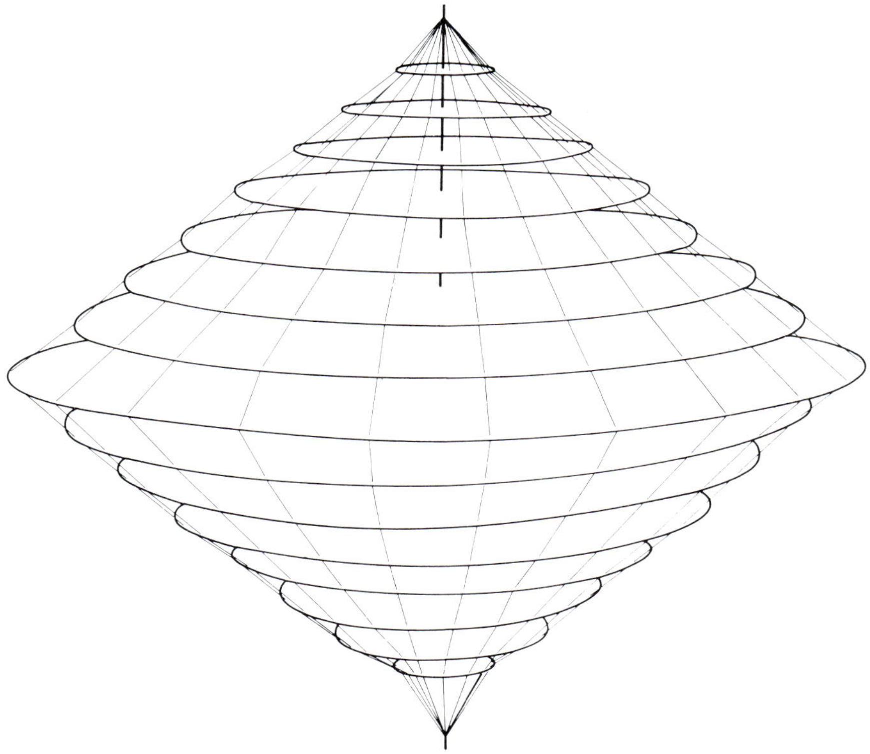

ABB. 108-1

ABB. 108-2

gesetzt – Orange zwischen Gelb und Rot, Violett zwischen Rot und Ultramarinblau, Eisblau (Türkis) zwischen Ultramarinblau und Seegrün und Laubgrün zwischen Seegrün und Gelb. (Ostwald nennt Orange »Kreß« und Violett »Veil«, um zur Zeit des Ersten Weltkriegs sämtliche französischen Lehnwörter zu vermeiden, was hier aber nicht übernommen werden soll.) Die Farben sind dabei so angeordnet, daß sich wie bei Munsell kompensative Paare gegenüberstehen (also Farbpaare, deren Mischung ein neutrales Grau ergibt): Gelb – Ultramarinblau, Orange – Eisblau, Rot – Seegrün und Violett – Laubgrün.

Mit diesen acht Farben konstruiert Ostwald 24 Farbtöne in gleichen Abständen, die er von Gelb aus numeriert und als Farbenkreis anlegt (Abb. 107-1).

Von den Vollfarben des Kreises aus konstruiert Ostwald im folgenden die sogenannten »hellklaren« beziehungsweise »dunkelklaren« Farben, die sich als »empfindungsgemäß gleichabständige« Reihe von der jeweiligen Farbe zu Weiß beziehungsweise Schwarz ergeben. Und damit kann er sich an seine eigentliche Aufgabe machen, nämlich die allgemeine Mischung der übrigen Farben anzugeben, die Ostwald als »trübe Farben« (oder in Anlehnung an Hering auch als »verhüllte Farben«) bezeichnet und die die Mehrzahl der vorhandenen Körperfarben ausmachen.

Jede solche trübe Farbe kann als Mischung aus einer Vollfarbe und einem Grauton bestimmt werden, und der Grauton als Mischung aus Schwarz und Weiß. Daher können alle gewünschten Farbstandards einer Vollfarbe durch ein gleichseitiges Dreieck erfaßt werden, dessen senkrechter Schwarz–Weiß-Achse – der erwähnten Grauskala – die Vollfarbe als dritter Punkt gegenüberliegt. Die von der Vollfarbe zu Schwarz beziehungsweise zu Weiß gehenden Seiten enthalten die hellklaren beziehungsweise die dunkelklaren Farbreihen.

Ein derartiges monochromatisches Dreieck, das Ostwald mit dem Attribut »psychologisch« versah, wird mit dem Dreieck der gegenüberliegenden Komplementärfarbe zu einer Raute (Abb. 108-2), die man auf den ganzen Kreis der Vollfarben ausweiten kann. Dabei entsteht ein Doppelkegel, der die Gesamtheit aller Farben des Ostwald-Systems in sich vereinigt (Abb. 108-1). Eine sehr gute praktische Verwirklichung dieser Konstruktion liegt als *Color Harmony Manual* vor, das 1948 (in dritter Auflage) erschienen ist.

Das Wort »Harmonie« im Titel des zitierten Handbuchs stellt Ostwalds Ziel seiner Beschäftigung mit der Farbe dar. Erfahrungen haben ihm (und anderen) gezeigt, daß einige Kombinationen von Farben als angenehm (oder harmonisch) und andere als unangenehm empfunden werden. Die Frage lautet, wovon dies abhängt und ob dies als Gesetz gefaßt werden kann. Ostwald geht bei seiner Analyse der Farbharmonie von der Grundüberzeugung aus, daß sie durch Farbordnung zustande kommt. Er führt sogar ihre Identität als Gesetz auf (Harmonie = Ordnung) und behauptet, alle Harmonien finden zu können, indem er alle Ordnungen analysiert, die sein Farbkörper, der Doppelkegel, zuläßt, und zwar nach den Regeln der Geometrie. Sie werden von 1926 an – zuerst noch durch Ostwald selbst – zunächst in einer »Harmothek« zusammengestellt und finden später Eingang in das bereits erwähnte *Color Harmony Manual.*

Es steht uns nicht an, Ostwalds Harmonielehre zu kritisieren, aber es scheint, daß sie nicht sehr überzeugend wirkt. Vermutlich muß man sich mit der Tatsache abfinden, daß die Wissenschaft keinerlei Informationen über harmonische Kombinationen von Farben – anders als von Tönen – liefert. Licht und Ton sind verschiedene Wellenformen, das Auge hat – im Vergleich zum Ohr – nur rudimentäre Fähigkeiten der vergleichenden Analyse, und zudem sehen wir kaum mehr als eine Oktave (nur gerade so weit dehnt sich das sichtbare Spektrum aus). Es scheint auch keine physikalische oder physiologische Basis für die Annahme zu geben, daß einzelne Farbkombinationen mehr oder weniger wünschenswert sind. So herrlich ein Regenbogen auch ist, noch niemand ist auf den Gedanken gekommen, ihn dadurch zu verbessern, daß man eine Komponente wegnimmt oder hinzufügt. Ostwald wollte zwar nicht den Regenbogen, wohl aber zum Beispiel japanische Holzschnitte verbessern, für die er eine nach seinen Maßstäben ausgerichtete neue Farbgebung vorschlug. Er hielt sie dann für »japanischer« als die Originale.

Wenn sich Ostwald mit diesem Anspruch auch einen zweifelhaften Ruf in der Kunstwelt verschaffte, so hat sein System doch Spuren hinterlassen, und die holländische Gruppe »De Stijl« um Piet Mondrian hat sich zum Beispiel an ihm orientiert. Mondrians Umgang mit Farben in den Jahren 1917 und 1918 jedenfalls weist deutliche Parallelen mit Ostwalds Theorien auf.

33 MICHEL JACOBS

ABB. 110-1

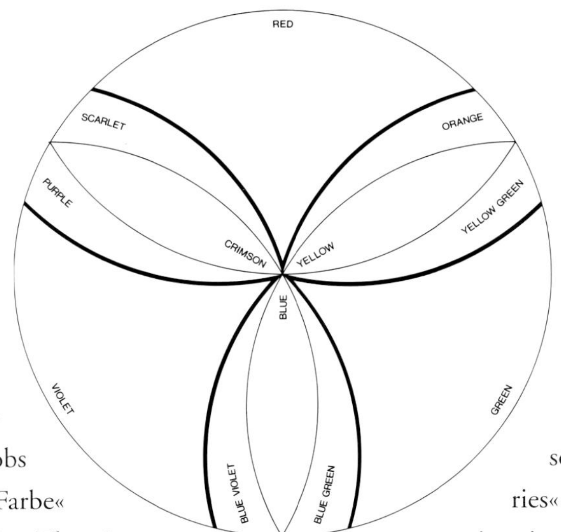

Im Jahre 1923 verfaßte der in Kanada geborene Bildhauer und Maler Michel Jacobs (1877–1958) ein Buch über »Die Kunst der Farbe« *(The Art of Color),* in dem er eine eigenwillige Theorie der Harmonie von Farben vorlegte. Jacobs hatte die Schönen Künste in Paris und New York studiert, und ihm war dabei aufgefallen, daß Kunststudenten zuerst zeichnen und dann den Umgang mit Farben lernen. Ihm schien der umgekehrte Ablauf sinnvoller, und dazu bot er seine Farbenlehre an, die nicht behauptete, einen neuen Gesichtspunkt zu präsentieren. Er lehnt sich dabei an die Einsichten von Thomas Young und Hermann von Helmholtz an. Jacobs operiert also mit drei Primärfarben, aber er trifft eine eigenwillige Auswahl, nämlich Rot, Grün und Violett, die er »spectrum primaries« nennt. Das von ihm benutzte Violett ist dabei in Wirklichkeit eher ein Blauviolett von der Art, die Wilhelm von Bezold (Kapitel 22) und der Physiologe Hermann von Helmholtz (Kapitel 20) verwendet haben.

Michel Jacobs ordnet seine spektralen Primärfarben außen auf einem Kreis an (Abb. 110-1) und stellt ihnen, vom Zentrum her bis an die Peripherie sich erstreckend, drei Sekundärfarben gegenüber, nämlich Gelb, Blau und Karminrot (Crimson). Sie heißen bei ihm »pigmentary primaries« und bilden zusammen mit den »spectrum primaries« drei Paare von Komplementärfarben, die sogenannten »complementaries«. Die Konstruktion des Kreises ist so angelegt, daß dieser Gegenüberstellung auch die Opposition von konkav und konvex entspricht.

Mit den Vorgaben sind sechs Mischungen möglich, die er in sich blütenkelchartig entfaltenden Strukturen angibt: Im Uhrzeigersinn sind dies Orange, Gelbgrün, Blaugrün, Blauviolett, Purpur und Scharlachrot (Scarlet). Komplementäre Paare laufen zwar leicht ineinander über – so zum Beispiel Purpur und Gelbgrün –, sind dadurch aber umso deutlicher getrennt. Die vielen Linien der drei Blütenkelche dienen wohl ganz allgemein dazu, die scharfen Gegensätze der Komplementärfarben auseinanderzuhalten und ihre Kontraste zu schwächen.

Jacobs betont in seinem Buch die psychologische Bedeutung von Farbkombinationen, von denen wir einige in den kleinen Kreisen variieren (Abb. 111-1). Sie wirken dann beinahe wie Gesichter, die verschiedene Masken durchprobieren.

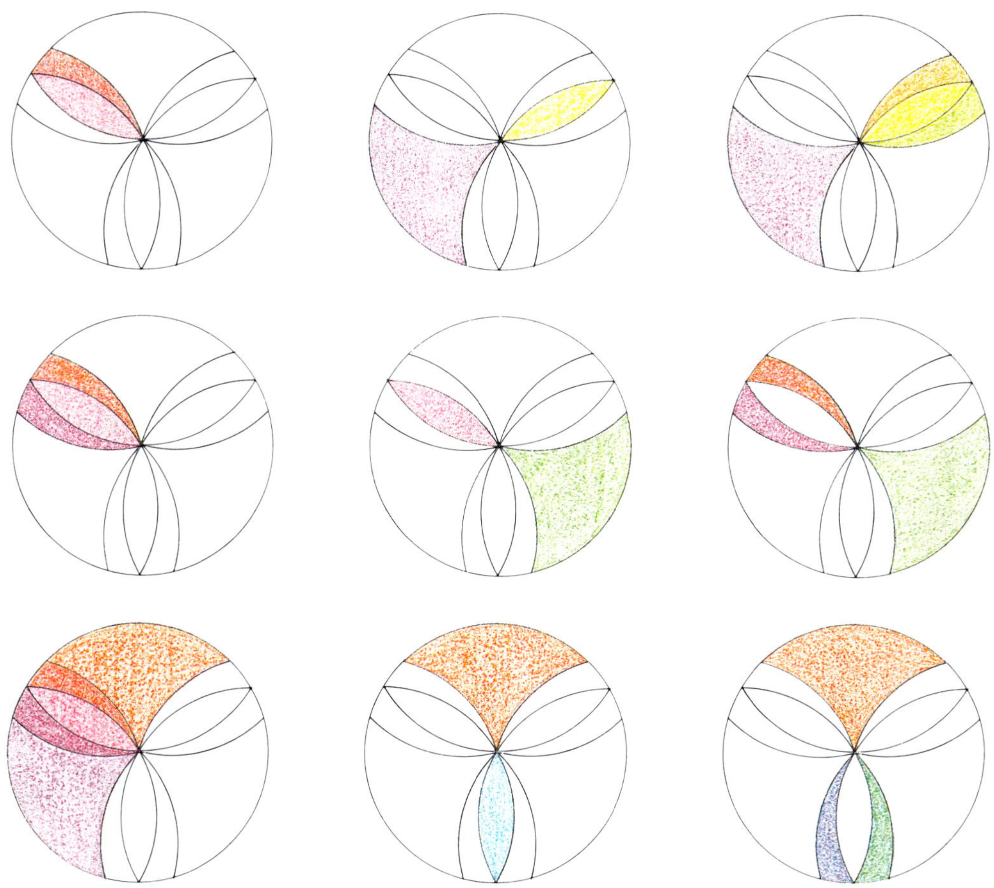

ABB. 111-1

34 MAX BECKE

ABB. 112-1

Es gibt nur ein richtiges Farbsystem, das ist das dreidimensionale der Natur mit den drei voneinander unabhängigen Wirkungen der natürlichen drei Urfarben Reingelb, Reinblau und Reinpurpur als ordnende Richtlinien, das alle Farben ordnet.«

So lautet das Credo von Max Becke, dem Direktor des Forschungs-Instituts für die Textilindustrie in Wien, der 1924 eine »natürliche Farbenlehre« verkündet, in der er sich davon überzeugt zeigt, »daß die wissenschaftliche Grundlage für die Farbenlehre

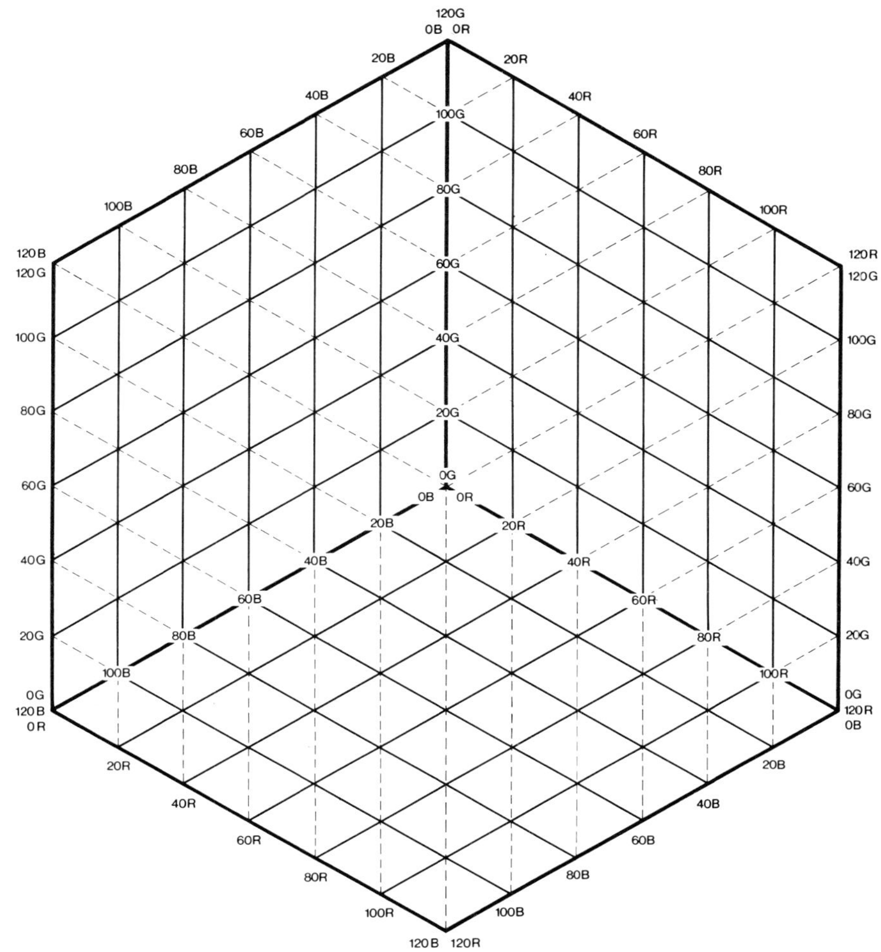

ABB. 113-1

unbedingt in einem unumstößlichen Naturgesetz gegeben ist«. Becke stellt fest, daß sich »das innerste Wesen der Farben als objektive Eigenschaften der Stoffe« zeigt und die von uns verwendeten »mit dieser Eigenschaft Farbe identischen Farbenbegriffe (...) zwangsläufig (...) durch den Sehvorgang« gebildet werden. Er schließt daraus auf die Berechtigung seiner »natürlichen Farbformel yxz«, »weil nur sie die tatsächlichen Beziehungen zwischen Ursache und Wirkung im natürlich geordneten Geschehen naturwissenschaftlich exakt zum Ausdruck bringt«.

Beckes rührende Schwärmerei für die Allmacht der Naturwissenschaften gehört längst einer fernen Vergangenheit an, und trotz aller proklamierten Eindeutigkeit und Exaktheit ist seine »natürliche« Farbenlehre natürlich nur eine von vielen möglichen Farbenlehren. Sie operiert – wie erwähnt – mit drei Grundfarben, die der Wiener Chemiker und Kolorist auch konkret durch Pigmente benennt. Das Reingelb soll so aussehen »etwa wie Chinolingelb auf Wolle«, das Reinblau soll »etwas weniger grünstichig als Patentblau-Kristalle auf Wolle« sein, und Reinpurpur soll »etwa wie Sulforhodamin B extra auf Wolle« erscheinen.

Das Ziel des Beckeschen Systems liegt nun darin, die »Gesetzmäßigkeiten der stofflichen Farbgebung und Farbwirkung aufzuklären«, das heißt, mit der subtraktiven Mischung der stofflichen Farben ebensogut zurechtzukommen wie die Physiker mit der additiven Mischung der farbigen Lichterscheinungen. Er konstruiert dazu einen »natürlichen Dreifarbenkörper« (in Abbildung 113-1 in ebener Form dargestellt), in dem »die Gesamtheit der stofflichen Farben in der Außenwelt und die mit ihnen identischen gedanklichen Farbenbegriffe durch ihren konstitutiven Gehalt an den drei Ur- oder Grundfarben – Reingelb, Reinblau und Reinpurpur – eindeutig gekennzeichnet und eingeordnet« ist. Die Konstruktion und seine Vorstellung beschreibt Becke dann genauer, wobei aus heutiger Sicht überrascht, wie einfach sich der Chemiker die Innenwelt der Gedanken denkt:

»Der natürliche Farbkörper zerfällt – als Würfel dargestellt – in drei Systeme aufeinander senkrecht stehender Quadratflächen von 0 bis 120 steigendem Reingelb, Reinblau und Reinpurpur. Jede stoffliche Farbe in der Außenwelt wird als gedanklicher Farbenbegriff in dem Schnittpunkt derjenigen drei Grundfarbenflächen mathematisch und geometrisch genau eingeordnet, in die sie zwangsläufig beim Sehvorgang durch die Zerlegung ihrer objektiven Gesamtwirkung in diese drei voneinander unabhängigen objektiven Teilwirkungen eingereiht wurde. In den in Dreiecksform geschriebenen Farbformeln $x^y z$ kommt die Einreihung jeder Farbe eindeutig zum Ausdruck.«

In dieser Schreibweise ist Weiß $0^0 0$ Schwarz wird durch $120^{120} 120$ und die drei Reinfarben durch zwei Nullen und eine 120 beschrieben. Becke nennt sie deshalb auch »Eindrittelfarben«. Das mittlere Grau ist durch die dreifache 60 gekennzeichnet.

Für die Farbmischungen kennt Becke einige hübsche Namen, wie Pfaublau, Lichtblau oder Kieferngrün, die wir aber im einzelnen nicht aufspüren wollen. Sein Dreifarbenkörper enthält vier sogenannte Gegenpolachsen, die von Weiß zu Schwarz, von Reingelb zu Vollviolett, von Reinblau zu Scharlach und von Reinpurpur zu Vollgrün verlaufen. Damit sind auch die Komplementärpaare bezeichnet. Wenn wir die dazugehörenden Buntfarben im Winkel von 120°, der auch Beckes Würfel dominiert, zueinander anordnen und als Energiequellen deuten, deren Wirkung sich auf konzentrischen Kreisen entfaltet, erhalten wir eine Figur (Abb. 112-1), die mehr von der Spannung zwischen den Farben zeigt als die strenge Konstruktion im Würfel. Daß Farbe so gedeutet werden kann, finden wir bei Becke selbst, der festhält: »Farbe ist in Stofflichkeit gebundene Energie«.

35 ARTHUR POPE

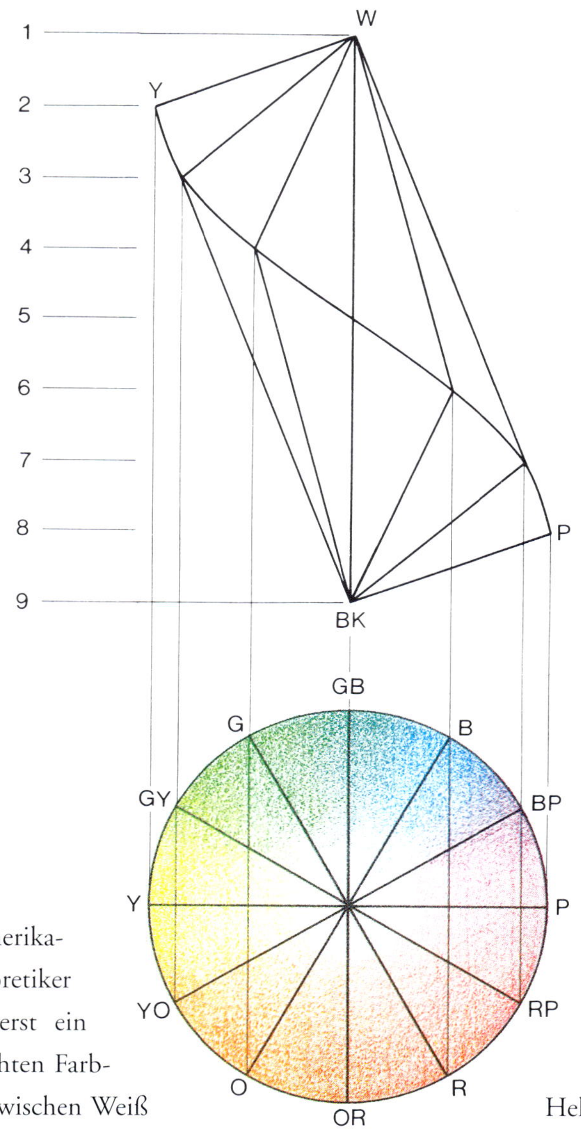

ABB. 115-1

Im Jahre 1924 konstruierte der amerikanische Erzieher und Kunsttheoretiker Arthur Pope (1880–1974) seinen erst ein Vierteljahrhundert später veröffentlichten Farbkörper, der sich um eine Grauachse zwischen Weiß (W) und Schwarz (BK) bildet, die in 9 Stufen eingeteilt ist (oben und in Abbildung 116-1 dargestellt). Den Körper selbst kann man sich aus Dreiecken unterschiedlicher Größe und Gestalt zusammengesetzt denken. Die zweidimensionale Projektion der dreidimensionalen Anordnung führt auf einen Kreis, der in zwölf Segmente geteilt ist, denen die Hauptfarben zugeordnet werden: Gelb (Y), Grüngelb (GY), Grün (G), Grünblau (GB), Blau (B), Blaupurpur (BP), Purpur (P), Rotpurpur (RP), Rot (R), Orangerot (OR), Orange (O) und Gelborange (YO). Als Hauptmerkmale der Farbwahrnehmung wählte Pope den Farbton (Hue), die Sättigung (die er »purity« – Reinheit nannte) und die Helligkeit. Das Farbsystem von Tryggve Johansson (Kapitel 43) wählt eine ähnliche Darstellung der Farbqualitäten eines gegebenen Farbtons. Und das System von Sven Hesselgren (Kapitel 46) versucht eine Synthese aus noch anderen, ähnlichen Versuchen, die alle auf Herings psychologischen Ansatz zurückgehen (Kapitel 36) und auf das NCS-System zusteuern (Kapitel 50). Popes System liegt geometrisch gesehen zwischen dem anschaulichen Ostwaldschen Doppelkegel (Abb. 108-1) und dem berechneten Luther-Nyberg-Körper (Abb. 127-1).

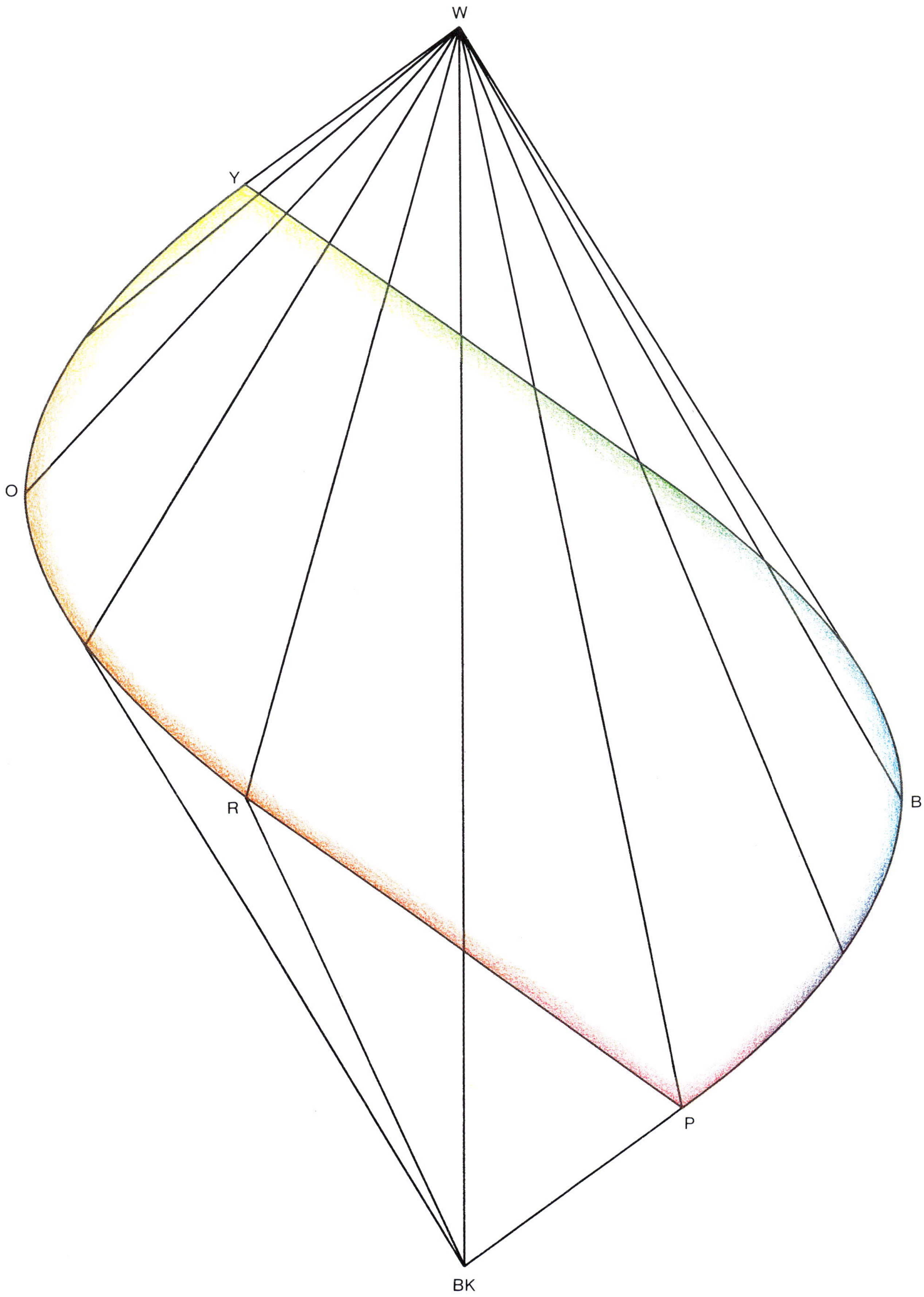

ABB. 116-1

Vielleicht bietet sich an dieser Stelle die Gelegenheit, die Vierfarbentheorie Herings ebenso experimentell abzusichern wie zuvor schon die Young-Helmholtzsche Dreifarbentheorie (Kapitel 16). Wir hatten erwähnt, daß die Vorstellungen der Physiologen von drei Rezeptoren im Auge für drei Grundfarben in den sechziger Jahren unseres Jahrhunderts ihren direkten molekularbiologischen Nachweis erfahren haben. Der erste Schritt der Farbwahrnehmung auf der Netzhaut läuft tatsächlich so ab, wie es sich Young und von Helmholtz vorgestellt haben. Der zweite Schritt sieht allerdings raffinierter aus. Was die lichtempfindlichen Zapfen registrieren, wird nicht direkt in dem Sinne ins Gehirn weitergeleitet, daß jeder Zapfen eine Nervenzelle bedient, die ihrerseits ins Gehirn läuft. Vielmehr werden mehrere Zellen der Netzhaut – hierzu gehören übrigens nicht nur Zapfen, ohne daß weitere Details benötigt würden – zusammengeschaltet, bevor ihre Information auf eine Nervenbahn kommt. Die Verarbeitung der visuellen Information ist so organisiert – diese Einsichten stammen aus den sechziger und siebziger Jahren –, daß eine Nervenzelle (ein Ganglion) dann ein Signal trägt, wenn im Auge ein definierter Bereich durch einen definierten Reiz erregt wird. Der definierte Bereich, den man sich als winzigen Kreis vorstellen kann, heißt das rezeptive Feld des Ganglions, und der definierte Reiz besteht darin, Licht im Zentrum und kein Licht am Rand oder umgekehrt zu haben. Die Physiologen sprechen dann von einem »On-Zentrum«- beziehungsweise einem »Off-Zentrum«-Ganglion. Eine »On-Zentrum«-Nervenzelle feuert dann ihr stärkstes Signal, wenn ihr rezeptives Feld zentral beleuchtet wird und an der Peripherie dunkel bleibt. Und eine »Off-Zentrum«-Nervenzelle wird vor allem aktiv, wenn die Peripherie ihres rezeptiven Feldes Licht empfängt, während dies im Zentrum unterbleibt.

Bisher war noch nicht von Farbe die Rede. Aber mit dieser grundsätzlichen Einsicht in die Verarbeitung der visuellen Information konnte man die Frage stellen, ob es entsprechende rezeptive Felder der Farbe gibt, und die Antwort lautet Ja. Sie stellen dann auch den Mechanismus dar, den Hering 1878 postulierte, als er von Opponenten-Zellen der Farbwahrnehmung sprach.

Wie die neurophysiologische Forschung der siebziger und achtziger Jahre gezeigt hat, gibt es unter anderem »Rot-Grün«-Ganglien im Gehirn, die erregt werden, wenn im Zentrum des dazugehörigen rezeptiven Feldes Rot und am Rand Grün erscheint. Rot an der Peripherie hemmt solch eine Nervenzelle ebenso wie Grün im Zentrum. Grün an der Peripherie hingegen sorgt für ein Nervensignal.

Entsprechend haben sich auch »Blau-Gelb«-Ganglien gefunden, und zusammen mit den erwähnten »On-« und »Off-Zentrum«-Zellen haben wir somit die physiologische Entsprechung der von Hering vorhergesagten drei Opponenten-Prozesse gefunden, nämlich Rot-Grün, Blau-Gelb und Schwarz-Weiß. (Wenn wir nun ganz genau sein wollten, müßten wir darauf hinweisen, daß Rot, Grün und Blau direkt durch ihre Zapfen vermittelt werden, während das Gelb als gemischtes Signal aus dem Empfang von lang- und mittelwelligem Licht zustande kommt. Aber damit ändert sich nichts an der Tatsache, daß Gelb als unvermischter Eindruck ins Gehirn kommt, gerade so, wie wir es täglich wahrnehmen.)

Mit diesen Opponenten-Zellen haben wir zwar eine zweite Stufe der visuellen Verarbeitung von Farbe erklommen, aber niemand kann sagen, wie viele auf dem Weg ins Bewußtsein noch zu entdecken und zu bewältigen sind. Zur Zeit steht nur fest, daß sich die Opponenten- Zellen »weiter oben« mit Neuronen verschalten, die in der Großhirnrinde liegen und als eine Art von Doppelt-Opponenten-Zellen funktionieren. Das heißt, einige von ihnen werden beispielsweise dann aktiv, wenn ihr rezeptives Feld im Zentrum zwar Rot, aber gerade kein Gelb und an der Peripherie nur Gelb und kein Rot empfängt.

Diesen ersten physiologischen Erkundungen der höheren Stufen bei der Farbverarbeitung werden weitere folgen. Das Farbensehen bietet noch viele Phänomene, die auf dieser Ebene der Moleküle und Zellen unerklärt sind, zum Beispiel den erwähnten Simultankontrast. Der größte Preis, der zu gewinnen ist, wird demjenigen gebühren, der erklären kann, wie das Gehirn es schafft, den Farbeindruck eines Blattes etwa bei den vielseitig wechselnden äußeren Lichtbedingungen konstant zu halten. Weißes Papier sieht weiß aus, wenn wir es beim Mittagslicht oder in der untergehenden Sonne oder im Schein einer Taschenlampe betrachten. Farben machen evolutionär gesehen natürlich nur Sinn, wenn es die skizzierte Konstanz der Farben gibt. Sie bleibt bis heute ebenso wunderbar wie geheimnisvoll.

36 EDWIN G. BORING

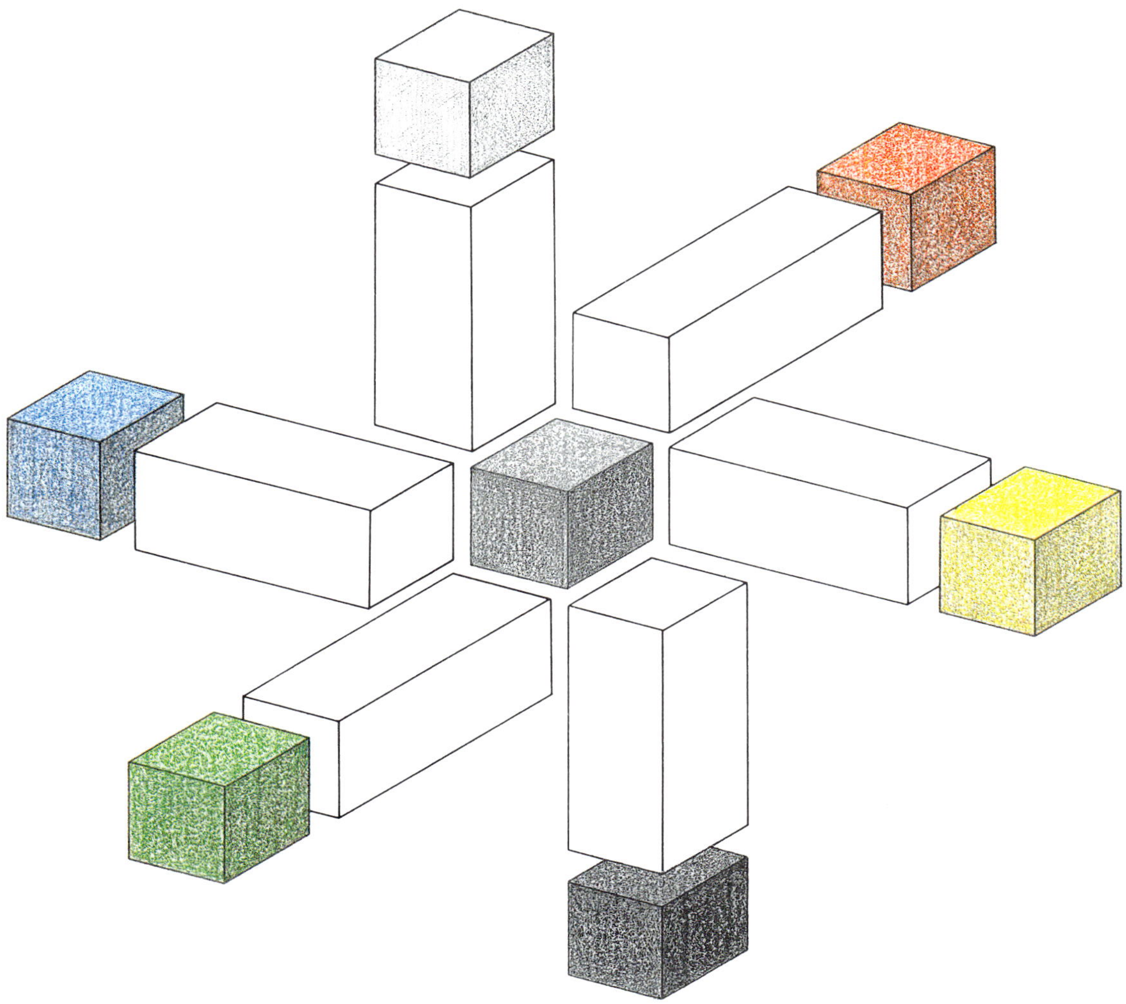

ABB. 118-1

Der amerikanische Psychologe Edwin G. Boring war ein großer Verehrer von Hermann von Helmholtz, dem er 1942 sein grundlegendes Lehrbuch *Empfindung und Wahrnehmung in der Geschichte der experimentellen Psychologie* widmete. Speziell auf dem Sektor der Farben orientierte sich Boring aber etwas stärker an den Vorstellungen von Ewald Hering (Kapitel 24), der als einer der führenden Wahrnehmungspsychologen seiner Zeit um 1878 in seinem Farbsystem argumentiert hatte, daß die Vorstellungen von Leonardo da Vinci über sechs Primärfarben – zwei unbunte und vier bunte – zutreffend waren. Hering hatte dazu kein Experiment ausgeführt, sondern seine eigenen Farbempfindungen mittels Introspektion erkundet. Dieses Verfahren nennt man heute eine

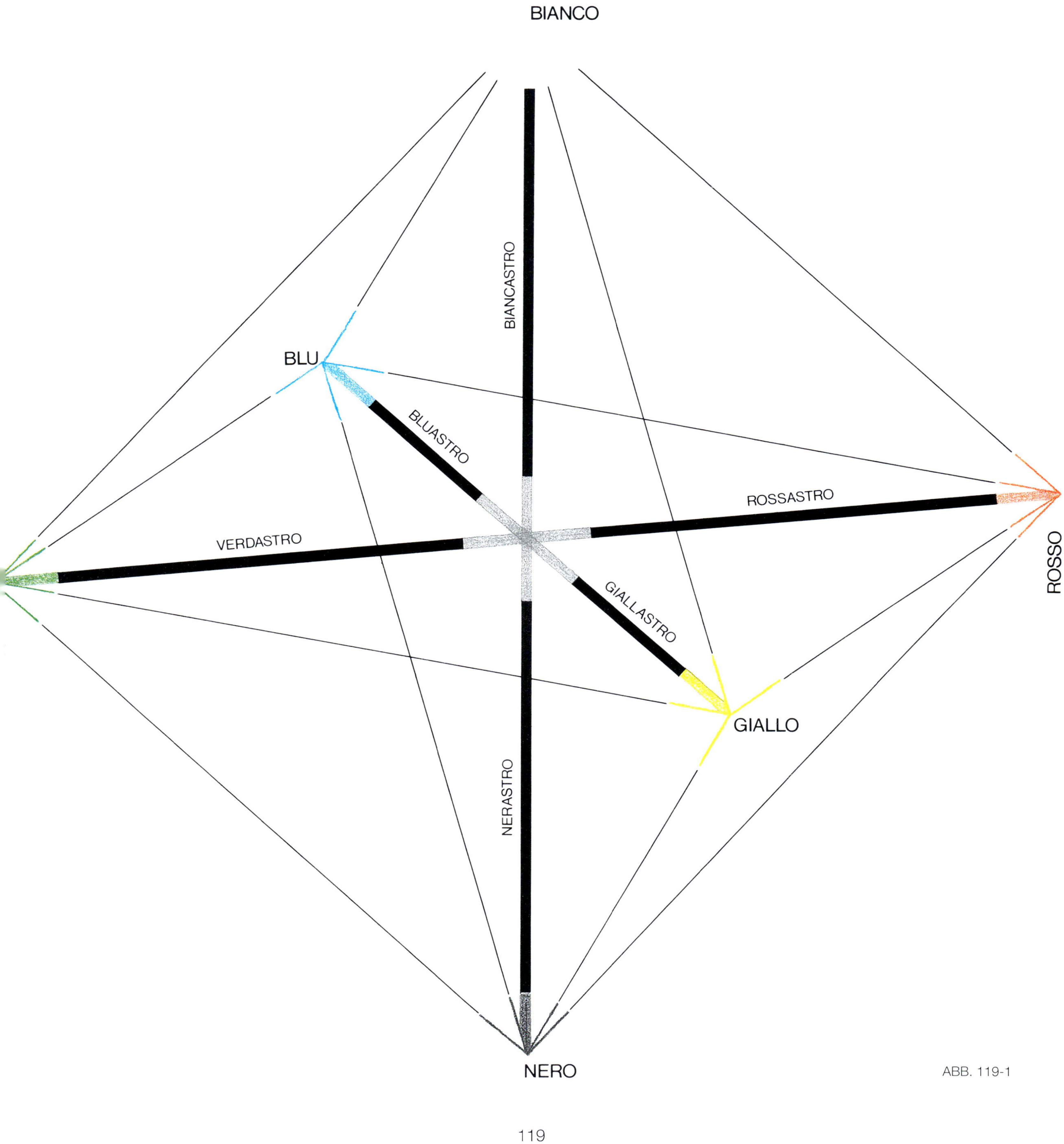
BIANCO
BIANCASTRO
BLU
BLUASTRO
ROSSASTRO
VERDASTRO
ROSSO
GIALLASTRO
GIALLO
NERASTRO
NERO

ABB. 119-1

phänomenologische Analyse, wobei mit »Phänomen« (wörtlich »das Erscheinende«) eine Erscheinung gemeint ist und von dem unterschieden wird, wovon die Erscheinung Kunde gibt.

Herings Farbsystem basiert also auf einer solchen Analyse, und im 20. Jahrhundert haben es ihm einige Psychologen nachgetan, zum Beispiel Edwin G. Boring im Jahre 1929. Er schlägt eine Doppelpyramide (Abb. 119-1) vor, deren mittlere Fläche durch ein Rechteck aufgespannt wird, an dessen Ecken die vier bunten Heringschen Gegenfarben liegen, nämlich Rot (Rosso) und Grün (Verde) beziehungsweise Gelb (Giallo) und Blau (Blu). Die Spitzen der Pyramiden werden von den unbunten Weiß (Bianco) und Schwarz (Nero) eingenommen. Vom grauen Zentrum aus verlaufen die Achsen zunehmender Farblichkeit: Weißheit (Biancastro), Schwarzheit (Nerastro), Rotheit (Rossastro), Gelbheit (Giallastro), Grünheit (Verdastro) und Blauheit (Bluastro).

Der Psychologe F. L. Dimmick hat in den fünfziger Jahren auf die Boringsche Ordnung zurückgegriffen, um das Farbunterscheidungsvermögen bei Personen zu erkunden, bei denen eine hohe Empfindlichkeit verlangt werden muß. Er hat in diesem Zusammenhang darauf hingewiesen, daß das Grau in der Mitte mehr trennt als verbindet. Dimmick zufolge gibt es nicht eine Folge etwa von Schwarz nach Weiß oder von Rot nach Grün. Es gibt vielmehr zwei konsekutive Folgen vom Schwarzen zum Grauen und vom Grauen zum Weißen beziehungsweise von einer Primärfarbe zum Grauen und vom Grauen zur Gegenfarbe. Auch vom sprachlichen Gesichtspunkt aus argumentiert Dimmick für diese Trennung. Schließlich redet niemand von einem schwärzlichen Weiß, wohl aber von einem schwärzlichen Grau, und auch niemand kennt ein grünliches Rot, wohl aber ein grünliches Grau.

Ebenfalls zu Beginn der 50er Jahre hat übrigens der Philosoph Ludwig Wittgenstein seine *Bemerkungen über die Farben* aufgeschrieben, und viele seiner Überlegungen erinnern an die oben angeführten Argumente, zum Beispiel die Bemerkung 14:

»Wenn es aber auch Menschen gäbe, denen es natürlich wäre, den Ausdruck ›rötlichgrün‹ oder ›gelblichblau‹ in konsequenter Weise zu verwenden, und (die) dabei vielleicht auch Fähigkeiten verrieten, die uns fehlen, so wären wir dennoch nicht gezwungen anzuerkennen, sie sähen Farben, die wir nicht sehen. Es gibt ja kein allgemeines Kriterium dafür, was eine Farbe sei, es sei denn, daß es unsere Farbe ist.«

37 CIE – 1931-SYSTEM

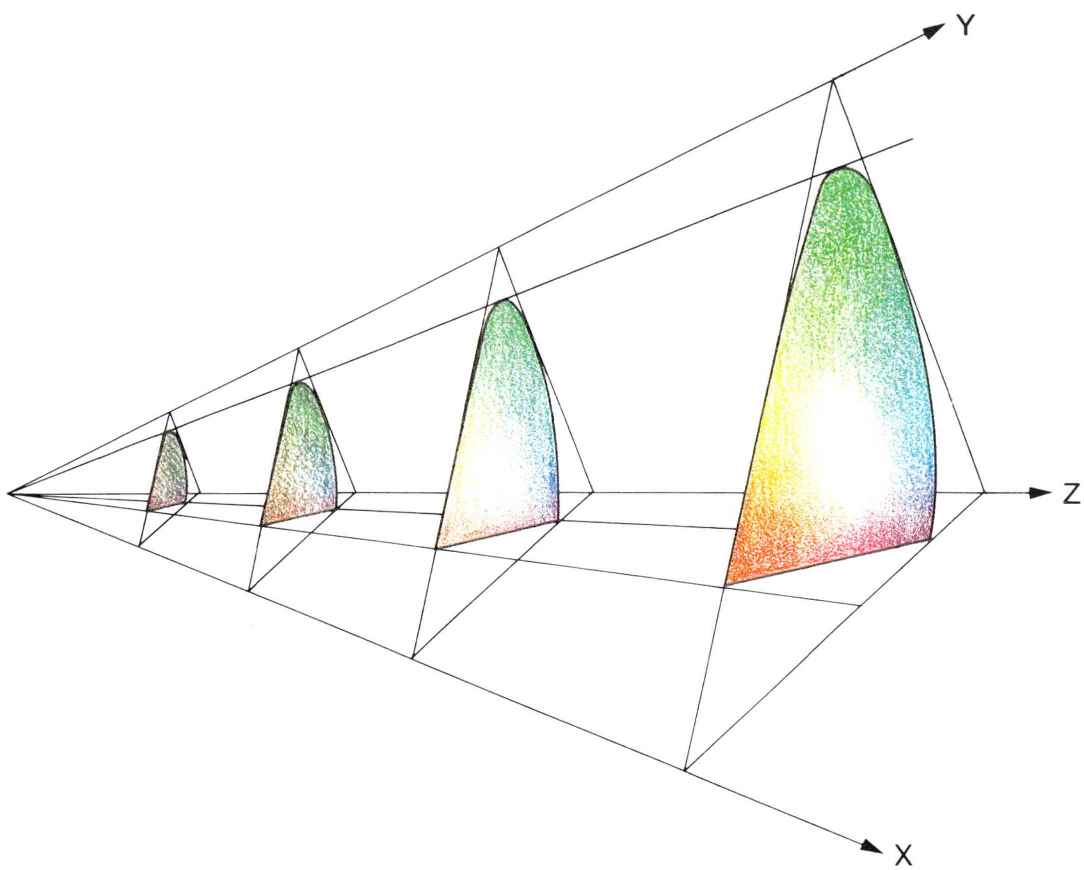

ABB. 121-1

Mathematische Konstrukte können ihren ästhetischen Reiz haben, und ein Beispiel dafür liefert das hier vorgestellte Farbdiagramm, das auch als »Normfarbtafel« oder »Standard Valenz System« bekannt ist und die Wünsche einiger Farbfachleute nach Präzision und Objektivität erfüllt. Wir haben schon früher einige Systeme (Kapitel 31 und 32) kennengelernt, die in der Lage sind, Farben genau zu spezifizieren. Sie benötigten dazu Farbmuster. Will man sie im Rahmen der Farbmessung (Colorimetrie) einsetzen, tauchen allerdings Probleme auf. Der Vergleich einer zu bestimmenden Probe oder Lichtquelle mit einem Standard bleibt zum einen ein sehr subjektiver Vorgang, und zum anderen können die Vergleichsproben im Laufe der Zeit bleicher werden, was sie unzuverlässig macht.

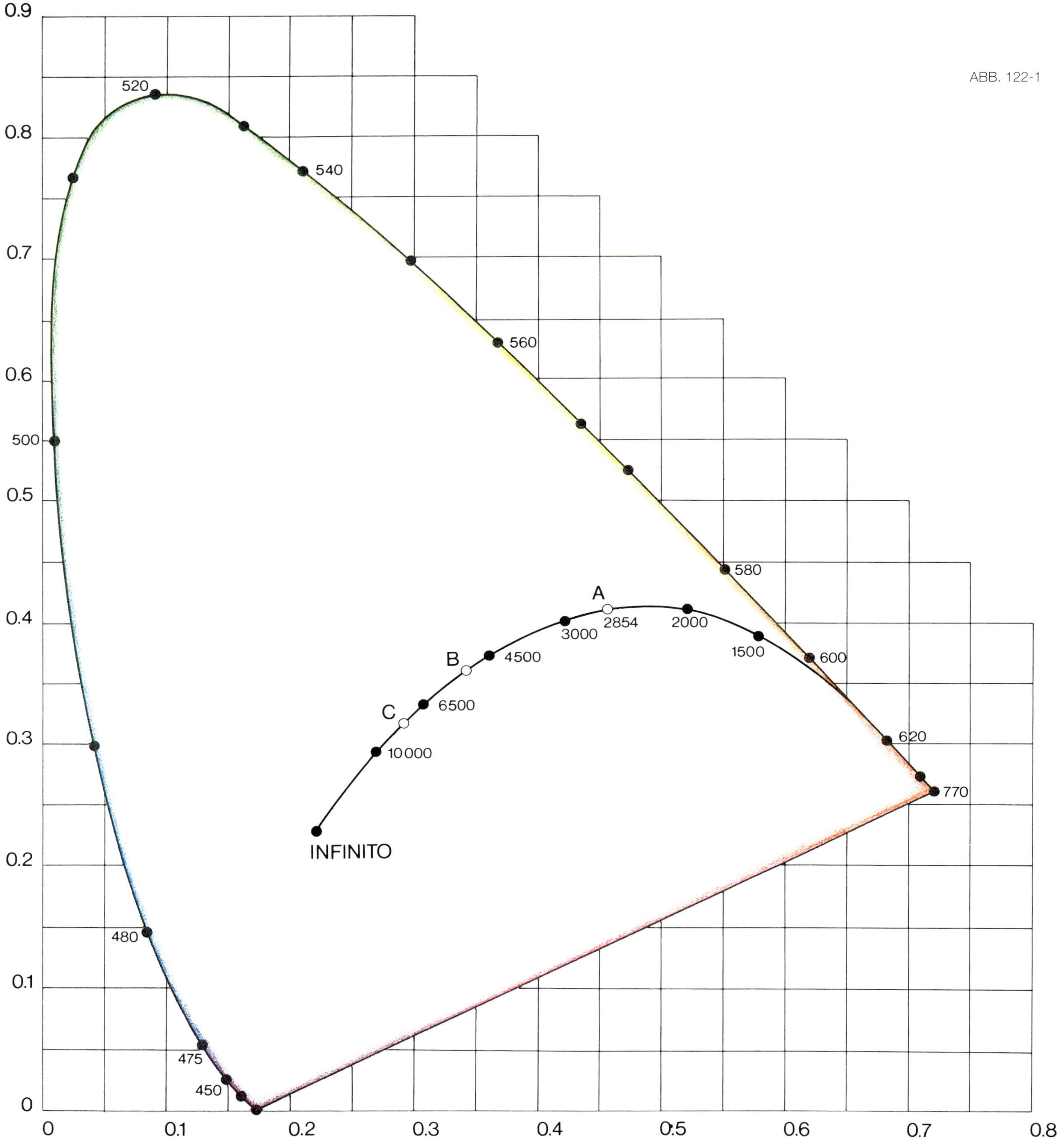

0.9
0.8
0.7
0.6
0.5
0.4
0.3
0.2
0.1
0
0.1
0.2
0.3
0.4
0.5
0.6
0.7
0.8
520
540
560
580
600
620
770
500
480
475
450
A
B
C
2854
3000
2000
1500
4500
6500
10000
INFINITO

ABB. 122-1

In den ersten Jahrzehnten des 20. Jahrhunderts wurde der Wunsch nach einem objektiven Weg der Farbbestimmung, der diese Schwächen überwindet, immer lauter. Man wollte ein Farbsystem, das ohne Muster auskommt. Die CIE (»Commission Internationale d'Eclairage«) wurde damals damit beauftragt, eine entsprechende »Normfarbtafel« anzufertigen. Ihre Ergebnisse liegen seit 1931 vor, und sie haben sich bis heute bewährt. Das chromatische Diagramm der CIE, das mit einem kippenden Zuckerhut, einem Hufeisen oder der Form einer Zunge zu vergleichen ist, soll im folgenden vorgestellt werden. In ihm steckt eine lange Geschichte, die mit Maxwells Farbmessungen und der Konstruktion seines Dreiecks begonnen hat (Kapitel 19).

Der Ausgangspunkt war die beschriebene indirekte Methode der Farbmessung durch Vergleich (»colour match«). Eine Farbe wird dabei gemessen, indem man einen Beobachter vermittelst eines geeigneten Apparats in die Lage versetzt, sie mit einer (additiven) Mischung der drei Elementarfarben zu vergleichen. Man spricht dabei vom »Dreifarbenwert« (»tristimulus value«). »Farbe« heißt in diesem Fall »Wellenlänge«, und auf die erwähnte Weise wird ermittelt, welche Anteile von Rot, Grün oder Blau in Licht zum Beispiel der Wellenlänge 520 nm gesehen werden. Der jeweilige Beobachter wird den Apparat entsprechend einstellen; das ermittelte Ergebnis wird notiert und in Form von drei Zahlen festgehalten, die wir mit den Buchstaben R, G und B bezeichnen wollen. (Daß es sich hierbei um die Energie der jeweiligen Strahlung handelt, die gemessen wird, spielt für das CIE-Diagramm keine Rolle.)

Diese Versuche liefern die Grundlage für eine objektive Farbmessung, seit in den 20er Jahren sogenannte Spektralwertkurven (»Color matching functions«) ermittelt worden sind, vor allem durch W. D. Wright und J. Gould in England. Dazu baten sie eine große Zahl von normalsichtigen Personen, monochromatisches Licht (Licht nur einer Wellenlänge) von immer gleicher Energie mit den Primärfarben in Einklang zu bringen. Von den sich dabei ergebenden Dreifarbenwerten können die Mittelwerte gebildet werden, die dann die Spektralwertkurven liefern, wenn man sie in Abhängigkeit von der Wellenlänge aufträgt. Diese Zahlen wurden 1931 von der CIE akzeptiert und einem hypothetischen »Standardbeobachter« zugeordnet. Zugleich legte die CIE damals fest, daß die zu vermessende Farbprobe unter der durchschnittlichen Tagesbeleuchtung zu betrachten ist, die damals noch unter der Bezeichnung C mit einer definierten künstlichen Lichtquelle (A) und dem Sonnenlicht des Mittags (B) um die Ehre des Standards kämpfen mußte. (Diese Buchstaben finden sich in dem gezeigten Diagramm 122-1.)

Die CIE hat sich zwar die gemessenen »colour matching functions« zu eigen gemacht, aber sie hat sie zuvor mit einem mathematischen Kniff so verändert, daß nur positive Werte der neuen Spektralwerte auftraten. Dies erweist sich zwar für die Berechnungen als angenehm, sorgt aber dafür, daß die verwendeten Größen unanschaulich werden. Während die alten Maxwellschen Dreifarbenwerte R, G und B noch auf Primärfarben zu beziehen waren, besteht diese Möglichkeit für die neuen »tristimulus values« X, Y und Z der CIE nicht mehr (obwohl die Auswahl so getroffen wurde, daß Weiß durch gleiche Werte für X, Y und Z repräsentiert wird). Sie können aber immer noch so umgerechnet werden, wie Maxwell dies getan hat, und dies führt dann zu der gezeigten Farbtafel.

So wie das Studium der Geographie durch zweidimensionale Landkarten vereinfacht wird, wollte die CIE auch das Studium der Farben durch eine Farbkarte fördern, und um eine Dimension herabsteigen zu können, führte man aus den drei gemessenen Werten X, Y und Z drei neue Variable (»Farbgewichte«), x, y und z, dadurch ein, daß man jede Zahl durch die Summe aus allen teilte. Also $x = X/(X+Y+Z)$ und so weiter. Wichtig an dieser Umformung ist die Tatsache, daß die Summen der Farbgewichte eins ergibt ($x + y + z = 1$). Damit sind nur noch zwei der neuen Größen unabhängig, und sie kann man in einem zweidimensionalen Schaubild (einer Landkarte eben) zeigen. Genau dies tut das Diagramm der CIE (Abb. 122-1). Die waagerechte Achse nimmt die Werte für x und die senkrechte Achse nimmt die Werte für y auf.

Das gezeigte Standarddiagramm ergibt sich, indem man eine Linie durch die Punkte zieht, die die umgerechneten Dreifarbenwerte (die »tristimulus values«) für die verschiedenen angegebenen Wellenlängen einnehmen. Da es sich von 770 nm bis unter 450 nm um die Wellenlängen der Spektralfarben handelt, spricht man auch vom Spektrallinienzug. Wird spektrales Licht der Wellenlänge 400 nm (linker Randpunkt) mit entsprechendem Licht der Wellenlänge 770 nm (rechter Endpunkt) gemischt, stellt man fest, daß alle sich dabei ergebenden Farben auf der Linie liegen, die beide Punkte miteinander verbindet. Zeichnet man diese Gerade ein, ergibt sich die sogenannte Purpur-Linie, die das Diagramm abschließt.

Das CIE-Diagramm basiert zwar auf den Fähigkeiten des menschlichen Auges, die Übereinstimmung von Farben festzustellen, bleibt aber ein rechnerisches Konstrukt, dessen Vorteil darin liegt, daß die Position jeder Farbe in Relation zu jeder Primärfarbe berechnet werden kann, und zwar unabhängig von der speziellen Beleuchtung. Das chromatische Diagramm gewinnt seine Bedeutung auch dadurch, daß alle tatsächlich vorhandenen Farben innerhalb des zungenförmigen Zuckerhuts liegen müssen, der von den beiden erwähnten Linien umgrenzt wird. Angeführt sind dabei zunächst die oben erläuterten Lichtquellen A, B und C. Sie liegen auf einer Kurve, die mit Zahlen versehen ist. Diese geben Temperaturen an und basieren auf einem physikalischen Gesetz, mit dem das Licht, das ein schwarzer Körper aussendet – also seine Farbe – und seine Temperatur verknüpft sind. Wenn beispielsweise glühende Kohle oder kochender Stahl heißer werden, ändern sie auch ihre Farbe. Farben und Temperaturen hängen zusammen, und so kann die Physik dem Mittagslicht der Sonne den Wert 4870 Kelvin und der erwähnten Lampe den Betrag 2854 Kelvin zuordnen. Das Licht der aufgehenden Sonne ist etwa 1800 Kelvin »warm« (Kelvin ist die geltende Maßeinheit der absoluten Temperaturskala; 0 K = -273.15 °C).

Das CIE-Diagramm ist nur eine Ebene im Farbenraum, der die Lichtempfindungen aufnimmt. Andere Ebenen repräsentieren

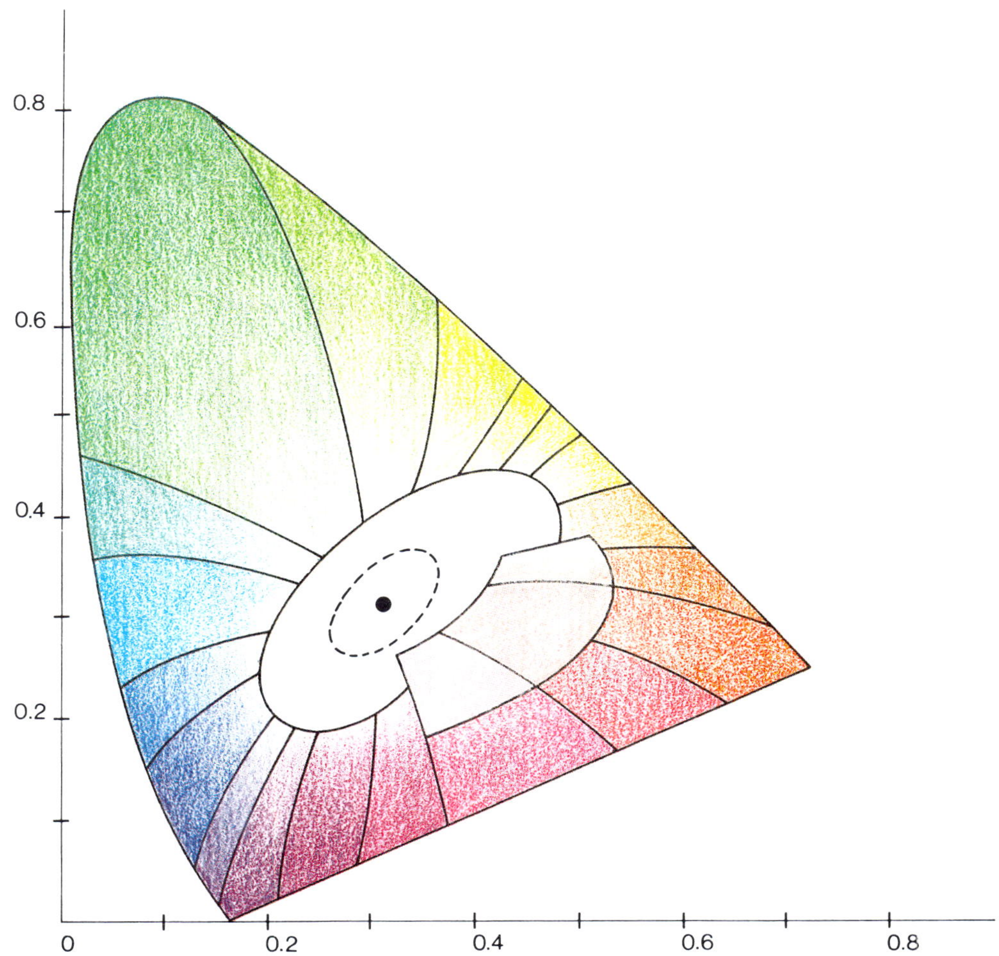

ABB. 125-1

Farben von abnehmender Helligkeit (Abb. 121-1), das heißt, die entsprechenden Diagramme zeigen, wie die Farben aussehen, wenn weniger Licht vorhanden ist. Die Projektion der Spektral- und der Purpurlinie auf den Nullpunkt ergibt die hübsche Konstruktion, die auch die sonst eher nüchternen Farbmetriker als »Farbtüte« bezeichnen.

Neben den erwähnten Aufgaben für die Farbmessung kann das CIE-Diagramm auch zur Namensgebung der Farben dienen. Die oben vorgestellte Einteilung geht auf Kenneth L. Kelly zurück, der für jede Zone eine Bezeichnung vorgeschlagen hat. Die größte Region (links oben) nimmt dabei Grün ein, dem nur eine kleine Fläche für Rot (rechts unten) gegenübersteht. Diese uneinheitliche Raumaufteilung wird übrigens oftmals als Nachteil des CIE-Diagramms angesehen. Die ovale Fläche um das Zentrum bleibt ohne besondere Zuordnung von Namen, und innerhalb der gestrichelt gezeichneten Kurve liegen Standardlichtquellen wie zum Beispiel C (siehe oben). Das CIE-Diagramm kann noch andere Funktionen übernehmen. Es erlaubt als eine Art Farbenkreis die Bestimmung von Komplementärfarben, die bei additiver Mischung Weiß oder Grau produzieren, und es erlaubt, die Farben vorherzusagen, die man erhält, wenn Licht gemischt wird, und vieles mehr. Man kann sich also gut daran gewöhnen, wie es die Farbmetriker seit über einem halben Jahrhundert getan haben.

38 LUTHER NYBERG

In den Jahren 1927 und 1928 publizierten die beiden Physiker Luther und Nyberg zwei technisch-wissenschaftliche Arbeiten, in denen sie Neuigkeiten *Aus dem Gebiet der Farbreizmetrik* mitteilten beziehungsweise Anmerkungen *Zum Aufbau des Farbenkörpers im Raume aller Lichtempfindungen* machten. Ihr Interesse richtete sich auf die Frage, welche Figur beziehungsweise welcher »Körper« sich zeigt, wenn man die tatsächlich existierenden materiellen Pigmentfarben in einem theoretischen Konstrukt namens Farbenraum unterbringt. Die beiden Physiker lieferten bei ihrer Suche nach einer Antwort schließlich eine neue räumliche Ordnung der Mannigfaltigkeit, die die Farben zeigen.

So schön sich diese Ordnung und die sie tragenden Gebilde erweisen, so vertrackt und verworren für den Außenstehenden ist die Methode, die zu ihrer Aufstellung führt. Wir betreten hier nämlich zum ersten Mal das mathematisch durchsetzte Gebiet der Farbmetrik, in dem es darum geht, Farben durch Zahlen zu kennzeichnen und auf diese Weise Beziehungen zwischen ihnen meßbar zu machen. Genauer geht es um eine Farbreizmetrik, wobei unter einem Farbreiz die Strahlung zu verstehen ist, die ins Auge gelangt und dort absorbiert wird. Experten der Farbmetrik haben viele Möglichkeiten, mit drei Parametern die drei Dimensionen anzugeben, die einen sogenannten Farbenraum so aufspannen, wie es die drei geometrischen Größen der Höhe, Länge und Breite im Fall des anschaulichen Raumes tun, in dem wir uns bewegen. Bei den drei von Luther und Nyberg eingesetzten Dimensionen handelt es sich um zwei sogenannte Farbmomente – sie spannen die Ebene auf, über der sich der in Abbildung 127-1 dargestellte Körper erhebt – und den sogenannten Hellbezugswert L, der senkrecht dazu aufgetragen wird. Der Hellbezugswert kennzeichnet die Helligkeit einer Körperfarbe so, wie ein Auge sie bewertet, nämlich im Vergleich zu den Helligkeiten anderer Körper, die zugleich gesehen werden. Und die Farbmomente kennzeichnen auf technisch nachprüfbare Weise die unterschiedlichen Farbarten.

Luther und Nyberg greifen auf den Farbenkreis von Ostwald zurück, der mit acht Vollfarben konstruiert ist (in der Ostwaldschen Ausdrucksweise: Gelb, Kreß, Rot, Veil, Ultramarinblau, Eisblau, Seegrün und Laubgrün), aus denen später 24 Farbtöne werden. Die Vollfarben nehmen im Körper von Luther und Nyberg die durch die Linie Y–G–B–P angedeutete Stellung ein: Yellow (Gelb) – Green (Grün) – Blue (Blau) – Purple (Purpur). Zusätzlich wird das Konzept der Optimalfarbe ausgenutzt, das so definiert ist, daß die Optimalfarbe zur hellstmöglichen Körperfarbe einer gegebenen Farbart wird. Man kann sich das Gebilde als Umbau des Ostwaldschen Doppelkegels vorstellen, von dessen ursprünglichem Aussehen nur noch die Verbindungsgerade zwischen dem Weiß- und dem Schwarzpunkt (W, BK) geblieben ist, auf der die Gesamtheit der Grautöne liegt.

Die Gesamtheit der Optimalfarben bildet die Oberfläche des gezeigten Farbkörpers der Pigmente. Denn bei gegebenem Farbton und gegebener Helligkeit hat die Optimalfarbe die größte Sättigung. Und bei gegebenem Farbton und gegebener Sättigung hat die Optimalfarbe die größte Helligkeit. Da Farbton und Sättigung zusammen die Reizart bestimmen, die Vektoren zur gleichen Reizart im Farbenraum aber gleichgerichtet sind, zeichnet sich der Vektor der Optimalfarbe unter den Vektoren gleicher Reizart durch die maximale Länge aus. Somit erreicht er also immer die Oberfläche des Farbkörpers.

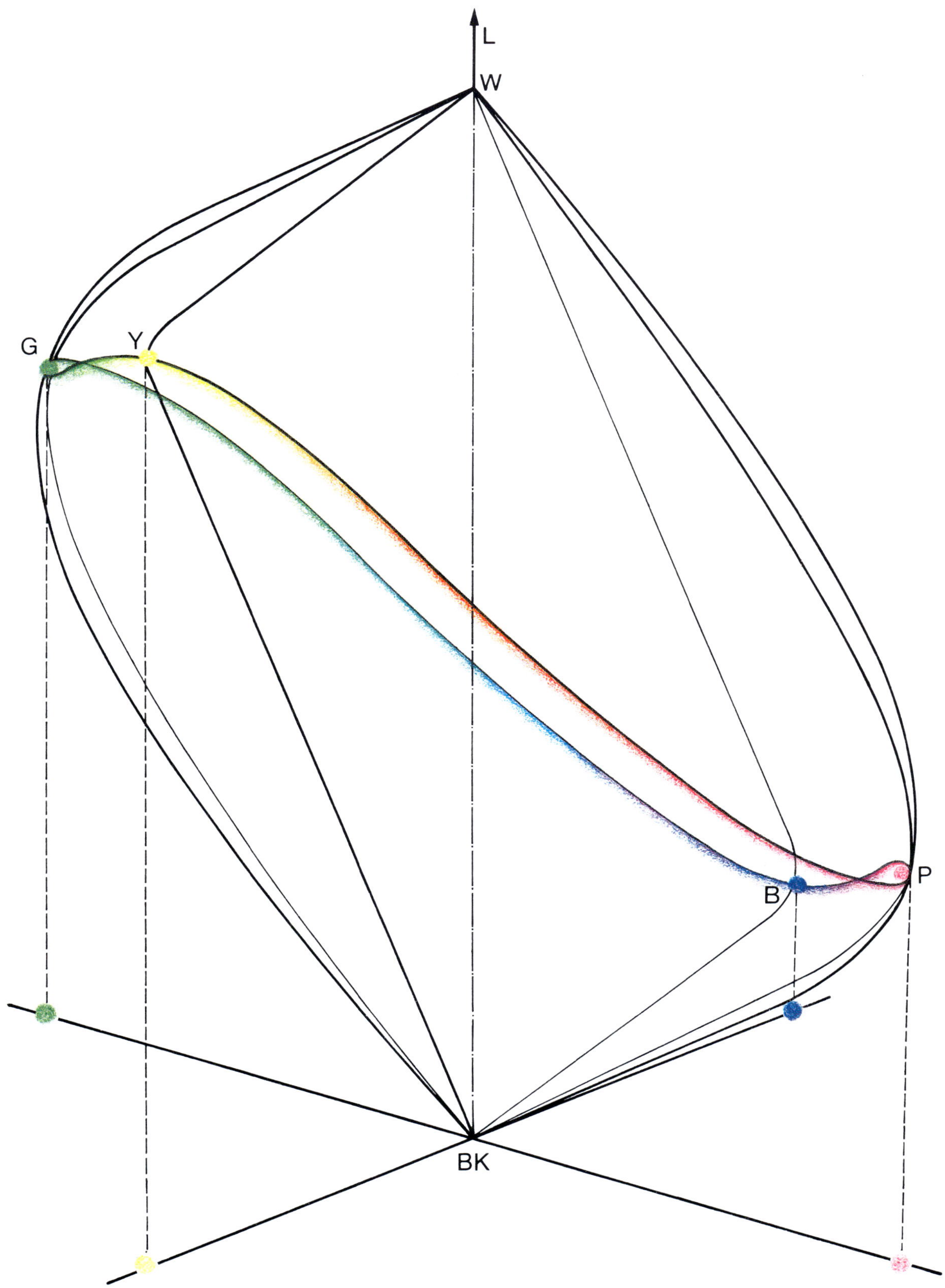

ABB. 127-1

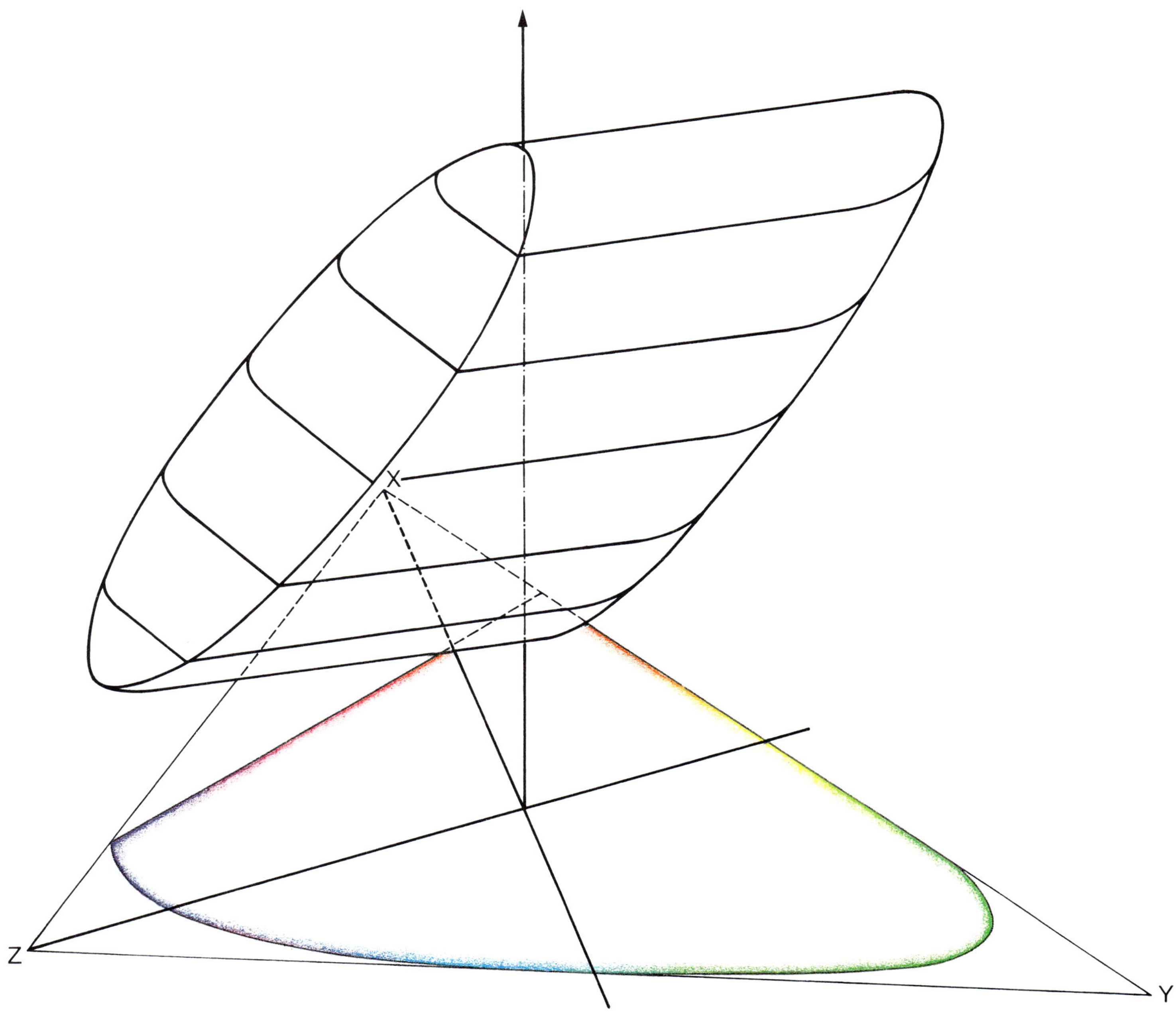

ABB. 128-1

Die genaue (und ziemlich unsymmetrische) Gestalt des Farbkörpers von Luther und Nyberg ist nach einem relativ anspruchsvollen Formelschema reizmetrisch konstruiert worden. Die Auftragung kann dabei entweder in Helligkeits- oder in Reizeinheiten geschehen. Die Figur in Abbildung 127-1 nutzt die Reizeinheiten aus, während oben die Helligkeit den Vorzug erhält. In der ersten Figur ist auch eine etwas abstraktere Form der Darstellung gewählt. Der Luther-Nyberg-Körper schwebt über einem Dreieck mit den mit X, Y und Z bezeichneten Grenzlinien, in dem die CIE-Farbkurve eingetragen ist (vergleiche Kapitel 37). Die entscheidenden Koordinaten sind die senkrecht aufeinander stehenden Geraden – die erwähnten Farbmomente –, die zwei Eckpunkte des Dreiecks schneiden (bei X und Y). Die den Körper durchziehenden Linien – die sogenannten Höhenschichten – zeigen die Stellen, an denen die Optimalfarben den gleichen Hellbezugswert haben.

Es ist nicht nötig, all die technischen Details zu beherrschen, um die Form der Farbkörper zu genießen. Für den Fachmann bieten sie den zusätzlichen Vorteil, daß die in ihnen betonten und zum Tragen kommenden Optimalfarben es erlauben, theoretisch bequem an die Probleme der Buntfotografie oder des Vierfarbendrucks heranzugehen. Genauigkeit hat ihren Preis, der mit mathematisch-geometrischer Münze bezahlt werden muß. Die Mühe lohnt sich aber, denn der Farbkörper von Luther und Nyberg ist die farbmetrisch exakte Form vieler anderer Körper, die empirisch und nach Augenmaß entworfen worden sind.

Es ist amüsant, sich vorzustellen, daß gerade in den Jahren, in denen zwei Physiker versuchen, das subjektive Element bei der Konstruktion von Farbkörpern abzuschaffen und durch objektive Kriterien zu ersetzen, ihre Kollegen gezwungen werden, im Bereich der Atome den umgekehrten Weg einzuschlagen. In der Mitte der 20er Jahre wird immer deutlicher, daß selbst in der exakten Physik der Einfluß des Beobachters nicht zu vernachlässigen und eine subjektive Komponente unumgänglich ist. Der Dualismus, den Einstein für das Licht entdeckt hatte (siehe Kapitel 29) und demzufolge sich das Licht einmal als Welle und ein andermal als Teilchen zeigt, muß so verstanden werden, daß der Beobachter – das Subjekt – zwischen den beiden Aspekten wählen kann. Er legt fest, wie er seinen Gegenstand sieht. Objektivität bleibt dabei auf höherer Ebene möglich, wie die philosophischen Physiker bald verstanden haben, und seit diesen Tagen verliert das Gespenst der Subjektivität seinen Schrecken. Wissenschaft ist nie ausschließlich objektiv im traditionellen Sinne – schließlich wird sie von Menschen gemacht –, Wissenschaft hat stets subjektive Aspekte. Wenn sie überwiegen – wie bei den Farben –, können wir dies einfach schön finden.

39 CIE – SIEGFRIED RÖSCH

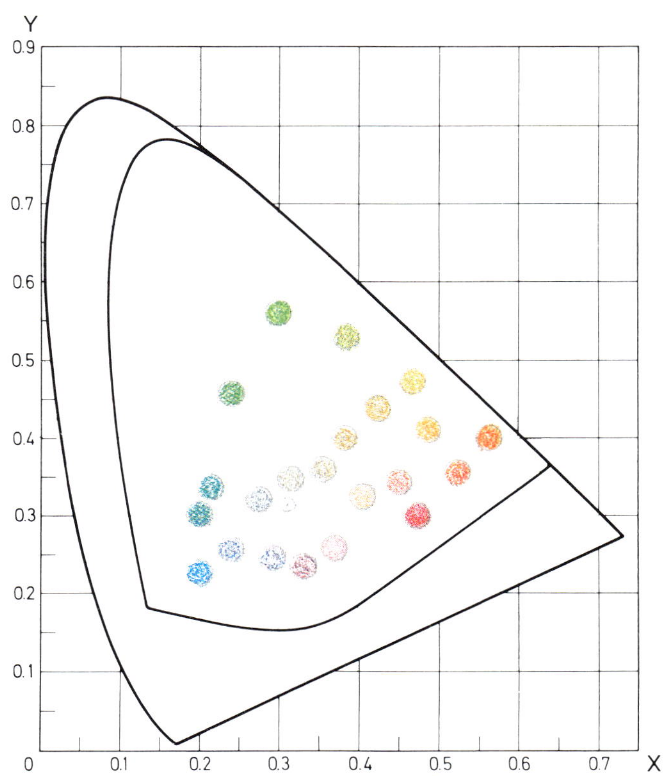

ABB. 130-1

Optimalfarben sind theoretische Konstrukte, die mit physikalischen Konzepten definiert werden. Ein durchsichtiger Körper besitzt eine Optimalfarbe, wenn er bei vorgegebenen Wellenlängen entweder alles Licht durchläßt oder alles festhält (Transmission). Ein undurchsichtiger Körper mit Optimalfarbe wirft entweder alles Licht einer bestimmbaren Wellenlänge zurück (Remission), oder er schluckt es vollständig. Natürlich gibt es weder Pigmente noch Farbstoffe, die diese Eigenschaften perfekt nachbilden, aber die Optimalfarben gehören trotzdem zu der Gesamtheit aller denkbaren Körperfarben, und um die geht es in diesem Kapitel (und nicht um selbstleuchtende Objekte). Wie sich nämlich herausstellt, liegen alle realisierbaren Körperfarben im Inneren des zum ersten Mal 1928 von dem deutschen Mineralogen Siegfried Rösch beschriebenen Körpers, dessen Oberfläche von den Optimalfarben gebildet wird (Abb. 131-1). Rösch wollte »Die Kennzeichnung der Farben« erleichtern, wie es im Titel seiner Arbeit heißt.

In der Nomenklatur der Experten wird – wenn es um additive Farbmischung und ihre Messung geht – statt von Farbe oft lieber

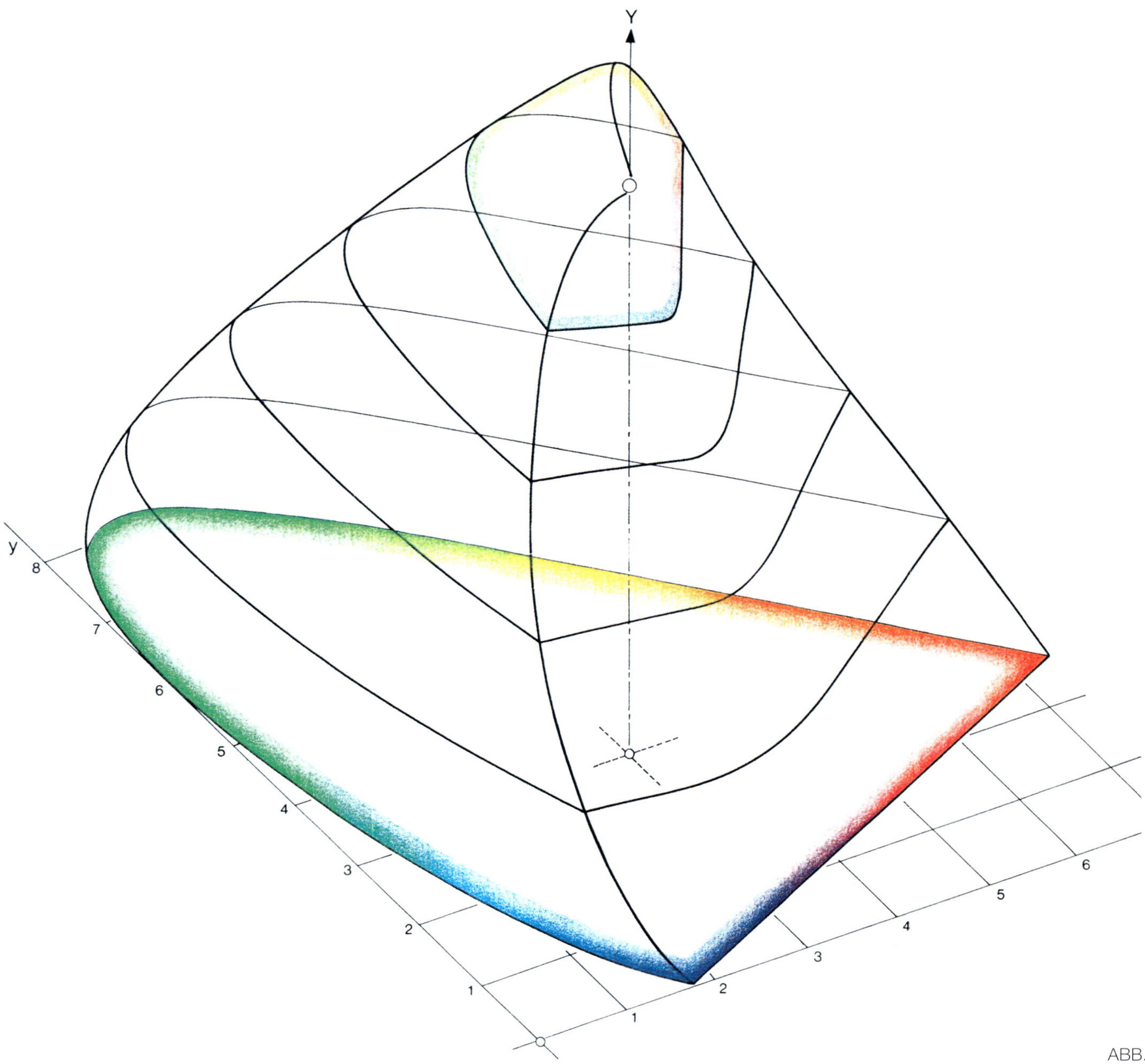

ABB. 131-1

von Farbvalenz geredet. Eine Farbvalenz wird durch die drei Zahlen (siehe Kapitel 37), die zum CIE-System führen, gegeben. Sie bestimmen den Wert, den ein Farbreiz für eine additive Farbmischung hat.

Damit kann korrekt und trocken festgestellt werden: Optimalfarben sind unter den Farbvalenzen von jeweils gleicher Farbart die hellsten und unter den Farbvalenzen von jeweils gleicher Helligkeit die gesättigtsten. Der Helligkeitsgrad einer Farbe wird dabei, bezogen auf reines Weiß, als sogenannter Helligkeitsbezugswert angegeben.

Spezielle Diagramme gestatten es nun, die Helligkeit der Optimalfarbe für eine gegebene Farbart zu ermitteln. Führt man diesen Parameter als dritte Dimension mit dem CIE-Diagramm zusammen (Abb. 122-1), entsteht der dargestellte Farbenberg von Rösch (Abb. 131-1). Sein Farbkörper erhebt sich über dem Punkt, den die als C bezeichnete Normlichtart einnimmt. Die zur Spitze des Berges hin enger und heller werdenden Ebenen enthalten jeweils die Farben mit gleicher Helligkeit. Ausgeführt sind die Ebenen zu den Werten 0, 20, 40, 60 und 80. Mit 100 erreicht der Berg das ideale Weiß und damit die Spitze.

Wenn man das CIE-Diagramm bei Farben anwendet, die durch Licht zustande kommen, das gestreut, gebrochen oder reflektiert worden ist, dann können nicht alle Regionen innerhalb der zungenartigen Fläche besetzt werden, die der Spektrallinienzug und die Purpurlinie vorgeben. Vielmehr gibt es für die Körperfarben einen eingeschränkten Bereich, der von der Leuchtdichte abhängt. Diese Größe erfaßt die selektive Änderung, mit der ein Körper die Lichtstrahlung beeinflußt, und mit ihrer Vorgabe läßt sich auch der verfügbare Platz im CIE-Diagramm berechnen.

Der amerikanische Psychophysiker MacAdam hat – nach ersten Andeutungen von Rösch – diesen Bereich zum ersten Mal exakt bestimmt (Kapitel 40), weshalb man heute von »MacAdam limits« spricht. Das Schaubild 130-1 zeigt diese Schranken, wie sie sich bei einem Faktor 0.3 für die Leuchtdichte ergeben. Eingetragen sind dabei 22 Körperfarben, die man zum Teil aus Standardtafeln nach dem System von Munsell (Kapitel 31) gewinnen kann. Die drei grünen Farbtöne, die sich nach oben abgesetzt haben, hätten zum Beispiel in der Notation von Munsell (Hue, Value, Chroma) die Werte 5G 6/10, 10GY 6/12 und 5GY 6/10 (von links nach rechts). In der Alltagssprache verwendete man vielleicht Brillantgrün, helles Gelbgrün und starkes Gelbgrün. Den sich am gegenüberliegenden Ende nach unten rechts absetzenden drei Farbtönen können in der Munsell-Notation keine ganzzahligen Werte mehr zugeordnet werden. Nennen könnte man sie – von links nach rechts – Dunkelrosa, starkes Rotorange und leuchtendes Orange.

40 CIE – DOUGLAS L. MACADAM

Ausgangspunkt dieses und des folgenden Kapitels ist die CIE-Normfarbtafel (Abb. 122-1), die so verändert, verzerrt oder transformiert wird, daß dabei eine »Uniform Chromaticity Scale« (UCS) entsteht – also etwa eine »Einheitliche Farbskala«. In ihr sollen die Farben so verteilt werden, daß der Abstand zwischen ihnen dem Empfindungsunterschied möglichst proportional ist. UCS-Diagramme sind eigentlich keine Farbsysteme, da sie durch keine Farbstandards repräsentiert werden und nur einen kleinen Teil des Farbenraums erfassen. Bedeutung haben sie indes für die Praxis der Farbmessung.

Wir können hier nicht die vielen mathematischen Details ins Auge fassen, die der ehemalige Vorsitzende der »Optical Society of America«, Douglas L. MacAdam, 1944 »Über die Geometrie des Farbraums« ausarbeiten mußte, um zu der hier gezeigten Darstellung zu gelangen, in der Absicht, kleine Farbunterschiede grafisch sichtbar zu machen. Für unsere Zwecke ist es wichtiger, die Mannigfaltigkeit der geometrischen Formen zu genießen, die die Mannigfaltigkeit der Farben hervorbringen kann.

Der Weg zu den gezeigten Figuren beginnt mit dem zungenartigen CIE-Diagramm, das MacAdam zunächst in Quadrate der Seitenlänge von 0.05 Einheiten zerlegt. Diese Quadrate werden anschließend zu den Streifen transformiert, die rechts so angeordnet sind, daß die ursprüngliche Reihenfolge der Ausgangsquadrate erhalten geblieben ist. Die dreistelligen Zahlen an den Streifen weisen auf die Wellenlängen des Lichtes hin (in Nanometer), und die zweistelligen Zahlen an den die Streifen durchquerenden Linien geben die Werte der x-Koordinate aus dem CIE-Diagramm wieder, wenn man sich einen Punkt davor denkt, der in der Reproduktion verloren gegangen ist (und zwar bei MacAdam selbst). Wenn man nun die Streifen so zusammenfügt, daß sie an den Kanten miteinander verklebt werden können, entsteht die auf der nächsten Seite gezeigte Oberfläche. Die auf ihr sichtbaren Kurven sind die Orte, auf denen die Werte für x und y aus dem CIE-Diagramm konstant sind.

Die Transformation, die von den Quadraten zu den Streifen führt, hat ihren Ursprung in sogenannten MacAdam-Ellipsen, die im CIE-Diagramm um eine gegebene Ausgangsfarbe gezogen werden können und den Toleranzbereich angeben, der nicht anders als die Sollfarbe empfunden wird. Die experimentell ermittelten Ellipsen zeigen also die Farborte an, auf der die eben von der Sollfarbe zu unterscheidenden Farben liegen. Für diese Schwellenellipsen läßt sich zwar kein analytischer Ausdruck angeben, MacAdam hat aber eine graphische Darstellung der sogenannten Ellipsen-Konstanten angegeben, und sie wendet man auf die Quadrate aus dem CIE-Diagramm an, um sie zu den Vierecken gleicher Empfindlichkeit umzuwandeln, die einigermaßen geglättet in der Darstellung auf Seite 135 zu sehen sind.

Das Ziel all dieser Umformungen und Konstruktionen besteht darin, Informationen über die Empfindlichkeiten für Farbunterschiede zu erhalten. Der Pionier der entsprechenden Untersuchungen ist Douglas MacAdam, der in seinem Buch zur »Farbmessung« von 1981 grundsätzlich auf Farbunterschiede eingeht:

»Analog zu den Mercator-Karten oder zu anderen Landkarten der Welt, die Entfernungsverhältnisse nicht richtig darstellen, repräsentiert auch das CIE-Diagramm Farbunterschiede, die von der Wahrnehmung her gleich sind, nicht durch gleiche Entfernungen zwischen Punkten, die Farben gleicher Leuchtkraft darstellen. Die Empfindlichkeit für Farbunterschiede wurde nicht berücksichtigt – da nur wenige Daten verfügbar waren – als das CIE-Diagramm

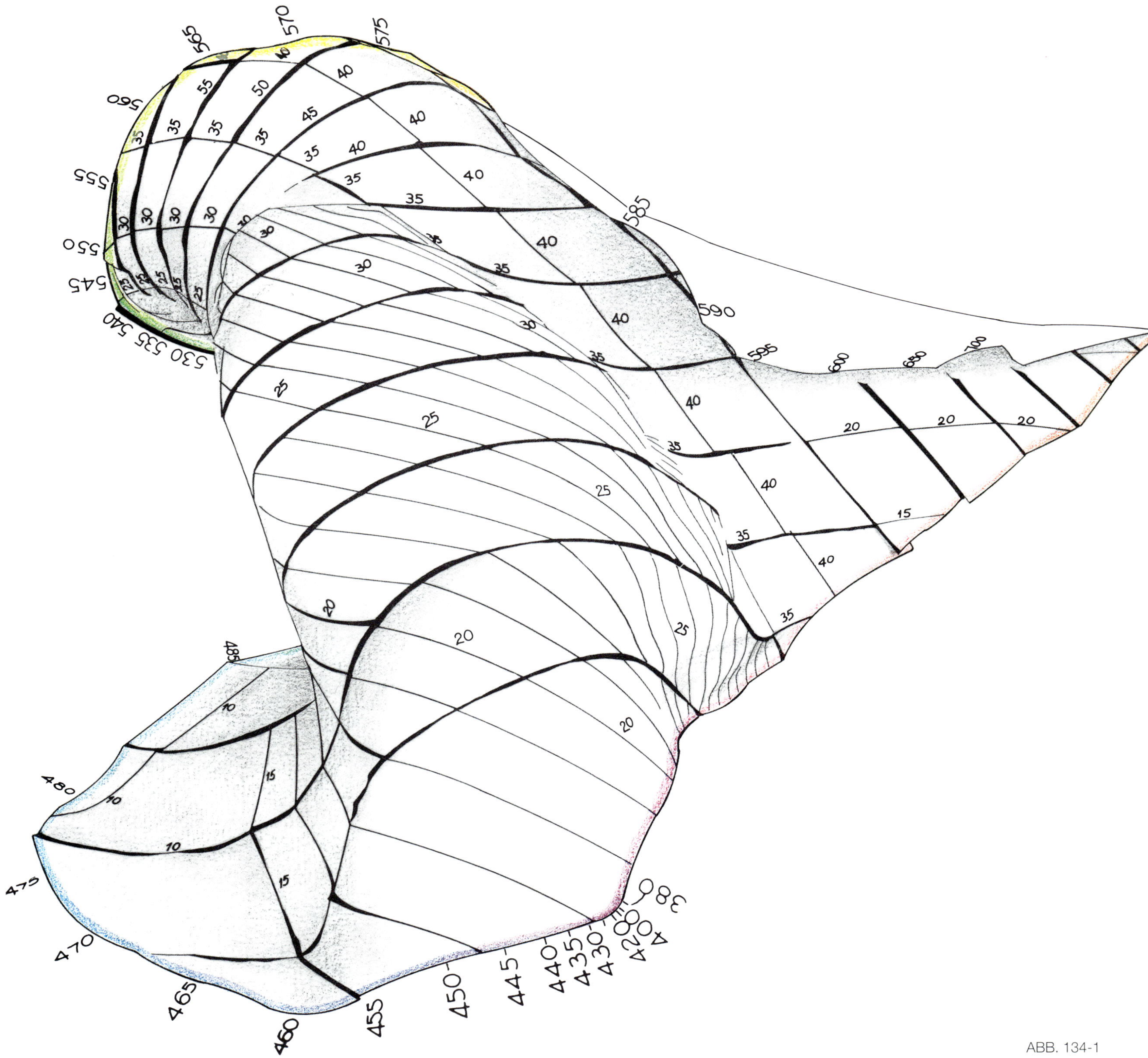

ABB. 134-1

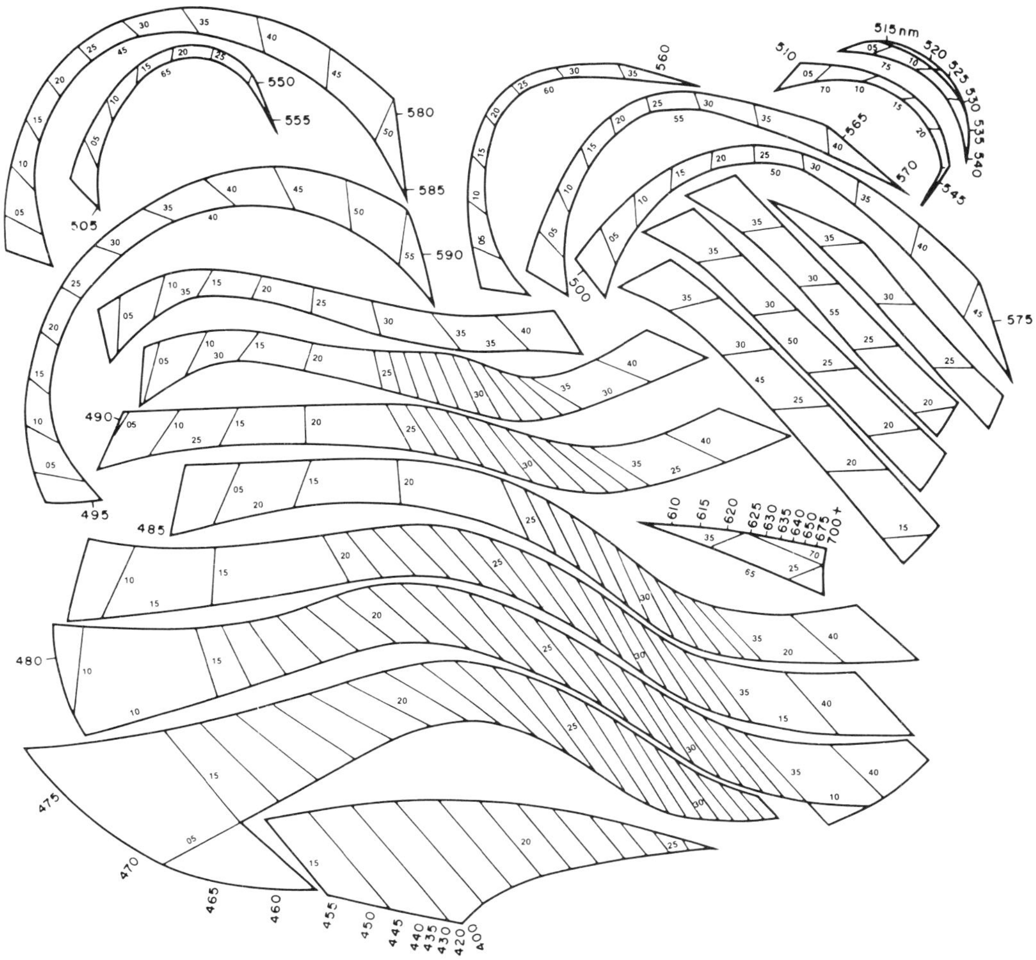

ABB. 135-1

entworfen und akzeptiert wurde. Sobald es jedoch verwendet wurde, traf man auf Anomalien, wenn man die Konfigurationen von Punkten des Diagramms interpretieren sollte. Inkonsistenzen zwischen den Entfernungen und den wahrgenommenen Größen der Farbunterschiede traten deutlich zutage. Rasch fiel die Analogie zu den geographischen Karten auf, und erste Vorschläge wurden unterbreitet, die Darstellung so zu ändern, daß gleiche Abstände gleich empfundene Farbunterschiede ergeben könnten. Die erhoffte Lösung sollte »einheitliches« Diagramm genannt werden. Die Suche nach ihm hat über 50 Jahre gedauert, und es scheint, man ist dem Ziel heute keinesfalls nähergekommen als ganz zu Anfang. Viele Hinweise sprechen dafür, daß das Ziel unerreichbar ist, das heißt, daß ein ebenes Diagramm nicht in der Lage ist, gleiche Farbunterschiede durch gleiche Abstände zu repräsentieren, ebensowenig wie eine flache Karte der Welt gleiche geographische Entfernungen durch gleiche Abstände auf der Karte wiedergeben kann.«

Ein lateinisches Sprichwort sagt, daß es reicht, in großen Dingen gewollt zu haben. (»In magnis rebus voluisse satis est.«) MacAdam hat etwas Großes gewollt. Er ist dabei zwar gescheitert, aber sein Scheitern war großartig. Er hat dabei etwas Schönes zustande gebracht.

41 CIE–WALTER S. STILES

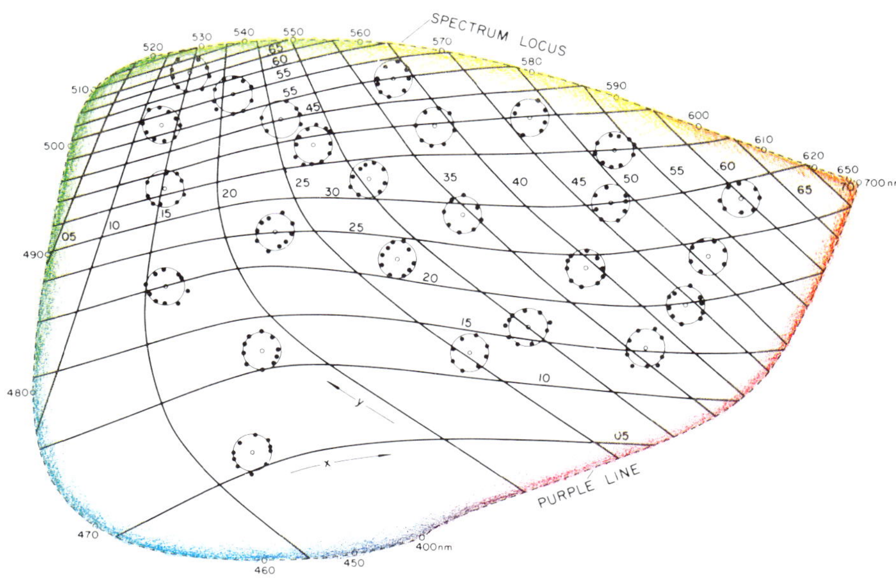

ABB. 136-1

Im Laufe der Geschichte hat es viele Versuche gegeben, mit linearen oder nichtlinearen Transformationen des CIE-Diagramms (Kapitel 37) einen »visuell homogenen Farbenraum« zu konstruieren. Gelungen ist dies aber nicht, wie im Kapitel 40 angemerkt wurde.

Das Problem besteht in dem, was die Experten die Metrik des Farbenraums nennen, von der bislang keine existiert, die Anspruch auf Allgemeingültigkeit erheben könnte. Im Alltag versteht man unter Metrik die Lehre vom Versbau oder vom Takt, was beides mit Maßeinheiten zu tun hat. Metrik in der Geometrie fragt nach der Maßeinheit (dem Meter), mit der ein Raum zu vermessen ist. Das theoretische Konstrukt, mit dem dies geschieht, heißt dann Maßtensor oder Linienelement. Ein Linienelement liefert eine mathematische Formel, mit der Farbunterschiede zu ermitteln sind. (Wie bestimmt man zum Beispiel den Unterschied in der Helligkeit von Farben mit unterschiedlichem Farbton?)

Eine Metrik im Farbenraum soll also den Farbempfindungsunterschied beschreiben, den zwei beliebige Elemente aus der dreidimensionalen Farbmannigfaltigkeit im Auge des Betrachters (unter gegebenen Beobachtungsbedingungen) hervorrufen. So übersichtlich diese Aufgabe noch klingt, so unübersichtlich werden ihre Ausführungen. Die Kurvenverläufe der Linienelemente hängen von vielen Messungen, komplizierten Annahmen und physikalischen Gesetzen ab. Es ist ausgeschlossen, hier auch nur im Ansatz

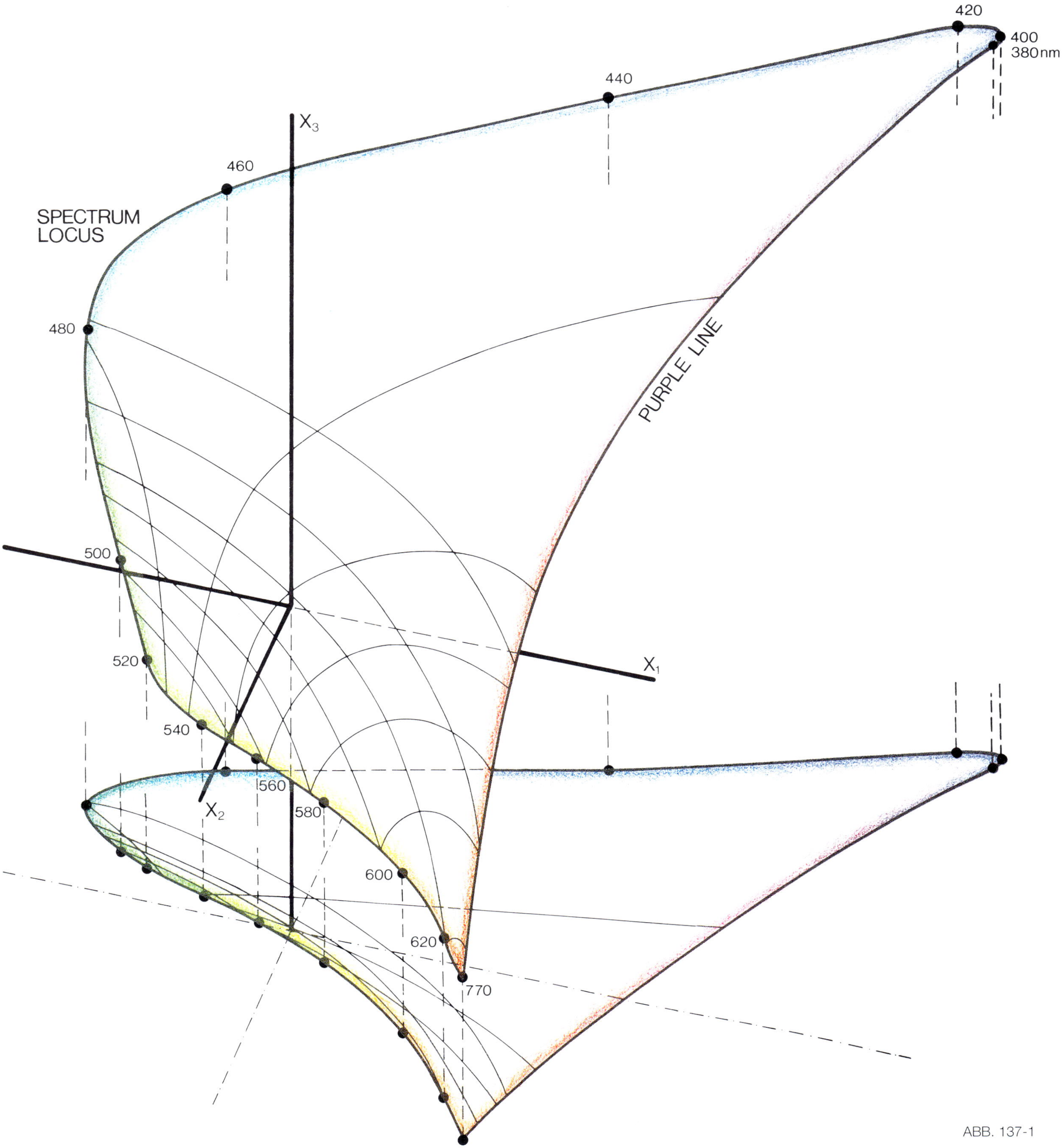
420
400
380 nm
440
X3
460
SPECTRUM
LOCUS
480
PURPLE LINE
500
X1
520
540
560
X2
580
600
620
770

ABB. 137-1

den Versuch zu unternehmen, die damit verbundenen mathematischen und geometrischen Bemühungen nachzuvollziehen. Es reicht, die Farbkörper schön zu finden, die dabei entstehen, wie etwa der auf Seite 137 gezeigte, der auf den Amerikaner Walter S. Stiles zurückgeht und mit einem Linienelement ausgeführt wurde, das er erstmals 1946 vorschlug.

Die Idee von Linienelementen geht bis auf Hermann von Helmholtz (Kapitel 20) zurück, der die wahrnehmbaren Unterschiede zwischen den additiven Farbmischungen rechnerisch zu erfassen versuchte. Von Helmholtz wollte, daß im Farbenraum alle Farben, die zu einer anderen Farbe gleich oder ähnlich erscheinen, auch dieselbe Distanz zu ihr aufweisen. Sein Linienelement hat er in dieser Absicht konstruiert. Walter S. Stiles hat die Vorschläge von Helmholtz' modifiziert, um Beobachtungen über Schwellenwerte besser Rechnung tragen zu können. Beispiele dafür hatten wir im Zusammenhang mit dem System von MacAdam (Kapitel 40) erwähnt, als die mit seinem Namen verbundenen Schwellenellipsen vorgestellt wurden. Durch eine nicht-lineare Transformation, die 1957 von D. Farnsworth vorgeschlagen wurde, können diese Regionen der Farbempfindungstoleranz in Kreise verwandelt werden, wie sie in Abbildung 136-1 mitsamt dem ebenfalls verzerrten Umriß des CIE-Diagramms gezeigt werden. (Man erkennt den veränderten Spektrallinienzug und die verwandelte Purpurlinie.) Insgesamt sind 25 kleine Kreise zu erkennen, die die 25 Sollfarben umrunden, an denen MacAdam seine Schwellenellipsen experimentell bestimmt hatte.

Die Purpurlinie und der Ort der Spektralfarben sind ebenfalls auf der UCS-Oberfläche zu erkennen, die mit dem Linienelement von Stiles errechnet wurde und in Abbildung 137-1 zu sehen ist. Die Koordinaten sind so gewählt, daß die für das CIE-Diagramm eingesetzte Standardlichtquelle C in den Nullpunkt des neuen Koordinatensystems X1, X2, X3 zu liegen kommt. In der Ebene, die durch X1 und X2 aufgespannt wird, ist gleichzeitig die Projektion der UCS-Oberfläche nach Stiles zu sehen.

Mit dieser Tafel und dem vorhergehenden System (Kapitel 40) haben wir das Gebiet verlassen, das der Physiker Erwin Schrödinger einmal das Terrain der niederen Farbmetrik genannt hat, weil es ausschließlich auf dem Gleichheitsurteil über Farben aufbaut. MacAdam und Stiles geht es mehr um die Gleichabständigkeit der Farben, die im Grunde wenig mit ihrer Gleichheit zu tun hat, und dabei spricht man von der höheren Farbmetrik. Sie ist zwar kompliziert und faszinierend zugleich, aber der nicht unmittelbar mit diesen Fragen beschäftigte Farbenliebhaber gewinnt doch nach und nach den Eindruck, daß der Nutzen dieser höheren theoretischen Erwägungen eher gering bleibt. Hier scheinen die Experten unter sich zu bleiben. Immerhin können wir ihnen über die Schulter schauen und staunen.

42 FABER BIRREN

Der Amerikaner Faber Birren (1900–1988) hat wahrscheinlich mehr Bücher als jeder andere zum Thema Farbe geschrieben, nämlich ungefähr 25 Stück. Sein erstes Buch erschien bereits im Jahre 1928 *(Color in Vision),* und sein letztes großes Werk publizierte Birren 1981 *(The History of Color in Painting).* 1934 legte er gleich zwei Darstellungen zum Thema vor – *Color Dimension* und *The Printer's Art of Color.* In diesen Büchern stellt er sein eigenes Farbsystem vor, das er als »Rational Color Circle« einstuft (Abb. 140-1). In ihm gruppiert er 13 Farben um ein Grau, das selbst nicht im Zentrum steht. Die Kreisfarben setzen sich zusammen aus Gelb, Gelb-Laubgrün, Laubgrün (»Leafgreen«), Grün-Laubgrün, Grün, Türkis (»Turquoise«), Blau, Violett, Rot-Violett, Rot, Rot-Orange, Orange und Gelb-Orange. Die dick ausgeführten Linien des Schemas weisen dabei auf die vier psychologischen Primärfarben hin, die auf Ewald Hering (Kapitel 24) zurückgehen. Gestrichelte Linien weisen Mischungen auf, während die verbleibenden dünn durchgezogenen Linien sekundäre Farben erfassen.

Birren erklärt seinen Farbenkreis mit den Praktiken der Künstler. Er unterscheidet zunächst warme und kalte Farben. Die warmen Farben beginnen – Birren zufolge – vom Violetten herkommend kurz vor dem Rot und reichen bis hinter das Gelb. Konstruiert man einen Farbenkreis mit den drei Primärfarben der subtraktiven Mischung – Gelb, Blau und Rot – in gleichem Abstand, nehmen die warmen Farben etwa die Hälfte des Kreises ein. Konstruiert man einen Farbenkreis mit den vier Primärfarben der Psychologie und des Sehens – Gelb, Grün, Blau und Rot – werden die warmen Farben zurückgedrängt. Sie nehmen nun weniger als die Hälfte des Umfangs ein.

Nun geben aber die meisten Künstler den warmen Farben mehr Bedeutung als den kalten, da sie – wie Birren es ausdrückt – dynamischer sind und intensiver wirken. Da zudem das Auge mehr warme als kalte Farben unterscheiden kann, kommt er zu der gezeigten Anordnung mit folgender Begründung: »Wenn man einen Farbenkreis rational machen würde, und wenn die Schritte entlang seines Umfangs gefällig geordnet und von einem zum anderen glatt wahrnehmbar sein sollen, dann würde solch ein Farbenkreis mehr warme als kalte Töne aufnehmen, selbst wenn dadurch der zentrale Punkt der Komplementation aus dem Gleichgewicht geworfen würde.«

Der Ausdruck »Punkt der Komplementation« weist auf die Tatsache hin, daß die gewöhnlichen Farbenkreise dem Auge ein Grau zeigen, wenn man sie um das Zentrum dreht, das damit der erwähnte Punkt der Komplementation wäre. Birrens Farbenkreis wird nicht grau, wenn er sich um die Kreismitte dreht.

Im Jahre 1937 legte Birren noch die auf Seite 141 gezeigten Farbendreiecke vor, die visuelle und psychologische Beziehungen

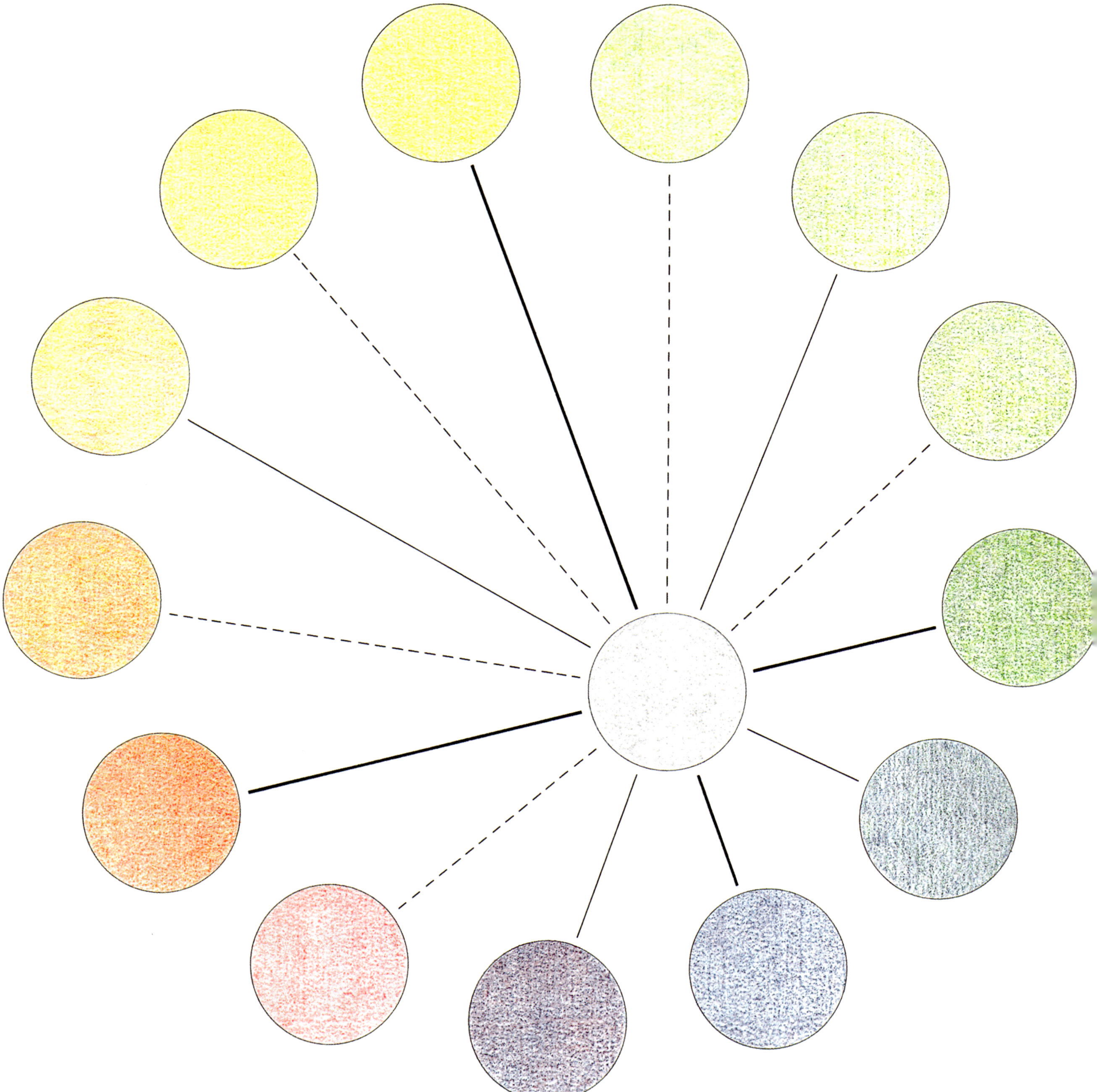

ABB. 140-1

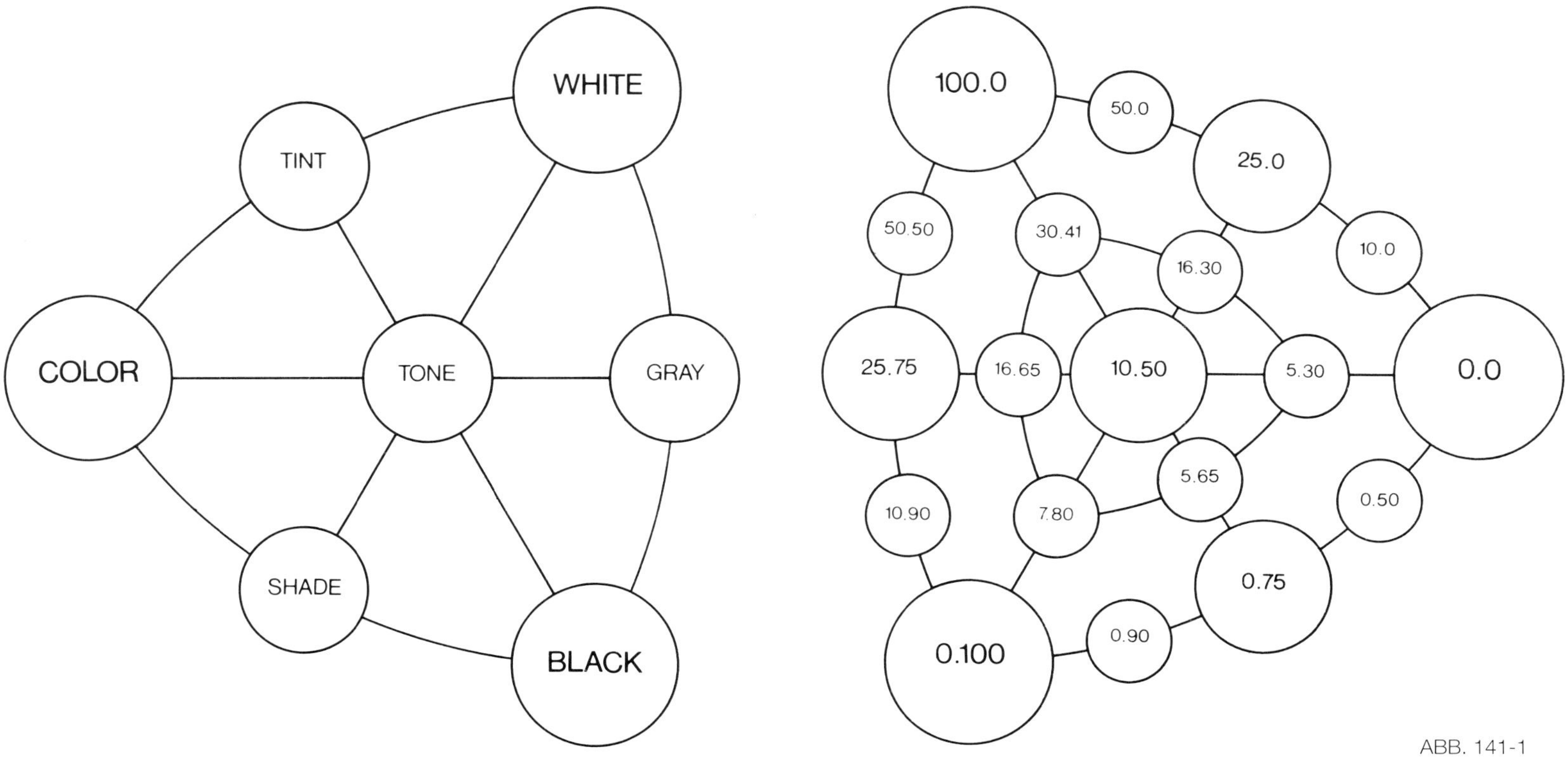

ABB. 141-1

aufnehmen und vorstellen. Die sieben Namen fassen die Möglichkeiten zusammen, unter denen wir Farben erfahren können. Die reine Farbe verbindet sich mit dem Weiß zu einer hellgetönten Farbe, die im Englischen als »tint« bezeichnet wird. Als Übersetzung käme Farbton oder Schattierung in Frage, aber diese Wörter müßten wir auch gebrauchen, um »shade« oder »tone« zu übersetzen. Mit »shade« ist eine dunkelgetönte Farbe gemeint, die sich durch Mischung mit Schwarz ergibt, und mit »tone« wird das Ergebnis einer Kombination von reiner Farbe mit Schwarz und Weiß bezeichnet.

In einem zweiten Dreieck versammelt Birren Zahlenpaare, die durch einen Punkt getrennt sind. Die Ziffern vor dem Punkt entsprechen dem Vorhandensein von Weiß, das von 100 bis 0 reichen kann. Und die Ziffern nach dem Punkt geben auf analoge Weise an, wieviel Schwarz vorhanden ist. Der Farbanteil errechnet sich, wenn man beide Zahlen addiert und das Ergebnis von 100 abzieht. Die Kombination 0.0 ist demnach die reine Farbe, und die Kombination 10.50 kennzeichnet einen Farbton mit 10% Weiß, 50% Schwarz und (demnach) 40% reiner Farbe.

Birren versucht mit seinem Farbendreieck, einer Harmonie der Farben auf die Spur zu kommen. Seiner Vorstellung nach findet man immer dann Harmonie, wenn man geradlinig den eingezeichneten Verbindungen folgt, also etwa der Linie Weiß–Grau–Schwarz oder der Strecke Farbe–Schattierung–Schwarz. Er schließt sich damit einer allgemein geäußerten Ansicht an, derzufolge Schönheit das Ergebnis einer guten Ordnung der Farben ist.

43 TRYGGVE JOHANSSON

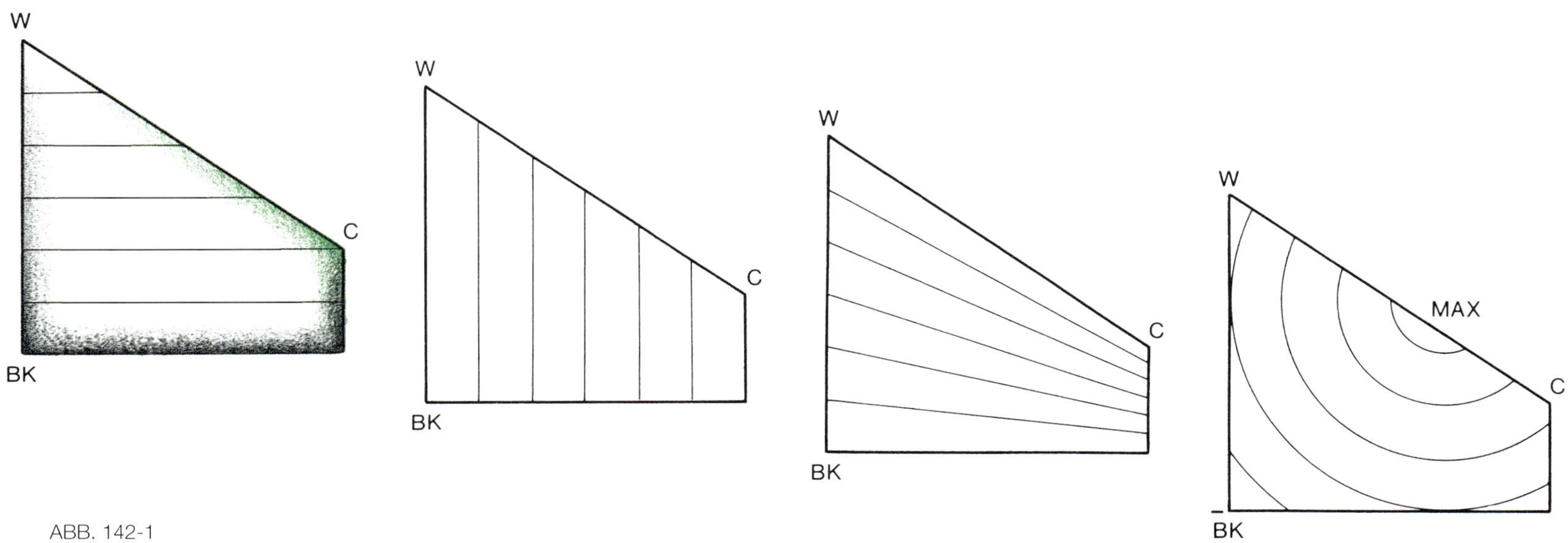

ABB. 142-1

Als sich Ewald Hering (Kapitel 24) im 19. Jahrhundert um die Erforschung der Sinneswahrnehmung kümmerte, forderte er, daß die dabei verwendeten Konzepte – zum Beispiel Farbe selbst – aus der Wahrnehmung allein abgeleitet sein müßten, um jede Konfusion mit ihren physikalischen oder physiologischen Ursachen zu vermeiden. Auch dürfe es keinerlei Klassifikation geben, die auf Daten basiert, die dem Gebiet entnommen worden sind, aus dem die Ursachen der jeweiligen Sinneswahrnehmung stammen. Bei den Farben ist dieses für Hering selbstevidente Prinzip bekanntlich dauernd verletzt worden, da viele Farbsysteme unter den Aspekten von Physik und Chemie zustande gekommen sind.

Der Schwede Tryggve Johansson (1905–1960) versuchte in den 30er Jahren, Herings Vorstellungen zu übernehmen und diese zugleich in seinem Heimatland bekannt zu machen. Er schlug in diesem Zusammenhang den in Abbildung 143-1 dargestellten Farbkörper vor, der sich über einem in vier gleiche Teile – den Quadranten der Farbe – unterteilten Kreis erhebt, in denen die vier fundamentalen Farben Gelb (Y), Grün (G), Blau (B) und Rot ihren Platz behaupten. In seinem System aus dem Jahre 1937 stellt Johansson das Weiß (W) durch einen Punkt an der Spitze seiner Konstruktion dar, während das Schwarz (BK) keinen festen Ort bekommt. Es steht vielmehr am Ende jeder Farbe und nimmt die gesamte Basis des Farbkörpers ein. Oben (Abb. 142-1) zeigen wir senkrechte Schnitte durch den Körper, deren jeweils eingezeichnete Linien – von rechts nach links – zeigen, wie die Farben (C) gleicher Helligkeit, die Farben gleicher Sättigung, die Farben gleicher Brillanz und die Farben gleicher Intensität im System liegen. Johansson plante später zusätzlich, die Ideen von A. H. Munsell (Kapitel 31) zu verwenden. Er ersetzte dazu den Grad der Schwärze von Hering durch eine Helligkeitsvariable, die an den Wert (Value) von Munsell erinnert, und ergänzte sie durch einen Parameter »Klarheit«, der auf die Dunkelstufe hinweist, die später dann das DIN-System verwenden wird (Kapitel 47). Johanssons System fand große Verbreitung unter Lehrern, Architekten und Designern.

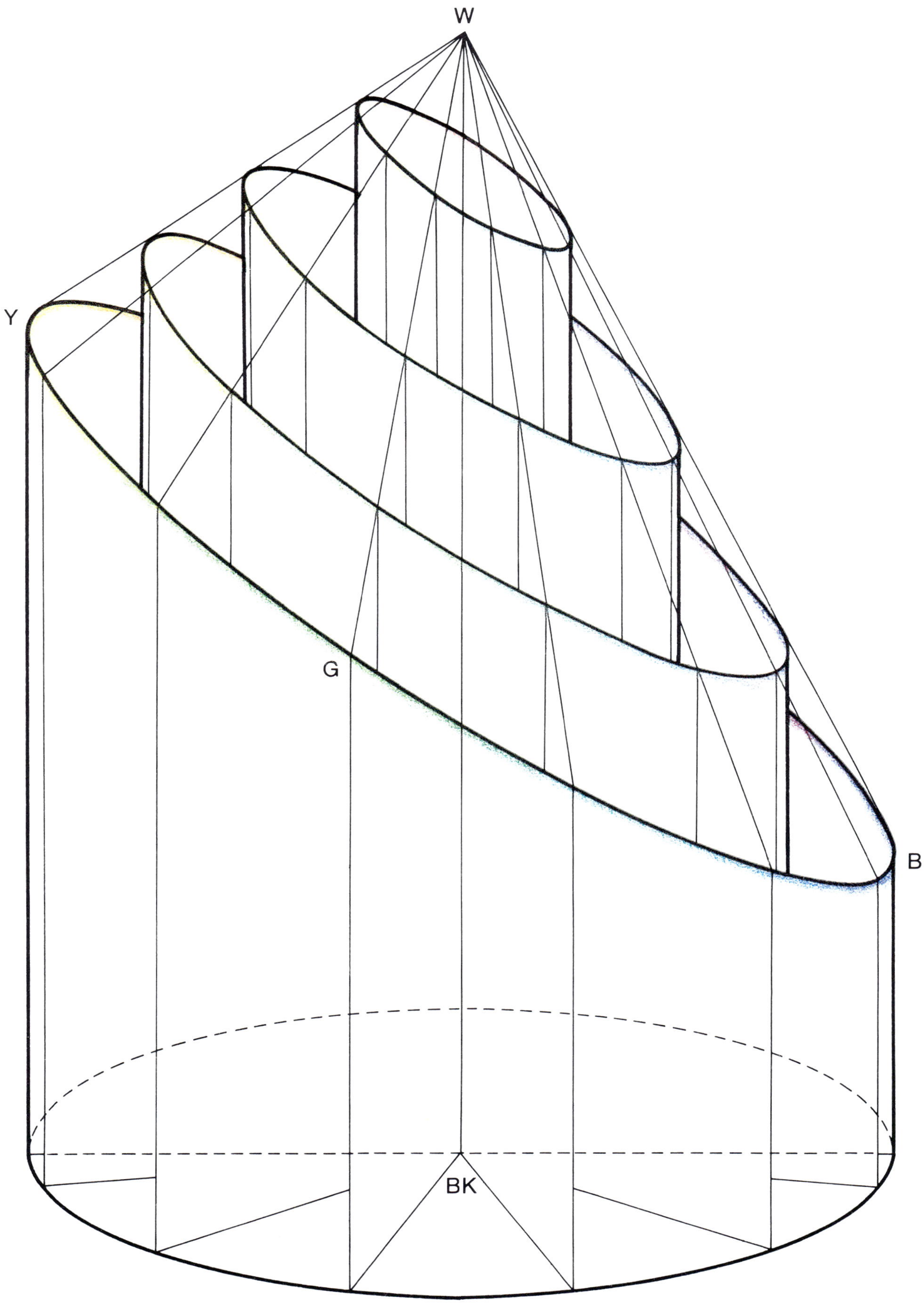

ABB. 143-1

44 AEMILIUS MÜLLER

Wenig weist zunächst im Leben des promovierten Schweizer Ökonomen Aemilius Müller (1901–1989) auf eine umfassende Beschäftigung mit der Farbe hin. Nach einem Studium der Volkswirtschaft wird er Reklameleiter, Grafiker und Journalist. Als Müller 1941 zufällig auf die Restauflage der Farbenlehre von Wilhelm Ostwald (Kapitel 32) trifft, stellt sich ihm eine neue Lebensaufgabe, nämlich ausgehend von Ostwaldschen Ideen die Mittel für den Umgang mit Farben anzufertigen und bereitzustellen.

Bereits 1944 legt er eine *Schweizer Farbmusterkarte* vor, und 1948 erscheint die erste Auflage seiner *Modernen Farbharmonielehre,* mit der er einen Beitrag zur Verwendung der Farbe in der Architektur geben wollte. Müller wies darauf hin, daß Skalen desselben Farbtons oft monoton wirken. Sie können dadurch attraktiver gemacht werden, daß man systematische Abweichungen der Farbtöne zuläßt. Dabei müssen allerdings sogenannte »Farbinversionen« vermieden werden.

Was ist mit diesem neu geprägten Begriff gemeint? Sowohl im Spektrum als auch im Kreis der Farben hat jeder Farbton seine spezifische Helligkeit. Gelb ist am hellsten, und Blau ist am dunkelsten. Müller zufolge können Farbkombinationen nur dann harmonisch erscheinen, wenn das Verhältnis ihrer Helligkeit dem natürlichen Verhältnis der zugehörigen Farben entspricht. Kehrt man diese Situation um (dies ist die Inversion), entsteht Disharmonie. 1951 stellte Müller den *Dreifarbenwürfel 1.000* vor (Abb. 146-1), dessen Originalfassung aus 10 Tafeln mit jeweils 100 Farben bestand, wobei jede Tafel die systematischen Farbmischungen demonstrierte, die für die Druckindustrie von Bedeutung waren.

Der Kubus von Müller basiert auf den Vorschlägen von Max Becke (Kapitel 34) und dient – wie jeder Farbwürfel – zur Veranschaulichung der Mischmöglichkeiten von drei Grundfarben. Für die subtraktive Farbmischung werden die acht Ecken mit drei Primärfarben – Gelb (60), Magenta (20) und Cyanblau (40) –, drei Sekundärfarben – Rot (10), Blauviolett (30) und Grün (50) – sowie mit den Unbuntfarben Weiß und Schwarz besetzt. Die auf Seite 145 gezeigten Darstellungen geben einige stabilisierende Verknüpfungen des Kubus wieder, die dabei auch seine Geometrie verdeutlichen.

Der *Dreifarbenwürfel 1.000* selbst basiert auf den im Dreifarbendruck üblichen Grundfarben Gelb (Yellow), bläuliches Rot (Magenta oder Purpur) und grünliches Blau (Cyanblau). Er stellt eine Farbmischordnung dar, indem er veranschaulicht, welche Farben bei der Überlagerung transparenter Schichten der drei subtraktiven Grundfarben in verschiedenen Sättigungsgraden entstehen.

Aemilius Müller wollte ab 1942 vor allem den Bereich weiterentwickeln, den einer der Pioniere der modernen Farbenlehre, der Chemie-Nobelpreisträger Wilhelm Ostwald (Kapitel 32), zur Zeit des ersten Weltkriegs erschlossen hatte. Ostwald hatte seinem Farbkonzept das Schema des Doppelkegels unterlegt, das Müller dann übernahm und verbesserte. Die Farbtöne in dem von den bekannten und vielfach erwähnten zweimal drei Grundfarben ausgehenden Farbenkreis (Abb. 147-2) werden der Empfindung

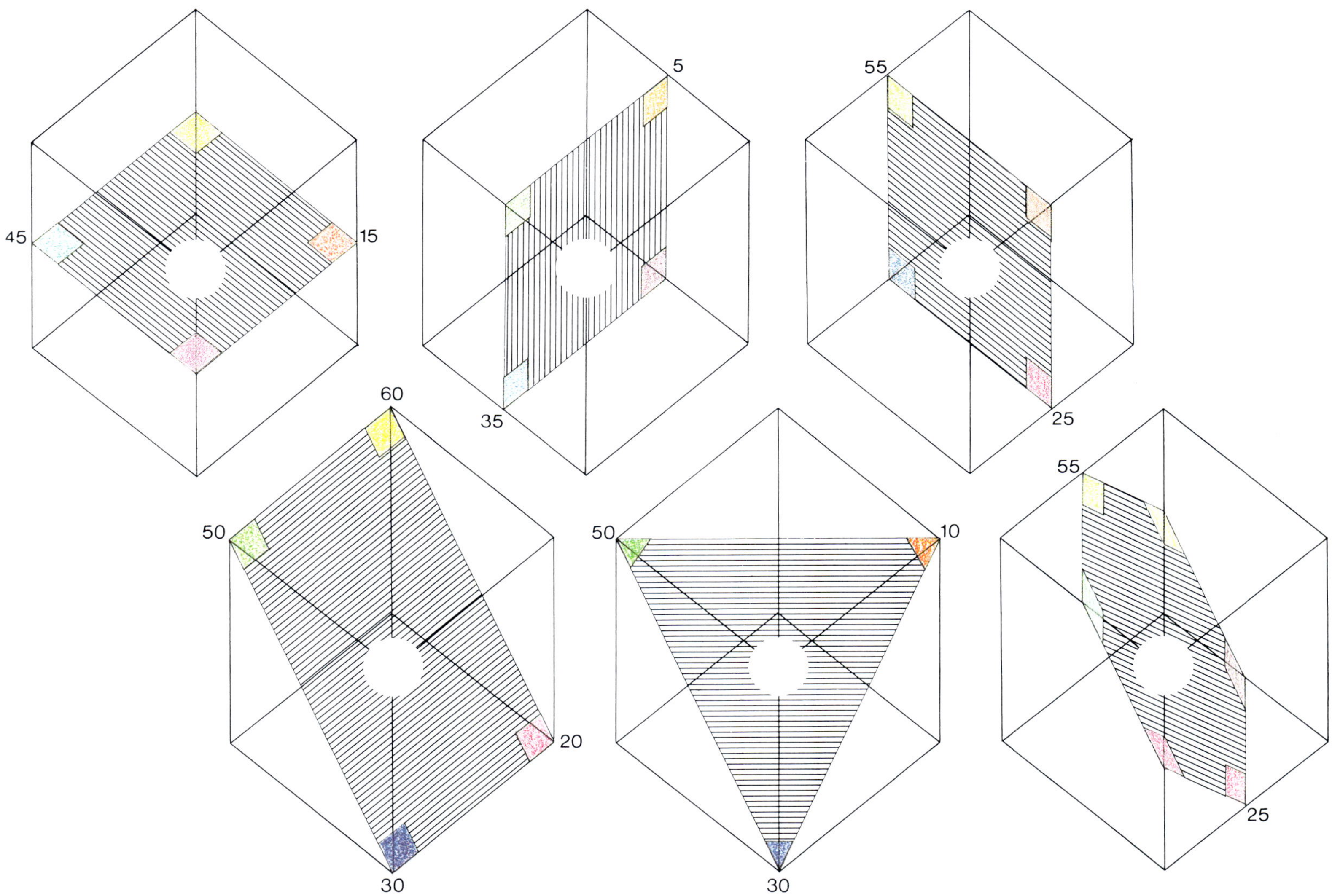

ABB. 145-1

nach in gleiche Abstände voneinander gebracht, und ihre Bezifferung erfolgt im Uhrzeigersinn von 1 bis 60, was allein deshalb schon anschaulich ist, weil wir alle an die 60 Sekunden eines Zifferblattes gewohnt sind.

Die Abbildung 147-3 zeigt eines der 60 möglichen farbtongleichen Dreiecke, die sich aus dem Müllerschen Doppelkegel (Abb. 147-1) schneiden lassen. An den Ecken befinden sich Weiß, Schwarz und die jeweilige Vollfarbe. Müller erlaubt jeweils zehn Stufen zwischen ihnen und bezeichnet die entsprechenden Positionen im Inneren des Dreiecks durch Ziffern, um die Mengenverhältnisse der drei Variablen besser verdeutlichen zu können. Der aus dem Doppelkegel-System entstandene Farbatlas – der berühmte *Swiss Colour Atlas,* dessen erste Auflage 1962 erschienen ist – gibt insgesamt 2541 Farbfelder wieder.

Wie sein großes Vorbild Ostwald, hat auch Müller sich um *Ästhetik der Farbe in natürlichen Harmonien bemüht.* 1973 ist sein gleichnamiges Werk erschienen, das eine Sammlung von 200 Farbtafeln enthält, welche fundamentale Farbverwandtschaften veranschaulichen soll. Werner Spillmann, Dozent für Farbgestaltung in Müllers Heimatstadt Winterthur, hat dessen Hauptwerk als »Sammlung hochkultivierter Etüden in Farbe« bezeichnet und es wie folgt zusammengefaßt: »Grundthema dieser Farbtafelsammlung ist die Frage nach der Bindungsmöglichkeit für kontrastierende Elemente einer Farbzusammenstellung. Zu diesem Problemkreis

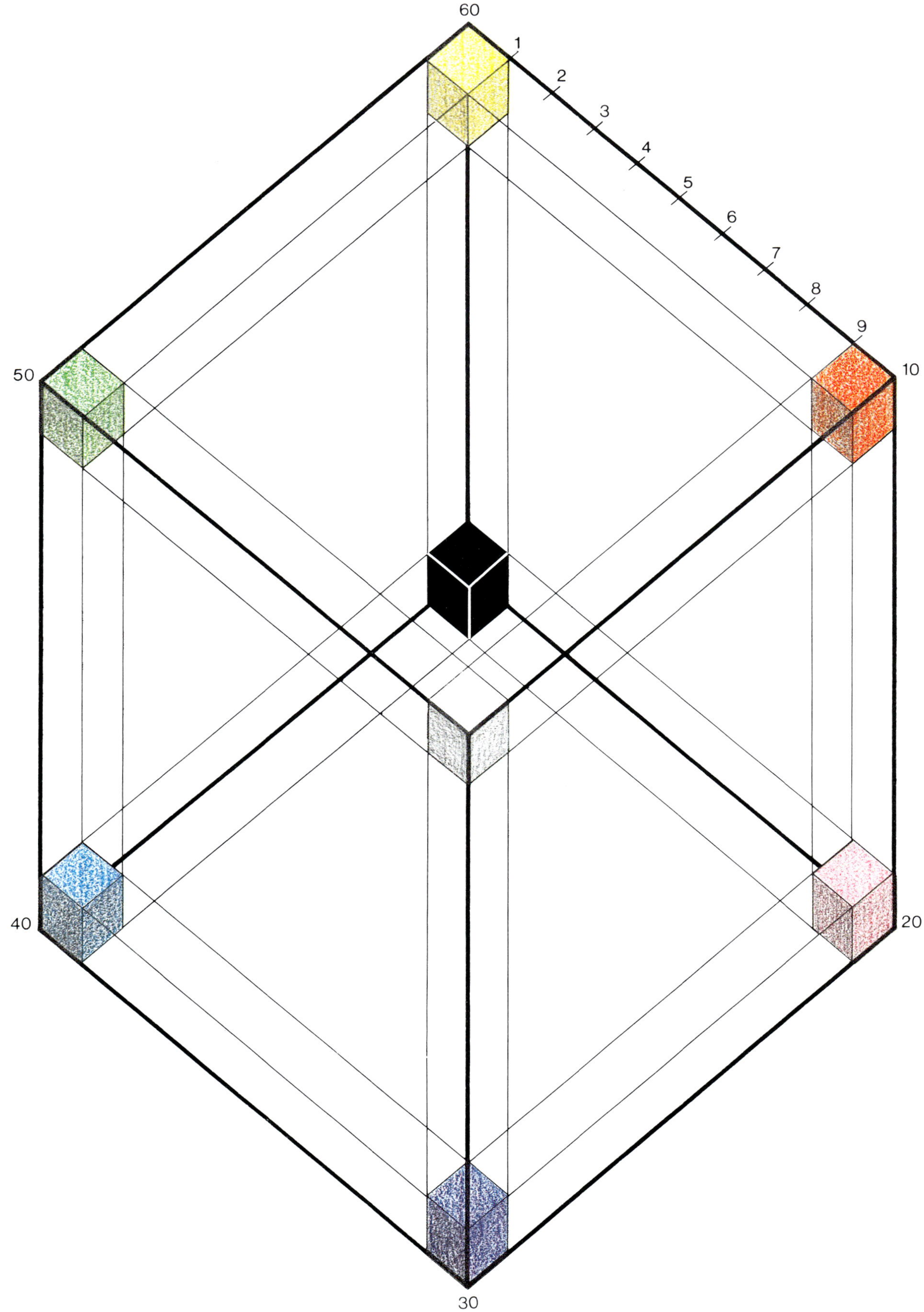

ABB. 146-1

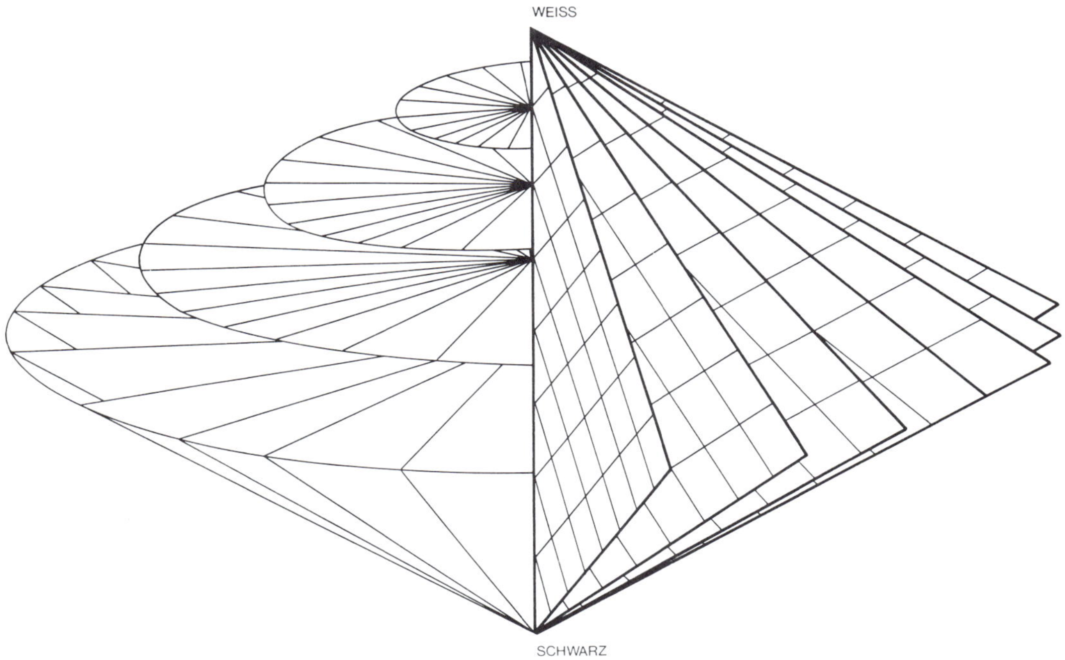

ABB. 147-1

ABB. 147-2

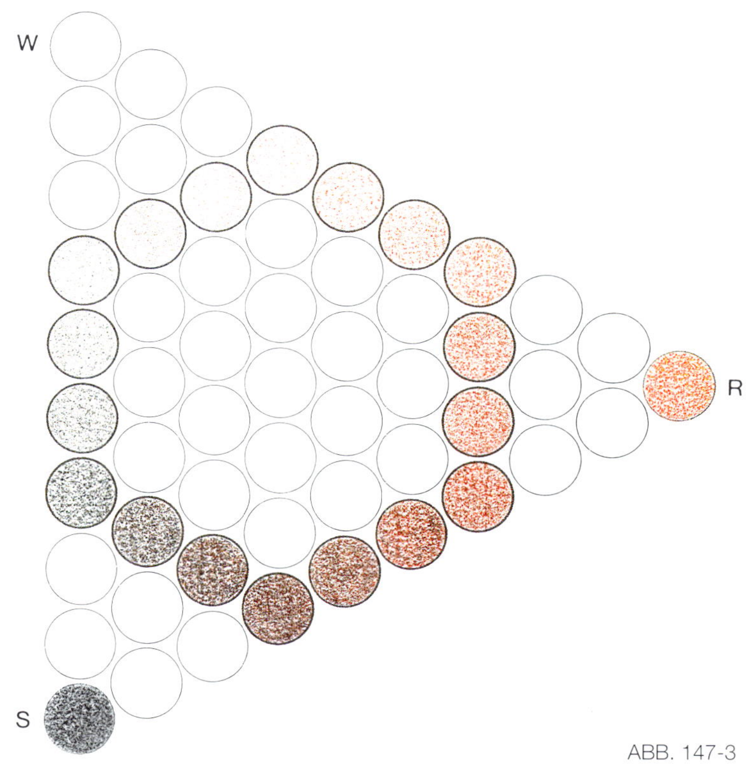

ABB. 147-3

bieten die Tafeln in reichem Maße und auf eindrückliche Weise Antworten, die stets mit unserem Sehsinn direkt erlebbar und erfahrbar sind. Und der Schöpfer dieses einzigartigen Farbwerks macht kein Geheimnis aus den von ihm angewandten Gesetzmäßigkeiten. Im Gegenteil, er ist bemüht, die einfachen Gesetzmäßigkeiten zu offenbaren, welche zu solch wohlklingenden Farbzusammenstellungen führen können.«

Wer sein Bewußtsein durch den Umgang mit Farben und seine Fähigkeit zum Genießen von Kunst vertiefen möchte, ist bei Müller gut aufgehoben.

45 ALFRED HICKETHIER

Ein Jahr nach dem Dreifarbenwürfel von Aemilius Müller (Kapitel 44) stellt im Jahre 1952 Alfred Hickethier seine nach dem gleichen Konzept aufgebaute würfelartige »Farbenordnung«, die vor allen Dingen praxisnah sein sollte, vor. Sie war für den Druck mit drei Farben und für die Farbfotografie mit drei Schichten entwickelt worden. Drei mit besonderer Sorgfalt ausgewählte Druckfarbstoffe sind zur Herstellung der Primärfarben Gelb (900), Magenta-Rot (090) und Cyan-Blau (009) ausgewählt worden. Sie liegen als Primärfarben an drei Ecken eines Würfels. Dessen verbleibende fünf Ecken werden durch drei Sekundärfarben – Rot (990), Violett-Blau (099) und Grün (909) – und die beiden Extreme Schwarz (999) und Weiß (000) besetzt. Die Reihe der unbunten Farben verläuft diagonal durch den Körper. Die drei Primär- beziehungsweise Sekundäreckpunkte bilden zwei sich entgegenstehende gleichseitige Dreiecke. Betrachtet man den Würfel von oben, sieht man eine Anordnung, die einem Farbenkreis mit sechs Farben entspricht.

Die drei erwähnten Primärfarben sind so gewählt, daß sie einen hohen Sättigungsgrad besitzen und der Empfindung nach etwa gleich weit voneinander entfernt liegen. Aus jeder Grundfarbe stellt Hickethier durch die eingetragene Aufrasterung eine 10teilige Farbenreihe her, die in annähernd gleichen Stufen der Empfindung von der Grundfarbe bis zum Weiß des Druckpapiers läuft. Wenn Weiß mit 000 bezeichnet wird, laufen die drei Grundreihen sehr systematisch über 100, 200 und so weiter bis zum Gelb (900), über 010 und 020 entsprechend bis zum Magenta-Rot (090), und zuletzt über 001, 002 und so weiter bis zum Cyan-Blau (009).

Durch Übereinanderdrucken der Farben aus den Grundreihen entstehen 10 x 10 x 10 = 1000 Farbstandards. Die Kennzeichnung der Mischfarben erfolgt durch Überlagerung der Zahlentripel der Komponenten. Werden zum Beispiel die Farben 700, 030 und 004 der Gelb-, der Magenta-Rot- und der Cyan-Blau-Reihe übereinandergedruckt, entsteht eine Mischfarbe mit dem Zahlentripel 734. Werden drei Farben von jeweils gleicher Stufe gedruckt – also etwa 300, 030 und 003 –, zeigt sich näherungsweise ein Grau.

Die erste »Farbenordnung Hickethier« war 1952 noch mittels Rasterdruck hergestellt worden. Zwanzig Jahre später ist eine verbesserte Fassung erschienen, die durch Übereinanderdruck dreier Farbschichten angefertigt wurde. So übersichtlich die damit gegebenen Rezeptierhilfen auch erscheinen, so wenig haben diese Systeme in der Praxis Bestand, wenn andere Farbmittel als die vorgegebenen Pigmente oder Farbstoffe verwendet werden.

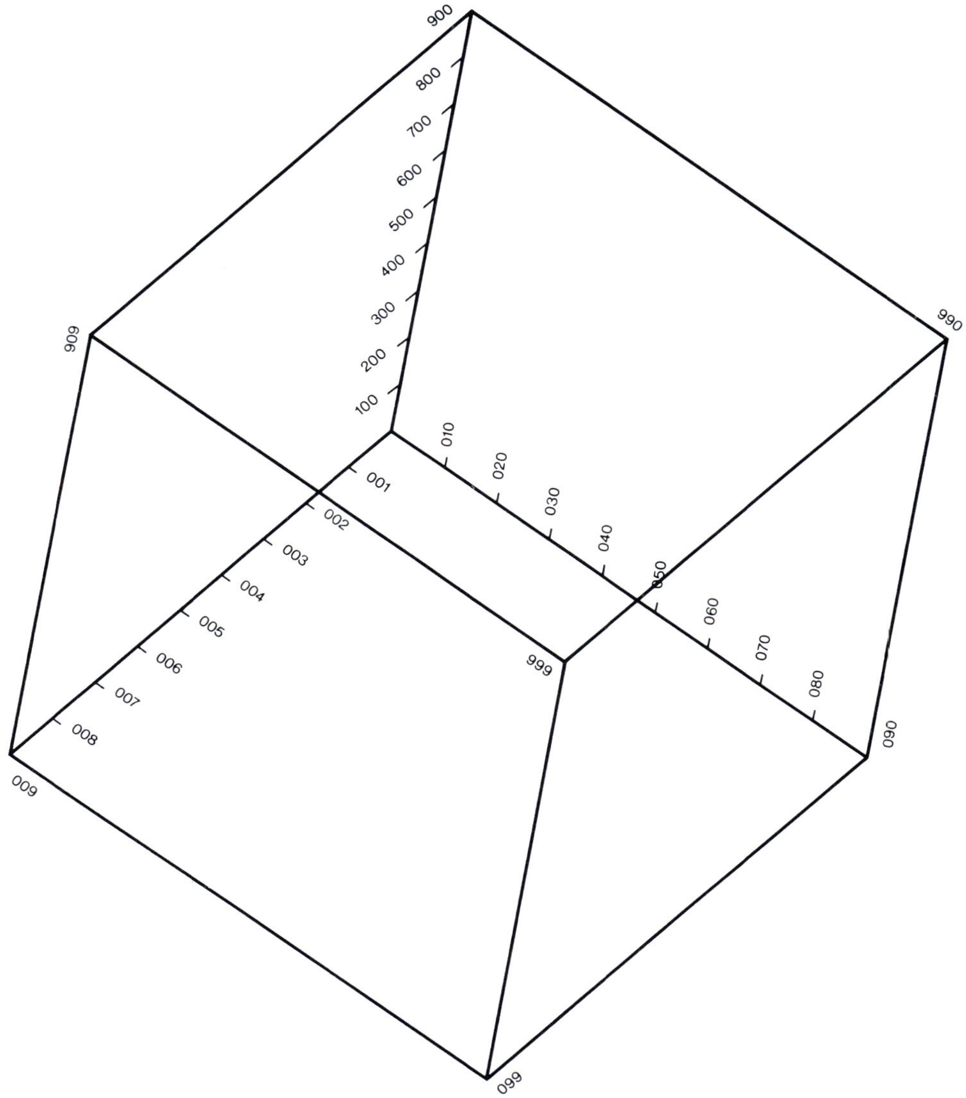

ABB. 149-1

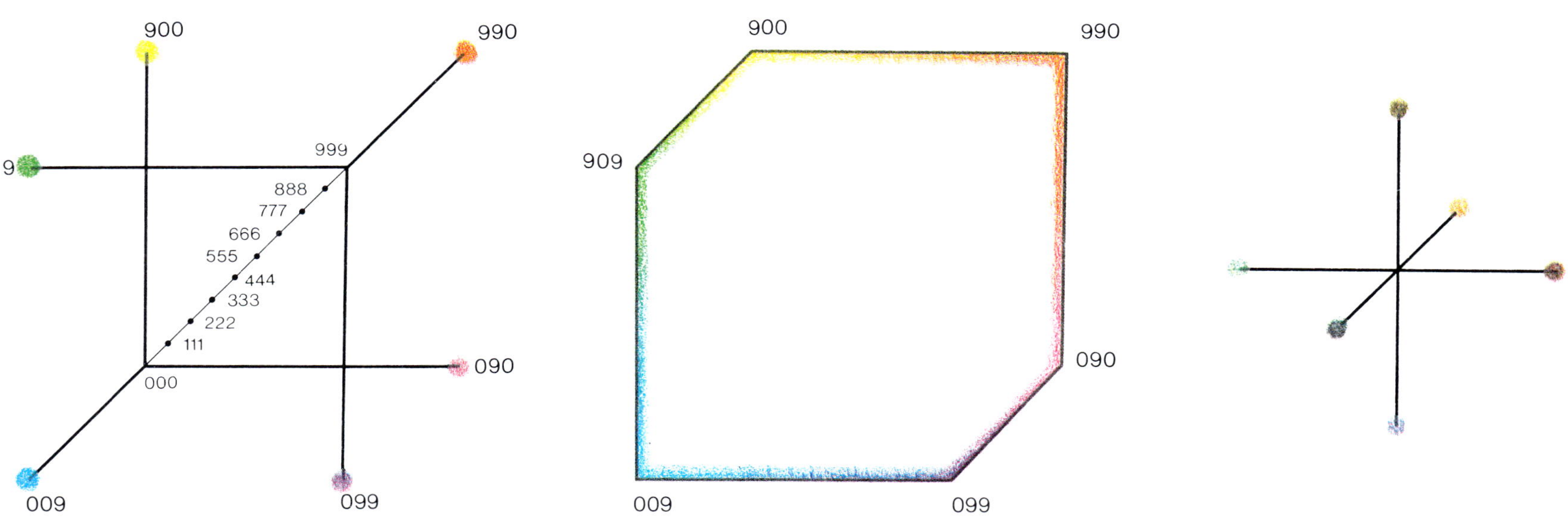

ABB. 149-2

46 SVEN HESSELGREN

ABB. 150-1

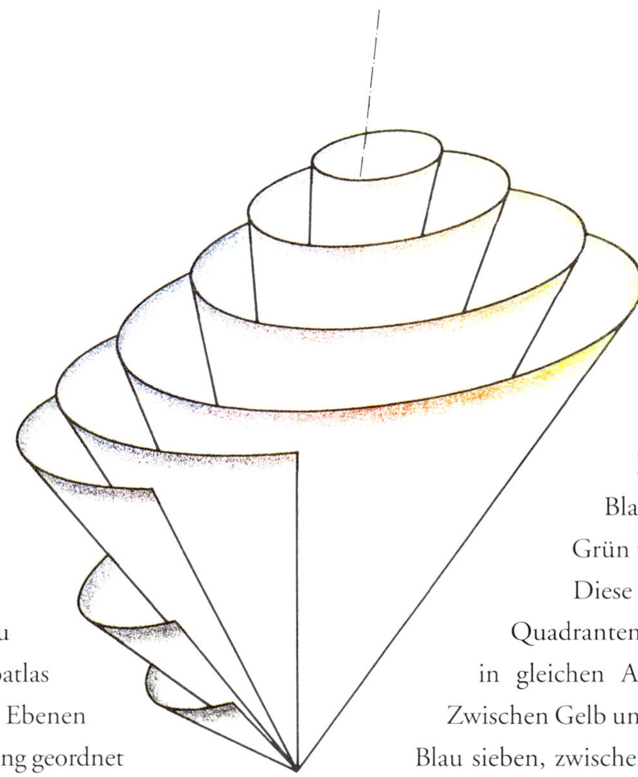

Im Jahre 1953 legte der Schwede Sven Hesselgren einen »Farbatlas« *(Colour Atlas)* vor, in dem er dem Farbkörper von Tryggve Johansson (Kapitel 43) konkrete Formen zu geben versuchte. Im Hesselgrenschen Farbatlas sind 507 Farbstandards ausgeführt, die in Ebenen gleichen Farbtons nach Helligkeit und Sättigung geordnet sind. Ihre Aufgabe besteht darin, den Aufbau des Systems vorzuführen, das aufgrund phänomenologischer Überlegungen zustande gekommen ist. Die von Hesselgren vorgelegten Betrachtungen tragen später nicht nur zur Entwicklung des sogenannten NCS-Systems (Kapitel 50) bei, sie helfen auch, Farbatlanten zu entwickeln, die sich an Architekten und andere Berufsgruppen richten, die mit der Gestaltung von Innen- und Außenräumen zu tun haben.

Dem Hesselgrenschen Atlas liegt ein 24teiliger Vollfarbenkreis zugrunde (Teilansicht in Abbildung 151-1). Die Vollfarben sind so ausgesucht, daß sie die auf Ewald Hering zurückgehenden vier Grundfarben Gelb, Rot, Blau und Grün enthalten, die vor allen anderen Farben als psychologisch unabhängig empfunden werden (Kapitel 24). Danach erscheint Gelb weder rötlich noch grünlich, Rot weder gelblich noch bläulich, Blau weder rötlich noch grünlich, und Grün weder bläulich noch gelblich.

Diese vier Grundfarben teilen den Kreis in Quadranten auf, die dann der Empfindung nach in gleichen Abständen weiter unterteilt werden. Zwischen Gelb und Rot werden fünf, zwischen Rot und Blau sieben, zwischen Blau und Grün drei und zwischen Grün und Gelb ebenfalls drei Farbtöne plaziert, so daß zunächst 22 Farben den Kreis bilden. Aus praktischen Erwägungen werden ein grünlich-blauer und ein grünlich-gelber Farbton zusätzlich eingefügt, um so die Zahl der Vollfarben auf 24 zu bringen.

Die Ordnung der Farben erfolgt grundsätzlich nach Farbton, Sättigung und Helligkeit. Daneben werden zwei weitere Farbparameter – Intensität oder Farbstärke und Klarheit oder Verhüllung – angegeben, die nach Auffassung Hesselgrens zusammen mit den drei erwähnten Parametern jede Farbe notwendig und hinreichend in allen ihren Variationsmöglichkeiten beschreiben können.

Farben derselben Sättigung liegen bei Hesselgren nicht auf der Oberfläche von Zylindern, die um eine Achse angeordnet sind. Sie finden sich vielmehr – wie oben angedeutet – auf Kegeln wieder, die ihre gemeinsame Spitze im Schwarzen haben.

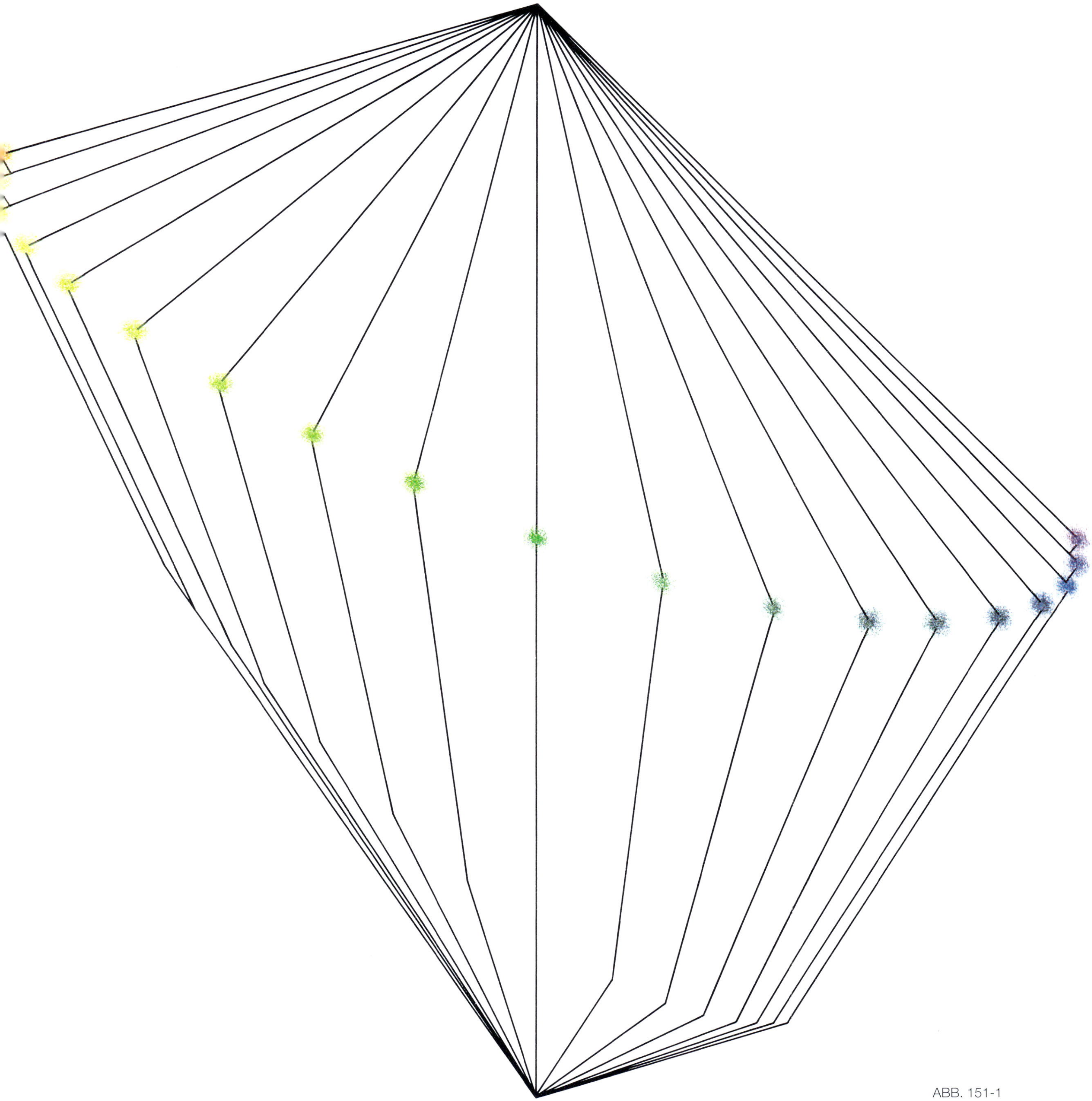

ABB. 151-1

47 DIN-SYSTEM

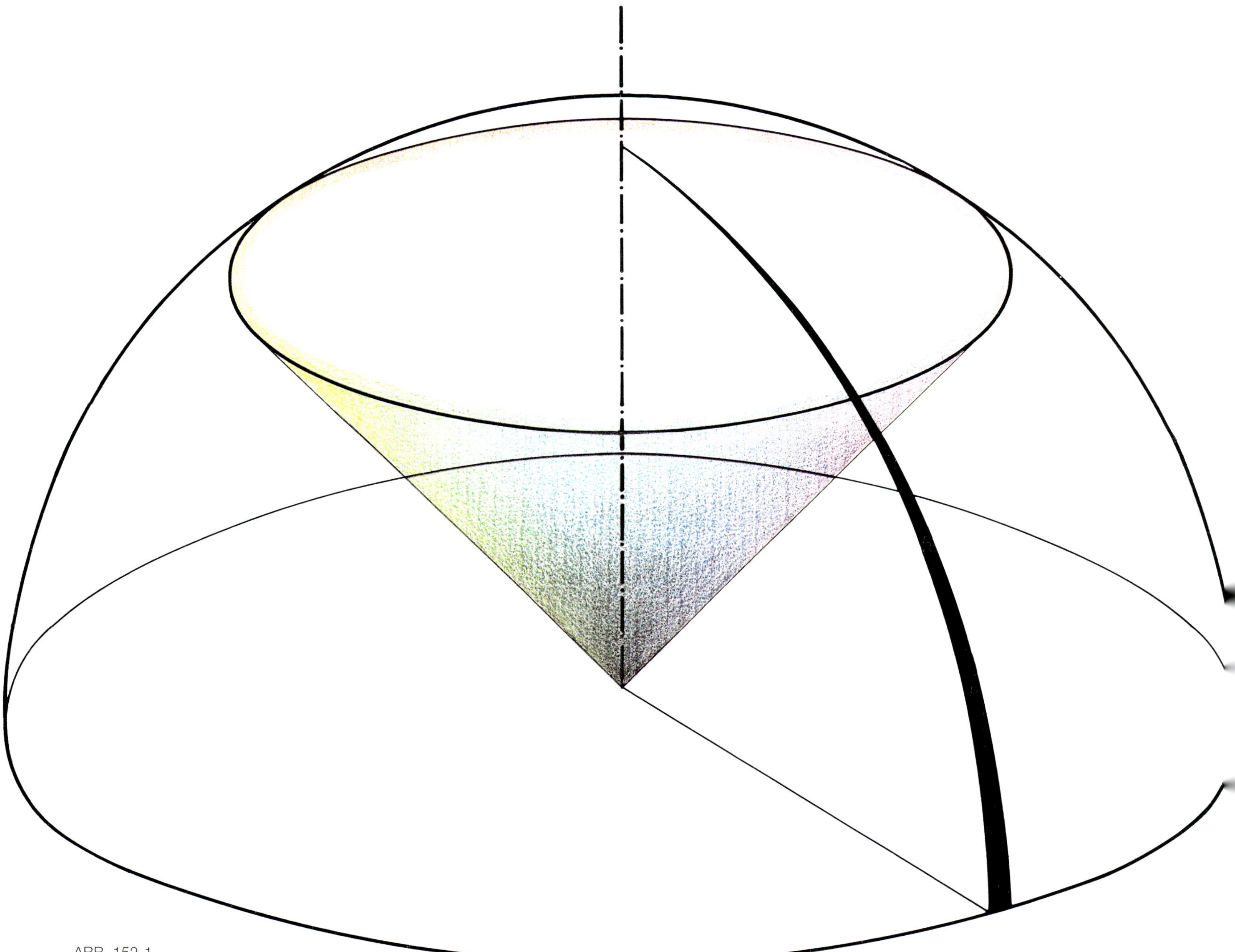

ABB. 152-1

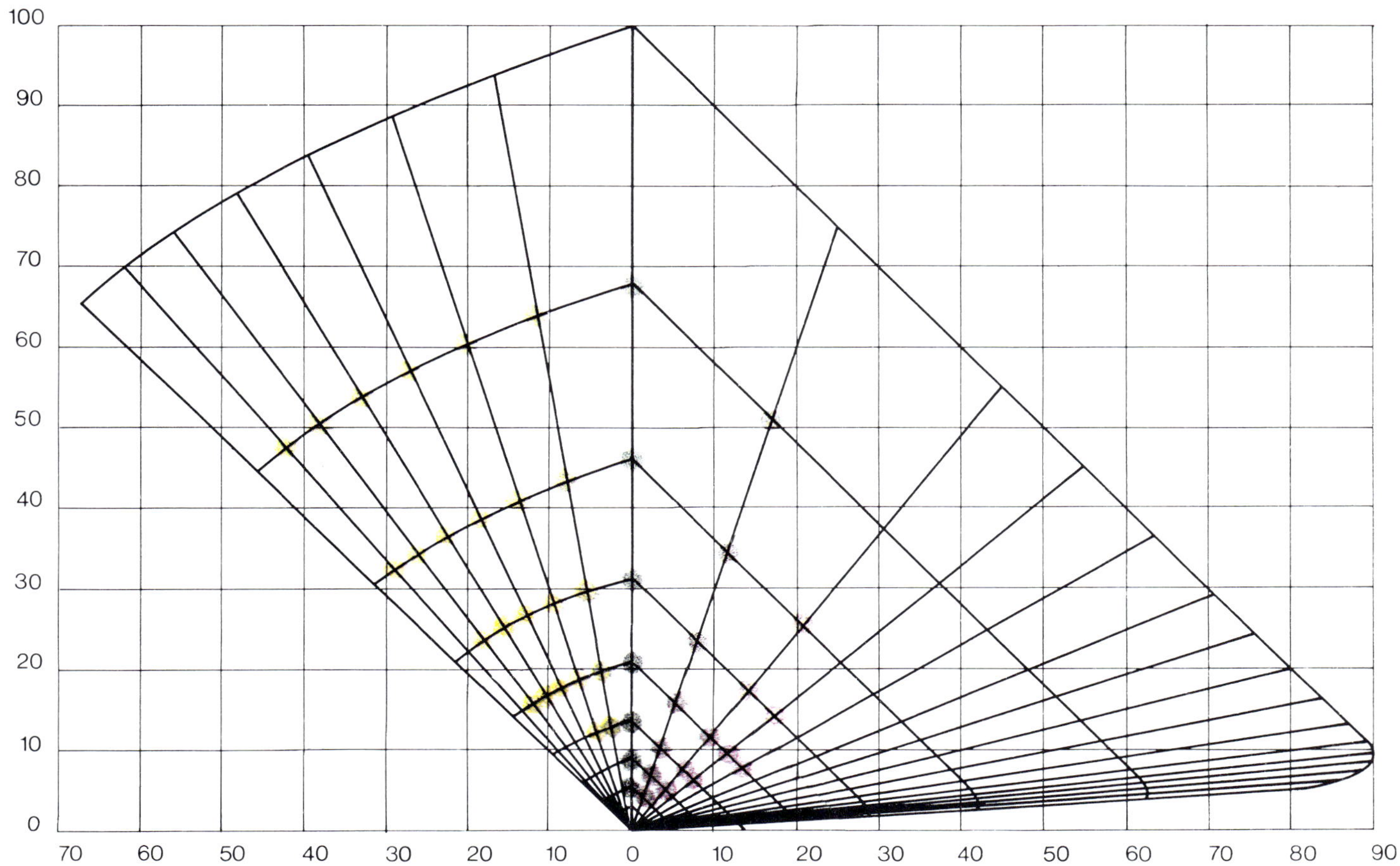

ABB. 153-1

In den 30er Jahren kam das Deutsche Institut für Normung – abgekürzt als DIN – zu dem Schluß, daß man ein Farbsystem brauchte, mit dem sich in der Praxis leichter umgehen ließ als mit dem System von Ostwald (Kapitel 32), das seit dem Ersten Weltkrieg in Gebrauch war. Man übertrug den Auftrag dafür an Manfred Richter, der bei der Bundesanstalt für Materialprüfung arbeitete. Seine Aufgabe war es, »farbwissenschaftlich« vorzugehen und ein »normungsfähiges« Ergebnis vorzulegen. Ihre Ergebnisse legten Richter und seine Mitarbeiter aber erst von 1953 an vor.

Die erste Frage, die es zu klären galt, betraf die geeigneten Farbkoordinaten. Das Ziel bestand darin, Ostwalds Anspruch – an dem er aber selbst gescheitert war – so gut wie möglich zu erfüllen und das neue System auf Reihen von Variablen zu gründen, die für einen Beobachter visuell (der Empfindung nach) in gleichen Abständen vorliegen. Ausgedehnte Versuche an vielen hundert Personen mit über hundert Farbtönen wurden zunächst unternommen, um den Vollfarbenkreis in gleich großen Schritten abschreiten zu können. Dabei wurden die Farbkoordinaten von 24 Punkten abgeleitet, die »äquidistante« Farbtöne festlegten. Die Numerierung begann beim Gelb mit 1 und ging über Rot (7), Blau (16) und Grün (22) zurück nach Gelb. Anschließend ging es darum, in einem gegebenen Kreis die Farben mit gleicher Sättigung und Helligkeit anzuordnen.

Das DIN-System arbeitet heute mit drei Variablen, die den herkömmlichen Farbempfindungsparametern Farbton, Sättigung und Helligkeit entsprechen. Sie heißen DIN-Farbton (T), DIN-Sättigungsstufe (S) und DIN-Dunkelstufe (D) und geben die Koordinaten der gezeigten dreidimensionalen Ordnung der Körperfarben ab. In dieser Darstellung sind Flächen konstanten T-Wertes durch die sichtbare Halbebene anschaulich gemacht, Flächen gleichen S-Wertes sind durch den Kegel und Flächen gleichen D-Wertes sind durch die Kugel repräsentiert. Der Schnittpunkt der drei genannten Flächen bestimmt eine Farbe im DIN-System.

Die linke Skizze (Abb. 152-1) veranschaulicht die dreidimensionale Ordnung, die die DIN-Farbkarte ermöglicht, und die rechte

Skizze (Abb. 153-1) zeigt eine farbtongleiche Fläche des Systems. Die Dunkelstufe verläuft senkrecht von oben nach unten – die Zahlen auf den Achsen geben umgekehrt die Reflexion des Lichtes beziehungsweise die Helligkeit an – und die Sättigungswerte sind auf der waagerechten Achse notiert.

Die Dunkelstufe für alle Farbreihen basiert auf einer vertrackten Formel für die Graureihe und wird so festgelegt, daß dem idealen Schwarz die Dunkelstufe 10 und dem idealen Weiß (und allen Optimalfarben) die Dunkelstufe 0 zukommt. Es ist vor allem dieser Parameter, der das DIN-Farbsystem von der Munsellschen Ordnung (Kapitel 31) unterscheidet. Mit ihm gelingt es dem DIN-System, nicht Farben gleicher Helligkeit, sondern Farben gleicher Relativ-Helligkeit einander zuzuordnen, was der Empfindung angemessener ist, die Farben verschiedenen Farbtons als gleichwertig erfaßt.

Ein DIN-Farbton wird durch eine von 24 Stufen des durch die erwähnten Auswahlversuche ermittelten Farbenkreises (bei vorgegebener Sättigung und Dunkelstufe) definiert. Dabei stellt sich heraus, daß Farben gleichen Farbtons durch eine sogenannte dominante Wellenlänge charakterisiert sind, die im CIE-Diagramm (Abb. 122-1) gefunden werden kann, wenn man vom sogenannten Unbuntpunkt der Normlichtart C eine gerade Linie durch die Farbe legt und ihren Schnittpunkt mit der einhüllenden Kurve in Zungenform bestimmt.

Das DIN-System legt sowohl den Farbton als auch die Sättigung nicht wesentlich anders als andere Ordnungen fest. Die Sättigungsstufen beginnen beim DIN-Farbkreis mit S = 6 und enden im Unbuntpunkt mit S = 0, und beide zusammen bilden die Farbart einer Farbe. Seine Besonderheit gewinnt das DIN-System – wie erwähnt – durch die Dunkelstufe, die als Maß für die Helligkeitsbeziehung zwischen den Körperfarben betrachtet wird. Ziel der Einführung dieser im Detail sehr komplizierten Maßzahl ist es, den DIN-Farbenkreis auch bezüglich der Helligkeit psychologisch ausgewogen wirken zu lassen. Dies bedeutet nicht, daß alle Farben des Farbenkreises als gleich hell empfunden werden müssen. Vielmehr sollen sie im Auge des Beobachters den Eindruck erwecken, sie gehörten zusammen.

Es war von Anfang an geplant, dem DIN-System Proben beizugeben. Eine zufriedenstellende Version von 600 Farbmustern wurde in den Jahren 1960–62 produziert, die *DIN-Farbenkarte 6164*. Es handelt sich um kleine Plättchen von 20 x 28 mm, deren Farbe durch ein Zahlentriplett in der Reihenfolge T:S:D gekennzeichnet ist. So bekommt ein bestimmtes Grün etwa das Farbzeichen 22,5:3,2:1,7.

Das hier vorgelegte DIN-System erfüllt als einziges System die vier Voraussetzungen, die sein Schöpfer, Manfred Richter, grundsätzlich von jedem Farbsystem fordert, und die von der Beobachtung ausgehen, daß sich kein System auf Farbempfindungen gründen kann, weil jeder Farbatlas aus Farbmustern zu bestehen hat, die bestimmte Farbvalenzen repräsentieren. Richter stellt in seiner »Einführung in die Farbmetrik« fest:

»Erstens und vor allem sollte sich das Ordnungssystem, das einem Farbatlas zugrunde gelegt wird, ausschließlich auf die Farbvalenz gründen, nicht auf Pigmente oder Farbstoffe. Zweitens sollten die ausgewählten Farben zahlenmäßig exakt definiert sein. (...) Drittens sollen die Farben so ausgewählt sein, daß sie, in einem valenzmetrischen System dargestellt, geglättete Kurven und Flächen ergeben. Viertens sollte für alle Farbmuster eine gewisse einheitliche Toleranz von vernünftiger Größe festgelegt und eingehalten werden.«

Der letzte Punkt hat auch damit zu tun, daß zu enge Toleranzen den Preis für die Herstellung von Mustern in unerschwingliche Höhen treiben würden. Schönheit hat ihren Preis, aber es muß auch jemanden geben, der ihn bezahlen kann.

48 ISCC-NBS-SYSTEM

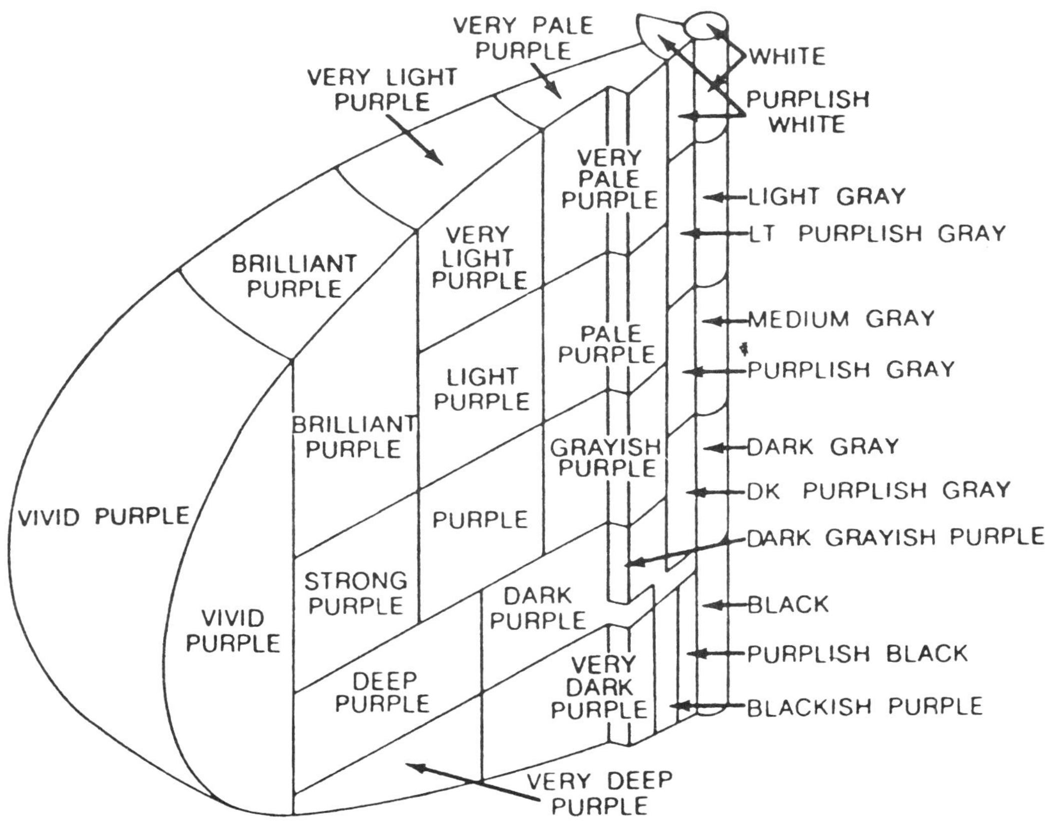

ABB. 155-1

Farben müssen Namen haben, und die Annahme, daß Farbbezeichnungen selbst eine Ordnung etablieren können, hat sicher ihre Berechtigung. Die Amerikaner K. L. Kelly und Deane B. Judd haben zwischen 1955 und 1976 versucht, Farbkörper in immer feinere Blöcke zu zerlegen und sie mit immer genauer unterscheidenden Farbausdrücken zu füllen. Abbildung 155-1 zeigt die im Auftrag des »Inter-Society Color Council« (ISCC) für das »National Bureau of Standards« (NBS) in Washington angefertigte Blockzerlegung, wie sie für das Purpur-Segment durchgeführt wurde. Die eingesetzten Adjektive wurden analog bei den anderen Farben verwendet: Vivid (lebhaft), brilliant, strong (stark), deep (tief), light (hell), dark (dunkel) und pale (blaß). Dabei fällt auf, daß »hell« und »dunkel« nur in der Nähe der neutralen Schwarz-Weiß-Achse und nicht in Regionen hoher Sättigung verwendet werden.

Kelly und Judd definierten die Farbblöcke, in die sie den Farbkörper aufteilten, durch die drei Parameter Hue, Value und Chroma, die der Amerikaner A. H. Munsell (Kapitel 31) zu Beginn des 20. Jahrhunderts eingeführt hatte. Die Farbnamen selbst

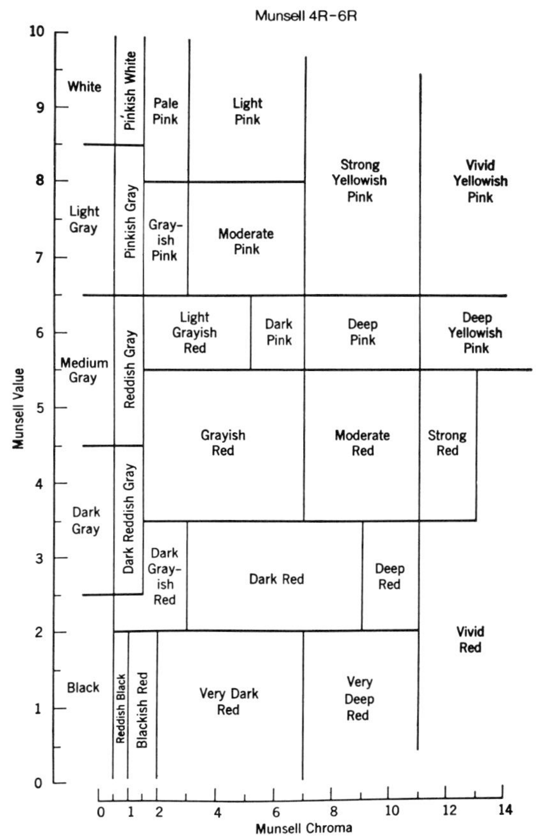

ABB. 156-1

wurden dabei unabhängig von Munsells System gewählt, wie die beiden Abbildungen 156-1 und 157-1 deutlich machen.

Die deskriptiven Ausdrücke, die für die verschiedenen Segmente gewählt wurden, zeigen vor allem, welche subjektiven Variablen der Farberscheinung auftauchen, wenn man sie sich länger vor Augen führt. Es fällt auf, daß Munsells als R4/14 bezeichnete Stufe von Rot ebenso als »vivid« bezeichnet wird wie das entsprechende Ultramarin-Blau, obwohl beide sicher unterschiedlich hell ausfallen. »Vividness« (Lebhaftigkeit) wurde offenbar neben der Tiefe, der Stärke und der Brillanz als bedeutender Parameter gewertet.

Jeder Versuch, mit sprachlichen Mitteln Farben zu ordnen, muß so lange mit Skepsis behandelt werden, solange weder die äußeren Bedingungen des Beobachtens noch die Erfahrungen des Beobachters einzuschätzen sind. Es ist daher nicht verwunderlich, daß das hier vorgestellte generische System wenig akzeptiert wurde.

Die Verbindung zwischen Sprache und Farbe hat natürlich nicht nur das Interesse der Farbmetriker, sondern auch die Aufmerksamkeit der Linguisten und Sprachphilosophen gefunden. Eine ihrer grundlegenden Fragestellungen lautet, ob es das Denken ist, das die Sprache bestimmt, oder ob es die Sprache ist, die das Denken festlegt; Antworten sollten möglich sein, wenn es gelingt, Denken und Sprechen unabhängig voneinander zu beobachten. Wichtig wäre aber dabei vor allem, Daten über das Denken zu finden, die nicht durch das Sprechen selbst beeinflußt werden. Dies gelingt zum Beispiel bei den Farben, denn wie ein Mensch das Spektrum des Prismas aufteilt, kann untersucht werden, ohne ihn zu fragen, also ohne daß Sprache benutzt wird. Und zusätzlich läßt sich nachprüfen, ob verschiedene Sprachen das sichtbare Spektrum verschieden aufteilen. Seit den fünfziger Jahren haben sich die Linguisten mit dieser Frage befaßt, und der heutige Konsens besagt, daß es unsere Wahrnehmung ist, die dem Spektrum Struktur gibt, und nicht die Sprache. Die Sprache formt nur die von unserer universalen Farbwahrnehmung gesetzten Unterschiede mehr oder weniger vollständig nach. Das Wiedererkennen einer Farbe hängt

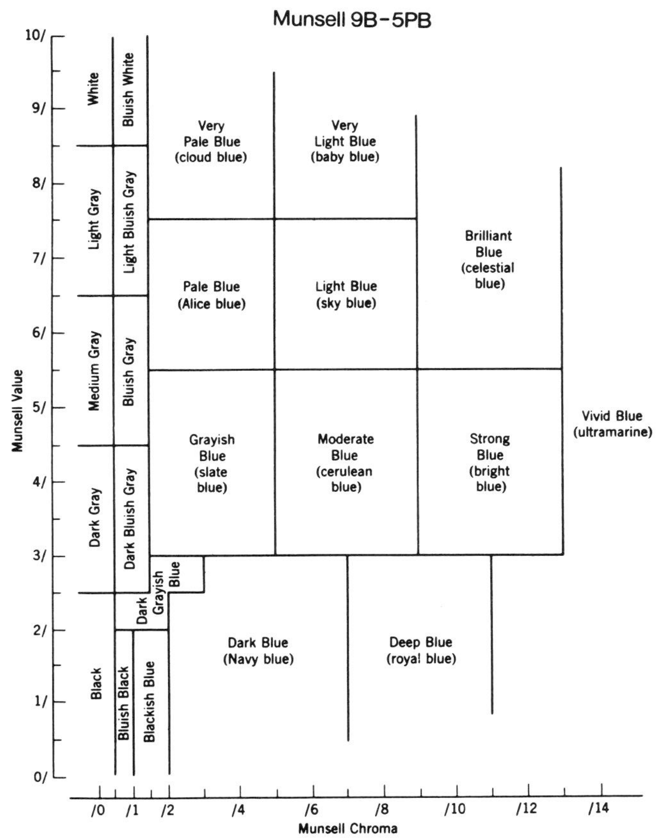

ABB. 157-1

jedenfalls nicht davon ab, ob wir über ein Wort für sie verfügen.

Im Rahmen dieser Untersuchungen ist eine andere interessante Entdeckung gemacht worden. Die beiden amerikanischen Linguisten Brent Berlin und Paul Kay haben nämlich festgestellt, daß nicht alle Sprachen über die gleiche Anzahl von Grundnamen für die Farben verfügen. Als Grundname wurde ein kurzes Wort akzeptiert, das sowohl nicht weiter zerlegbar als auch nicht als Bezeichnung eines Materials in Gebrauch war. So galten »Gelb« und »Grün« zum Beispiel als Grundnamen, »Dunkelgelb« und »Türkis« aber nicht. Von den knapp 100 untersuchten Sprachen verfügte nun keine über weniger als zwei und keine über mehr als elf solcher Grundnamen. Das entsprechende Farblexikon einer Sprache wird dabei offenbar – so zeigte es die genaue Auswertung – in einer bestimmten Reihenfolge aufgebaut:

Kennt eine Sprache nur zwei Farbwörter, heißen sie Schwarz (beziehungsweise Dunkel) und Weiß (beziehungsweise Hell). Als erstes chromatisches Wort kommt immer Rot hinzu. Der vierte Grundname ist dann Grün oder Gelb, und eine Sprache mit fünf Farbausdrücken verfügt über die Reihe Schwarz, Weiß, Rot, Grün und Gelb. Erst an sechster Stelle erscheint Blau, dem Braun als Nummer sieben folgt. Bis hierher herrscht hohe Ordnung. Danach ergänzen sich die Farblexika in beliebiger Weise um das Quartett aus Violett, Orange, Rosa und Grau.

Paul Kay vermutet, daß mit dieser Struktur des Farbwortschatzes zugleich die Reihenfolge sichtbar wird, in der die Menschheit ihr Farblexikon angelegt hat. Rot wäre dann nicht unbedingt die erste Farbe gewesen, die unsere Vorfahren gesehen haben. Die Farbe des Blutes wäre aber die erste gewesen, die für unser Überleben von Bedeutung gewesen wäre. Die Erregungen und Reaktionen, die Rot heute noch hervorruft, lassen den Schluß zu, daß der Gedanke nicht so einfach von der Hand zu weisen ist.

49 OSA-SYSTEM

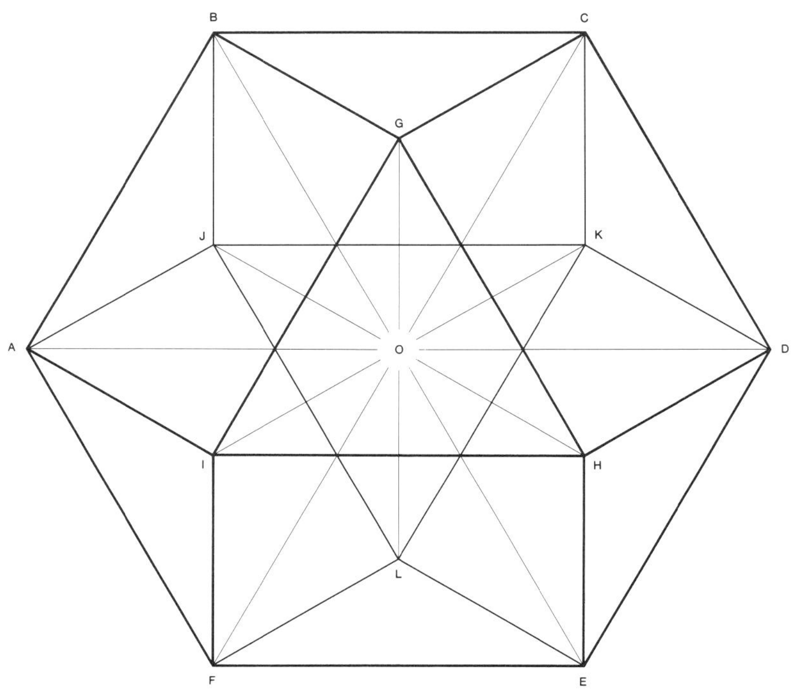

ABB. 158-1

Wenn man einem Würfel alle Ecken bis zu den Mitten der Kanten abschneidet, entsteht ein räumliches Gebilde, das die Mathematiker als Kubo-Oktaeder bezeichnen. Solch eine Struktur mit einem Zentrum und 12 Eckpunkten hat die »Optical Society of America« (OSA) im Jahre 1960 zum Aufbau ihres Farbsystems verwendet, wobei genauer zu sagen ist, daß es der 1947 unter dem Vorsitz von Deane B. Judd gegründete Ausschuß für einheitliche Farbskalen (»Uniform Color Scales«, UCS) war, der diese Aufgabe übernommen und das ungewöhnliche geometrische System vorgeschlagen hat (siehe Abb. 158-1). Man spricht deshalb manchmal auch vom OSA-UCS-System, wenn das regelmäßige Gitter eines Kubo-Oktaeders gemeint ist. Die Eckpunkte sind dabei alphabetisch bezeichnet, und das Zentrum bekommt ein O. Die Struktur bringt es mit sich, daß man jedem Punkt in dieser Konstruktion 12 nächste Nachbarn zuordnen kann, wie es das kleine Kubo-Oktaeder (Abb. 159-1) veranschaulicht.

Das Farbsystem der OSA unterscheidet sich von allen bislang vorgestellten Ordnungen. Farben lassen sich bekanntlich durch drei unabhängige Parameter bestimmen – im DIN-System (Kapitel 47) sind dies zum Beispiel Farbton, Sättigung und Dunkelstufe, und beim Munsell-System (Kapitel 31) geht es um Chroma, Hue und Value. Während in allen bisher vorgestellten Ordnungen diese

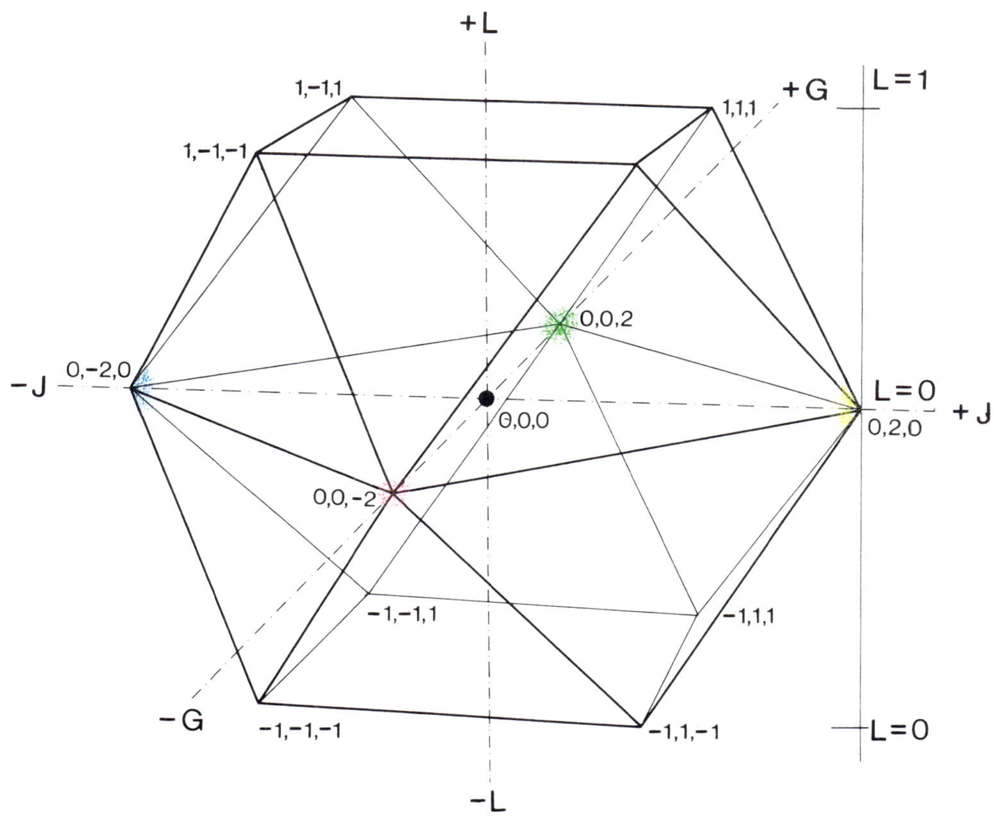

ABB. 159-1

Parameter eine von den anderen Variablen unabhängig gewonnene Skala bekommen, werden die Farben im Kubo-Oktaeder so bestimmt, daß die Entfernungen zwischen einer Farbprobe und jedem ihrer 12 nächsten Nachbarn in jedem Punkt des Gitters durch einen als gleich wahrgenommenen Farbunterschied gegeben ist. Zieht man also gerade Linien in jede der sechs Richtungen, die die Gitterstruktur festlegt, produziert man Intervallskalen für die Farbdifferenz. Die Position einer Probe in diesem Gitter wird durch die Koordinaten von drei zueinander senkrechten Achsen definiert, die vom UCS-Ausschuß als »Lightness« (L, Helligkeit), »Yellowness-Blueness« (J, Gelbheit-Blauheit, mit J für französisch jaune abgekürzt) und »Greenness-Redness« (G, Grünheit-Rotheit) festgelegt wurden. Die ungewöhnlichen Namen sollten nicht zu genau genommen werden. Die Größe J repräsentiert das Gelbe bei hohem L-Wert (Helligkeit), ohne jedoch die Achse Gelb–Blau darzustellen. Für negative Werte von J trennt die Achse die blaue von der violetten Region. Auf entsprechende Weise zeigt ein positiver Wert für G nicht Grün an. Dieser Parameter trennt vielmehr die blauen und die grünen Farben. Und am Ende der negativen G-Skala liegt nicht Rot, sondern Rosa. Am besten ist es, G und J als abstrakte Parameter zu behandeln, die zunächst nichts mit Farben zu tun haben. Sie wurden ursprünglich auch als Dezimalzahlen eingeführt, um die

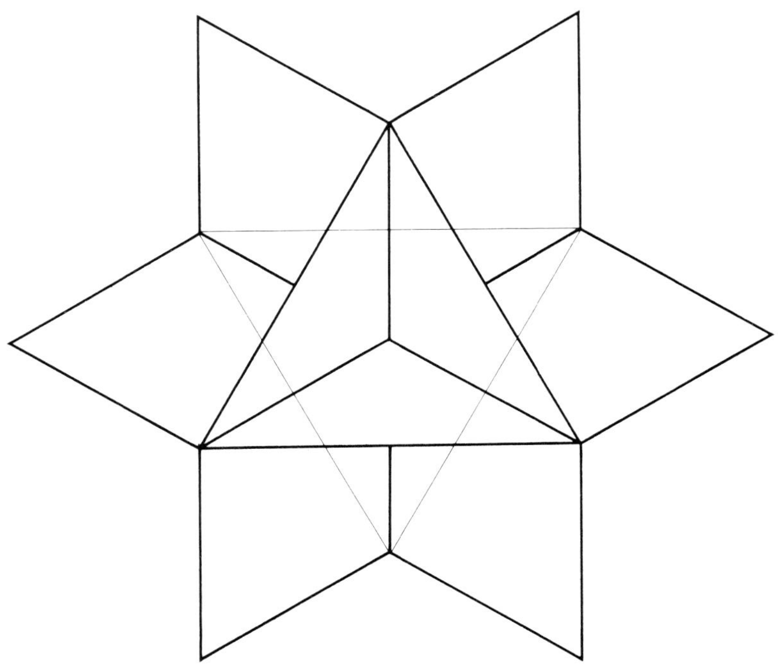

ABB. 160-1

Positionen der Farbproben angeben zu können. Im anschließenden Bericht des »Committees on Uniform Spacing« aus dem Jahre 1978 wurden insgesamt 558 Proben farbmetrisch spezifiziert und ihre genauen Koordinaten angegeben.

Die Variable L (Helligkeit) ist aus zwei Gründen bemerkenswert. Sie ist zum einen so angelegt, daß sie die Helligkeit sowohl von chromatischen als auch von unchromatischen Farben erfaßt. Und zum anderen ist ihr Wert dann Null, wenn die Helligkeit dem des Hintergrunds entspricht, bei dem empfohlen wird, die Proben anzusehen. Positive Werte von L weisen darauf hin, daß die Farbe heller als der Hintergrund ist, und negative Werte weisen auf Proben hin, die dunkler sind. Da die anderen beiden Parameter als Variable von opponenten Farben angesetzt wurden, nehmen sie den Wert Null auf der neutralen Achse an.

Das Zentrum der Konstruktion in Abbildung 159-1 weist das Zahlentripel 0,0,0 auf und ist so eingerichtet worden, daß es mit dem neutralen Grau der Munsell-Skala (Abb. 104-1) übereinstimmt.

Das OSA-UCS-System erlaubt dem Wissenschaftler, Farbunterschiede zu analysieren, und es bietet dem Designer und Künstler verschiedene Versionen von Farbharmonien an. Dazu müssen nur geeignete Schnitte durch den Farbkörper gelegt werden. So faszinierend diese Möglichkeiten auch sind, viele Farbfachleute ziehen offenbar ein System vor, das anschaulicher und weniger verschachtelt organisiert ist.

50 NCS-SYSTEM

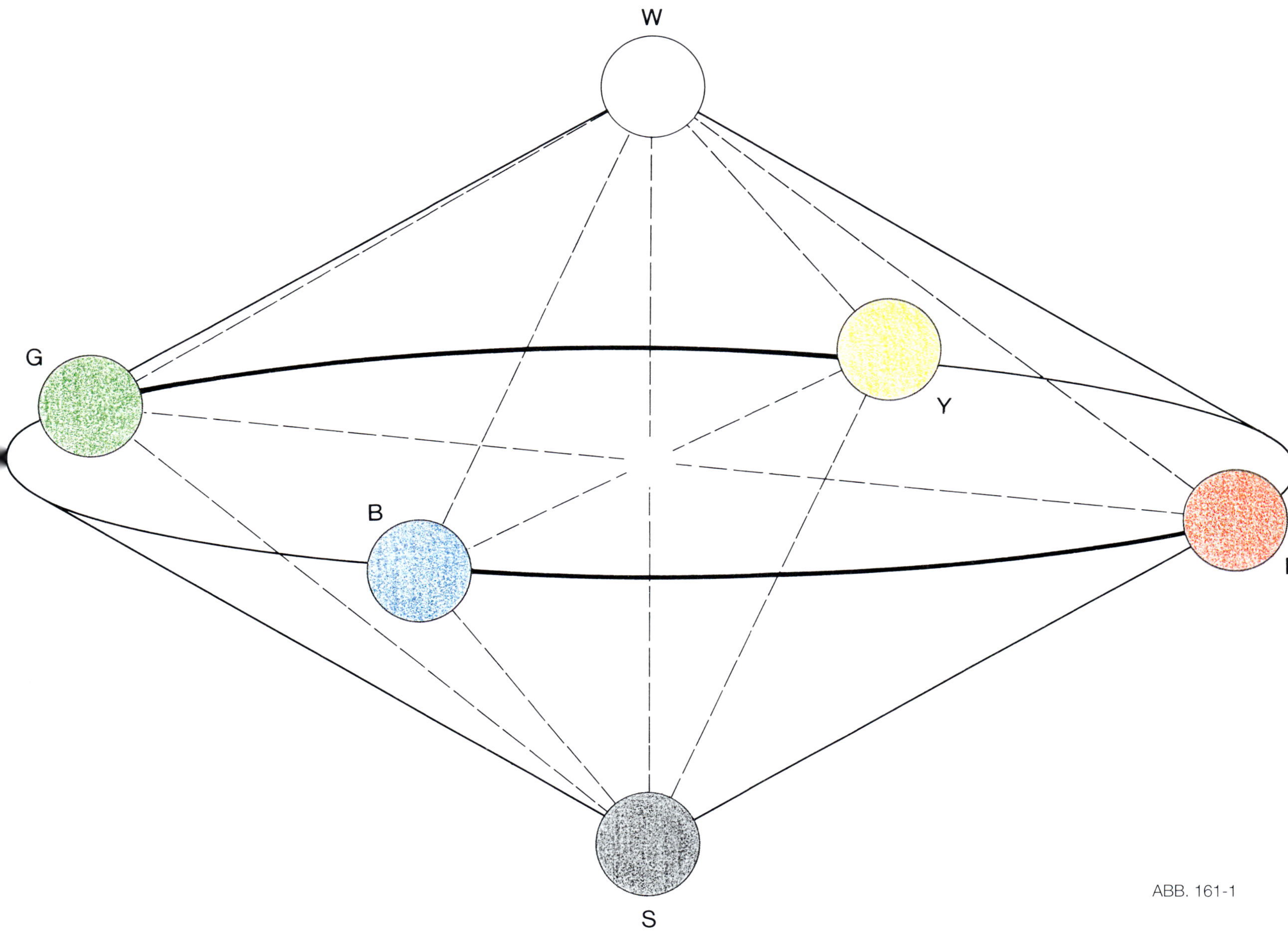

ABB. 161-1

Das System der natürlichen Farben, das »Natural Colour System NCS«, stammt aus Schweden. Es operiert mit den sechs Primärfarben, die Leonardo da Vinci vorgeschlagen hat (Kapitel 2), und der Opponenten-Theorie von Ewald Hering (Kapitel 24). Konkrete Ausgangspunkte der Forschungsarbeiten waren zudem das System von Tryggve Johansson (Kapitel 43) und der Farbatlas von Sven Hesselgren (Kapitel 46). Das Unternehmen startete im Jahre 1964, und Ende der sechziger Jahre konnten Anders Hård und Lars Sivik ihre ersten Ergebnisse vorlegen.

Das Ziel der schwedischen Farbforscher bestand darin, ein Farbsystem aufzustellen, mit dem jeder, der über die normale Fähigkeit zum Farbensehen verfügt, in der Lage sein konnte, Farbbestimmungen

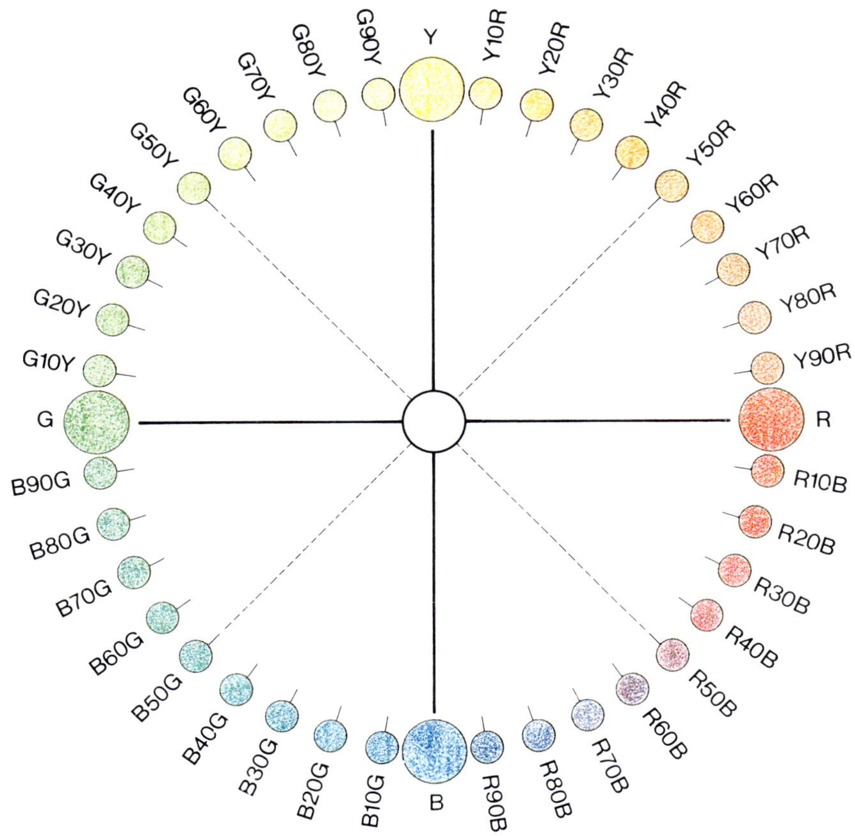

ABB. 162-1

vorzunehmen, ohne auf die Hilfe von Farbmeßinstrumenten oder Farbmuster angewiesen zu sein. Das NCS-System soll benutzt werden können, um die Wandfarbe in einem Zimmer, die Farbe eines Laubbaumes in weiter Entfernung, die Farbe einer bemalten Fläche, die Simultankontraste aufweist, oder die Farbe eines Punktes auf dem Fernsehschirm zu bestimmen. Grundlage soll allein die Wahrnehmung einer Farbe und nicht der Vergleich verschiedener Farben untereinander (»color matching«) sein.

Das System der natürlichen Farben hat die äußere Form eines Doppelkegels (Abb. 161-1), der so angelegt ist, daß die vier psychologischen Grundfarben Gelb (Y), Rot (R), Blau (B) und Grün (G) den Grundkreis bilden (oben) und dabei Plätze mit gleichen Abständen voneinander einnehmen. Die beiden Spitzen des Doppelkegels sind Weiß (oben) und Schwarz (unten), wobei die Verbindung zwischen jeder der vier Grundfarben und den beiden unbunten Spitzen ein gleichseitiges Dreieck ergibt (Abb. 163-1). Dieses Dreieck gibt die Nuance einer Farbe an. Aufgeführt sind die wahrgenommenen Weiß- (W), Schwarz- (S) und Farbanteile (C). Die zuäußerst rechts eingetragene Farbe ist dann durch die Parameter S = 10, W = 10 und C = 80 gegeben. (Die drei Zahlen ergeben zusammen natürlich 100.)

Im NCS-Farbenkreis (Abb. 162-1) wird jedes der Kreisviertel zwischen je zwei Grundfarben durch eine Skala unterteilt, die den prozentualen Anteil jeder Farbe nach folgendem Schema angibt: Y40R heißt Gelb mit 40% Rot, und B20G heißt Blau mit 20% Grün. Die Zuordnung beruht dabei auf dem Prinzip der Ähnlichkeit. Dieses Konzept besagt, daß jede Farbe höchstens zu zwei der chromatischen Elementarfarben (neben Weiß und Schwarz) ähnlich ist, wobei die Übereinstimmung quantitativ mit einer Genauigkeit von 5% abgeschätzt werden kann (ohne Hilfe eines materiellen Standards). Solche Abschätzungen sollen selbst Beobachtern gelingen, die noch wenig erfahren im Umgang mit Farbe sind.

Die Variablen des NCS-Systems werden ebenfalls durch Ähnlichkeit definiert. Eine von ihnen ist der Farbton, der wie oben

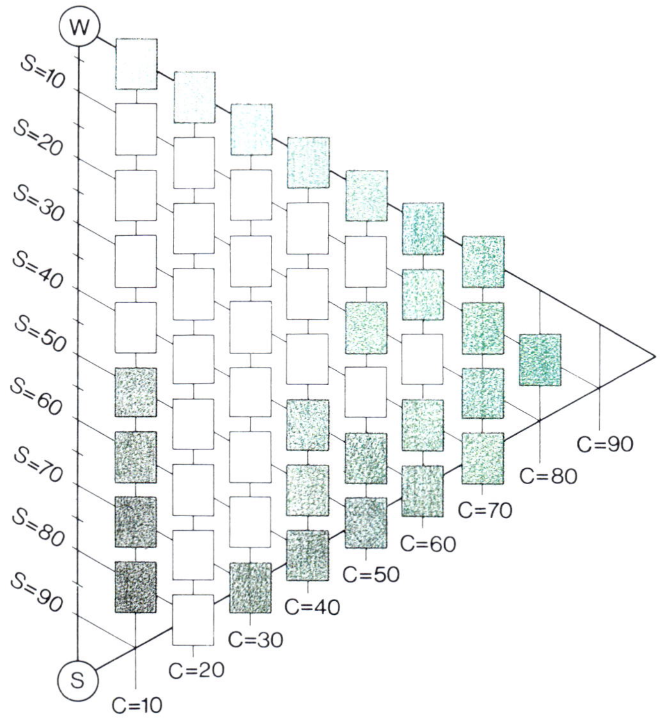

ABB. 163-1

erläutert zustande kommt. Dabei soll zum Beispiel die Farbe Orange 30% Ähnlichkeit zum Roten und 70% Ähnlichkeit zum Gelben haben, was ihr die Koordinaten Y30R einträgt.

Als weitere Variable kommen die Chromatizität (Anteil einer Buntfarbe) C und der Schwarzanteil S ins Spiel, und zwar so, wie es im Dreieck eingezeichnet worden ist (oben). Das heißt, gleiche Buntanteile enthalten alle Farben, die auf den senkrecht verlaufenden Linien – parallel zur Schwarz-Weiß-Achse – liegen. Gleiche Schwarzanteile enthalten entsprechend alle Farben der Reihe, die parallel zur Linie zwischen Weiß und der betrachteten Farbe verlaufen. Und alle Farben, die auf Reihen parallel zur Linie zwischen Schwarz und der Farbe liegen, enthalten den gleichen Weißanteil (der nicht eigens aufgeführt werden muß, weil er sich aus C und S beziehungsweise aus dem Schnittpunkt der entsprechenden Reihen ergibt).

Dem System der natürlichen Farben gelingt es, die guten Seiten der Systeme von Munsell (Kapitel 31) und Ostwald (Kapitel 32) zu übernehmen, ohne ihre Nachteile mitführen zu müssen, indem es sich auf die Beschreibbarkeit einer Farbwahrnehmung beschränkt. Seine Schöpfer wiesen empirisch nach, daß jede wahrgenommene Oberflächenfarbe beschrieben werden kann, indem man ihre Ähnlichkeit zu maximal vier der sechs elementaren Farbempfindungen quantifiziert. Damit folgten sie streng einem phänomenologischen Ansatz (siehe Kapitel 43).

Natürlich ist auch das natürliche System der Farben nicht vollkommen, und seine Ausweitung auf Leuchtfarben zum Beispiel wird auch neue Kenntnisse über Sehen und Wahrnehmen mit sich bringen. Die offene Vielfalt der Farben übersteigt jedes geschlossene System, auch wenn es noch so raffiniert und rücksichtsvoll konstruiert ist.

51 COLOROID-SYSTEM

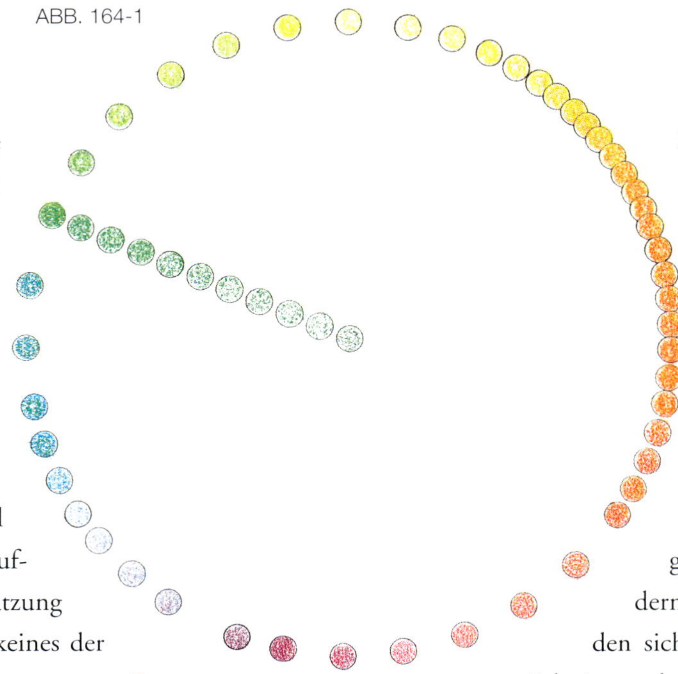

ABB. 164-1

Das Farbsystem »Coloroid« wurde seit 1962 an der Technischen Universität von Budapest unter der Leitung von Antal Nemcsics entwickelt und 1974 zum ersten Mal vorgestellt. Das Ziel dieser Ordnung lag darin, dem mit farbiger Umweltgestaltung befaßten Architekten ein Hilfsmittel an die Hand zu geben, mit dem er seine sowohl technischen als auch künstlerischen Aufgaben erfüllen kann. Nach Einschätzung seiner ungarischen Erfinder erfüllte keines der damals verfügbaren Farbsysteme die genannten Bedürfnisse der Farbenplanung, und so errichtete man einen neuen Farbenraum, dem »auf die Stimmen von 70.000 Versuchspersonen aufgebaute psychometrische Skalen« zugrunde liegen, wie Antal Nemcsics 1978 berichtet hat. Diese vielen Menschen haben geholfen, das Coloroid-System zu ermöglichen, das auf »ästhetisch gleichmäßigen« Farbreihen basiert. Als leitendes Prinzip der Konstruktion wurde also die Gleichheit ästhetischer Abstände gewählt, das heißt, innerhalb des Systems sollte eine Ausgewogenheit der Erscheinung für alle Farbskalen erzielt werden. Unterschiede der Wahrnehmung sollten erst an zweiter Stelle rangieren.

Als Variable des Coloroid-Systems tauchen der Farbton (abgekürzt durch A), die Sättigung (T) und die Helligkeit (V) auf. Die dreidimensionale Gesamtheit der Farben wird im Inneren eines geraden Kreiszylinders angeordnet (Abb. 165-1), was dem Prinzip der empfindungsgemäß aufgebauten Farbsysteme entspricht. Die genaue Festlegung erfolgt so, daß sich der Farbton entlang des Zylinderumfangs, die Sättigung entlang des Radius und die Helligkeit parallel zur Zylinderachse ändert. Auf ihr befinden sich somit die neutralen Farben zwischen Weiß (W, oben) und Schwarz (S, unten). Die zur Achse senkrechten Ebenen enthalten Farben gleicher Helligkeit, und die Sättigung wächst mit zunehmender Entfernung vom Zentrum. Farben gleicher Sättigung bilden je einen Zylindermantel. Farben gleichen Farbtons befinden sich in den Halbebenen der senkrechten Schnitte entlang der Zylinderachse.

Die Farben des Spektrums und der Purpurlinie liegen wie eingetragen auf der Zylinderachse, und zwar genauer auf dem etwa Ellipsenform annehmenden schrägen Schnitt durch die dreidimensionale Konstruktion. Sie stellen die sogenannten Coloroid-Grenzfarben dar. Aus ihnen wurden die Grundfarben des Systems gewählt, und zwar insgesamt 48 Farben (siehe dazu auch den Kreis oben), die durch ganze Zahlen gekennzeichnet werden und voneinander »empfindungsgemäß ästhetisch annähernd in gleichen Entfernungen« liegen.

Die ästhetische Gleichmäßigkeit der Farbtonskala wurde dabei grundsätzlich dadurch erreicht, daß die Probanden gebeten wurden, aus 160 Farbproben – mit Munsell-Helligkeit und Chroma V/C = 6/12 (siehe Kapitel 31) und von verschiedenen Farbtönen – einen Farbenkreis so herzustellen, daß die eingeschlossene Skala – zusammen betrachtet – als gleichmäßig veränderlich wirkte.

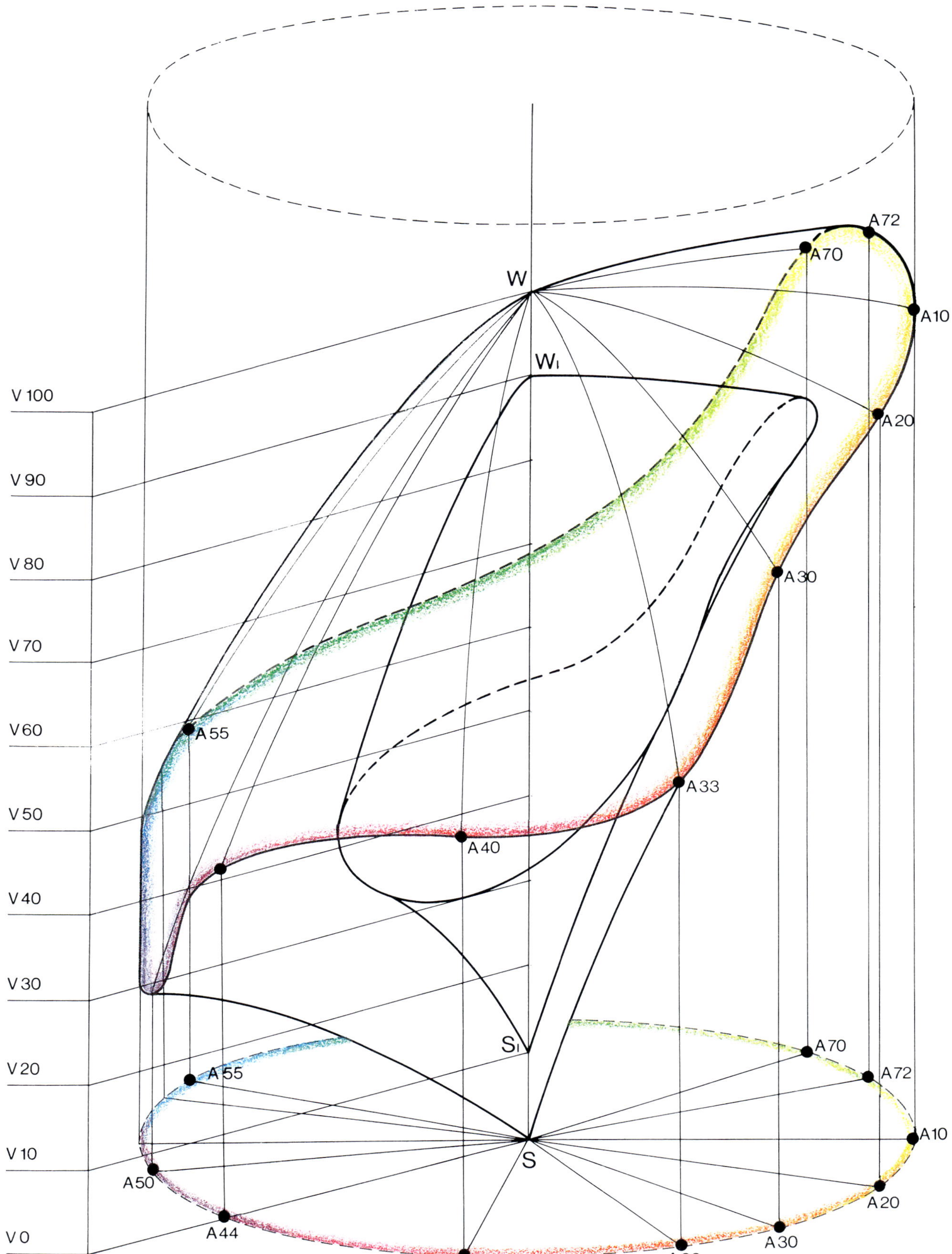
W
W1
S1
S
V 100
V 90
V 80
V 70
V 60
V 50
V 40
V 30
V 20
V 10
V 0
A72
A70
A10
A20
A30
A33
A40
A55
A50
A44
A 55
A70
A72
A10
A20
A30
A33
A40
ABB. 165-1

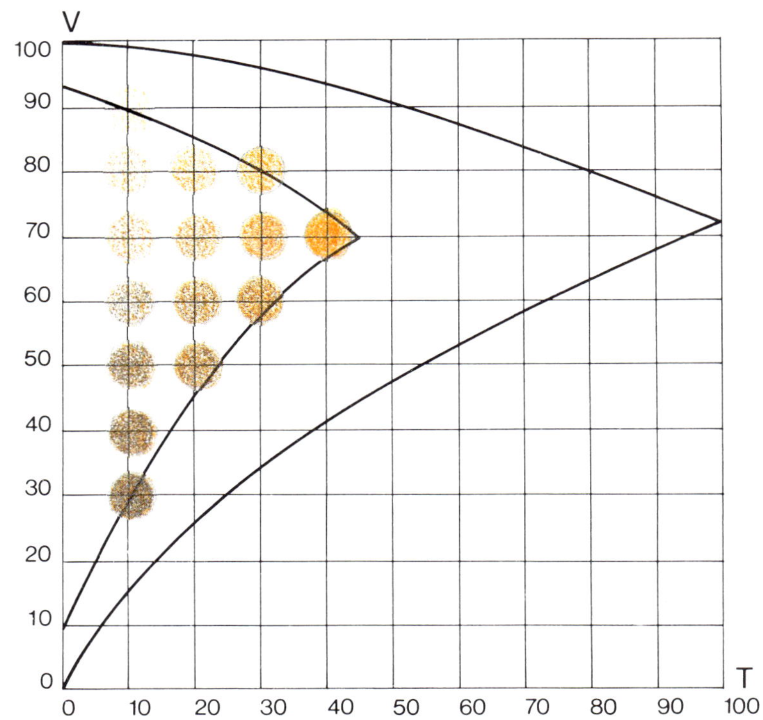

ABB. 166-1

Im Coloroid-System wird jede Grenzfarbe durch eine sogenannte Grenzkurve mit Weiß und Schwarz verbunden. Dabei entsteht ein geschlossener Farbenraum, der alle wahrnehmbaren Farben in der den empfindungsgemäßen Kennwerten des Systems entsprechenden Anordnung enthält. Innerhalb dieses Coloroid-Raumes befindet sich der (kleinere) Coloroid-Farbkörper, der nur die Oberflächenfarben enthält. Bei den Farbtönen bleiben das extreme Rot (jenseits von 700 nm) und das äußerste Violett (jenseits von 450 nm) ausgespart. Die Helligkeit steigt vom Schwarz zum Weiß in 100 einheitlichen Schritten, die von den Autoren physikalisch genauer definiert werden, auf (nämlich als Quadratwurzel der Leuchtkraft). Die Sättigung, für die ebenfalls 100 Einheiten vorliegen, wird dadurch definiert, daß die Testfarbe als additive Mischung der Spektralfarben (und des Purpur) analysiert wird. Als Sättigung einer Farbe wird der Prozentsatz der Spektralfarbe (oder des Purpur), der in der Mischung vorhanden ist, angegeben.

In der Coloroid-Farbenebene (oben) werden die Schnitte der Halbebenen mit dem Coloroid-Farbkörper gezeigt. Dabei erscheinen die Grenzkurven der Oberflächenfarben. In der Ebene sind der Farbton und die kennzeichnende Wellenlänge jeder Farbe gleich.

Es ist möglich, die genauen Beziehungen dieses Systems zum Normvalenzsystem (dem CIE-Diagramm, Abb. 122-1) anzugeben, was aber hier nicht weiter verfolgt werden kann.

Neuartig am Coloroid-System ist offenbar der Begriff des »ästhetisch gleichmäßigen Farbenraums«, wobei eine Skala als ästhetisch gleichwertig betrachtet wird, wenn sie für den Betrachter als Ganzes gleichmäßig veränderlich wirkt. Die Idee hinter der Konstruktion tauchte mit der Erkenntnis auf, daß bei der Planung einer farbigen Umgebung Farben in Einklang zu bringen sind, die hinsichtlich Farbton, Sättigung und Helligkeit sehr verschieden sind. Für den Designer ist daher die erläuterte ästhetische Gleichmäßigkeit wichtiger als die Fähigkeit, kleine Farbdifferenzen genau zu erfassen und immer in gleicher Größe zustande zu bringen. Nicht die Unterschiede müssen genau bestimmt werden, sondern ihr Zusammenspiel. Das Coloroid-System bietet dazu einen Weg.

52 J. FRANS GERRITSEN

Der Holländer J. Frans Gerritsen stellt im Jahre 1975 einen neuen Versuch vor, die Farben nach den Gesetzen unserer Farbempfindung zu ordnen. Er wählt dazu drei Variable – Farbton, Helligkeit und Sättigung –, die wie im Coloroid-System (Kapitel 51) einen Zylinder aufspannen, auf dessen Mantel eine unregelmäßige Wellenlinie verläuft (Abb. 168-1). Sie kommt durch kreisförmig angeordnete Farbtöne und ihre abwechselnd höher und niedriger liegende Eigenhelligkeit zustande.

Der Farbkreis besteht aus sechs sogenannten Vollfarben – die Gerritsen mit Gelb, Rot, Magenta, Blau, Cyan und Grün bezeichnet –, und die so angeordnet sind, daß sich die komplementären Paare diametral gegenüberliegen. Dabei wechseln sich drei hellere und drei dunklere Farben ab. So finden alle denkbar möglichen Primär- und Sekundärfarben ihren Platz auf dem Zylindermantel sowie auf der Wellenlinie. Gerritsen bezeichnet die unbunten Farben von Weiß über alle Graustufen nach Schwarz als Tertiärfarben. Sie bilden die Helligkeitsachse des Farbzylinders, dem die schematische Einteilung von A bis J gegeben wird. Die beiden Abbildungen auf Seite 169 zeigen einen vertikalen beziehungsweise horizontalen Schnitt durch den Farbwahrnehmungsraum, der auf Seite 168 dargestellt ist. Horizontale Schnitte zeigen Farben gleicher Helligkeit.

Gerritsen wollte mit seinem Modell einige der alten Gesetze wiederfinden, wie er in seiner *Entwicklung der Farbenlehre* schreibt (1984): »Wie bei den Griechen sind hier die Farben wieder ihrem eigenen Helligkeitsgrad zwischen Schwarz und Weiß eingeordnet. Die ›Mischfarbe‹ Rot zwischen Schwarz und Weiß, wie man früher glaubte, finden wir auf dem äußeren Umfang zwischen Schwarz und Weiß. Die Newtonschen Farben des Tageslichtspektrums erhalten ihren richtigen Platz. Die Grundfarben, drei hellere und drei dunklere, wechseln einander ab, wie in dem Farbschema von Maxwell. Die unregelmäßige Wellenlinie auf dem Zylindermantel entlang der Eigenhelligkeit der Vollfarben erlaubt gleich große Helligkeits- und Farbstufen.«

Gerritsen wählt sein System zudem so, daß die Opponenten-Werte Schwarz–Weiß, Blau–Gelb und Grün–Rot als Signalübertragung beim Farbensehen ersichtlich werden. Er hat dabei klare Vorstellungen darüber, wie sich das Sehen im Laufe des Lebens entwickelt hat. Auf einer ersten Stufe konnte nur Hell-Dunkel-Information

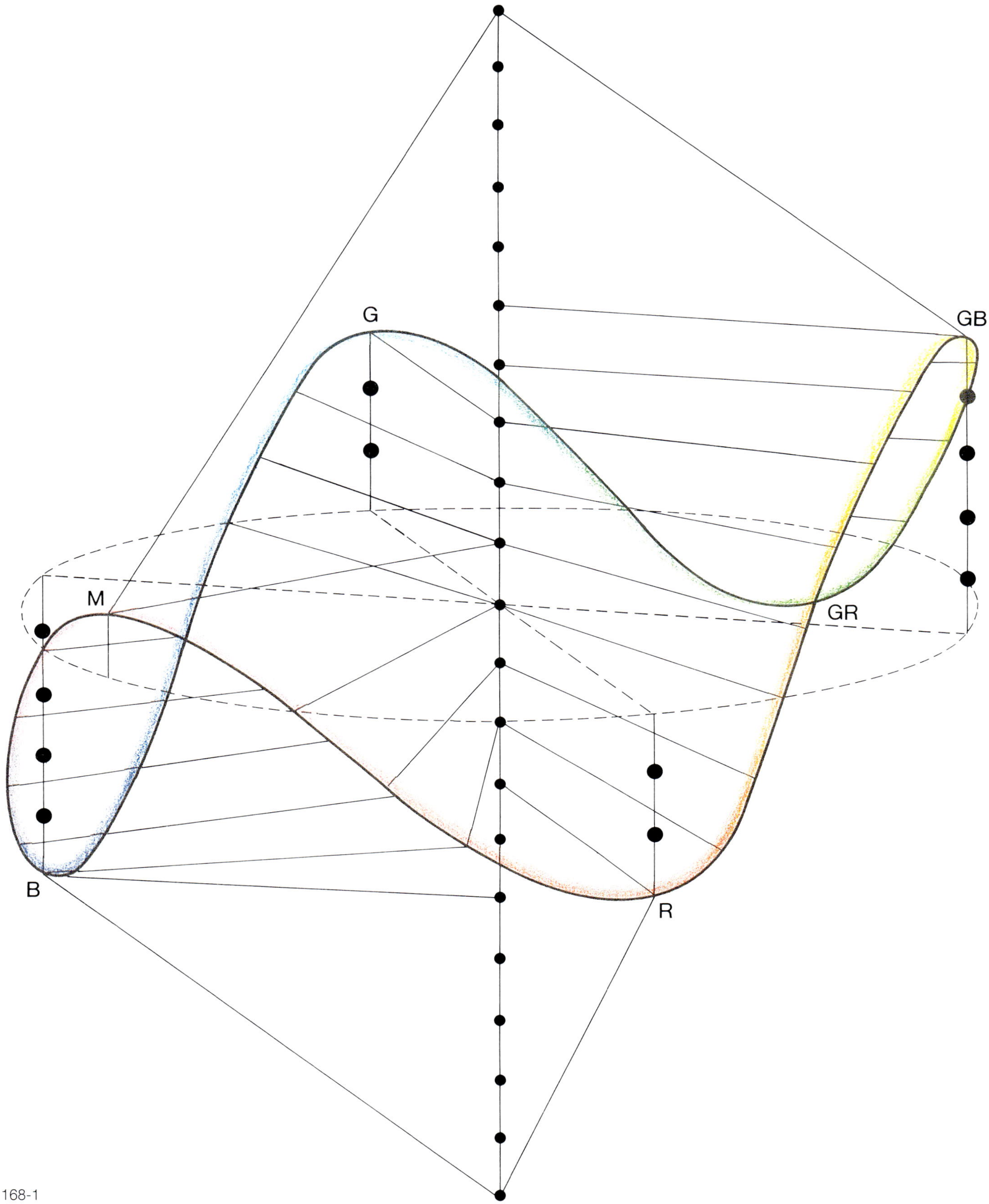

ABB. 168-1

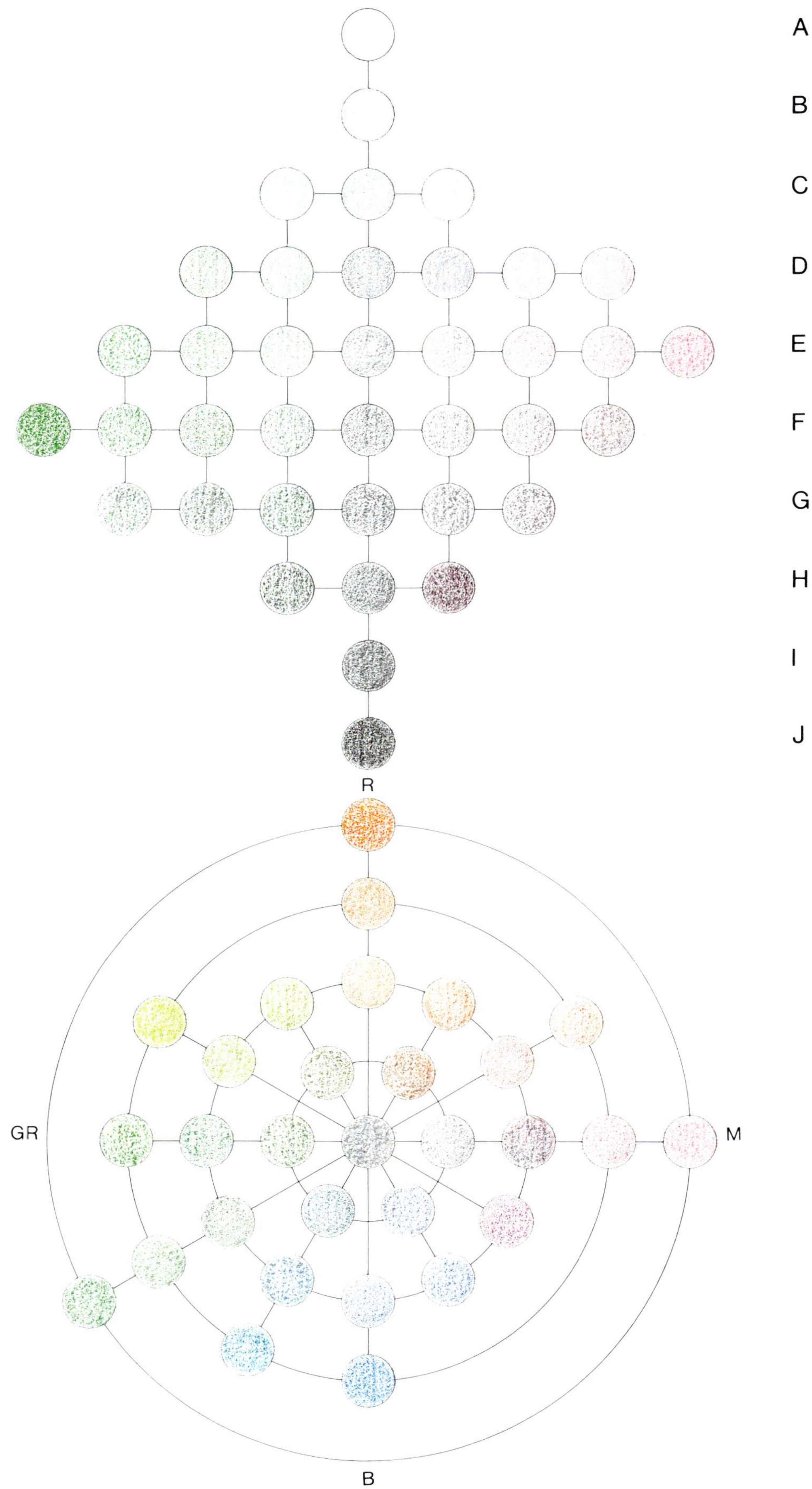

ABB. 169-1

aufgenommen werden, und es gab nur das eine Opponenten-Signal Schwarz–Weiß. Aus ihm entwickelte sich in einem zweiten Schritt eine Empfindlichkeit für das Opponenten-Signal Blau–Gelb, dem in einer dritten Stufe eine Differenzierbarkeit für das Opponenten-Signal Rot–Grün folgte. Dabei wird Gelb für das Farbenpaar Rot–Grün dasselbe wie Weiß für das Farbenpaar Blau–Gelb, nämlich sein neutraler Übergangspunkt. Diese Vorstellung über die phylogenetische (stammesgeschichtliche) Entstehung der Farbempfindlichkeiten geht auf den Physiker Erwin Schrödinger zurück, der sich bereits 1924 Gedanken »Über den Ursprung der Empfindlichkeitskurven des Auges« gemacht hatte, um ein besseres Verständnis für die psychologische Farbordnung zu erlangen. Schrödinger macht auf diese Weise nicht nur verständlich, daß Weiß und Gelb »echte Grundempfindungen« sind – die eine aus dem monochromatischen, die andere aus dem dichromatischen Stadium der Entwicklung –, er kann damit auch erklären, warum die weitaus häufigste Störung der normalen Farbtüchtigkeit des menschlichen Auges die Rotgrünblindheit ist. Sie entspräche einem Atavismus des Tagessehapparates der ersten Art.

Inzwischen können Wissenschaftler das Auftreten der Farbblindheit aus einer anderen Perspektive erklären. Es handelt sich um den Blick von der genetischen Ebene aus. Die moderne Biologie hat nämlich einige Gene identifiziert, die zum Farbensehen beitragen, und zwar die Gene, die – genauer gesagt – die biologischen Informationen für die Farbpigmente enthalten, die im Auge das Licht empfangen und weiterleiten. Drei verschiedene Gene konnten gefunden werden, die für drei Pigmente zuständig sind, für das Blau-, das Grün- und das Rotpigment. Der Kürze halber soll dafür hier von Blau-, Rot- und Grüngenen die Rede sein.

Während das Blaugen isoliert von den beiden übrigen weit getrennt im genetischen Material der Zelle untergebracht ist, liegen das Rot- und das Grüngen nebeneinander. Dies hat zur Folge, daß sie sich bei der Zellteilung durch herkömmliche genetische Mechanismen (»Crossing over«) vermischen und dabei unwirksam machen können. Die Wahrscheinlichkeit dafür wird noch durch die überraschende Tatsache erhöht, daß es mehrere Exemplare des Grüngens gibt (während jeweils nur eine Kopie des Blau- und Rotgens angetroffen wird).

Rotgrünblindheit kann also genetisch gut erklärt werden, und die Verteilung der drei Gene für das Farbensehen und ihre inzwischen im Detail aufgeklärte Struktur lassen den Schluß zu, daß die oben vorgestellte Deutung der Farbpolaritäten und ihre Entstehung mit den molekularen Tatsachen vereinbar ist. Die Polaritäten mit ihrem Umschlag bei Weiß und Gelb wären also gleichsam Atavismen der Empfindung. Sie leuchten uns, obwohl sie selbst ohne Gene auskommen.

53

CIELAB-SYSTEM

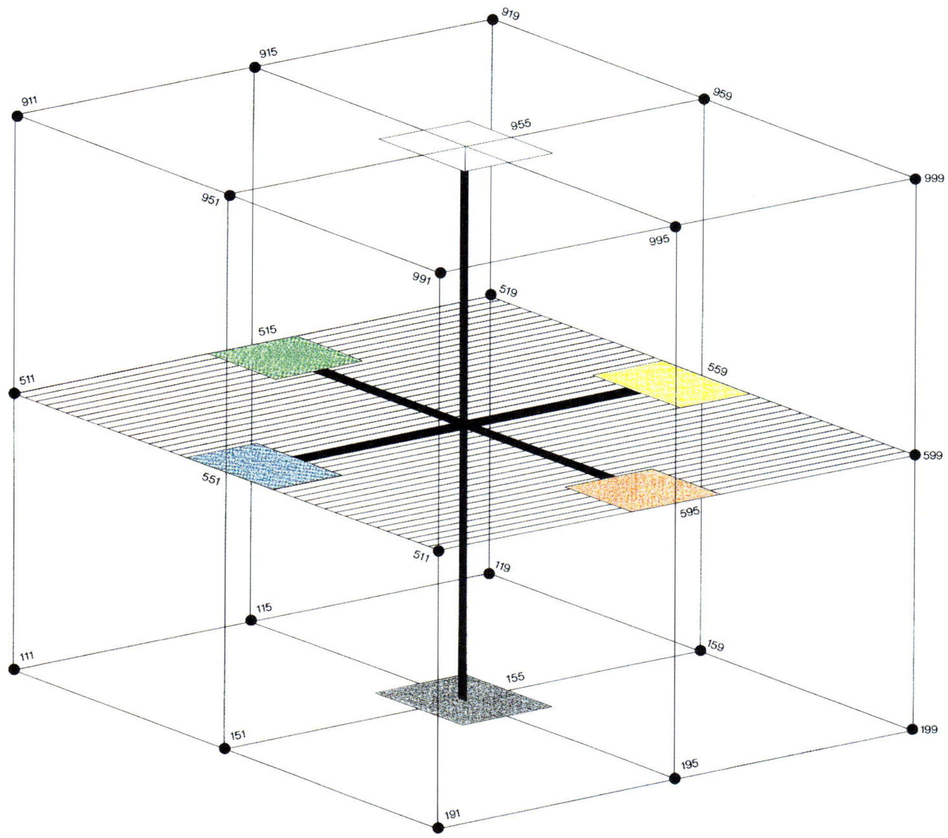

ABB. 171-1

Für industrielle Anwendungen der Farbe kommt es nicht nur auf die Messung von Farben an. Wichtig ist vor allem die Möglichkeit, Farbunterschiede genau bestimmen zu können. Der Grund dafür liegt einfach darin, daß ein Kunde, der einem Produzenten den Auftrag erteilt, ein gewünschtes Objekt (zum Beispiel einen Wagen) in der gewünschten Farbe (zum Beispiel Eisgrün) zu liefern, erwartet, daß der bestellte Gegenstand eine Farbe trägt, die mit einer zweiten (schon vorhandenen) Farbe zusammenpaßt, wobei natürlich eine kleine Toleranz eingeräumt wird.

Leider ist es in dem berühmten CIE-Diagramm (Kapitel 37) der Farbmetriker nicht möglich, Farbunterschiede einfach als Entfernungen im Schaubild zu bestimmen. Kritiker des CIE-Diagramms haben immer schon auf diesen Nachteil hingewiesen, der sich dadurch zeigt, daß Grün überrepräsentiert und die roten, violetten und blauen Töne in den Ecken zusammengestaucht sind.

Seit den sechziger Jahren werden in der Literatur zum Thema Farbunterschiede immer wieder einfach praktikable Formeln zur Berechnung von Differenzen vorgeschlagen, die dann mehr oder weniger weit verbreitet und angewendet werden. 1976 tauchte eine von der CIE empfohlene neue Metrik unter dem Kürzel CIELAB beziehungsweise CIEL*a*b* auf, die danach umfassend genutzt wurde, und zwar für nicht-selbstleuchtende Objekte, also zum

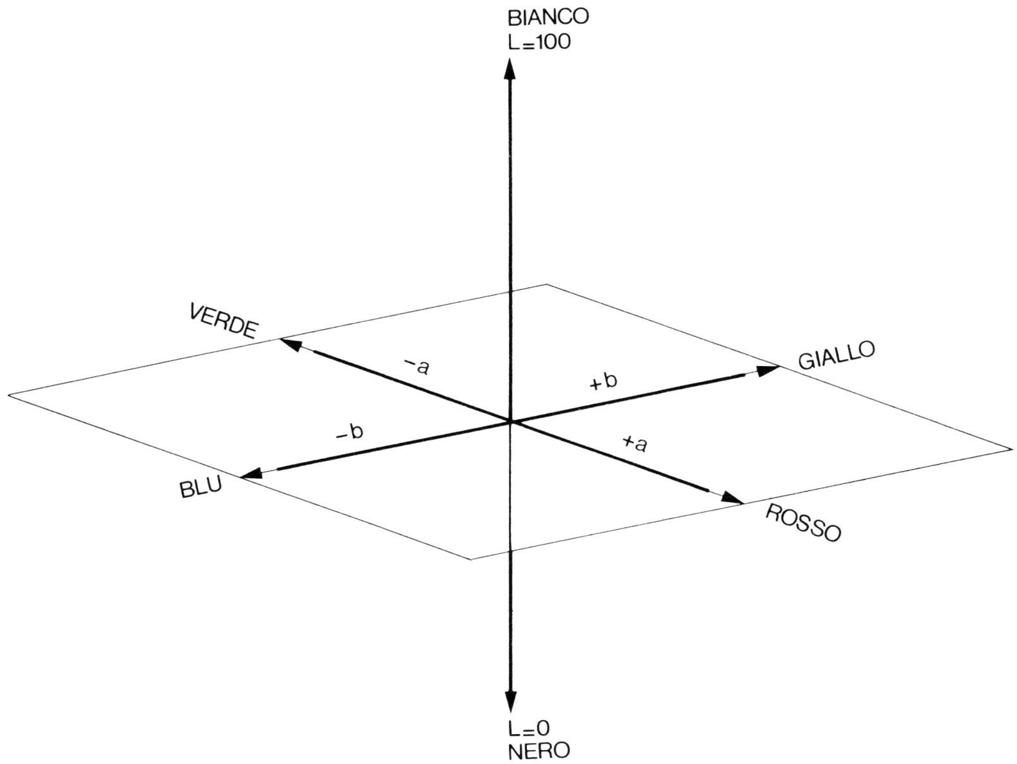

ABB. 172-1

Beispiel für Textilien, Malfarben und Plastikgegenstände. Das CIEL*a*b*-System scheint die erwähnten industriellen Bedürfnisse abzudecken. Die zur gleichen Zeit vorgelegte Metrik mit dem Kürzel CIELUV beziehungsweise CIEL*u*v* hilft dagegen, Farbunterschiede, etwa bei Blitzen, in der Fotografie oder auf dem Fernsehbild, zu fassen.

Um zum CIEL*a*b*-Farbraum zu kommen, werden die drei farbmetrischen Koordinaten (Farbwerte) X, Y und Z der CIE-Normfarbtafel (Abb. 122-1) in drei neue Größen überführt, die als L, a und b bezeichnet werden (und im Schaubild oben eingetragen sind). X und Y werden auf nicht ganz einfache Weise zu a, aus Y und Z entsteht auf ähnliche Weise b, und Y allein liefert den Weg zu L (wobei sich die im Kubus auf Seite 171 eingetragenen Werte ergeben, die hier nicht näher erläutert werden). L (»lightness«) liefert so etwas wie eine »psychometrische Helligkeit« (oder »Leichtigkeit«), das heißt, dieser Parameter wird durch die geeignete Funktion einer psychophysischen Größe (einem Farbwert) definiert, die so gewählt wird, daß gleiche Skalenintervalle so eng wie möglich gleiche Unterschiede zwischen Farben wiedergeben, die der »lightness« – der Leichtigkeit – nah verwandt sind. Die Werte von L erstrecken sich zwischen 0 für Schwarz (Nero) und 100 für Weiß (Bianco).

Das entstehende CIEL*a*b*-Diagramm heißt manchmal auch »psychometrisches Farbdiagramm«, wobei die Farben entlang zweier Richtungen im rechten Winkel zueinander zu liegen kommen. Die von ihnen aufgespannte Ebene steht selbst senkrecht zur achromatischen Achse. Der entstehende »einheitliche Farbenraum« (»uniform color space«) baut natürlich auf den vier psychologischen Grundfarben Rot (Rosso), Grün (Verde), Blau (Blu) und Gelb (Giallo) auf, die Ewald Hering in seiner Opponenten-Theorie als erster beschrieben hat (Kapitel 24) und von denen wir heute wissen, daß sie unmittelbar dem Gehirn gemeldet werden.

54 ACC-SYSTEM

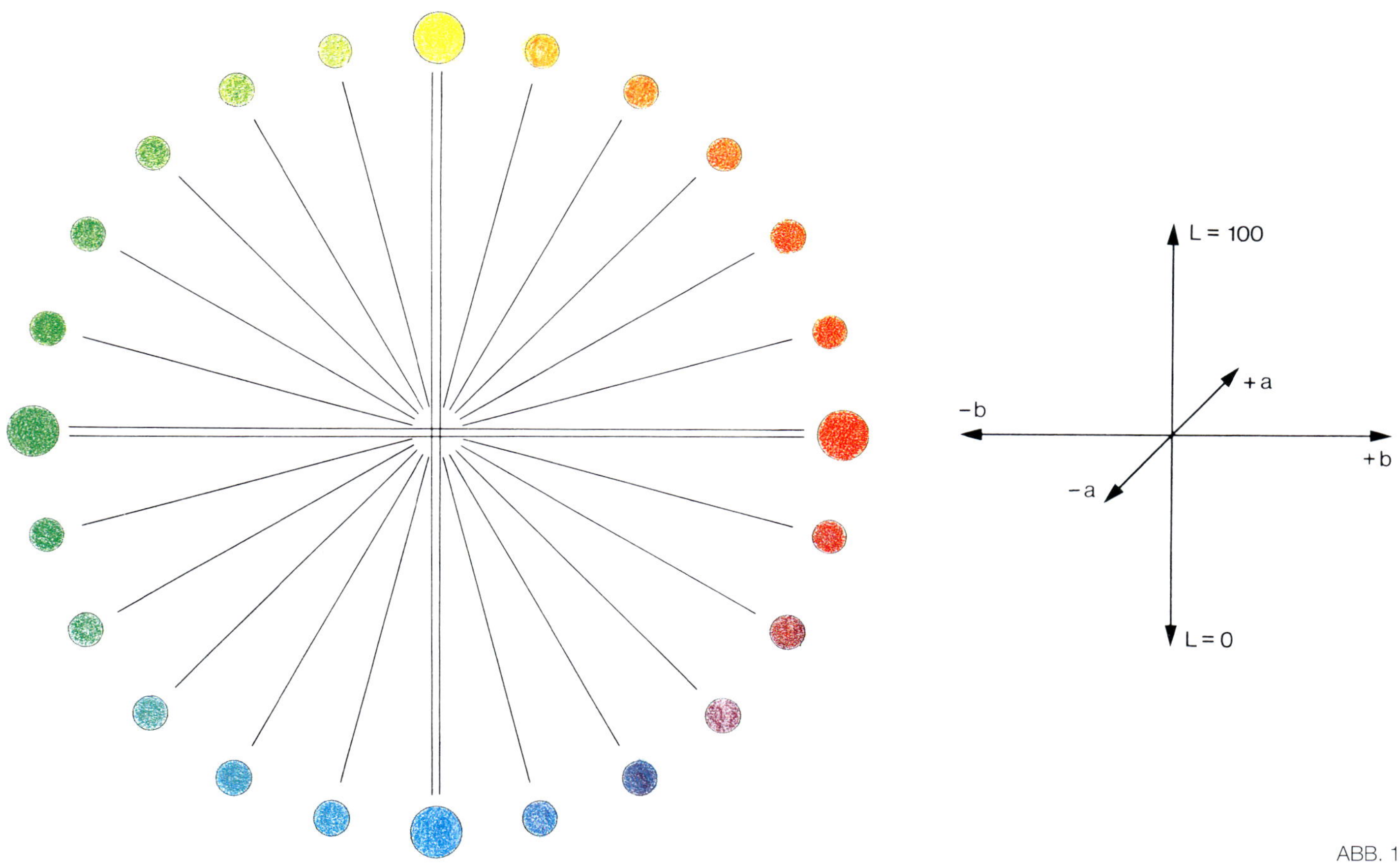

ABB. 173-1

Aus Holland stammt das kreiszylindrische Farbsystem (Abb. 175-1) mit der Bezeichnung »Acoat Color Codification« (ACC), das im Jahre 1978 von der Lackindustrie (Sikkens GmbH) entwickelt worden ist und sich die Beschreibung von Farboberflächen zum Ziel genommen hat. Theoretisch können nach diesem System 2,4 Millionen Farben berechnet werden. Für die Praxis sind etwa 1 Million deckende, transparente, glänzende, metallische und andere Oberflächenfarben von Interesse.

Das ACC-System versucht, mit farbmetrischer Hilfe konstante Farblieferungen und Farbkarten zu ermöglichen, durch seine gleichabständige Ordnung anschaulich und durch Vermeidung komplizierter Umrechnungsprozesse zwischen den physikalischen und den empfundenen Werten wirtschaftlich zu sein (das heißt, Farbmuster zu günstigen Preisen anzubieten).

Der dem ACC-System zugrundeliegende Farbkreis besteht aus 24 »Bunttönen« (»Kleurtoon«), die entlang des Radius von innen nach außen in ihrer Sättigung (»Verzadiging«) und entlang der senkrechten Höhe nach der Helligkeit (»Heldermeid«) variieren. Bei diesen beiden Parametern werden jeweils 100 Stufen unterschieden, die durch Zahlen zwischen 00 und 99 notiert werden. Die sich an vier Grundfarben orientierenden Segmente des Farbkreises erhalten zu ihrer Kennzeichnung Buchstaben. Die Benennung beginnt bei Rot mit dem Buchstaben A und läuft über Gelb (G), Grün (L) und Blau (T) zurück zu Rot. Zur feineren Unterteilung können zusätzlich Ziffern zwischen 0 und 9 angefügt werden.

Die genauen Koordinaten des ACC-Zylinders – in Abbildung 173-1 gezeigt – sind eng mit denen des CIEL*a*b*-Systems verwandt (Kapitel 53), das heißt, das ACC-System vertraut auf dessen »empfindungsgemäßer Gleichabständigkeit«, und die Linien gleichen Bunttons sind Strahlen, die aus dem Ursprung des Koordinatensystems herauslaufen. Die Konstruktion ist zum Weißen und Schwarzen hin offen, so daß dem System neue Grade der Helligkeit zugefügt werden können, ohne dabei seine Geometrie verändern zu müssen. Weiß und Schwarz verlieren dadurch die exponierte Stellung, die sie als Pole von Kugeln und Kegeln einzunehmen pflegen.

Der Farbkörper des ACC-Systems nimmt offenbar auch Farben auf, die heller sind als das reine Weiß (z.B. Tagesleuchtfarben), und verzichtet dafür auf sehr dunkle Töne, die in der Praxis auch nur selten vorkommen.

Die genaue Kodierung der Farben erfolgt durch eine sechsstellige Zahl der folgenden Reihenfolge: »Buntton, Sättigung, Helligkeit«. Die Folge C2.10.70 kennzeichnet zum Beispiel ein helles Rotorange mit geringer Sättigung, und die Folge G0.55.80 meint eine gelbe Farbe von mittlerer Sättigung und sehr großer Helligkeit.

Wer versucht, das holländische ACC-System farbmetrisch zu charakterisieren, um es mit dem deutschen DIN-System (Kapitel 47) oder dem schwedischen NCS-System (Kapitel 50) abstimmen zu können, wird allerdings trotz einfacher Formeln seine Schwierigkeiten bekommen. Die europäischen Industriestaaten haben ihre Systeme bisher so gewählt, daß die jeweilige nationale Norm unangetastet bleibt.

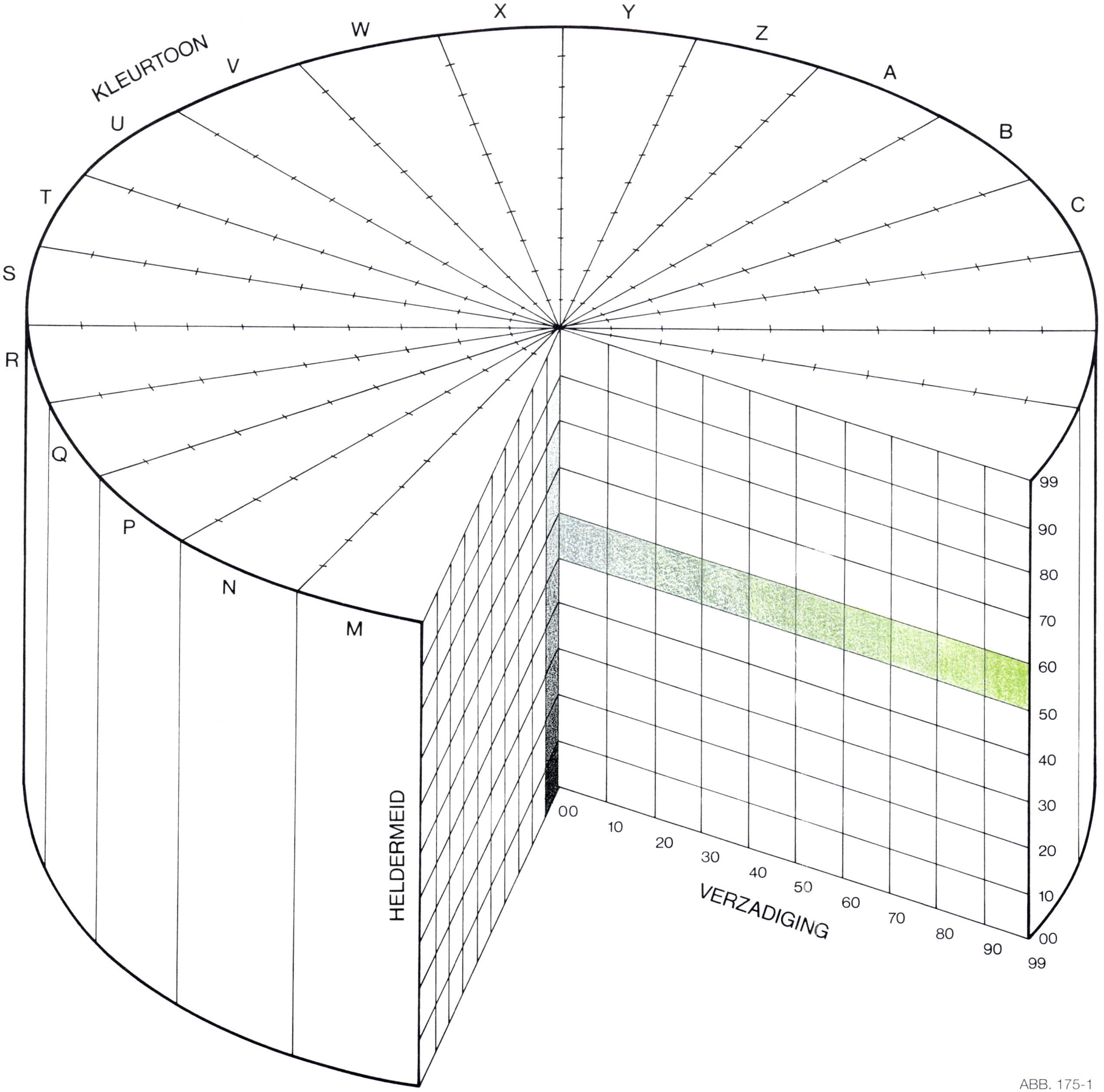
KLEURTOON
X
Y
Z
A
B
C
D
E
W
V
U
T
S
R
Q
P
N
M
HELDERHEID
VERZADIGING
00
10
20
30
40
50
60
70
80
90
99
00
10
20
30
40
50
60
70
80
90
99

ABB. 175-1

55 HLS-SYSTEM

Die drei Buchstaben H, L und S kürzen die englischen Namen für die drei klassischen Variablen der Farbe, Hue (Farbton), Luminance (Helligkeit) und Saturation (Sättigung) ab. Statt Luminance wird oft auch Intensity verwendet, was aus dem HLS- ein HIS-System macht.

Unabhängig von der Bezeichnung liefert das System eine Möglichkeit, die Farbordnung von Albert Henry Munsell (Kapitel 31) für Fernsehschirme und die auf ihnen durch Phosphoreszenz erzeugten Farben einzusetzen. Der Ausdruck »Phosphoreszenz« leitet sich aus der griechischen Vokabel »phosphoros« für den Morgenstern – die Venus – ab, und man könnte ihn mit »Lichtträger« übersetzen. Der erwähnte Lichteffekt auf dem Bildschirm, die Phosphoreszenz, kommt zustande, wenn die Energie, die in Form von Elektronenstrahlen geliefert wird, von den Substanzen (Molekülen) auf dem Bildschirm zunächst gespeichert und danach in Form von sichtbarem Licht wieder abgegeben wird.

Das farbige Bild auf dem Fernsehschirm läßt sich nun dadurch produzieren, daß drei verschieden absorbierende lichttragende Moleküle verwendet werden, die in winzigen Flecken von etwa 0.2 mm Durchmesser zusammengefaßt sind. Wenn sie aufleuchten, entsteht eine besondere Form der additiven Lichtmischung, die als partitive Mischung bezeichnet wird. Sie kommt gewöhnlich durch die drei Farben Rot, Grün und Blau (RGB) zustande und wird erläutert, wenn das dazugehörige RGB-System (Kapitel 56) vorgestellt wird.

Im HLS-System wird der Farbton (Hue) durch einen Winkel angegeben, der ganz konventionell zwischen 00 und 3600 variieren kann. Die Intensität (Luminance) wird wie die Sättigung (Saturation) durch eine in 100 Einheiten unterteilte Skala vermessen. Dabei wird zum einen der Weg von Schwarz nach Weiß und zum anderen der Weg von Grau bis zur vollen Farbe zurückgelegt.

Das Problem, wie zwischen der rein numerischen (metrischen) und der chromatischen (psychologischen) Skala zu vermitteln ist, bleibt natürlich auch im HLS-System erhalten.

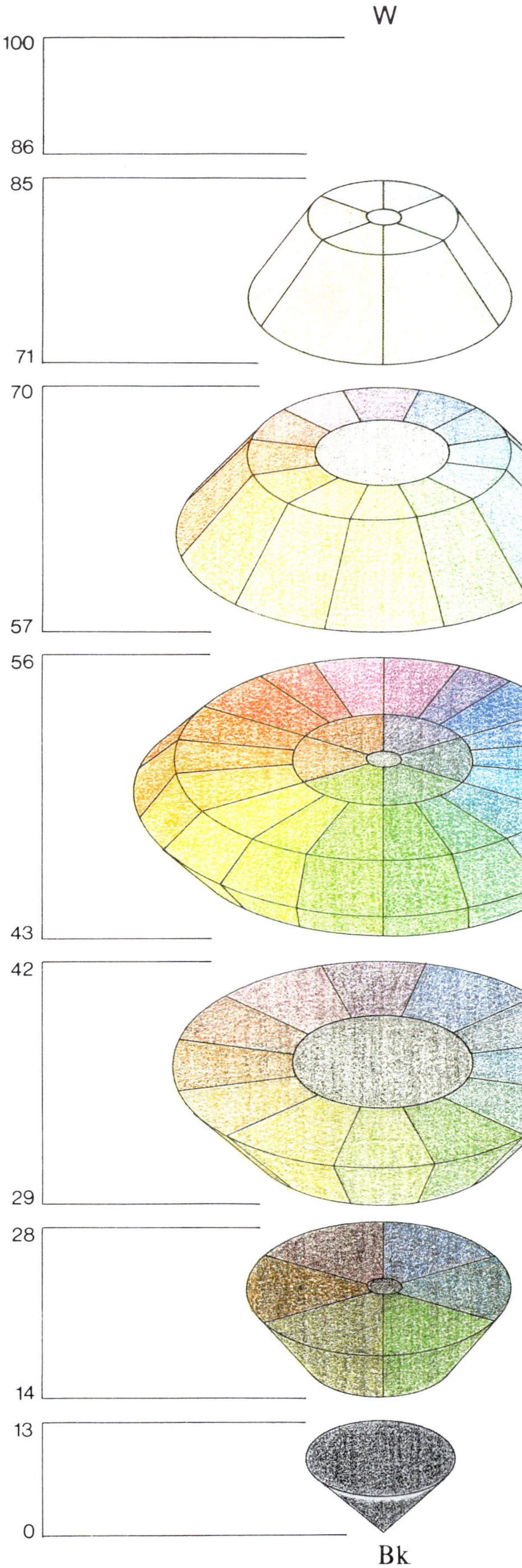

ABB. 177-1

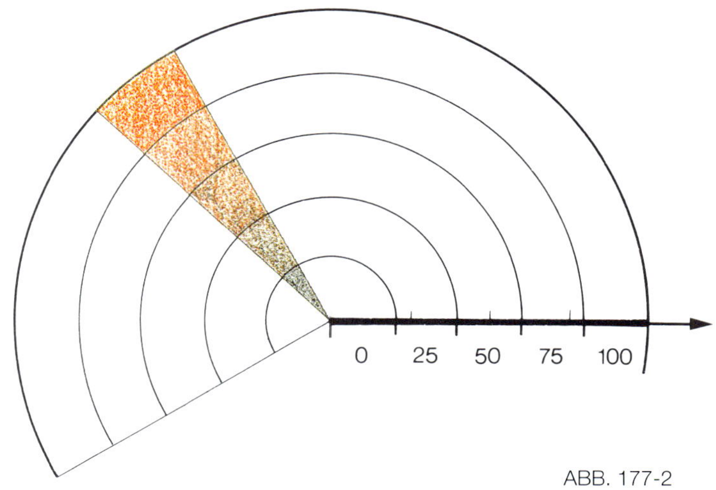

ABB. 177-2

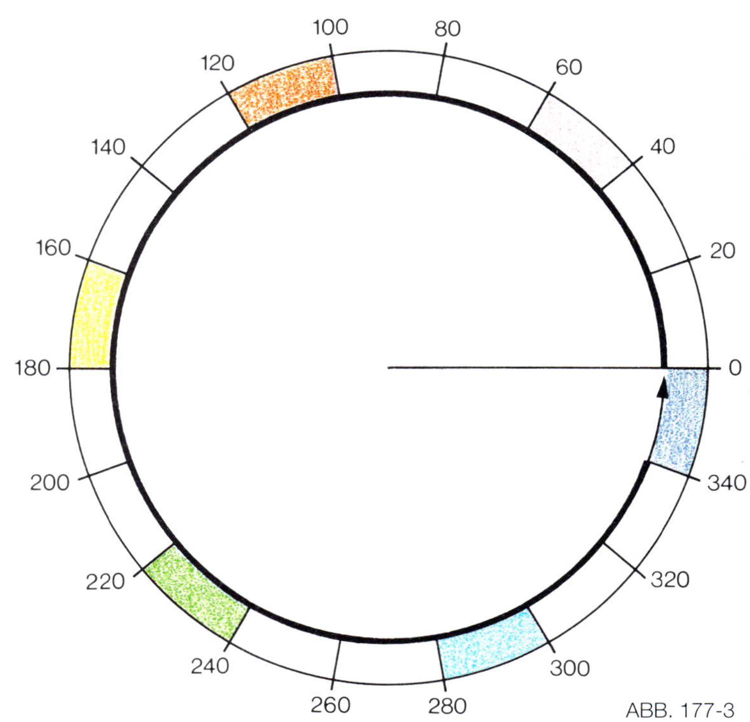

ABB. 177-3

56 RGB-SYSTEM

Farben auf einem Bildschirm entstehen durch eine Spezialform der additiven Lichtmischung, die als partitive Mischung bezeichnet wird. Die Schirmfläche wird durch winzige Pünktchen mit einem Durchmesser von rund 0,2 mm bedeckt, in denen sich phosphoreszierende Substanzen (Moleküle) befinden (siehe Kapitel 55). Für gewöhnlich greift man dabei auf drei Sorten zurück, die rotes, grünes oder blaues Licht aussenden, nachdem sie durch die Elektronenstrahlen angeregt worden sind, das heißt, nachdem sie Energie aufgenommen haben. Das hier vorgestellte Farbsystem für Bildschirme wird nach diesen drei Farben RGB genannt.

Die partitive Lichtmischung kommt deshalb zustande, weil das menschliche Auge nicht in der Lage ist, die vielen Hunderttausend Pünktchen beziehungsweise die Triaden aus roten, grünen und blauen Flecken, in denen sie organisiert und angeordnet sind, einzeln wahrzunehmen. Nur der Mischeffekt aller RGB-Triaden wird registriert, wobei die Helligkeit durch die Intensität der Elektronenstrahlen geregelt wird, die die Phosphoreszenz auslösen.

Die Farbe auf dem Bildschirm kommt also als partitive Mischung von Rot, Grün und Blau zustande, und diese kann nur eine begrenzte Menge aus der möglichen Vielfalt der Farben zustande bringen. Als für diese Auswahl geeignetes Farbsystem hat sich die Konstruktion des Würfels erwiesen. Jede seiner Kanten wird dabei in 16 Teile unterteilt, die von 0 bis 15 numeriert werden. Die Zahlen reichen aus, um die trichromatischen Kompositionen jeder Farbe anzugeben. Die acht Eckpunkte des Würfels werden zum einen neben Rot, Grün und Blau noch mit den subtraktiven Primärfarben Magenta (M), Gelb (Y, Yellow) und Cyan (C) und zum anderen mit den unbunten Farben Weiß (W) und Schwarz (BK) besetzt.

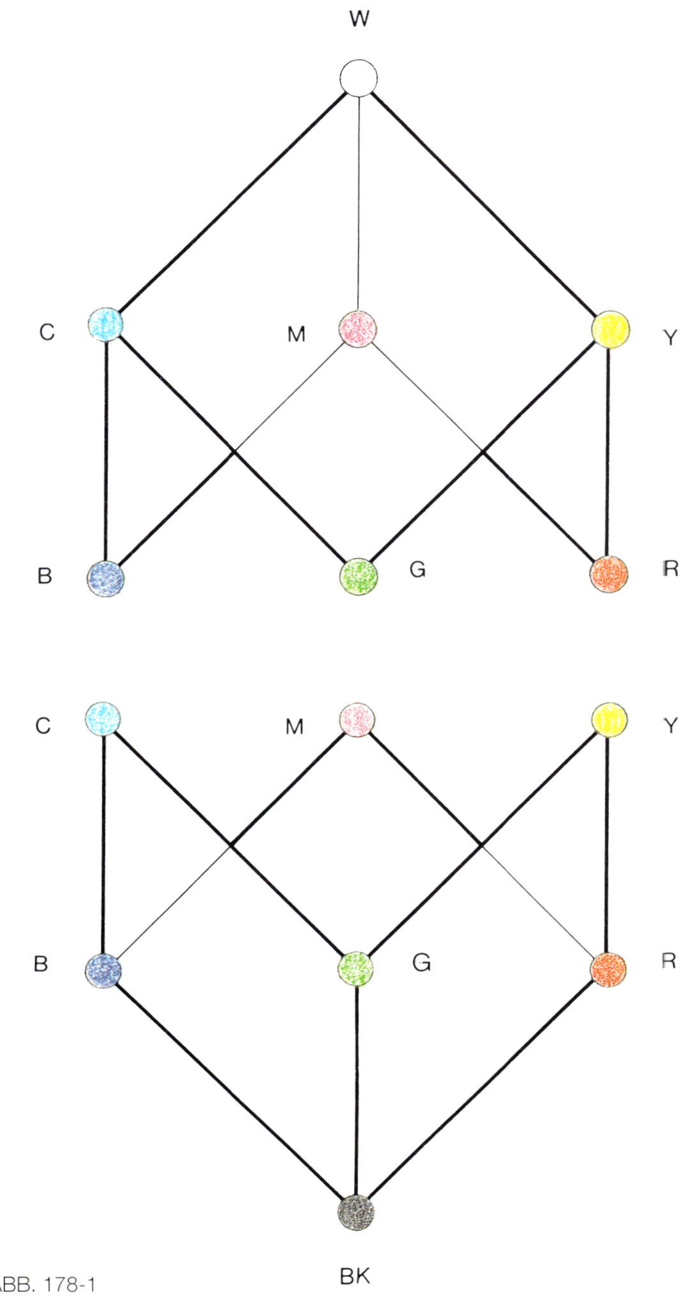

ABB. 178-1

Die Gesamtheit der Farben im RGB-System kann in zwei Untergruppen zusammengefaßt werden (oben), von denen die eine um das Weiß und die andere um das Schwarz kreist. Die chromatische Form öffnet sich vom Schwarzen (0,0,0) her, verläuft über die Ränder der Farben und erreicht nach zwei Eckpunkten die weiße Spitze (15,15,15) mit der höchsten Intensität.

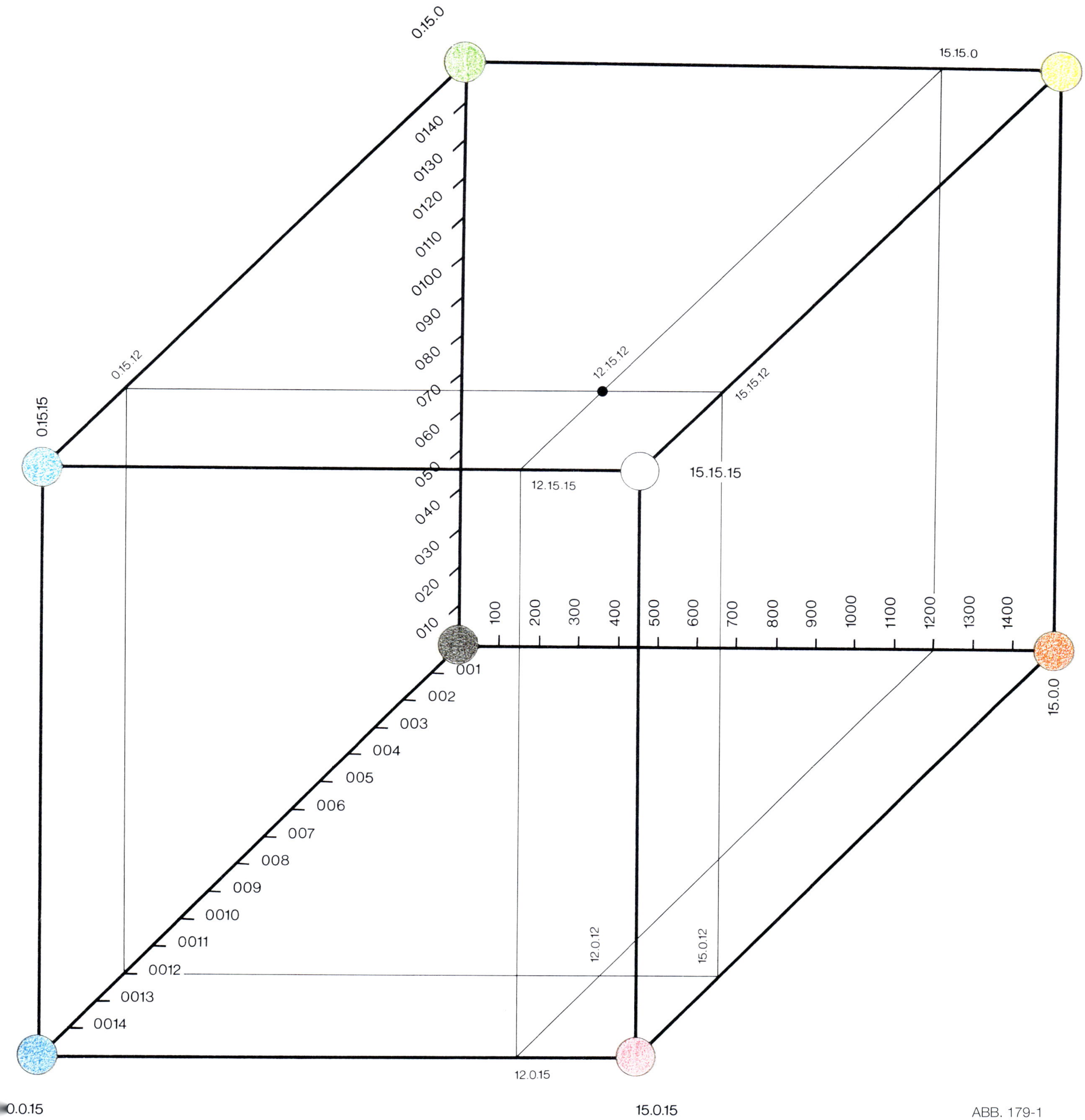
0.15.0
15.15.0
0140
0130
0120
0110
0100
090
080
070
060
050
040
030
020
010
0.15.12
12.15.12
15.15.12
0.15.15
12.15.15
15.15.15
100
200
300
400
500
600
700
800
900
1000
1100
1200
1300
1400
001
002
003
004
005
006
007
008
009
0010
0011
0012
0013
0014
12.0.12
15.0.12
15.0.0
12.0.15
0.0.15
15.0.15

ABB. 179-1

57 MICHEL ALBERT-VANEL

Das im Jahre 1983 vom Franzosen Michel Albert-Vanel entworfene »Planeten-Farbsystem« zielt darauf ab, Effekte der Farbwahrnehmung mit aufzunehmen, die uns täglich vor die Augen kommen. Die Farben beeinflussen sich gegenseitig und verändern sich in Abhängigkeit von der Umgebung, in der wir sie sehen. Grundlage des neuen und ungewöhnlichen Systems sind sich drehende Planeten, die die vier (psychologischen) Primärfarben nach Ewald Hering (Kapitel 24) repräsentieren: Gelb (J für jaune), Rot (R für rouge), Grün (V für vert) und Blau (B für bleu). Sie werden von Monden umkreist, die die sekundären Farben darstellen.

Farben sind keine abstrakten Konzepte, sondern reale Wahrnehmungen, die gewöhnlich nicht isoliert, sondern in Gruppen registriert werden, die wir nicht nur assoziieren, sondern als Ganzes wahrnehmen. Neue Parameter werden nun eingeführt, um den Kontext, in dem eine Farbe steht, zu beschreiben. Neben dem gewöhnlichen Trio aus Farbton, Helligkeit und Sättigung für eine einzelne Farbe kommen noch der Kontrast und das Material hinzu. Kontrast vereinigt drei neue Skalen, die Mischungen oder Gruppen aus Farben beschreiben. Eine Skala erfaßt dabei wieder den Farbton. Sie erstreckt sich vom Monochromen (ohne Kontrast) bis hin zum Polychromen (voller Kontrast). (Dies wird in Abbildung 180-1 beispielhaft skizziert.) Die beiden anderen Skalen betreffen Helligkeit und Sättigung und reichen von den schlichten zu den komplexen Farben. Das Material bietet erneut drei Skalen, die von aktiv (Licht) bis passiv (Pigment) reichen, die von transparent bis opak und von matt bis glänzend verlaufen.

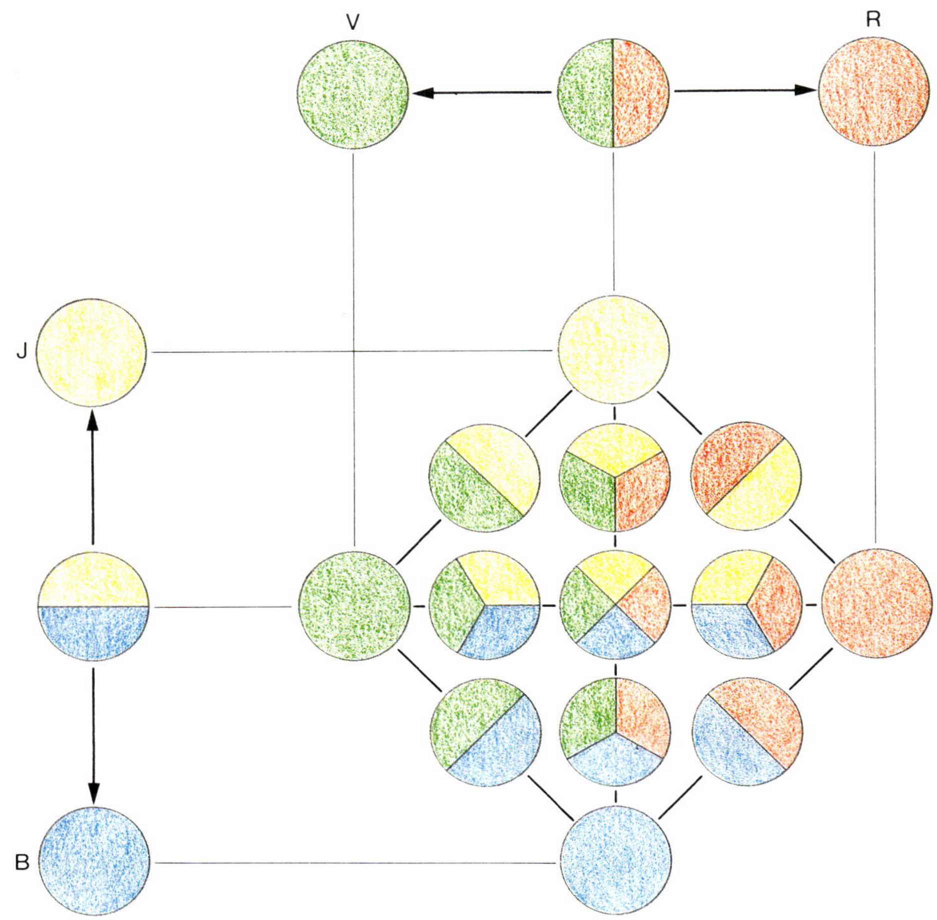

ABB. 180-1

Wer einen Farbkörper konstruieren möchte, kann aus dem Angebot der planetaren Skalen drei seiner Wahl herausgreifen. Das gesamte System kann genutzt werden, um Farben in komplexen impressionistischen Bildern zu orten, weil es in der Lage ist, nahezu unendlich viele Farbkombinationen anzugeben. Dieser großen Zahl zum Trotz findet die alltägliche Wahrnehmung von Farbe um einige wenige Hauptgruppen von Farben statt, die man deshalb wie Planeten darstellen kann, die von viel kleineren Monden umzirkelt werden. Dieser Raum der Farben ist multidimensional.

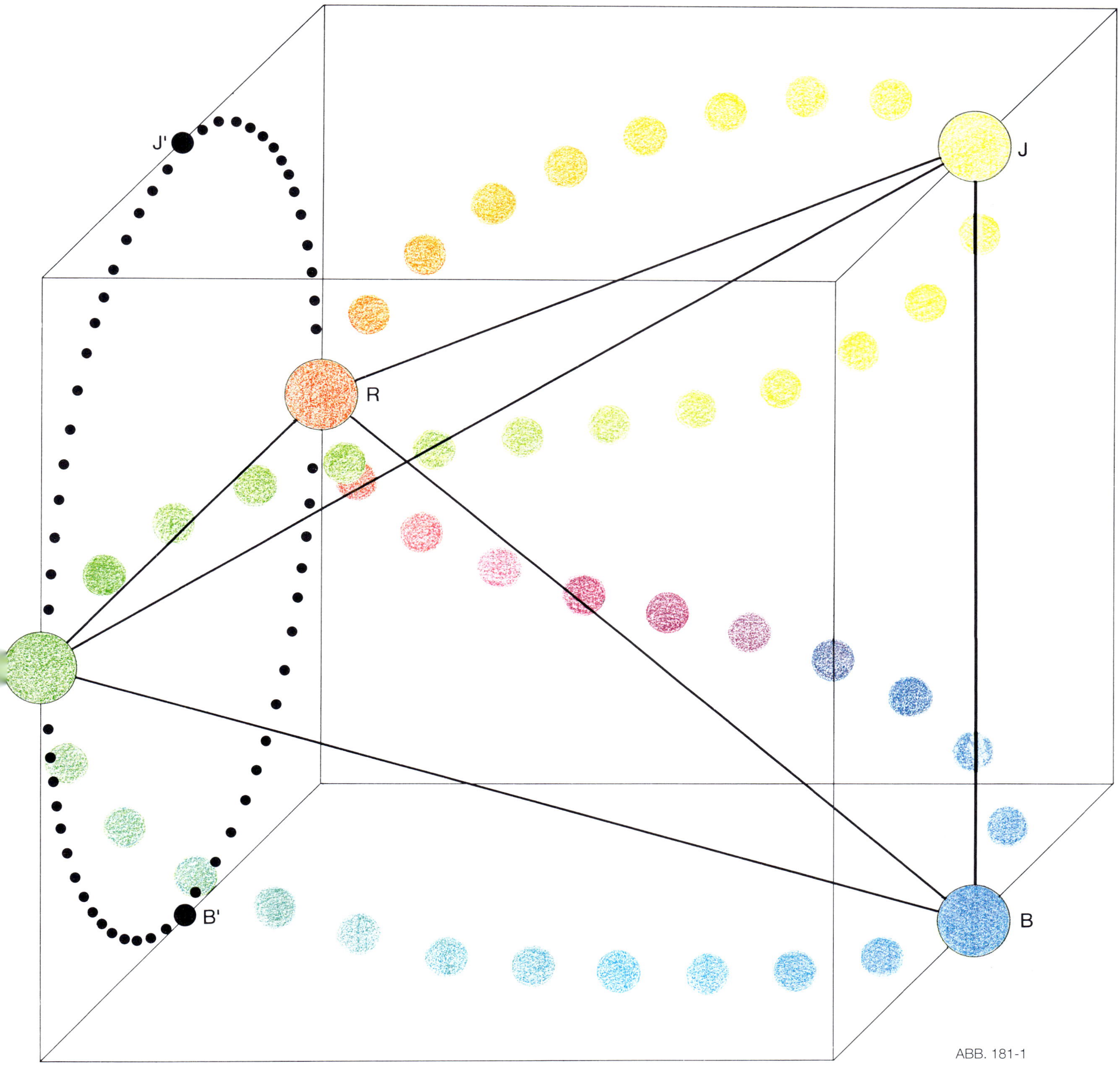

ABB. 181-1

58 CMN-SYSTEM

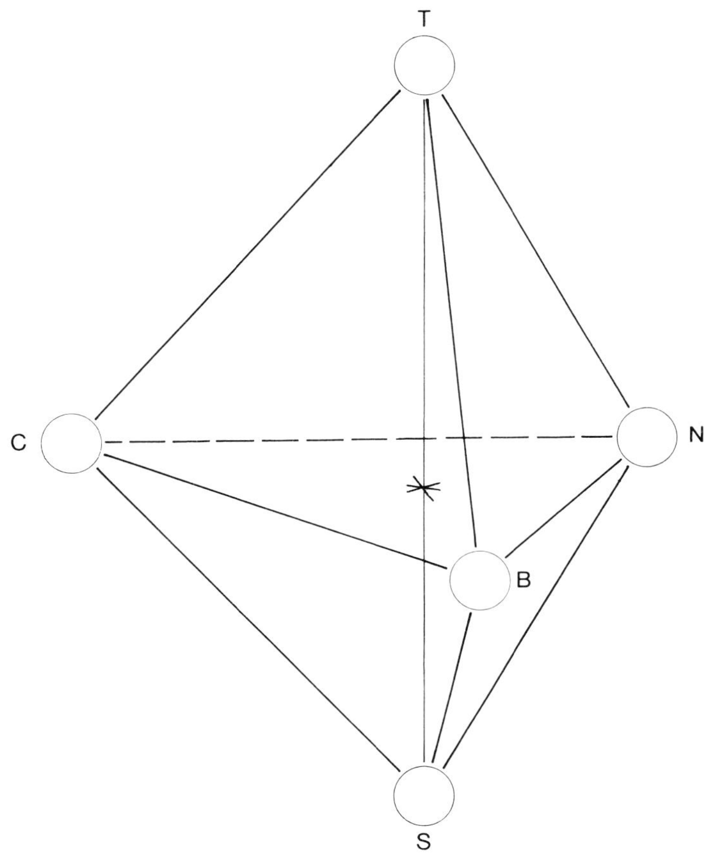

ABB. 182-1

Farben können sich ändern, sie können in eine andere Farbe übergehen, sie können heller oder dunkler werden, sich also dem Weißen (Bianco, B) oder Schwarzen (Nero, N) nähern, und sie können durchscheinender (transparenter) oder spiegelnd (reflektierender) werden, sich also zur »trasparenza« (T) oder zur »specularità« (S) hin wenden. Das 1986 entstandene italienische Farbsystem CMN-86 will die Arten und Weisen sichtbar fassen, in denen Farben (colori, C) erscheinen, sich zeigen, wandeln und verschwinden.

Als Ausgangskonstruktion wird ein Tetraeder gewählt, das uns aus der geometrischen Darstellung der Platonischen Farbenideen aus Kapitel 1 bekannt ist und so den Kreis der Systeme abrundet, den wir durchschritten haben. Tetraeder lassen sich mit anderen vereinen, um die ganze Vielfalt der räumlichen Modelle zu ermöglichen, die benötigt werden, um sowohl die Ursachen für Farben als auch die Intentionen des Betrachters auszudrücken. Transparenz und Reflexion kommen von den Objekten her, Farben fügt immer nur das Subjekt hinzu.

In diesem System wird der Versuch unternommen, den fernen und eher verdeckten Sinn des Wortes »colore« spürbar werden zu lassen, der seiner etymologischen Herkunft entnommen werden kann.

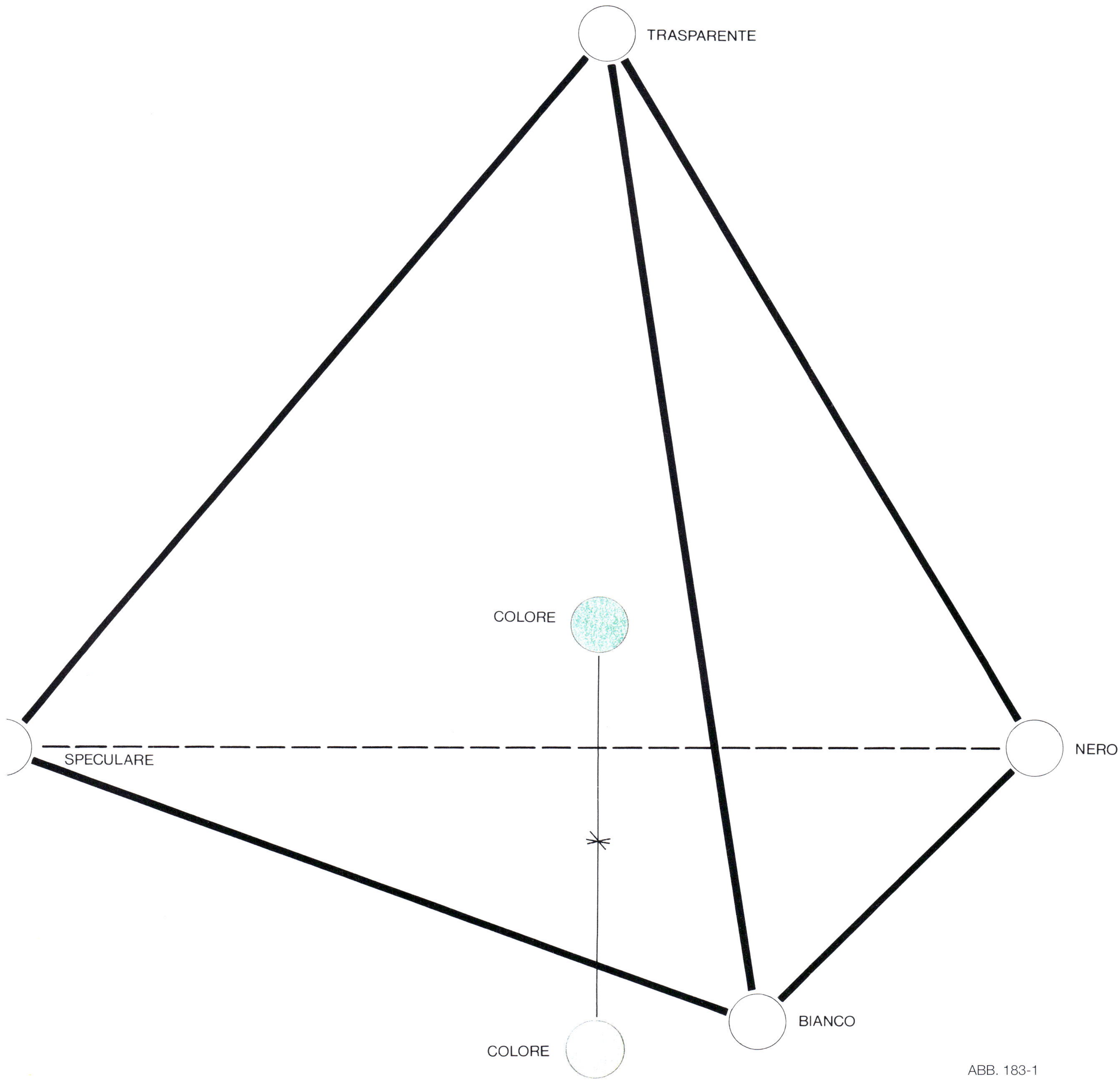

ABB. 183-1

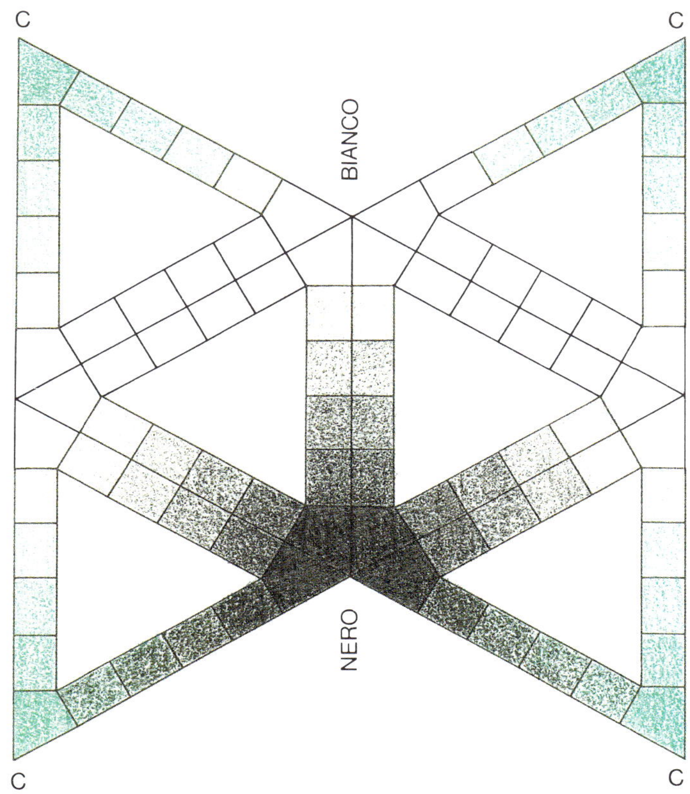

ABB. 184-1

Danach heißt Farbe haben: »etwas verschleiern und enthüllen«. Dem weißen Licht wird etwas genommen, um den Gegenstand, auf den es fällt, klarer sehen zu können. Um uns die Welt besser zugänglich zu machen, erschaffen wir eine Wirklichkeit voller Farben.

Anschließend erschaffen wir eine Fülle von Farbsystemen, um uns die Welt der Farben besser zugänglich zu machen. Wir ordnen die Farben zum Beispiel, um ihre Mischungen zu verstehen, um ihre Vielfalt zu bewältigen, um ihre Dimensionen zu illustrieren, um ihre Wahrnehmung zu verstehen oder um ihre Unterschiede zu kennzeichnen. Viele Prinzipien der Ordnung sind möglich, aber nicht alle sind miteinander verträglich. Es kann nicht nur eine Ordnung der Farben geben, es kann aber nur eine Geschichte ihrer Ordnungen geben, und die bleibt offen, im Gegensatz zu den einzelnen Systemen, die sich uns geschlossen darbieten.

Addendum
METASYSTEME

59

ASTROLOGISCHE VERBINDUNGEN

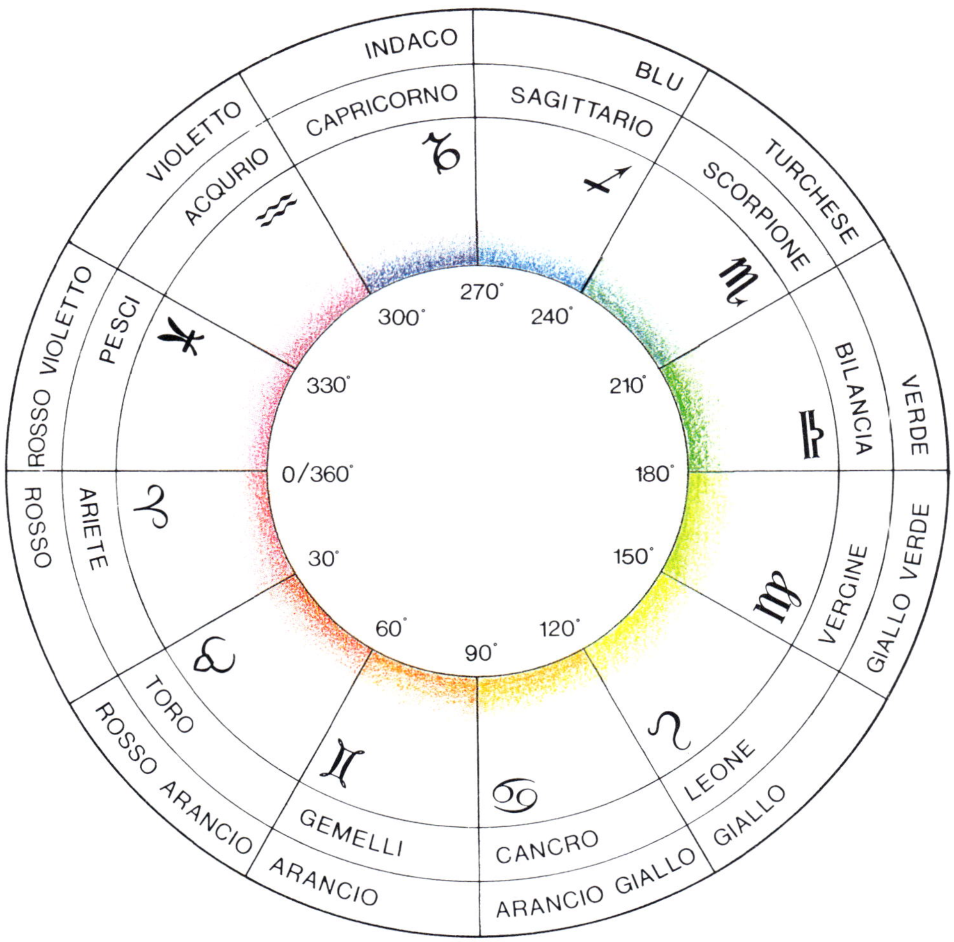

ABB. 187-1

Es bestehen viele Möglichkeiten, die bunte Folge der Farben so darzustellen, daß sich dabei geschlossene Figuren ergeben. Und es gehört zu den Grundphänomenen der Farbwahrnehmung, daß unser Gehirn die Vielfalt der Empfindungen zu einem Kreis ordnet, der beim Blau (Blu) beginnen kann, über ein Türkis (Turchese) zum Grün (Verde) und weiter über Gelbgrün (Giallo verde) und Gelb (Giallo) in den Bereich des Orange (Arancio) führt. Ihn verläßt man zum Roten (Rosso) hin, um über Violett (Violetto) und Indigo (Indaco) zum Blau zurückzufinden. Man kann diesen Farbenkreis mit einem Hinweis auf die drei Rezeptoren im Auge und ihre Lichtaufnahme (Absorption) erklären. Wie eine genaue Analyse nämlich zeigt, registriert das für Rot zuständige

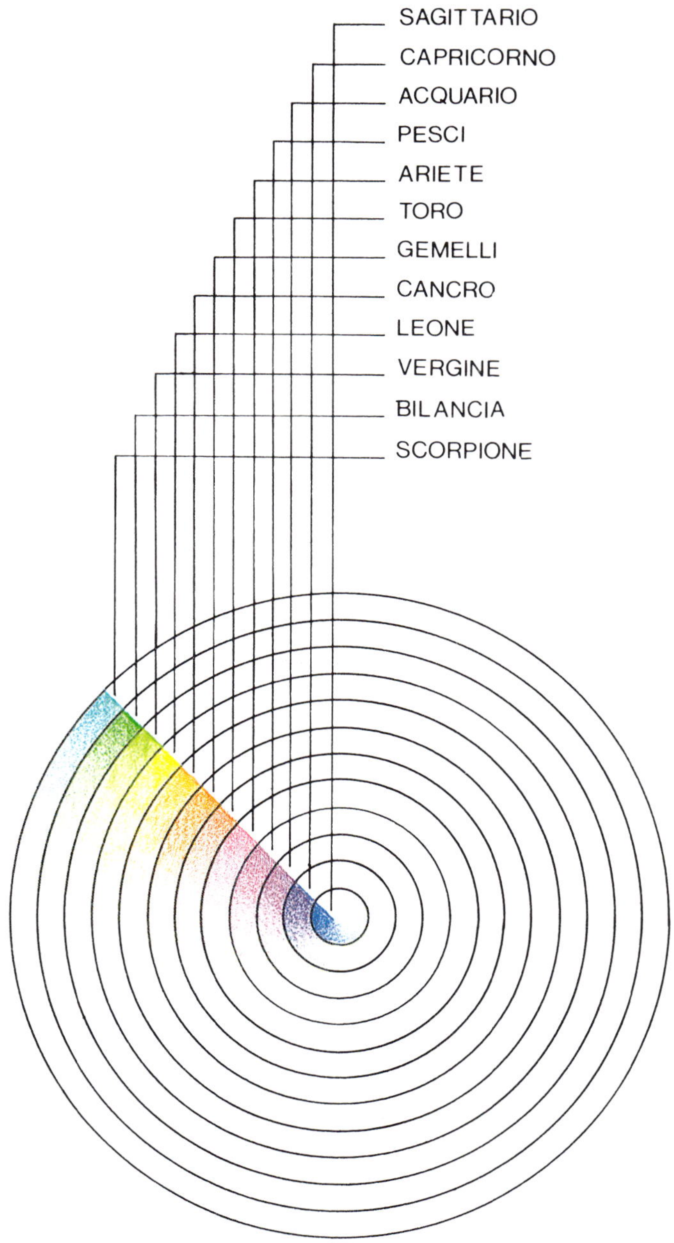

ABB. 188-1

Molekül in den Zellen der Netzhaut auch ein wenig blaues Licht, was zu dem Kontinuum der Wahrnehmung führt, das sich als Kreis aus Farben niederschlägt.

Diese geschlossene Geometrie der Farbwahrnehmung erklärt uns zunächst die früh einsetzende Tendenz, die erste und allzu einfache Linienführung des Aristoteles zu einem Ring zu erweitern. Wenn wir schon den Sinnen vertrauen, dann auch auf beiden Ebenen. In einem Kreis läßt sich nun die Folge der Farben auf zwei Weisen darstellen. Entweder bewegt man sich entlang seines Umfangs, oder man durchschreitet ihn von Innen nach Außen. In den Abbildungen 187-1 und 188-1 haben wir zwölf Farben gewählt, um ihre Reihenfolge mit der klassischen Anordnung der Tierkreiszeichen in Verbindung zu bringen und so unsere Überzeugung vorstellen zu können, daß auch diese Konstruktion als Farbsystem gelesen werden kann. Wenn wir uns an die oben gegebene Folge der Farben halten und nur leicht verschoben beim Anfangspunkt der Ekliptik beginnen, finden wir folgende Tierkreiszeichen (deutsch/lateinisch) mit ihren dazugehörigen Zeichen: Widder (Aries), Stier (Taurus), Zwillinge (Gemini), Krebs (Cancer), Löwe (Leo), Jungfrau (Virgo), Waage (Libra), Skorpion (Scorpius), Schütze (Sagittarius), Wassermann (Aquarius), Fische (Pesci).

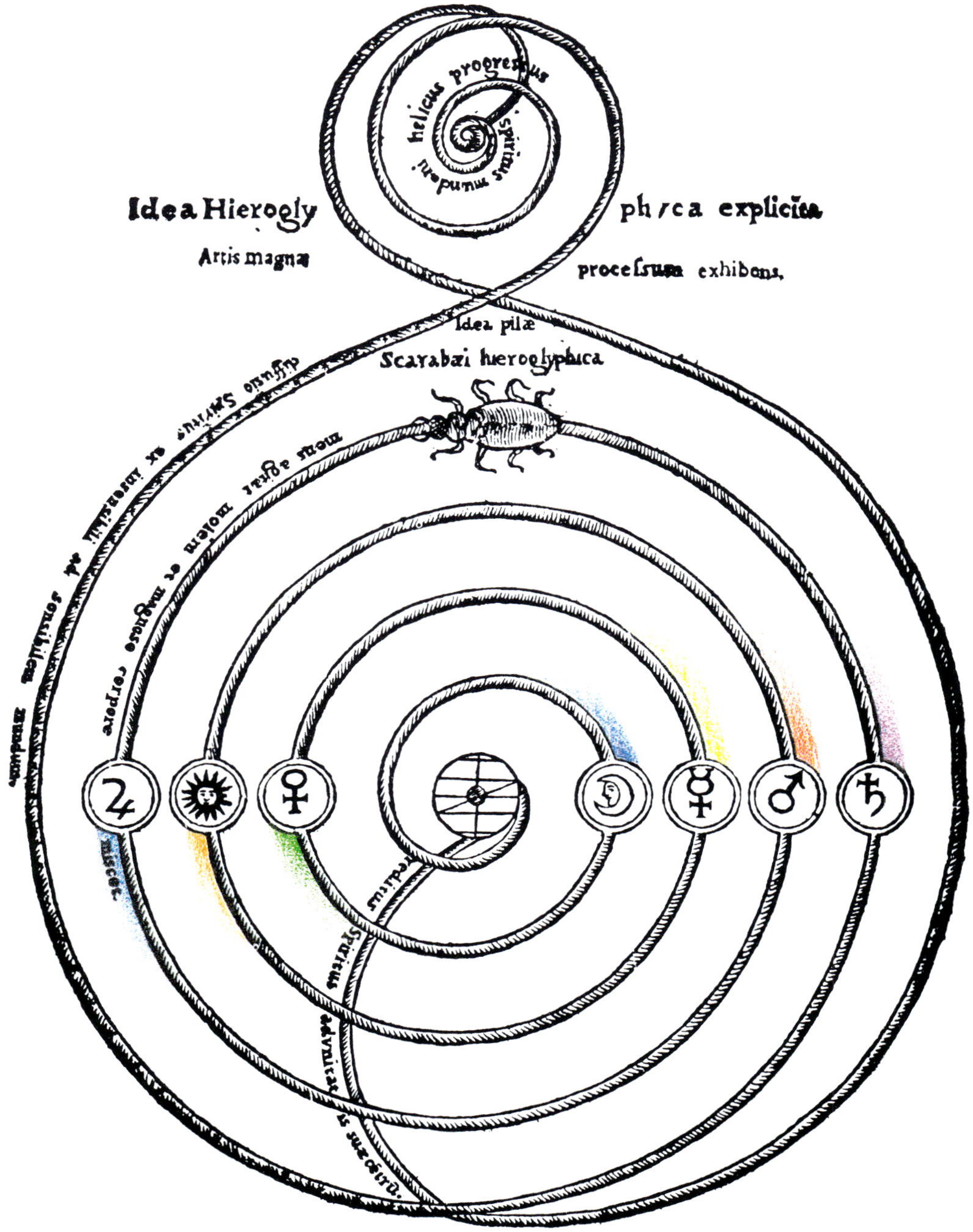

ABB. 189-1

Die beiden durch die Kreisform gegebenen Möglichkeiten der Bewegung – dem Radius entlang von innen nach außen und um den Umfang herum – kann man in einer Spirale zusammenfassen, wie dies der deutsche Universalgelehrte Athanasius Kircher (1602–1680) in einem Wirbel mit sieben Bahnen getan hat (Abb. 189-1). Kircher läßt 1653 einen ständig die Farbe wechselnden Skarabäus entlang einer Spirale laufen, mit der die Planeten verbunden werden. Vom grauen Doppelpunkt der Mitte aus gibt es zwei Bahnen durch den Kosmos. Der Skarabäus befindet sich gerade auf dem Weg vom Saturn zum Jupiter. Er wird danach über den Mars zu einem Planeten kommen, der als Sonne gezeichnet ist. Kircher hält sich also – mehr als einhundert Jahre nach der Kopernikanischen Wende, der Veröffentlichung von »De revolutionibus orbium caelestium« (»Von den Umläufen der Himmelskörper«) im Jahre 1543 – an das geozentrische Schema des Ptolemäus, das aus dem 2. Jahrhundert unserer Zeitrechnung stammt. In diesem Entwurf folgt der Sonne erst die Venus, dann der Mond und zuletzt die Erde.

In der griechischen Astronomie werden die sieben Sphären, die der Skarabäus durchlaufen kann, durch die Sphäre der Fixsterne

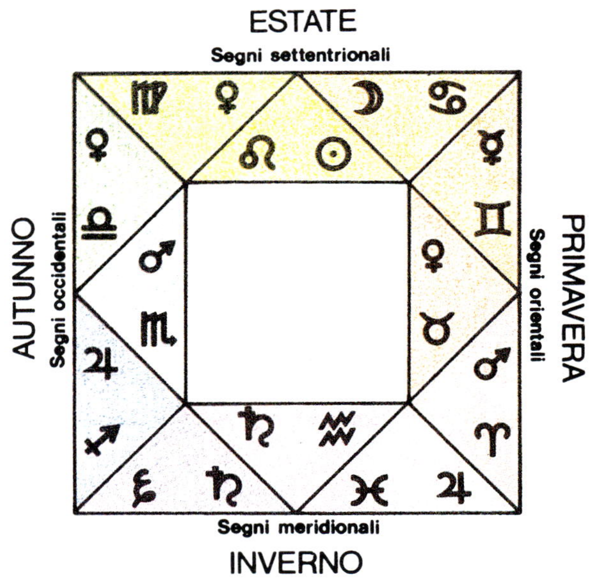

ABB. 190-1

eingebettet, die sich dem letzten Planeten, Saturn, anschließt. Kircher fügt für diesen Teil des Kosmos eine Nebenspirale an, zu der von der Erde aus auch ein direkter Zugang besteht, der an den Planeten vorbeigeht. Kircher will damit vermutlich das duale Prinzip betonen. Die Spirale bringt zwei Bewegungen zusammen, sie verkörpert zwei Weisen des Wachstums und verbindet Kreis und Gerade. Sie muß dem Skarabäus dann einfach zwei Wege offen halten.

Kircher hat sein kosmologisches System, seine »Idea Hieroglyphica explicia«, ein knappes Jahrzehnt nach der Formulierung seiner Farbenlehre vorgestellt.

Wir bleiben hier bei umfassenderen Anordnungen und stellen noch die quadratische Anordnung der Planeten- und Tierkreiszeichen vor, die der Präsident des Parlaments zu Bordeaux, Jean d'Espagnet, im Jahre 1651 vorgelegt hat. D'Espagnet verbindet in seinem Schema räumliche und zeitliche Elemente, indem er den klassischen Himmelssymbolen die Jahreszeiten gegenüberstellt: Frühling (Primavera), Sommer (Estate), Herbst (Autunno), Winter (Inverno). Die Folge der Jahreszeiten verläuft dabei zwar nicht nach dem Uhrzeigersinn, sie folgt aber der Richtung, die der Skarabäus bei Kircher eingeschlagen hat, der durch das Zentrum des Planetensystems kommen will (und muß).

D'Espagnet äußerte in seinen philosophischen Werken die Ansicht, daß es in den Elementen keine Gegensätzlichkeiten gibt. Was man sieht – auch die Farben –, stammt vom Übermaß ihrer Qualitäten.

Er versucht eine Synthese aus der unveränderlichen Stabilität des Raumes und der kontinuierlichen zyklischen Abfolge der Zeit herzustellen, und er schafft zugleich einen Weg, die unendliche Vielfalt der Farben in einem endlichen Kasten unterzubringen (Abb. 190-1). Sein System ist ein Ort der Koexistenz von Farbe und Geometrie, und an dieser Verbindung wird bis ins 20. Jahrhundert hinein festgehalten.

60

ARS MAGNA

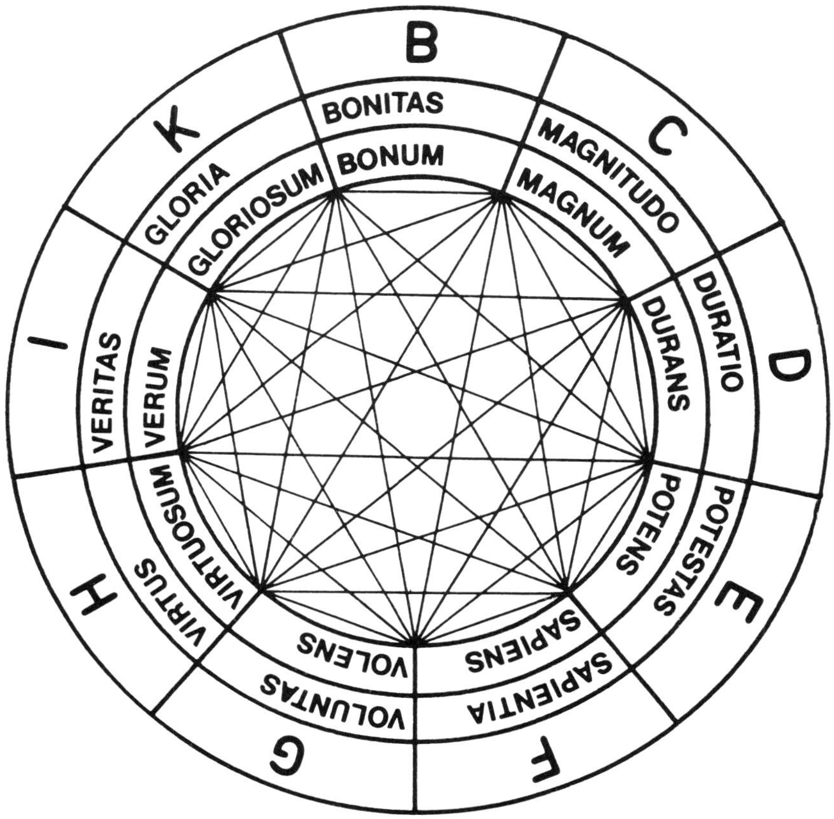

ABB. 191-1

Als Robert Grosseteste in Oxford das erste Farbsystem nach Aristoteles konstruierte (siehe Kapitel 2), wurde auf Mallorca eine der schillerndsten Gestalten des Mittelalters geboren. Gemeint ist Ramon Lull oder – latinisiert – Raimundus Lullus (um 1230–1315). Er wurde berühmt durch eine Lehre, die seine Anhänger als »die große Kunst« – »Ars magna« – bezeichneten. Lull glaubte verstanden zu haben, daß es in jedem Wissensgebiet ein paar wenige grundlegende Begriffe und Prinzipien gibt, die ohne weitere Klärungen und zusätzliche Fragen vorausgesetzt werden dürfen – etwa in der Theologie Gott und seine Eigenschaften oder in der Psychologie die Seele und ihre Ausprägungen –, und er schlug vor, alles menschliche Wissen lasse sich aus diesen elementaren Bausteinen kombinieren. Dazu ordnete er die Grundbegriffe auf den Rand einer Kreisscheibe. Auf einer zweiten kleineren Scheibe notierte er noch einmal dieselben oder andere Begriffe, und beide Konstruktionen befestigte er anschließend drehbar aufeinander. Durch einfache Bedienung der Lullschen Begriffsräder kommen so offenbar immer neue Stellungen und Kombinationen von Begriffen zustande, die zu Aussagen des betreffenden Fachgebietes ergänzt wurden. »Wahrheiten« ließen sich auf diese Weise ganz mechanisch erzeugen. Und man blieb natürlich nicht bei zwei Scheiben stehen, sondern legte immer mehr – bis zu 14 Stück! – aufeinander, um auch beliebig komplizierte Zusammenhänge präzise »aufdecken« zu können.

Es ist klar, wie diese Lullsche Kunst mit den Farben in Verbindung steht – die Vielfalt der Farben wird in Systemen durch die

ABB. 192-1

damit festgelegten Kombinationen von Grundfarben erfaßbar –, aber wir wollen hier allein auf die Verbindungsnetze eingehen, die erst Lulls Zeitgenossen und später auch die Gelehrten der Renaissance beeindruckten und welche sogar noch den großen Gelehrten Gottfried Wilhelm Leibniz (1646–1716) beeinflußten.

Eine der Scheiben, mit denen Ramon Lull seine Kunst betrieb, enthielt die Eigenschaften Gottes. (Andere behandeln etwa die Seele, die Dinge, die Tugenden und Todsünden und das Wissen.) Sie trug in der Mitte ein großes A, während die äußeren Felder von B an alphabetisch fortlaufend bezeichnet wurden. Dieses Verfahren stellt dann rund dreihundert Jahre später (1587) der Italiener Giordano Bruno (1548–1600) seinen Zeitgenossen in dem Werk »De lampade combinatoria lulliana« erneut vor (Abb. 191-1) – nur das A im Zentrum ist weggelassen: Gottes Scheibe bei Bruno führt die Güte (das Gute), die Größe (das Große), die Dauer (das Dauernde), die Macht (das Mächtige), die Weisheit (das Weise), den Willen (das Gewollte), die Tugend (das Tugendhafte), die Wahrheit (das Wahre) und den Ruhm (das Gerühmte) auf. Jedes Feld ist mit jedem anderen verbunden, so daß alle möglichen Begriffskombinationen erlaubt sind.

So mächtig ein Zentrum gewöhnlich ist, so gefährlich ist es auch für die Farben. Da wo sich alle Linien treffen, kann nur ein tödliches Grau entstehen. Bunt geht es nur bei den Verbindungen zu, die am Rande verlaufen.

Lulls Idee, mit formalen Mitteln – also durch mechanisches Operieren – zu Einsichten zu gelangen, hat die Menschen aller Zeiten und Kulturen begeistert. Sie scheint auch in der jüdischen Geheimlehre namens Kabbala auf, die hinter Zahlen und Buchstaben einen verborgenen Sinn der Welt suchte. Ihrer ersten Blütezeit während des 13. Jahrhunderts in Spanien folgt eine neue Verbreitung im 16. Jahrhundert, aus der unser Beispiel stammt. Guillaume Postel (1510–1581) stellte in seinem »Livre de la formation« die in Abbildung 192-1 gezeigten Verbindungen zusammen, die er außen und gegen den Uhrzeigersinn gelesen mit den 22 Buchstaben des hebräischen Alphabets umgibt. Werden alle 22 Buchstaben mit den 21 anderen verbunden, ergeben sich 22 x 21 = 462 Möglichkeiten von Linienverbindungen. Da jede dieser Linien zwei Richtungen aufweist, in welchen sie gezeichnet werden kann, kommen wir auf die »231 Türen« von Postel, die die Sprache uns von zwei Seiten her öffnet.

ABB. 193-1

Die Dichte der Linien finden wir – in einer anderen Anordnung und mit anderen Mustern – bei Athanasius Kircher (1602–1680) wieder, der auch eine alchemistische Kombinationstafel anbietet, als er an seinem Farbsystem arbeitet. Die Alchemie hat mit der Farbenlehre die Annahme gemein, daß es ein Urmaterial geben muß, das in den bekannten Elementen (Wasser, Erde, Feuer, Luft) enthalten ist. Das Ziel der Alchemisten besteht darin, diese »prima materia« aus den Stoffen herauswachsen zu lassen. Wenn – wie bei Grosseteste – diese »prima materia« und das »lux« identisch sind, tut ein Farbsystem genau dies. Historisch spricht man bei Alchemisten oft von »Nigromanten« (Schwarzkünstlern). Dies hat seinen tiefen Grund nicht etwa darin, daß hier dunkle Machenschaften am Werk seien. Vielmehr heißt es bereits bei Plutarch dazu, daß das Schwarze des Auges mit dieser Bezeichnung zu tun hat. Das Auge, das in die Sonne sieht, ist nämlich in seiner Mitte schwarz. Das Auge selbst treibt also eine schwarze Kunst. Die vier erwähnten Elemente tauchen auch in einer Tafel der »Ars combinatoria« auf, die der große Leibniz 1666 vorgelegt hat (Abb. 193-1). Leibniz verstand unter dieser kombinatorischen Kunst die Fähigkeit, Begriffe und Aussagen geschickt zu verbinden. Sie war Teil seines im späten Anschluß an die Lehren Lulls entworfenen Programms, eine universelle Methode zu finden, Probleme zu lösen und Beweise zu führen. Leibniz führt neben den vier Elementen noch die vier Bedingungen Trockenheit, Wärme, Feuchtigkeit und Kälte an. Nun sind natürlich nicht mehr alle Kombinationen erlaubt – denn was soll man sich zum Beispiel unter einer trockenen Feuchtigkeit vorstellen? –, aber gerade dadurch kann sein System auf die Farben übertragen werden. Auch hier gibt es Gegensätze, die sich nicht mischen, denn wie sollte ein Rötlichgrün oder ein Bläulichgelb aussehen?

Mit dieser Frage hat man sich übrigens bis in unsere Zeit beschäftigt. Der Philosoph Ludwig Wittgenstein (1889–1951) schreibt in seinen »Bemerkungen über die Farben« (I, 14):

»Wenn es aber auch Menschen gäbe, denen es natürlich wäre, den Ausdruck »rötlichgrün« oder »gelblichblau« in konsequenter Weise zu verwenden, und die dabei vielleicht auch Fähigkeiten verrieten, die uns fehlen, so wären wir dennoch nicht gezwungen, anzuerkennen, sie sähen Farben, die wir nicht sehen. Es gibt ja kein allgemein anerkanntes Kriterium dafür, was eine Farbe sei, es sei denn, daß es eine unserer Farben ist.«

61 I GING

ABB. 194-1

Von den fünf klassischen Texten des Konfuzianismus hat vor allem das »Buch der Wandlungen« die westliche Gedankenwelt beeindruckt. Das »I Ging« – oder »Yi-ching«, wie es nach den neuen Regeln der Übersetzung heißen soll – ist ein uraltes Orakelbuch, dessen früheste Beiträge auf das 7. oder 6. Jahrhundert vor Christus zurückgehen. Etwa im 4. Jahrhundert vor Christus kommt ein Anhang hinzu, der die Idee von Yin und Yang einführt: »Einmal Yin, einmal Yang, das ist das Tao.« Wir können nur in unserer Sprache und mit unseren Kategorien formulieren, was diese Idee in der östlichen Gedankenwelt bedeutet: Yin und Yang stellen die beiden komplementären Kräfte oder Prinzipien dar, die alle Aspekte und Erscheinungen des Lebens ausmachen. Der Begriff »Komplementarität« beschäftigt uns auch, wenn es um die entsprechenden Farben geht. Hier ist gemeint, daß sich die Yin und Yang sowohl widersprechen als auch ergänzen. Sie wirken zugleich gegen- und miteinander. Sie sind weder zu trennen noch zu vereinen. Beide zusammen ergeben ein Ganzes, das nicht aus Teilen besteht. Es gibt weder Yin noch Yang für sich, es gibt nur Yin und Yang zusammen. Zu Yin gehören folgende Zuordnungen: Erde und Dunkelheit, weiblich und passiv, aufnehmend. Yang wird komplementär dazu charakterisiert: Himmel und Licht, männlich und aktiv, eindringend. Es wird dabei auffallen, daß getreu der Konstruktion von Gegensätzen der dunkle Vokal das Helle bezeichnet und umgekehrt.

Die Harmonie von Yin und Yang, diesen seit Beginn der Schöpfung wirkenden Urkräften, wird durch einen Kreis dargestellt, in dem eine weiße und eine schwarze Hälfte sich zu umschlingen versuchen. Die Gefahr, daß eine Macht sich als überlegen erweist, besteht nicht. Jeder der beiden Bereiche trägt nämlich im Zentrum seiner Rundung die Gegenkraft längst in sich. Man sieht einen kleinen schwarzen oder weißen Kreis und versteht, das Gleichgewicht ist nicht gefährdet. Sie können miteinander ringen und dabei die vielen Aspekte und Objekte der Wirklichkeit hervorbringen, die wir kennen.

Neben diesem berühmten Paar – wörtlich bedeuten Yin und Yang die dunkle und helle Seite eines Hügels – haben aus dem »Buch der Wandlungen« noch die 64 symbolischen Hexagramme Eingang in das westliche Denken gefunden, die aus jeweils sechs durchgehenden oder geteilten Linien bestehen. Es heißt, daß ihre geeignete Verwendung und Deutung tiefreichende Einsichten über das tägliche Leben vermitteln kann. Enthusiasten sind der Ansicht, daß die Hexagramme des I Ging uns ein Mittel in die Hand geben, die Zukunft zu verstehen und zu kontrollieren.

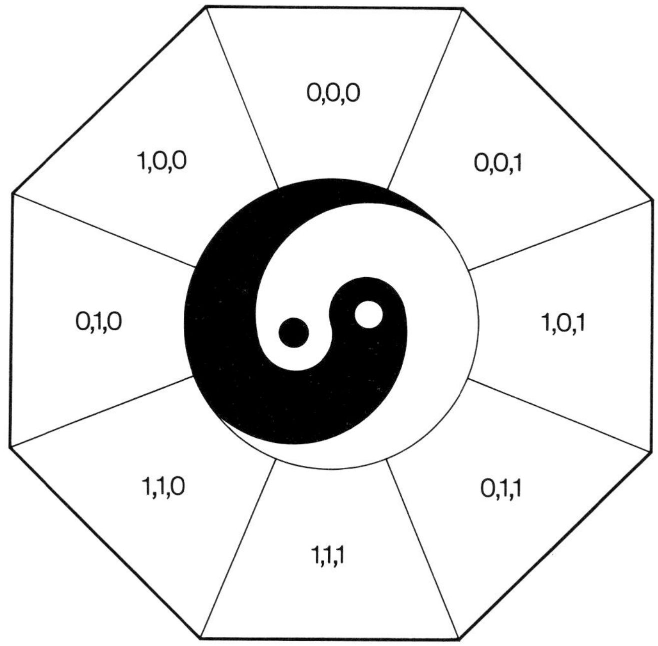

ABB. 195-1

Die 64 Hexagramme kommen durch die paarweise Verknüpfung von acht grundlegenden Dreierblöcken (Trigrammen) zustande, die wir in Abbildung 194-1 neben dem Yin-und-Yang-Symbol verwenden. Jede dieser acht elementaren Anordnungen (»pa kuao« auf Chinesisch) hat im Buch der Wandlungen einen besonderen Namen, eine grundlegende Bedeutung und einen symbolischen Wert. Der Legende zufolge soll der sagenhafte Kaiser Fu Xi die acht Trigramme vor vielen tausend Jahren auf dem Rücken einer Schildkröte entdeckt haben.

Die Dreiersätze werden von unten nach oben gebaut. Eine durchgezogene Linie repräsentiert das männliche Prinzip (Yang), dem wir noch die Zahl 1 zuordnen. Eine unterbrochene Linie stellt das weibliche Prinzip (Yin) dar, für das wir noch die Zahl 0 einführen. Mit drei Strichen lassen sich die bekannten acht Trigramme bauen. Sie stehen für das Schöpferische, das Empfangende, das Erregende, das Abgründige, das Stillehalten, das Sanfte, das Haftende und das Heitere. Zwei Trigramme ergeben ein Hexagramm, und die 64 verschiedenen Hexagramme repräsentieren 64 kosmische Archetypen, Urbilder von Situationen. So formen die Trigramme für das Erregende und das Empfangende das Hexagramm der Begeisterung. Das I Ging hält für jedes Hexagramm eine Sammlung von Weisheiten bereit. So heißt es von der Begeisterung, daß sie nie ein egoistisches Gefühl sein dürfe und nur als allgemeine Stimmung berechtigt sei, die mit anderen verbindet. (Hoffentlich gelingt es, die Begeisterung für Farben, die uns antreibt, zu einem allgemeinen Gefühl werden zu lassen.)

Wenn den beiden komplementären Prinzipien in der chinesischen Tradition Farben zugeordnet werden, dann sind es das Orange im Falle des Yin und das Azurblau im Falle des Yang. Wir nutzen hier die acht grundlegenden Kombinationen des I Ging zu einer persönlichen Deutung, indem wir ihnen sechs Farben sowie die beiden Extreme Weiß und Schwarz zuordnen (Abb. 195-1). Da Yang mit dem Licht verbunden ist, würde das Weiß durch die Kombination 1, 1, 1 zustandekommen. Das Schwarz erhalten wir entsprechend durch das Triplett 0, 0, 0.

Die sechs bunten Farben können in zwei Gruppen mit jeweils drei Mitgliedern eingeteilt werden, die entweder eine oder zwei geteilte Linien (dunkle Elemente) besitzen: Das Trio aus 1, 0, 0; 0, 1, 0 und 0, 0, 1 können wir als Primärfarben und das komplementäre Trio aus 0, 1, 1; 1, 0, 1 und 1, 1, 0 als Sekundärfarben deuten.

Die acht Elemente unseres Bausatzes liefern, wenn wir sie mit den Zahlen von 0 bis 7 versehen, auch die erste Möglichkeit, ein

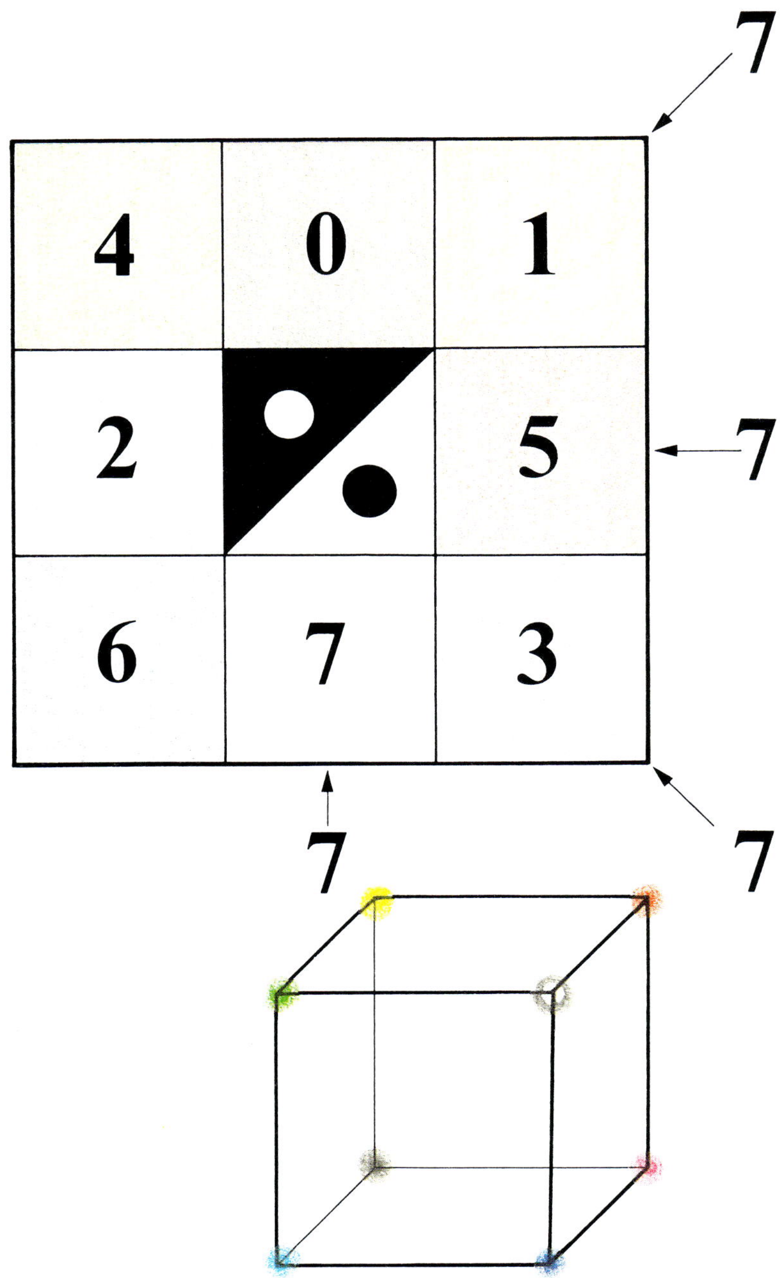

ABB. 196-1

magisches Quadrat zu konstruieren, bei dem alle das Zentrum durchquerenden Linien als Summe 7 ergeben (Abb. 196-1), also die Zahl, die bei den Farben häufiger eine Rolle spielt.

Wenn wir den acht Kombinationen eine räumlich-geometrische Deutung geben wollen, können wir die acht Eckpunkte eines Würfels ins Auge fassen. Der Kubus ist dabei nicht nur ein gewöhnlicher Gegenstand. Er dient auch als ein linguistisches Modell, in dem das System der Farbe das universale System der Kommunikation widerspiegelt. Das Schwarze wäre dabei das Schweigen, die Primärfarben repräsentierten den Monolog, die Sekundärfarben wiesen auf den Dialog hin, und das Weiße stünde für den Chor.

Die Farben stehen zwischen dem Weißen und dem Schwarzen, das man auch sieht, wenn man in ein Auge schaut.

62 CHINESISCHE TRADITIONEN

Mensch, Gesellschaft und Welt sind in der chinesischen Tradition gleichermaßen Objekte eines globalen Wissens, und dieses Wissen umfaßt sowohl den Makrokosmos als auch die einzelnen in ihm enthaltenen Mikrokosmen. Das Universum ist ein System von Verhaltensweisen, und diejenigen des Geistes unterscheiden sich nicht von jenen der Materie.

Entsprechungen sind von elementarer Bedeutung, und da sie zahlreich sind, werden sie katalogisiert. Es sind Bereiche miteinander verbunden, die im westlichen Denken streng getrennt sind: zum Beispiel kosmische und soziale Ordnung, Philosophie und Medizin, Geographie und Nahrung, Künste und Jahreszeiten. Für das Wissen, das sich an Entsprechungen orientiert, ist die Analogie von großer Bedeutung: Kontraste werden Gegensätzen vorgezogen. Im Zentrum stehen die Wechselseitigkeit der Begriffe (Alternanz) und die Bezugsmuster zwischen den Begriffen (Korrelation), eine »Götterhochzeit« im Sinne des Austausches menschlicher und göttlicher Attribute. Farben sind in der chinesischen Tradition Teil eines Geflechtes von Entsprechungen, ausgehend von fünf Grundelementen.

Rot: Das Feuer, das in die Höhe strebt, entspricht der Himmelsrichtung Süden; es fällt mit der warmen Jahreszeit, dem Sommer, zusammen.

Schwarz: Das Wasser, das in die Tiefe strebt, steht im Norden. Seine Jahreszeit ist der Winter, in dem es sich in den nördlichen »Untiefen der Welt« sammelt.

Grün: Das Holz im Osten, Frühling, die pflanzliche Welt.

Weiß: Das Metall, Herbst; im Westen ein Weiß mit zeitweiliger Blautönung. Schwarz und Weiß sind Teil desselben Kreises.

Gelb: Die Erde hat im Kanon der fünf Elemente tragende und stützende Funktionen: Die Pflanzen sprießen aus der Erde, das Feuer bricht aus ihr hervor, die Metalle treten zutage, das Wasser entspringt den Quellen. Die Erde ist das Zentrum, ihre Farbe ist Gelb, ihr Geschmack das Süße und ihr Geruch der parfümierte. Dieser Entsprechung entstammt die Definition der Menschen als gelbe Rasse, der Bewohnerin eben dieser Erde.

In der Abbildung 199-1 sind zwei mögliche Lesearten der großen Zeichnung (Abb. 198-1) graphisch dargestellt. Die eine befaßt sich mit dem »Prinzip der Generation«, die andere mit dem »Prinzip der Herrschaft«. Im System der chinesischen Tradition kommt »Dienern« eine wichtige Rolle zu, da sie die Elemente verbinden und damit beeinflussen. Der Diener des Generationsprinzips ist »Cheng«, der Diener des Herrschaftsprinzips ist »K'ev«.

In der unteren der beiden kleineren Zeichnungen ist das Prinzip der Generation verdeutlicht. Sein Diener ist Cheng, dessen Wesen die Kontinuität ist. Er bewirkt, daß aus jedem Element das folgende hervorgeht. Im System der Entsprechungen erzeugt zum Beispiel jede Farbe, jedes Tier oder jede Jahreszeit die nächste, wobei die Essenz des vorherigen Elements weitergegeben wird:

- Gepanzerte Tiere, wie die Schildkröte, die dem Norden, dem Wasser und der Farbe Schwarz entsprechen, zeugen die Schuppentiere, z.B. die Drachen, die immer grün sind, da sie zum Holz gehören und im Osten stehen. Die Schuppentiere ihrerseits zeugen das Federvieh, dem der Süden und die Farbe Rot zugeordnet ist. Diese wiederum zeugen die Tiere mit einem Fell wie den Tiger oder das Pferd, die dem Westen, den Metallen und der Farbe Weiß zugehörig sind.
- Das Wasser läßt das Holz sprießen, das Holz nährt das Feuer, das Feuer (die Asche) düngt die Erde, die Erde reichert Metall an, das Metall zeugt das Wasser.

Auf der oberen Zeichnung ist das Prinzip der Herrschaft dargestellt. Sein Diener ist K'ev, dessen Wesen die Mäßigung ist. In diesem Prinzip dominiert jedes Element ein anderes: Die Erde saugt das Wasser auf, das Wasser löscht das Feuer, das Feuer schmilzt das Metall, das Metall spaltet das Holz. Die Abfolge kann, wie beim Prinzip der Generation, nicht mehr kontinuierlich sein, sondern ist alternierend. Die daraus entstehende Figur nimmt die Form eines sternförmigen Fünfecks mit asymmetrischem Zentrum an. Diese Darstellungsweise verdeutlicht die implizite Asymmetrie – Bewegung statt Stabilität.

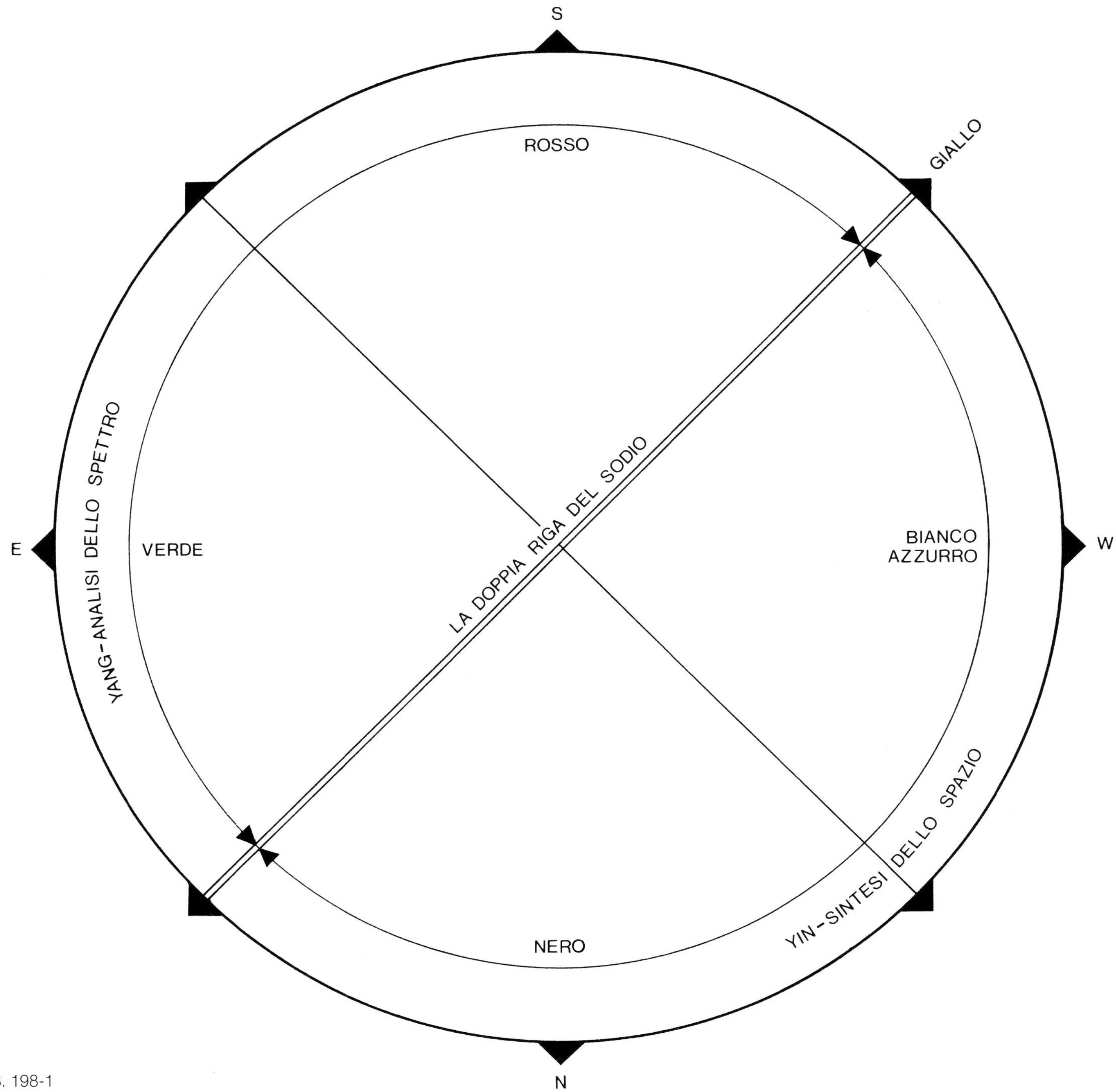

ABB. 198-1

Für ein Verständnis des traditionellen chinesischen Farbsystems fehlt noch ein wesentliches Element: der chinesische Begriff »Ts'ing«. Ts'ing bezeichnet den Zustand von Farbe, genauer gesagt von zwei Farben, Grün und Blau. Ein einziger Begriff bezeichnet Blau und Grün – eben Ts'ing. Parallel existieren aber noch zwei weitere: »Lu« für Grün und »Lan« für Blau. Ts'ing bedeutet dabei ein bestimmtes Blau und ein bestimmtes Grün in einer bestimmten Jahreszeit unter einem bestimmten Himmel, das Grün und das Blau, das man in der sprießenden Natur findet, das Grünblau des Holzes des Ostens, des Frühlings. Ts'ing ist Teil jenes Systems, das die Elemente, die Himmelsrichtungen, die Tiere, die menschlichen Körperteile usw. verbindet. Ts'ing entspricht dem Reinen, Leichten;

ABB. 199-1

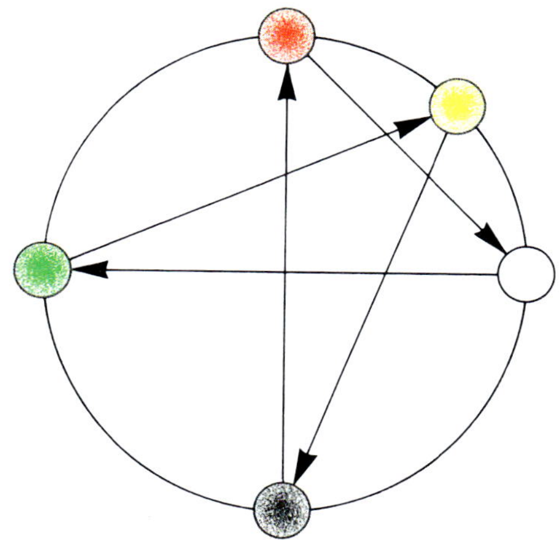

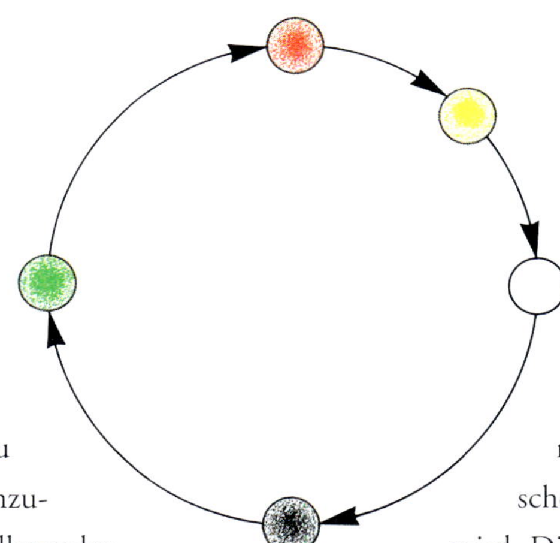

es bezeichnet das, was zart, hell, klar und fein ist.

Die fünf Farben tragen dazu bei, die Welt zu organisieren und in die kosmische Harmonie einzufügen. Das System der Welt suggeriert die Vorstellung der Kombination der Kräfte oder Einflüsse, und dasselbe Spiel läßt sich gleichermaßen auf die physische und die soziale Welt übertragen. Die Beziehungen zwischen den fünf Farben können, je nach Wahl ihrer Abfolge, verschieden dargestellt werden – die Figur, die so entsteht, ist ein konvexes oder ein sternförmiges Fünfeck.

Dem Ts'ing entspricht nun aber neben Grün auch Gelb. Diese Doppelentsprechung kann als Experiment unter einem anderen Aspekt, einem der physischen Welt, betrachtet und in einem Denkmodell mit der physikalischen doppelten Linie des Natriums verknüpft werden, die im Farbenkreis im gelb-roten (orangen) Bereich anzutreffen ist. Natrium besitzt eines der einfachsten Spektren. Das Spektrum des Natriums ist jedoch nicht monochromatisch, sondern durch zwei benachbarte Linien charakterisiert (589 nm – 589,6 nm), die so nahe beieinanderliegen, daß sie sich beinahe decken und das Farbfeld zweizuteilen scheinen. Die Gleichsetzung des Ts'ing (Grünblau) mit dem Natrium (Gelb) bezeichnet als Zwischenstadium den Ort, wo der Wechsel vollzogen wird. Die doppelte Linie des Natriums und die doppelte Wertigkeit des Ts'ing vereinen und trennen gleichzeitig.

Die vier Elemente Wasser, Luft, Feuer und Holz kennzeichnen die Jahreszeiten. Jedes Element ist stark während seiner Jahreszeit, weniger stark während der beiden angrenzenden und schwach in der gegenüberliegenden. Die Kraft der Erde bleibt in allen Jahreszeiten auf konstantem Niveau. Ihre Aufgabe ist es, die Trägheit jedes einzelnen Elements zu überwinden, wenn es sich in seiner schwachen Phase befindet. Zum Beispiel: Wenn das Holz im Herbst am tiefsten Punkt ist und es seinen Erzeuger, das Wasser, nicht antreiben kann, da es noch nicht volle Kraft entwickelt hat, springt die Erde ein und übernimmt bis zur Wintersonnenwende die Aufgabe, das Holz anzutreiben. Die Erde hat die Aufgabe, die Trägheit der gesamten kosmischen Mechanik zu überwinden, weshalb das Gelb auch Farbe der Mitte ist.

63 CHAKRA-FARBEN

Im Hinduismus und Buddhismus spielen energetische Zentren des Körpers eine Rolle. Sie tragen die Bezeichnung »cakra« oder auch »chakra«, und es gibt sie traditionell in großer Zahl – bis zu 88 000 werden erwähnt. Von den vielen Chakras im menschlichen Körper tragen im Buddhismus fünf und im Hinduismus sieben eine besondere Bedeutung. Diese sieben Chakras liegen unseren Diagrammen zugrunde, da sie auch mit bestimmten Farben verknüpft werden, die allerdings von Interpretation zu Interpretation verschieden sein können. Unsere hier vorgelegte Deutung (Abb. 201-1) ist nur eine von vielen Möglichkeiten.

Die wichtigsten Chakras sind das unterste Körperzentrum mit Namen »muladhara«, das hier die Nummer 1 trägt und sich am Ende der Wirbelsäule befindet, und das oberste Zentrum mit der Nummer 7, das auf den Scheitel des Kopfes gelegt und »sahasrara« genannt wird. Das »muladhara« umfaßt eine mysteriöse göttliche Potenz, die es dem Individuum – mit Hilfe von Yoga-Techniken – erlaubt, von Chakra zu Chakra aufzusteigen, um auf der höchsten Stufe Sahasrara die Selbsterleuchtung zu finden. Man beginnt in der raum-zeitlichen Welt der Körper (Materia) und endet in der spirituellen Welt des Bewußtseins und des Wissens (Sapere). Der Weg nach oben führt dabei über das »svadhisthana« (Nummer 2), das »manipura« (Nummer 3), das »anahata« (Nummer 4), das »visuddha« (Nummer 5) und das »ajna« (Nummer 6). Wenn wir diese Stufen mit Wörtern aus unserem Kulturkreis bezeichnen wollen, können wir etwa die Bewegung (Movimento), die Energie (Energia), die Beziehungen (Rapporti), die Vibrationen (Vibrazioni) und das Licht (Luce) wählen. Ob allerdings diese westlichen Vorstellungen den östlichen Konzeptionen entsprechen, müssen wir offenlassen.

Zwischen den genannten Stufen bestehen Zusammenhänge, die wir durch gestrichelte und ausgezogene Kreise andeuten. Sie binden zum Beispiel die Stufen der Handlungen (Azione), der Wechselwirkungen (Interazione) und der Wahrnehmung (Percezione) zusammen. Diese einfassenden Kreise deuten darauf hin, daß das Wort »cakra« im Sanskrit »Rad« oder »Wirbel« beziehungsweise »Vortex« bedeutet, und der daraus abgeleitete Ausdruck »cakravartin« beziehungsweise »chakravartin« meint den Herrscher der Welt, das heißt denjenigen, der das Rad dreht und die aufsteigenden und absteigenden Strömungen ermöglicht (Corrente ascendente e discendente). Wir fügen in Abbildung 203-2 noch einige wenige Einzelheiten über die sieben wesentlichen Chakras an, die wir zwar aufzählen, die aber uns als im westlichen Denken Erzogene nicht in voller Tiefe zugänglich sein können. Wie bereits erwähnt, stimmen die zugeordneten Farben in den Systemen der indischen Tradition nicht in allen Auslegungen überein, und wir erlauben uns einige persönliche Freiheiten in der Darstellung:

Erstes Chakra, Muladhara, mit der Farbe Rot (Rosso) und dem Sitz zwischen Anus und Genitalien im Bereich des Steißbeins (Zona coccige): Von diesem Ort der angenehmen und ästhetischen Empfindungen, in dem auch die physische Begierde ihren Platz findet, gehen die meisten Verbindungen in den Körper aus. Es wird durch vier (gewöhnlich rosafarbene) Blütenblätter dargestellt, und ihm wird oft ein glühendes Dreieck zugeordnet. Als Farbe kann dieser Stufe daher auch das Gold zugewiesen werden; sein Element ist die Erde.

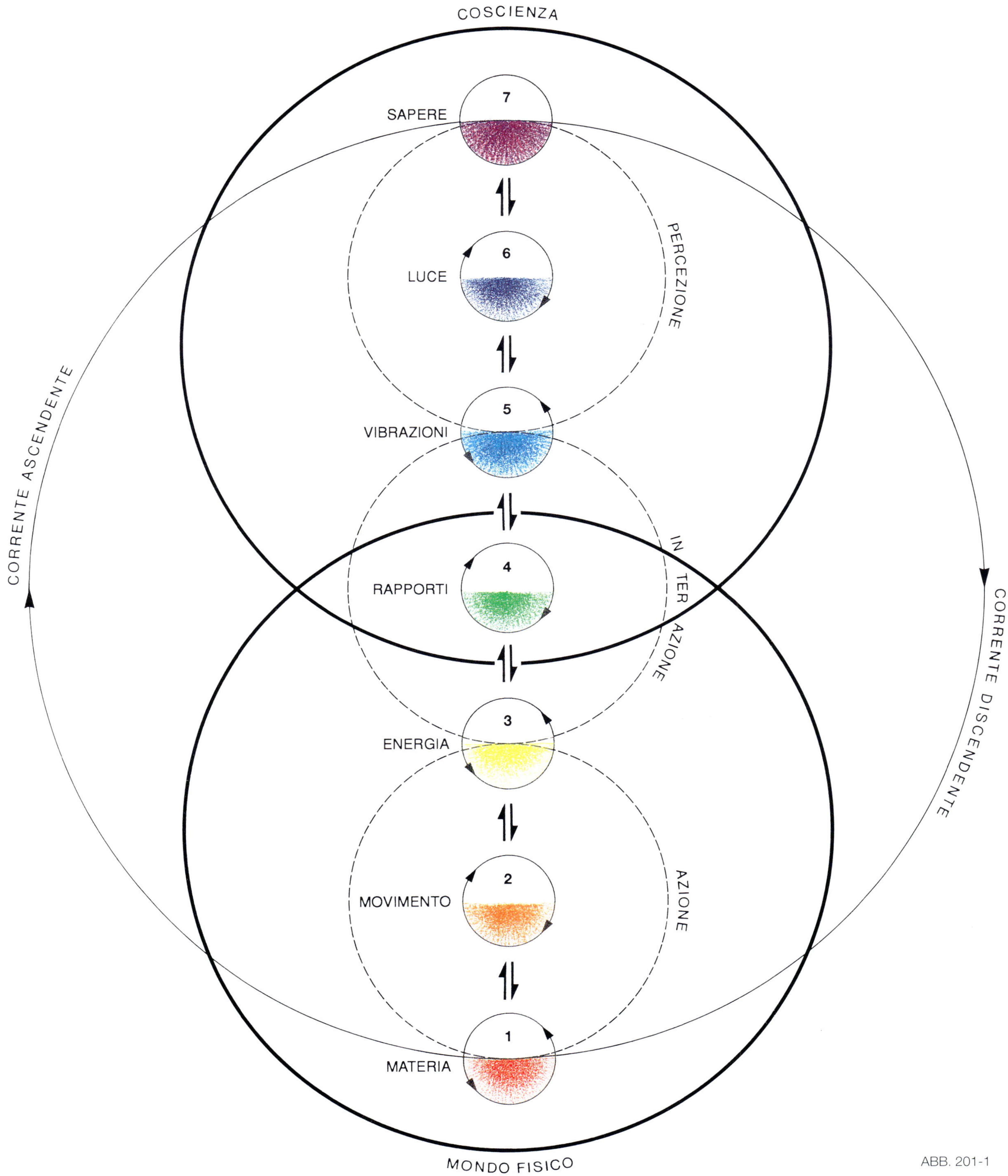
COSCIENZA
7
SAPERE
6
LUCE
PERCEZIONE
5
VIBRAZIONI
CORRENTE ASCENDENTE
IN
TER
AZIONE
4
RAPPORTI
CORRENTE DISCENDENTE
3
ENERGIA
2
MOVIMENTO
AZIONE
1
MATERIA
MONDO FISICO

ABB. 201-1

Zweites Chakra, Svadhisthana, mit der Farbe Orange (Arancio) und dem Sitz im Bereich des oberen Kreuzbeins (Zona sacrale): Das Wort der Hindu-Sprache bedeutet »angenehm«, und es verweist auf sexuelle Gefühle. Diesem Chakra, das selbst auch farblos sein kann, werden gewöhnlich sechs (zumeist zinnoberrote) Blütenblätter zugewiesen. Sein Element ist das Wasser, und als geometrische Figur finden wir oft den zunehmenden Halbmond.

Drittes Chakra, Manipura, mit der Farbe Gelb (Giallo) und dem Sitz im Solarplexus (Plesso solaris): Dieses Chakra wird in der Literatur üblicherweise als rot beschrieben, denn sein Element ist das Feuer. Seine geometrische Figur ist ein Dreieck mit einer T-förmigen Ausstülpung auf jeder Seite, und ihm werden zehn blaue beziehungsweise wolkenfarbene Blütenblätter zugewiesen.

Viertes Chakra, Anahata, mit der Farbe Grün (Verde) und dem Sitz auf der Höhe des Herzens (Cuore): Seine Farbe kann auch das Flammenrot sein, seine Figur ist ein Hexagon aus zwei Dreiecken; als Element wird die Luft genannt, und die zugehörige Blüte besitzt zwölf goldene Blätter.

Fünftes Chakra, Visuddha, mit der Farbe Blau (Azzurro) und dem Sitz im Hals (Gola): Hier finden wir sechzehn blaue Blätter in der dazugehörigen Blüte. Das entsprechende Element ist der Raum oder der Ton (Suono), und als Farbe kann auch Gold genannt werden. Von den geometrischen Figuren tauchen der Kreis oder die Spirale auf.

Sechstes Chakra, Ajna, mit der Farbe Indigo (Indaco) und dem Sitz auf Höhe der Stirn (Fronte): Dieses Chakra bedeutet Verstehen; ihm stehen zwei weiße Blütenblätter zu, seine Farbe kann ebenfalls Weiß sein. Als Figuren gehören Mond und Sonne zu ihm, weshalb ihm auch das Licht zugerechnet wird.

Siebtes Chakra, Sahasrara, mit der Farbe Violett (Viola) und der Position über dem Kopf auf dem Scheitel (Sommita): Das Wort weist auf die tausend Blütenblätter hin, die ihm zugeordnet werden. Hier werden alle Farben synchronisiert, alle Sinne überstiegen, alle Kräfte überwunden. Dieses Chakra ist das Gefäß der Unsterblichkeit, das nur leider dauernd ausläuft. Wir müssen uns unentwegt bemühen, um seinen Saft unserem Körper erneut zuzuführen.

Die kleine Figur (Abb. 203-1) zeigt, wie die sieben Farben der Chakra-Leiter aus drei Grundfarben – Rot, Gelb und Blau – und ihren vier Kombinationen geformt und gemischt werden können. Wenn den Grundfarben die drei Grundgrößen (Gula heißt eigentlich die »eingemauerte Tiefe«) Materie (Tamas), Energie (Rajas) und Geist (Sattva) zugeordnet werden, sehen wir, wie Materie und Energie sich zur Bewegung (Orange) finden, wie Energie und Geist die Beziehungen (Grün) ermöglichen, wie Materie und Geist zum Licht der Wahrnehmung (Indigo) führen und sich alle zusammen in Form der Erleuchtung wiederfinden.

Diese kleine geschlossene Figur, die an das chinesische Yin-Yang-Symbol erinnert, macht nicht nur ein Ganzes aus den sieben einzelnen Stufen, die wir Chakra genannt haben, sie ist zudem mehr als die Summe der einzelnen Sprossen: eine neue Form der Schönheit, die uns leuchtet und erleuchtet.

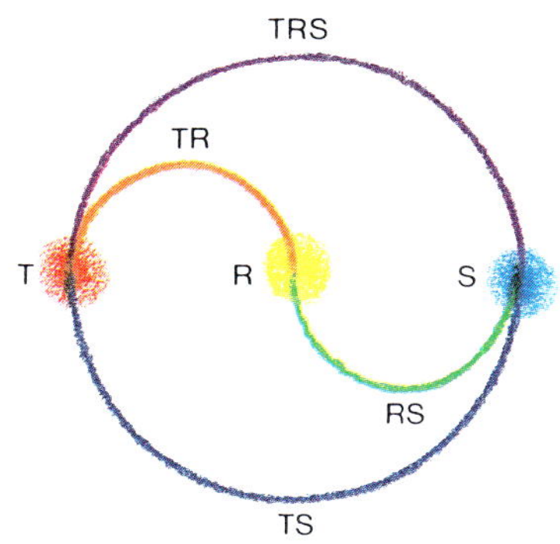

3 + 4
I TRE GUNA

Tamas - *materia*
Rajas - *energia*
Sattva - *mente*

ABB. 203-1

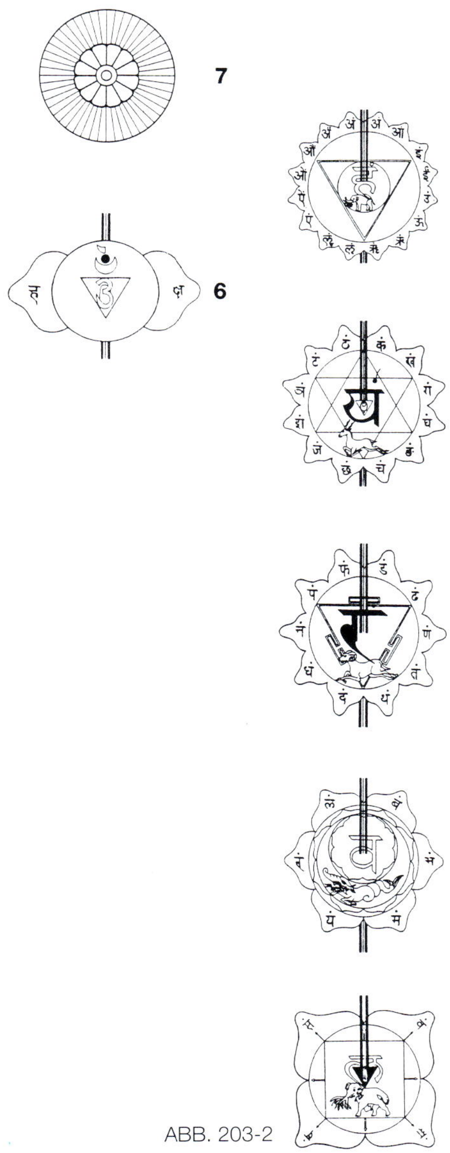

ABB. 203-2

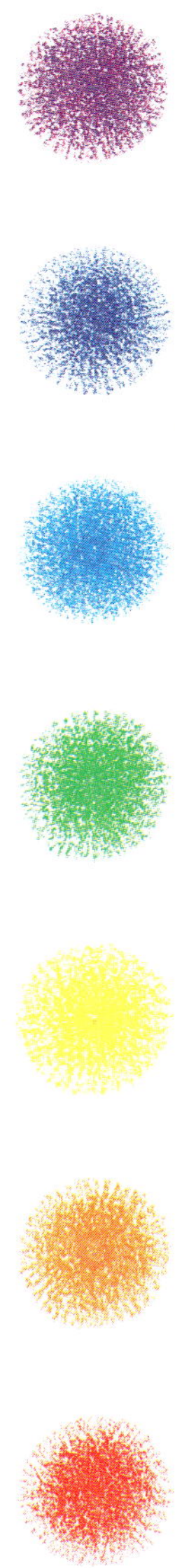

7 **VIOLA** - BIANCO
SOMMITA'
Pensiero

6 **INDACO**
FRONTE
Luce

5 **AZZURRO**
GOLA
Suono

4 **VERDE**
CUORE
Aria

3 **GIALLO**
PLESSO SOLARE
Fuoco

2 **ARANCIO**
ZONA SACRALE
Acqua

1 **ROSSO**
ZONA COCCIGE
Terra

64 KABBALA

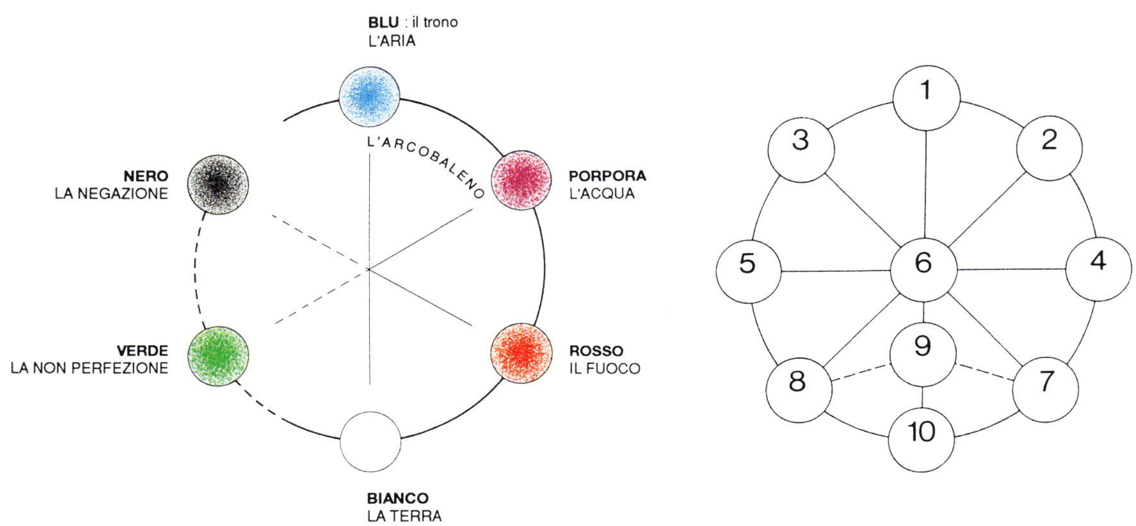

ABB. 204-1

Zwischen dem 12. und dem 17. Jahrhundert taucht scheinbar unvermittelt eine jüdische Mystik und Theosophie auf, deren Ursprung bis heute noch Rätsel aufgibt, die es zu erforschen gilt. Die auch auf Außenstehende seltsam faszinierend wirkende Geheimlehre mit dem ansprechenden und geheimnisumwitterten Namen »Kabbala« ist als historische Erscheinung im mittelalterlichen Judentum in der französischen Provence entstanden. Erste Texte geben knappe Darstellungen der Schöpfung und des Kosmos', wobei immer wieder über Gottes Weisheit (Sapienza) spekuliert wird, die hebräisch »Hokmah« heißt. So ist zum Beispiel davon die Rede, daß Gott »in 32 wunderbaren Wegen der Weisheit (...) seine Welt eingegraben und geschaffen hat«. Diese 32 Wege der Hokmah weisen neben den 22 Konsonanten des hebräischen Alphabets zusätzlich auf die 10 sogenannten Urzahlen hin, die auch »Sephiroth« heißen. Sie werden traditionell häufig in Form des kreisförmigen Schemas angeordnet, das in Abbildung 204-1 zu sehen ist.

Die beiden Zahlen 10 und 22 spielen auch in dem kabbalistischen Diagramm mit Farben eine Rolle, das wir auf Seite 205 vorstellen. Zehn Kreise werden durch 22 Linien verbunden, und zwar so, daß dabei sieben Ebenen entstehen, die auf unterschiedliche Weise sichtbar gemacht, zusammengefaßt und durchlaufen werden können. Einige Beispiele dazu zeigen die kleineren Darstellungen auf Abb. 204-1, deren erste zusätzlich Verbindungen zu Gott angibt, der als mächtig (potente), lebendig (vivente) oder verborgen (nascosto) unterschieden wird. In der dritten Skizze (Abb. 205-1) symbolisieren Teile des Sephiroth-Diagramms (von oben nach unten) den Hauch des Gründers, die drei grundlegenden Elemente Wasser–Luft–Feuer, die sechs Richtungen des Raumes und schließlich die Synthese der Einheit, die wir ganz zuletzt noch einmal ansprechen werden.

In vielen traditionellen Darstellungen gelten folgende Zuordnungen für die zehn Hauptpunkte, die wir nach dem rechten

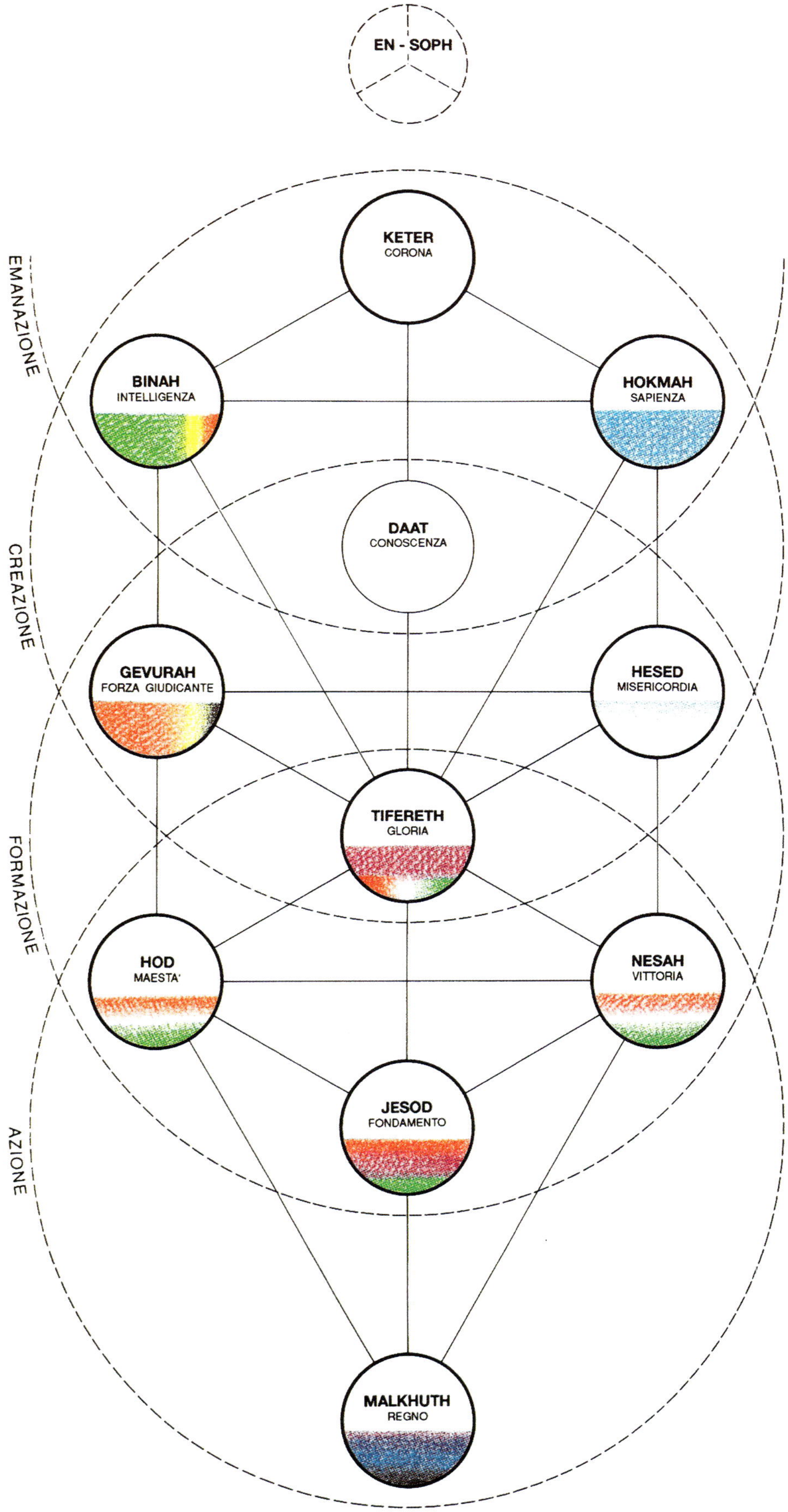
EN - SOPH
KETER
CORONA
BINAH
INTELLIGENZA
HOKMAH
SAPIENZA
DAAT
CONOSCENZA
GEVURAH
FORZA GIUDICANTE
HESED
MISERICORDIA
TIFERETH
GLORIA
HOD
MAESTA'
NESAH
VITTORIA
JESOD
FONDAMENTO
MALKHUTH
REGNO
EMANAZIONE
CREAZIONE
FORMAZIONE
AZIONE

ABB. 205-1

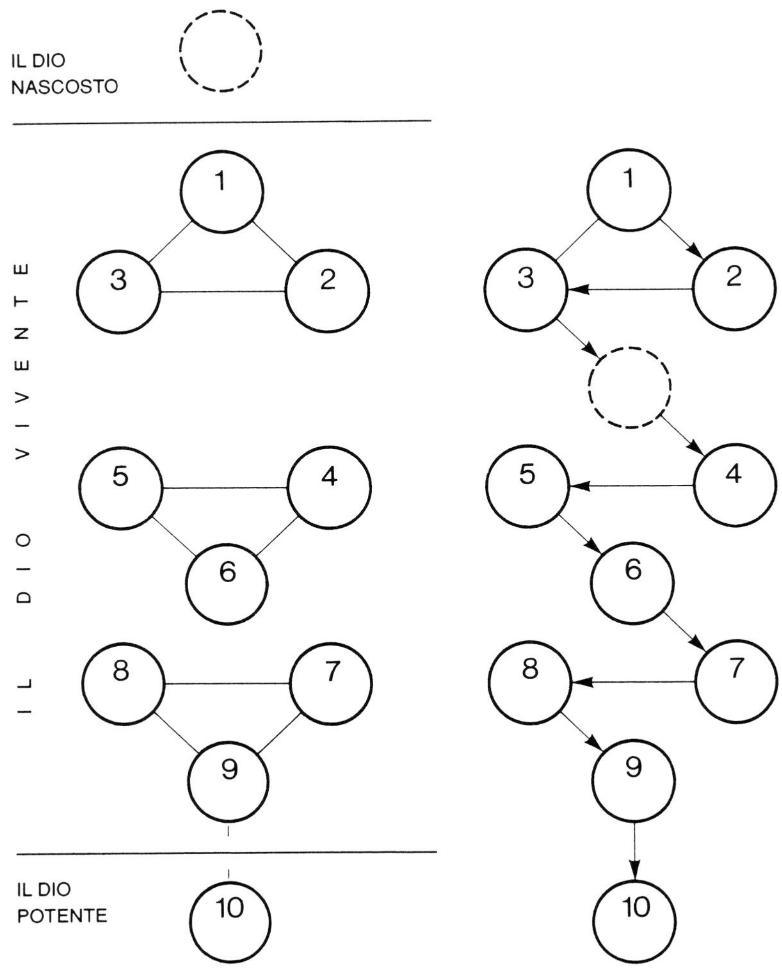

ABB. 206-1

Diagramm von Abbildung 206-1 durchlaufen: Der erste Kreis stellt die Krone (Corona) dar, die man hebräisch mit »Keter« bezeichnet. Im zweiten Rund »Hokmah« sitzt die Weisheit (Sapienza) selbst, von der aus der Weg zum dritten Punkt »Binah« führt, dem Verstehen (Intelligenzia). Die Verbindung zum vierten Kreis »Hesed«, der großen Gnade oder dem Mitleid (Misericordia), durchquert eine Position ohne Ziffer, die als Wissen (Conoscenza) oder »Daat« angegeben wird. Das fünfte Rund »Gevurah« steht für das Urteilsvermögen (Forza guidicanta), von dem aus man über den Ruhm (Gloria) als sechster Stelle »Tifereth« und dem Sieg (Vittoria) an siebter Position »Nesah« zur Majestät (Maesta) an den achten Platz »Hod« gelangt. Der neunte Kreis »Jesod« enthält das Fundament (Fondamento), und von hier führt der Weg zur zehnten und letzten Position »Malkuth«, dem Königreich (Regno). Größere Kreise um die genannten Eckpunkte fassen – in der auf Seite 205 gezeigten Sephiroth-Konstruktion von unten nach oben – die Welt der Handlungen (Azione), die Welt des Entstehens (Formazione) und die Welt der Schöpfung (Creazione) zusammen, über der sich noch der Bereich befindet, der als »Emanation« oder Ausströmung (Emanazione) bezeichnet wird. Zu ihm gehört auch noch die über dem Diagramm schwebende Figur des Unbegrenzten und Formlosen (»En-sof«), der keine Farbe zugewiesen werden kann.

Farblos bleibt auch die Krone, die zwar als Licht gedeutet wird, aber als Licht ohne Farben. Es ist völlig ausgeschlossen, auch nur eine Andeutung der kabbalistischen Komplexität zu geben, und es ist nicht möglich, die Farben eindeutig zuzuordnen, weshalb wir uns für die gezeigte bunte Fassung entschieden haben, die solche Farben betont, die in der Tradition besonders häufig aufgeführt werden, etwa das Grün für die Binah (»ein grüner Streifen, der die Welt umgibt«) oder das Blau für die Hokmah. Zu viele Möglichkeiten haben die Kabbalisten im Laufe der Zeit vorgelegt. Präzision ist in diesem Rahmen auch unnötig, da die Farben keine zentrale Rolle übernehmen. Sie bilden mehr den Hintergrund der Konstruktionen, mit denen die Welt als Ausdruck der göttlichen Weisheit

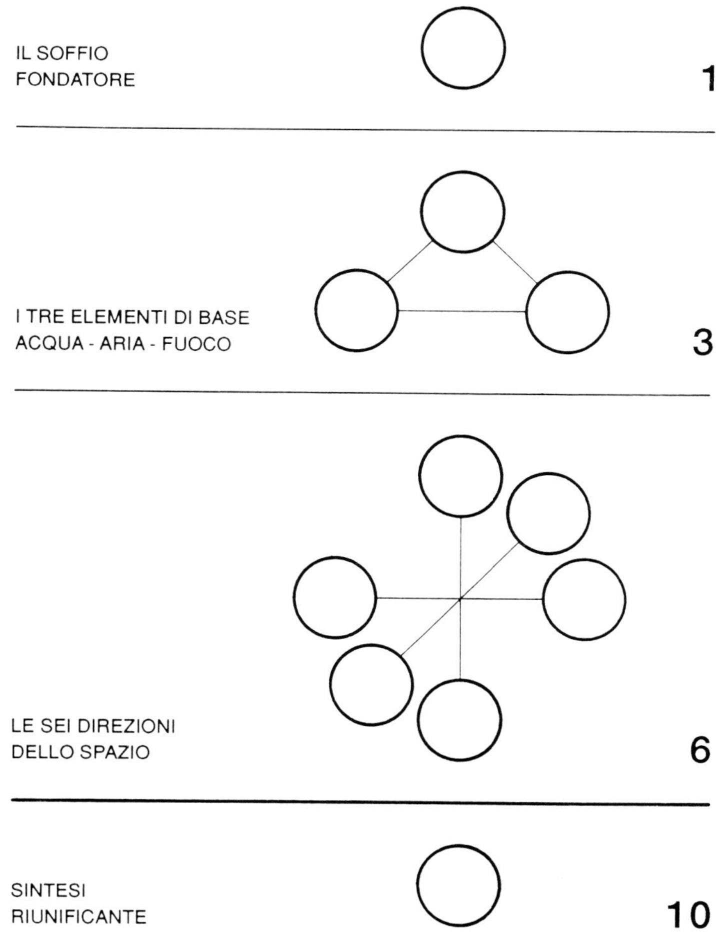

ABB. 207-1

verstanden werden soll. Einer der ersten Kabbalisten in der Provence hat Gott dargestellt als »der Eine, der sich in allen seinen Kräften eint, wie die Feuerflamme, die sich in ihren Farben eint, und seine Kräfte emanieren aus seiner Einheit wie das Augenlicht, das aus der Schwärze des Auges hervorgeht«.

In einem anderen Werk dieser Zeit ist von einer Ur-Finsternis die Rede, aus der alles geworden ist, zum Beispiel die Ur-Feuchtigkeit, aus der wiederum der Heilige Geist hervorgeht wie ein Schaum auf dem Wasser. Dieser Ur-Schaum flimmert nun in Farbenspielen, bei denen Weiß und Rot abwechseln (möglicherweise als Symbole für Strenge und Gnade). Diese Farben differenzieren sich im weiteren Verlauf zu fünf und von da aus zu unendlich vielen Farbenspielen. Die Quelle der Finsternis wird dabei seltsamerweise als ein Gemisch aus Grün, Blau und Weiß angesehen. Wir haben die Farben, die in der hebräischen Tradition eine besondere Rolle im Sinne der angedeuteten Form spielen, in einem kleinen Kreis zusammengefaßt, dem weitere Zuordnungen zu entnehmen sind (Abb. 204-1). Natürlich reichen die aufgeführten Farben nicht aus, um den Regenbogen (Arcosaleno) zu beschreiben, den wir in der Natur beobachten können, obwohl er es ist, der als farbiges Zeichen des Bundes gilt, den Gott mit den Menschen geschlossen hat.

In dem gegebenen Rahmen sind auch Farbenspiele möglich. Sie werden von Kabbalisten gedeutet »wie die Flamme, die aus dem Äther hervorgeht«. Bei Gershom Scholem heißt es unter Betonung der Sephirothzahl Zehn dazu: »Im Wandel dieses höchsten Formprinzips, das aus der Finsternis und dem Äther hervorbricht, entstehen dann zehn Formen und Farbenspiele, die ineinander reflektieren, von zehn zu hundert werden und in ihrer Potenzierung schließlich zu ihrer ursprünglichen Einheit zurückkehren.« Damit meint er die »sintesi riunificante«, die wir in Abbildung 207-1 dargestellt haben.

65 ISLAMISCHE TRADITIONEN

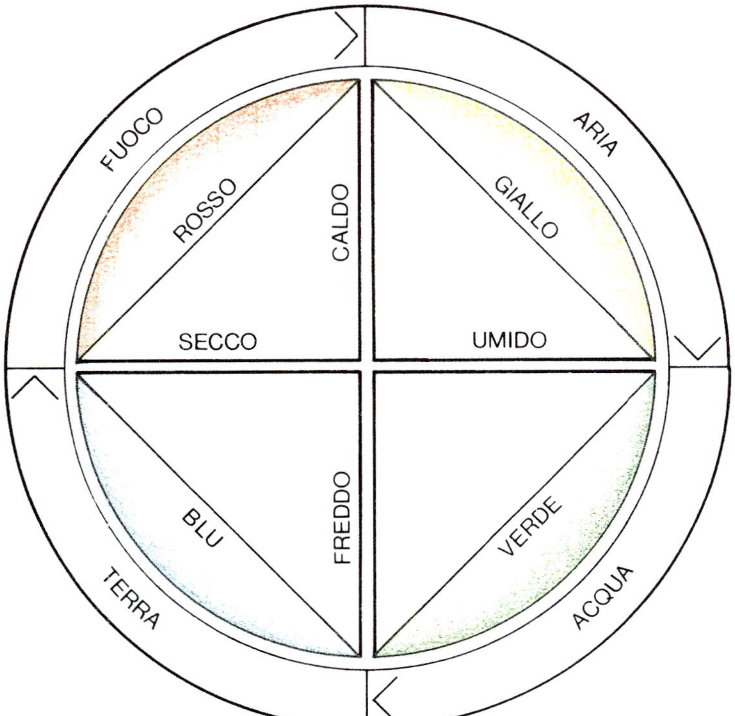

ABB. 208-1

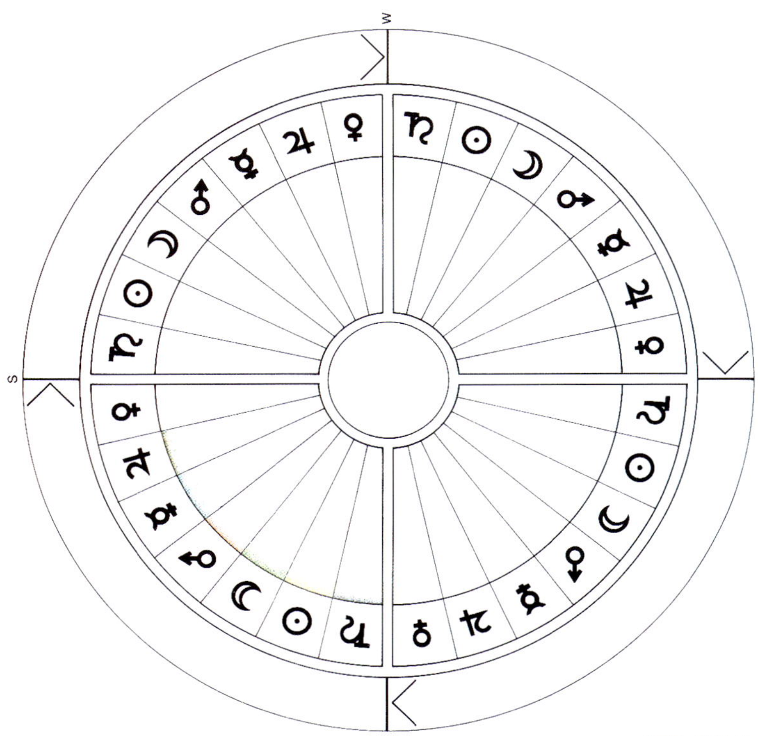

ABB. 208-2

In der islamischen Tradition wird die Farbe vornehmlich von einem metaphysischen Standpunkt aus betrachtet, der die Dualität von Licht und Dunkelheit als durchgehende Möglichkeit des Universums erkennen läßt. Das arabische Wort für Farbe, »rang«, bedeutet dabei auch Schönheit, Durchsichtigkeit, Brillanz, Glanz, Größe, Macht und Vorteil. Dominiert wird die traditionelle Palette der Farben durch die Zahl Sieben, die sich aus einer Dreier- und einer Vierergruppe zusammensetzt, wobei die zwei Systeme zusammengehören. Eine Ordnung geht dabei von drei Farben aus: Es handelt sich um Schwarz, Weiß und um die der Erde verwandte Farbe des Sandelholzes (Abb. 209-1). Eine zweite Ordnung orientiert sich an den vier Farben Rot, Gelb, Grün und Blau (Abb. 208-1). Mit Sandelholz bezeichnet man (laut Duden) das »gelbgrünliche bis goldbraune« Kernholz des Sandelbaumes, das auch bei uns für Drechsler- und Kunsttischlerarbeiten verwendet worden ist.

Beide Systeme arbeiten auf sich zunächst zwar widersprechende, aber zugleich auch ergänzende Art und Weise. Im Dreiersystem werden von den Eckpunkten aus Verbindungen aufgebaut. So wie wir dies bei Grosseteste (Kapitel 2) gesehen haben, steigt das Schwarze auf (Nero ascensione), und das Weiße steigt ab (Bianco

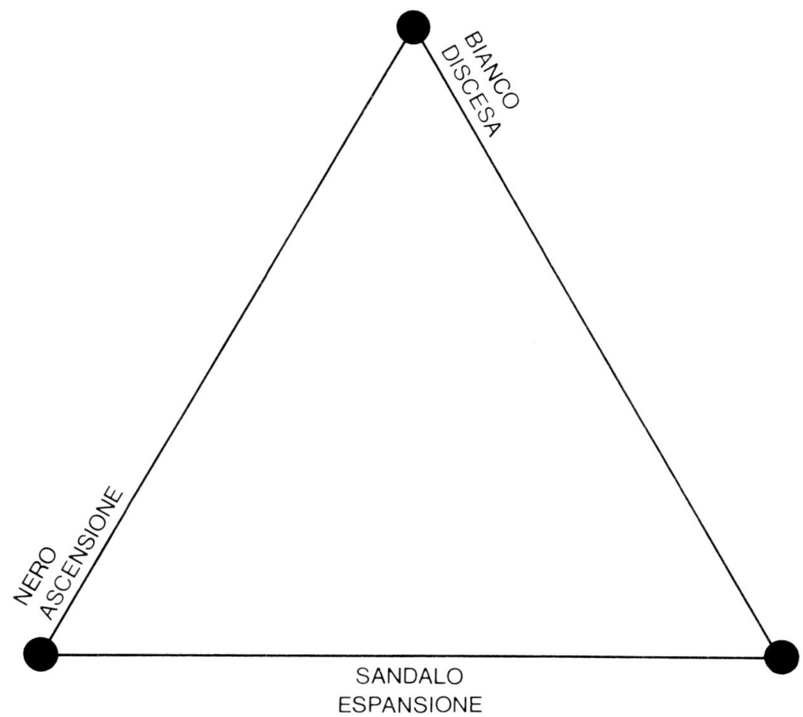

ABB. 209-1

discesa). Das Sandelholz sorgt für die nötige Ausdehnung der natürlich vorkommenden Stufen der Helligkeit. Die Zahl Drei spiegelt dabei die fundamentale Konzeption von Körper, Geist und Seele wider, aus denen die gesamte Schöpfung besteht, und die Bewegungen des Dreiecks geben die Bewegungen des Geistes wieder.

Dem verbindenden (konnektiven) Dreiersystem steht das auf Gegensätze gegründete (oppositive) Vierersystem an der Seite, in dem auch die vier Elemente neben den vier Attributen ihren Platz finden: Zum Rot (Rosso) gehört das Feuer (Fuoco), das trocken (Secco) und heiß (Caldo) ist. Zum Gelb (Giallo) gehört die Luft (Aria) und zum Grün (Verde) das Wasser (Aqua) und damit die Feuchtigkeit (Umido) und die Kühle (Freddo), und zum Blau zählt man die Erde (Terra). Unter den vier Farben kommt dem Grünen eine besondere Stellung zu, weil es zum einen die Synthese des Blauen und des Gelben bildet, die auch die Vergangenheit beziehungsweise die Zukunft darstellen, und weil es zum anderen dem Roten gegenübersteht, aus welchem es im Widerstreit hervorgegangen ist.

Will man beide Systeme vereinen, kann man 3 + 4 = 7 Farben in einem Kreis anordnen, den wir durch die astronomischen Symbole verzieren, da die Zahl Sieben große kosmologische Bedeutung hat (Abb. 208-2). Es gibt traditionell sieben sichtbare Planeten, die wir im Uhrzeigersinn und nach dem ägyptischen System notieren: Saturn, Sonne, Mond, Mars, Merkur, Jupiter, Venus. Diesen sieben Planeten entsprechen die sieben Propheten Adam, Noah, Abraham, Moses, David, Jesus und Mohammed. Neben der umfassenden Bedeutung besteht noch eine elementare Bindung. Man spricht von sieben Metallen – Blei, Eisen, Zinn, Gold, Kupfer, Quecksilber und Silber –, man unterscheidet sieben Formen des weiblichen Make-ups, sieben Ebenen des Erziehungssystems und vieles mehr. Die Zahl Sieben findet sich auch in anderen Systemen wieder. Sie taucht in der Antike bei Aristoteles, im Mittelalter bei Robert Grosseteste und auch zu der Zeit auf, als ein erstes wissenschaftliches Farbsystem vorgelegt wird, und zwar durch Isaac Newton zu Beginn des 18. Jahrhunderts. Die sieben Farben des Regenbogens spannen ein großes Dach, unter dem viele Systeme Platz finden.

LITURGISCHE TRADITIONEN

Die liturgischen Farben der römisch-katholischen wie der protestantischen Kirche dienen dazu, den Charakter der verschiedenen Zeiten und Feste zu verdeutlichen. Das Kirchenjahr, das wir hier in Kreisform vorstellen – außen eine allgemeine römisch-katholische und innen eine spezielle (hier mailändisch-)protestantische Fassung –, soll symbolisch versinnbildlicht werden. Die Verwendung der Farben betrifft die im Gottesdienst gebräuchlichen Gewänder und Paramente (Altardecken). Sie ist nicht immer allgemeinverbindlich geregelt, knüpft vielfach an spätmittelalterlichen Brauch an und ist auch lokal verschieden. Aus diesen Gründen können wir die traditionelle Vielfalt der liturgischen Farben nur in wenigen ausgewählten Beispielen andeuten, selbst wenn das Blatt auf den ersten Blick verwirrend bunt und vielfältig wirkt. Die am häufigsten eingesetzten und vorgeschriebenen Farben haben wir zusätzlich als Kreis zusammengestellt (Abb. 212-1), wobei wir dem feierlichen Gold (Oro) die Mitte zugestehen, obwohl es nur selten allein verwendet wird. Dabei entstehen zwei Polaritäten: Rot/Grün und Weiß/Schwarz, während sich die übrigen Farben in der Zone zwischen Rot und Schwarz verdichten.

Zur Geschichte der liturgischen Farben muß angemerkt werden, daß die Urkirche zunächst das »reine Weiß« bevorzugt hat. Erst Papst Innozenz III. legte um 1200 eine Farbenordnung vor, die rund 300 Jahre später unter Pius V. verbindlicher vorgeschlagen wurde. Der Symbolgehalt der offiziellen Meßfarben wird dabei folgendermaßen angegeben: Rot (Rosso) steht für den Heiligen Geist und das Martyrium (Feuer und Blut), Weiß (Bianco) steht für Reinheit (Unschuld), Freude, Glanz, Gott (Licht), die Engel und Maria, Schwarz (Nero) steht für die Trauer, Violett (Violaceo) – und seine Nebenfarbe Rosa (Rosaceo) – stehen für die Buße, und Grün repräsentiert die Hoffnung und das Leben.

Nach übereinstimmender Meinung der Liturgiker wurden die liturgischen Farben trotz aller gelehrten und amtlichen Vorschriften nicht oder nicht durchgehend aus symbolischen Gründen gewählt und oftmals eher willkürlich zusammengestellt. Für die römisch-

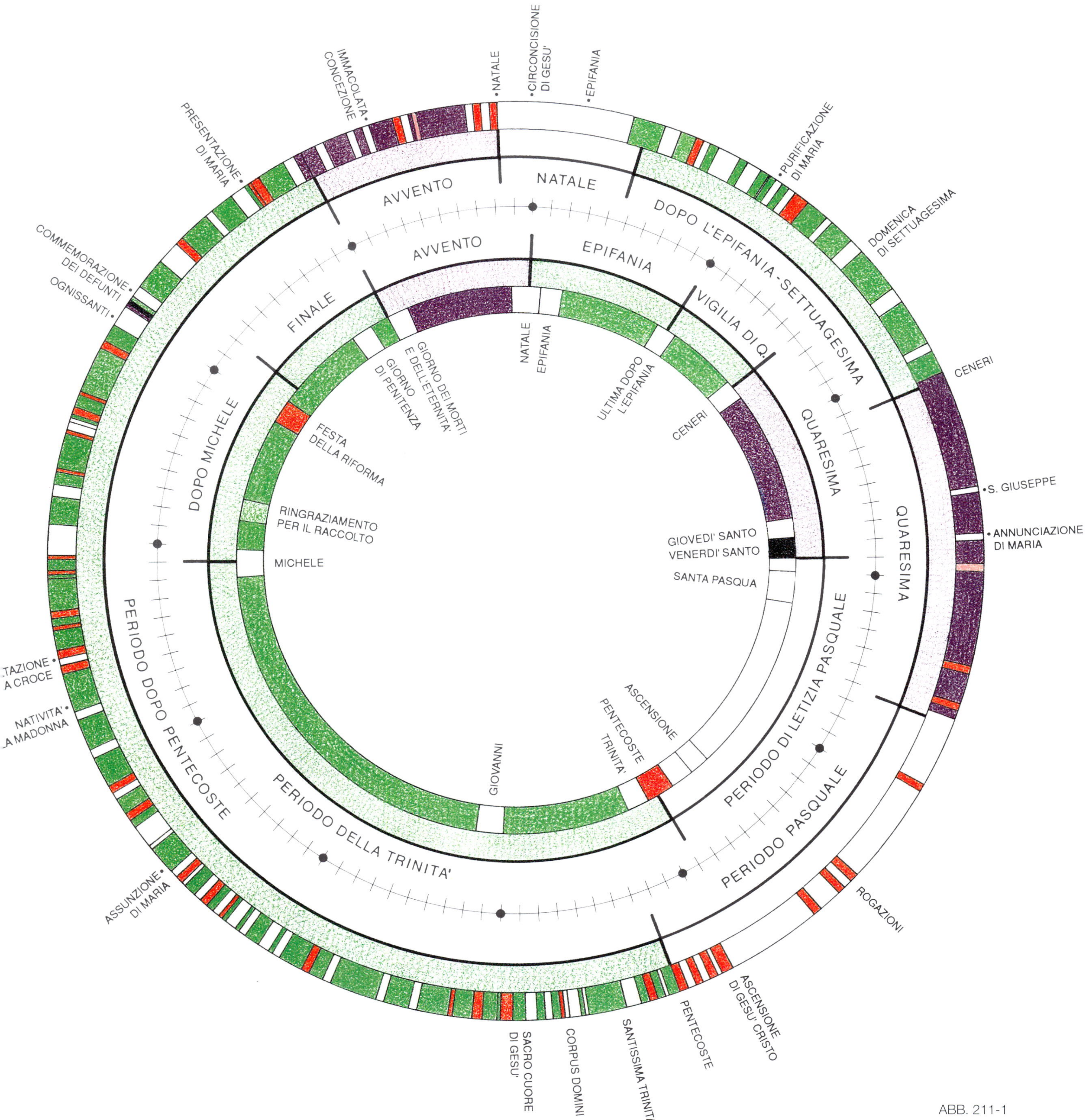
NATALE
CIRCONCISIONE DI GESU'
EPIFANIA
IMMACOLATA CONCEZIONE
PRESENTAZIONE DI MARIA
PURIFICAZIONE DI MARIA
DOMENICA DI SETTUAGESIMA
CENERI
S. GIUSEPPE
ANNUNCIAZIONE DI MARIA
COMMEMORAZIONE DEI DEFUNTI
OGNISSANTI
AVVENTO
NATALE
DOPO L'EPIFANIA - SETTUAGESIMA
QUARESIMA
PERIODO PASQUALE
PERIODO DOPO PENTECOSTE
AVVENTO
EPIFANIA
VIGILIA DI Q.
QUARESIMA
PERIODO DI LETIZIA PASQUALE
PERIODO DELLA TRINITA'
DOPO MICHELE
FINALE
NATALE EPIFANIA
ULTIMA DOPO L'EPIFANIA
CENERI
GIORNO DEI MORTI E DELL'ETERNITA'
GIORNO DI PENITENZA
FESTA DELLA RIFORMA
RINGRAZIAMENTO PER IL RACCOLTO
MICHELE
GIOVEDI' SANTO
VENERDI' SANTO
SANTA PASQUA
ASCENSIONE
PENTECOSTE
TRINITA'
GIOVANNI
ROGAZIONI
ASCENSIONE DI GESU' CRISTO
PENTECOSTE
SANTISSIMA TRINITA'
CORPUS DOMINI
SACRO CUORE DI GESU'
ASSUNZIONE DI MARIA
NATIVITA' ...LA MADONNA
...TAZIONE ... A CROCE

ABB. 211-1

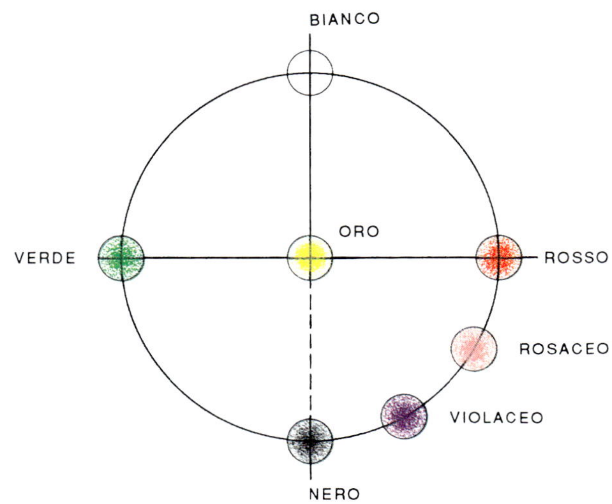

ABB. 212-1

katholische Kirche kann man den folgenden knappen Einblick in die liturgischen Farben im Kirchenjahr geben (äußerer großer Kreis von Abb. 211-1): Der Advent (Avvento) als Zeit der Buße und Erwartung steht im Zeichen dunkler Paramente, wobei neben dem meistverbreiteten Schwarz auch Braun vertreten ist. Das von uns verwendete Violett gilt dabei – jedenfalls in Rom – als gleichbedeutend mit Schwarz. Am Weihnachtsfest (Natale) selbst tritt das Weiß in den Vordergrund, das auch die Farbe der Engel ist. Gold ist dann ebenfalls nicht selten in Gebrauch. Die drei Weihnachtsmessen werden durch Farbreihen charakterisiert, die so aufgebaut sind, daß sie von den dunklen und trüben zu den strahlenden Farben des Lichtes führen, also zum Beispiel entlang der Reihe Violett–Rot–Weiß.

Während zu Epiphanias (Epifania) Weiß, Rot oder Gold den Glanz des Sternes versinnbildlichen, der die Könige führte, herrschen danach neutrale Farben vor, und zwar häufig das Grün. Für die Zeit zwischen Septuagesima (Settuagesima) und Ostern (Pasquale) dominieren wieder dunklere Buß- und Trauerfarben. Am Palmsonntag tritt Rot hervor, am Gründonnerstag konkurrieren Rot und Weiß miteinander, für Karfreitag finden sich mehr Nachweise für Rot als für Schwarz, am Ostersamstag werden Rot und Weiß vorgeschrieben, und für das Osterfest selbst kommt vor allem Weiß in Frage. Zu Pfingsten (Pentecoste) greift man dann erneut vor allem auf Rot zurück. Und dies geht so weiter, bis sich das Jahr über Fronleichnam (Corpus domini), für das Rot und Weiß vorgeschrieben sind, und dem durch Weiß dominierten Fest Allerheiligen (Ognissanti) wieder dem Advent nähert und der Kreislauf der liturgischen Farben erneut durchgespielt wird.

In Abbildung 213-1 werden die liturgischen Feste zum astronomischen Kalender mit den Sonnenwenden und den Tagundnachtgleichen in Beziehung gesetzt, die in der bäuerlichen vorchristlichen

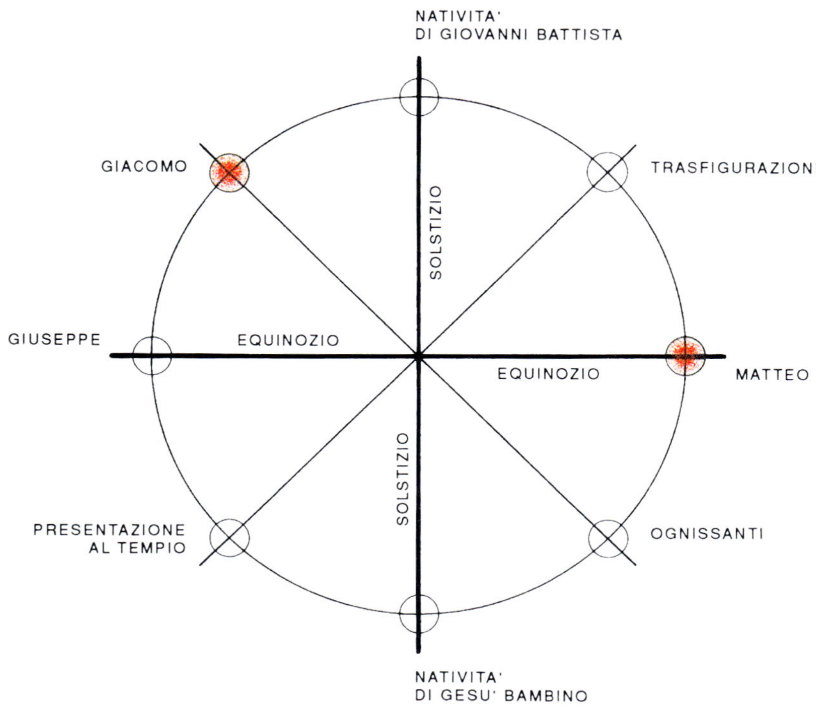

ABB. 213-1

Welt von so großer Bedeutung waren. Aus der Darstellung kann man ersehen, wie sich der liturgische Kalender über den astronomischen »stülpte«, indem er die zwei Sonnenwenden und die beiden Tagundnachtgleichen mit anderen religiösen Festen verband. Die vier entstehenden Quadranten werden nun ihrerseits mittels anderer Festlichkeiten unterteilt, welche symmetrisch zueinander angeordnet sind. Die vorherrschende Farbe dieser Feste ist Weiß, nur Jakobus und Matthäus gebührt Rot.

Was die protestantische Seite angeht (innerer Kreis der Abbildung 211-1), so hat man sich nach den Reformen im 19. Jahrhundert darauf verständigt, die alte Ordnung der liturgischen Farben weiterzuverwenden, das heißt mit Weiß, Rot, Grün, Violett (nicht etwa Blau) und Schwarz umzugehen. Die Verteilung auf das Kirchenjahr wird auf herkömmliche Weise angegeben, wobei man sich aus praktischen Gründen zumeist auf Rot für die Feste – vor allem dem der Reformation (Festa della riforma) –, Grün für den Alltag und Schwarz für die Trauer beschränkt (etwa am Karfreitag [Venerdi santo]). Weiß gilt als Farbe der Engel und der Heiligen, Rot als Farbe des Blutes, des Feuers und der Kirche, Violett als Farbe der feierlich-ernsten Sammlung und Vorbereitung, Schwarz als Farbe der Trauer und Demut und das in der Natur so verbreitete Grün als Farbe der alltäglichen Erde. Daneben bleibt auffällig, daß im Protestantismus das Schwarz als generell geeignete Farbe verstanden wird, wie sich an der Kleidung der Geistlichen zeigt.

67 PORTALS SYMBOLIK

Der französische Baron Frédéric Portal (1804-1876) unternimmt in seinem Werk »Des Couleurs Symboliques dans l'Antiquité, le Moyen-Age et les Temps Modernes« den Versuch, die Symbolik der Farben systematisch darzustellen. Es erschien erstmals 1857 in Paris und in unveränderter Fassung einhundert Jahre später noch einmal.

Portal bezieht sich in seiner Analyse auf die ägyptischen Religionen, auf die alte iranische Religion der mosaischen Tradition, auf das Judentum und weitere im Mittelmeerraum entstandene Religionen sowie auf die Kultur des Mittelalters. Seine Quellen umfassen aber auch verschiedene östliche (chinesische und indische) Traditionen. Der Autor beschreibt den symbolischen Wert der Farben und die Regeln ihrer Komposition beziehungsweise Opposition, wobei er ein auf drei Grundelemente aufgebautes Schema variiert: Dieses Grundschema umfaßt die »göttliche Sprache«, die sich an alle Menschen richtet und die göttliche Existenz offenbart; dann die an kultischen Stätten entstandene »heilige Sprache«, die die Symbolik von Architektur, Bildhauerei und Malerei und auch der religiösen Zeremonien bestimmt. Und auf der untersten Stufe jene »profane Sprache« – »letztes Echo der ewigen Wahrheit widerhallender Ausdruck der Symbole«. Diesem Sprachen-System folgend, verfaßt Portal sein Schema der »Sprache der symbolischen Farben«, wobei er großen Wert auf die Kenntnis ihrer »grammatikalischen Regeln« legt.

Am Anfang steht das fundamentale Prinzip von Licht und Dunkelheit, das Weiß und Schwarz repräsentieren. Weiß ist hierbei kein eigentliches Pigment, bezieht es sich doch auf die Emanation, das »Ausfließen« des göttlichen Lichtes, das von der Sonne stammt und daher besser mit Strahlendweiß umschrieben ist. Das Schwarze gilt als die Negation der Farben, ist Produkt der Verbrennung und mit dem Geist der Finsternis verbunden. Dieses duale Prinzip ist dem Göttlichen eigen und befindet sich daher außerhalb der eigentlichen drei Ebenen der Farben:

Licht existiert in der Vorstellung Portals nur durch das Feuer, dessen Symbol das Rote ist. Rot und Weiß befinden sich deshalb auch auf der ersten Ebene, dem Ort der Liebe, der Sehnsucht, des Willens – »Existenz in sich«. Weiß bedeutet die göttliche Weisheit, während Rot als Symbol der göttlichen Liebe gilt. Aus diesen beiden

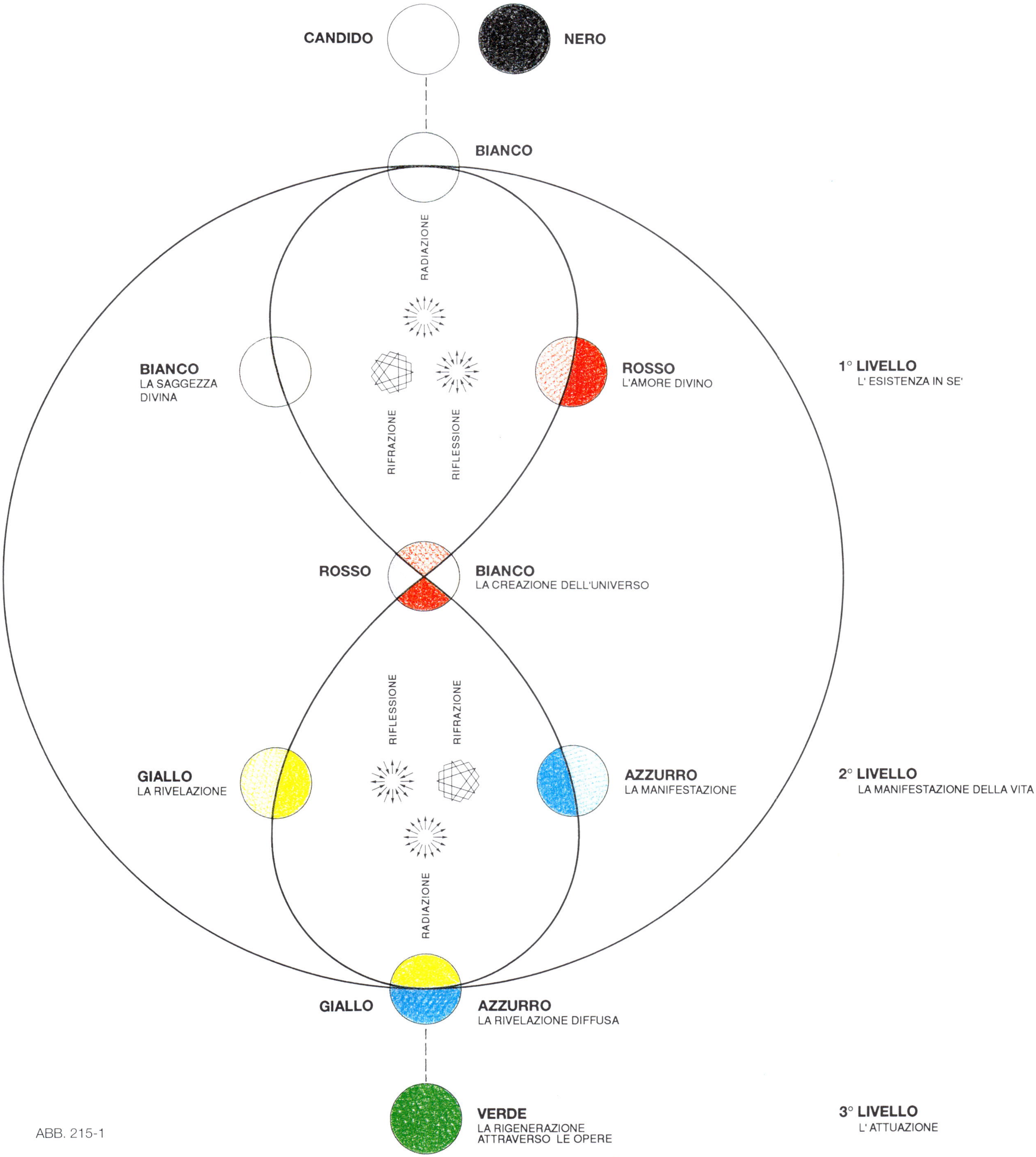
CANDIDO
NERO
BIANCO
RADIAZIONE
BIANCO
LA SAGGEZZA
DIVINA
RIFRAZIONE
RIFLESSIONE
ROSSO
L'AMORE DIVINO
1° LIVELLO
L' ESISTENZA IN SE'
ROSSO
BIANCO
LA CREAZIONE DELL'UNIVERSO
RIFLESSIONE
RIFRAZIONE
GIALLO
LA RIVELAZIONE
AZZURRO
LA MANIFESTAZIONE
2° LIVELLO
LA MANIFESTAZIONE DELLA VITA
RADIAZIONE
GIALLO
AZZURRO
LA RIVELAZIONE DIFFUSA
VERDE
LA RIGENERAZIONE
ATTRAVERSO LE OPERE
3° LIVELLO
L' ATTUAZIONE

ABB. 215-1

Eigenschaften Gottes leitet sich die Schöpfung des Universums ab – und auch auf der zweiten Ebene. Hier manifestiert sich das Leben, hier waltet die Vernunft. Als Farben sind Gelb und Blau zugeordnet, die symbolisch für die Intelligenz und das Wort stehen. Gelb ist die Offenbarung der Liebe (»la revélation de l'amour«) und der Weisheit Gottes (»la sagesse de Dieu«), während Blau deren Manifestation im Leben (»la manifestation par la vie«) symbolisiert. Aus der Vereinigung von Gelb und Blau entsteht Grün, das der dritten Ebene angehört, der Ebene der Verwirklichung und der Tat. Grün ist die Manifestation der Liebe und der Weisheit, wie sie sich in den Taten und Handlungen zeigen; es symbolisiert die Barmherzigkeit und die Erholung der Seele (»la regéneration de l'âme«) durch Tun und Wirken.

Farbe existiert in drei Dimensionen: in der göttlichen Welt, in der geistigen Welt und in der natürlichen Welt. Die göttliche Welt ist den »strahlenden Körpern« eigen (das Licht entströmt ihrem Innern), die sprirituelle Welt den »lichtdurchlässigen Körpern«, in denen sich das eindringende Licht bricht und, nachdem es das Innere der Körper erforscht hat, wieder ausgesendet wird. Es ist die Welt der Edelsteine und Perlen, der glänzenden Gegenstände, die so am göttlichen Licht teilhaben. Die natürliche Welt hingegen ist diejenige der »matten, undurchsichtigen Körper«, zu deren Natur das Licht nicht gehört, die es reflektieren, ohne daß es in das Innere des Körpers vorgedrungen wäre: die Welt der Oberfläche.

Portals' System enthält zwei Regeln: »Komposition« und »Opposition«. Aus den fünf Farben Weiß, Rot, Gelb, Blau und Grün werden die Mischfarben Rosa, Purpur, Hyazinth, Violett und Grau komponiert. Sie erhalten ihre spezifische Bedeutung aus der Kombination der Bedeutungen jener Farben, aus denen sie entstanden sind. Die dominante Farbe liefert hierbei die Bedeutung, während

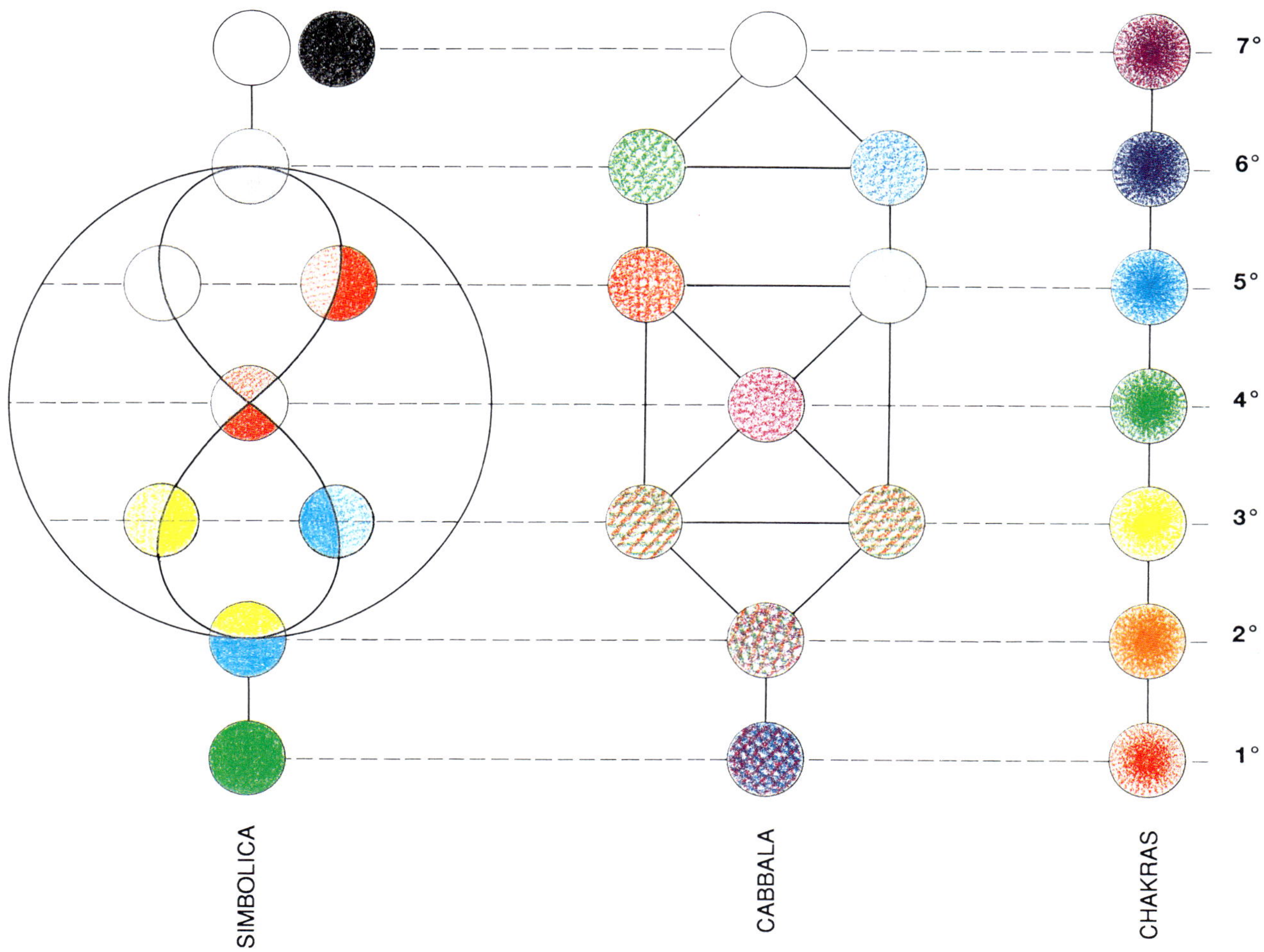

ABB. 217-1

die dominierte Farbe eigene Modifikationen beifügt. Zum Beispiel ergeben Rot (Liebe) und Blau (Wahrheit) Purpur (Liebe zur Wahrheit, Wahrheit der Liebe). Wird Schwarz mit den anderen Farben vereint, kehren sich deren Merkmale in ihr Gegenteil: Rot, die göttliche Liebe, wird, gemischt mit Schwarz, zum Symbol der höllischen Liebe, des Egoismus, der niederen Leidenschaften. Die Regel der Opposition bezieht sich nicht auf das Verhältnis zwischen Farben, sondern beschreibt den dualen Charakter einer Farbe. So wie in der Genesis die Schlange nicht nur den Messias und die Weisheit, sondern auch den bösen Geist verkörpert, so bedeutet Rot sowohl die Liebe als auch den Egoismus; Grün kann für die Auffahrt in den Himmel oder den Fall in die Hölle stehen, für die Weisheit oder den Wahnsinn.

In der ersten Darstellung (Abb. 215-1) sehen wir im Inneren des Kreises, der die beiden ersten Ebenen umfaßt, die geometrische Figur der »Lemniskate«, einer Kurve höherer Ordnung von Cassini. Diese spezifische Kurve trennt und verbindet gleichermaßen. Sie ist eine Verbindung von Kugel und Zylinder.

Die zweite Darstellung (Abb. 217-1) verdeutlicht die strukturelle Analogie der in diesem Buch dargestellten Traditionen: Symbolik, der Kabbala (Kapitel 64) und das System der Chakras (Kapitel 63). Hier wird dazu eingeladen, Entsprechungen zwischen den Systemen zu finden. Diese historisch zwar belegbare Verbindung der drei Traditionen ist aber in Frage zu stellen, da das Metasystem von Portal aus der Kenntnis derselben kulturellen Traditionen stammt, zu denen auch die beiden anderen gehören.

68 HERALDIK

Die Heraldik war ursprünglich die Kunst der Herolde, die bei Ritterturnieren im Mittelalter die Wappen der Kämpfer zu prüfen hatten. Die Wappenführung selbst galt als Kunst, und die Anfertigung der Wappen ebenso. Zur klaren Unterscheidbarkeit der Wappenteile griff man auf die heraldischen Farben zurück. Hierbei werden zunächst vier Grundfarben Rot (Rosso), Blau (Azzurro), Schwarz (Nero) und Grün (Verde) von zwei Metallfarben Gold (Oro) und Silber (Argento) unterschieden. Zu diesen sechs Farben gesellt sich das selten verwendete Purpur (Porpora) als siebte Farbe, um einen Bezug zu der damals anerkannten Siebenzahl der Planeten zu bekommen. Im Mittelalter wurden die Farben nämlich symbolhaft mit diesen Himmelskörpern verknüpft. Das Purpur bildet zusammen mit den vier genannten Grundfarben die sogenannten »eigentlichen Farben«, die ihre eigenen altertümlichen Bezeichnungen besitzen: Rot ist »gueules«, Blau ist »azur«, Schwarz ist »sable«, Grün ist »sinople«, und Purpur ist »pourpre«. Die Grundregel der Wappenkunde verlangt, daß keine (eigentliche) Farbe auf Farbe und kein Metall auf Metall liegt. Die Reihenfolge Schwarz-Rot-Gold wäre also nicht zugelassen, die Sequenz Schwarz-Gold-Rot hingegen schon. Als Hintergrund für diese Regel scheint die Frage der Sichtbarkeit eine Rolle zu spielen.

Neben den erwähnten Primärfarben erlaubt die Heraldik noch die Verwendung von Naturfarben für bestimmte Figuren (»sekundäre Farben« [colori secondari]). Möglich sind beispielsweise Grau (Grisio), Braun oder die Farbe des Fleisches (Incarnato) und die Farbe der Pfirsichblüte (Fior di pesco). Mischungen (Miscio) im herkömmlichen Sinne sind nicht möglich, was zu einer wahrlich bunten Mitte führt.

NERO
BIANCO
(ARGENTO)
ORO
(GIALLO)
GRIGIO
CANNELLATO
ARANCIO
ROSEO
INCARNATO
SANGUIGNO
CREMISI
FIOR DI PESCO
VERDE - GIALLO
OLIVASTRO
MISCHIO
COLORI
SECONDARI
VERDE
ROSSO
PORPORA
METALLI
COLORE - METALLO
COLORI
AZZURRO

ABB. 219-1

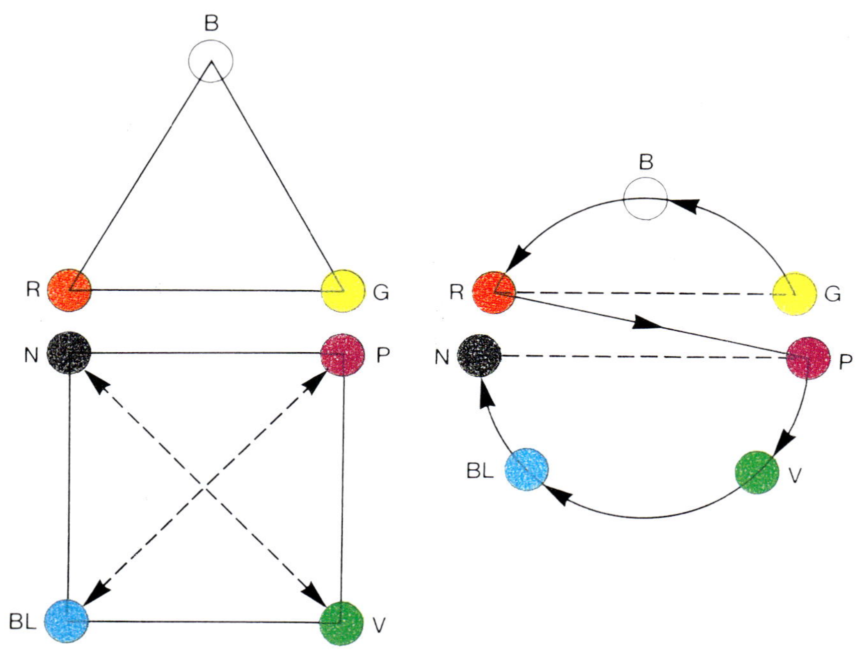

ABB. 220-1

Die Farben wiesen ursprünglich symbolisch oft auf Tugenden hin, wobei es wieder sieben sind, die sich aufführen und verbinden lassen (Abb. 221-1): Die Kraft (Fortezza) oder Tapferkeit, die durch das Grün (V für Verde) repräsentiert wird, die Hoffnung (Speranza), die durch das silberne Weiß (B für Bianco) gezeigt wird, die Gerechtigkeit (Giustizia), für die das Blau (BL für Blu) steht, der Glaube (Fede), der durch das Gelb (G für Giallo) dargestellt wird, die Barmherzigkeit oder Liebe (Carita), die als Rot (R für Rosso) erscheint, die Besonnenheit (Temperanza), die durch das Purpur (P für Porpora) erkennbar wird, und auf Weisheit (Prudentia), die sich durch das Schwarz (N für Nero) zeigt.

Bei den Tugenden hebt man seit der Antike die vier sogenannten klassischen Elementartugenden hervor – die Weisheit, die Tapferkeit, die Besonnenheit und die Gerechtigkeit –, die man von den drei sogenannten christlichen Tugenden unterscheidet, die wir als Glaube, Liebe und Hoffnung kennen. Wir ordnen die Elementartugenden –

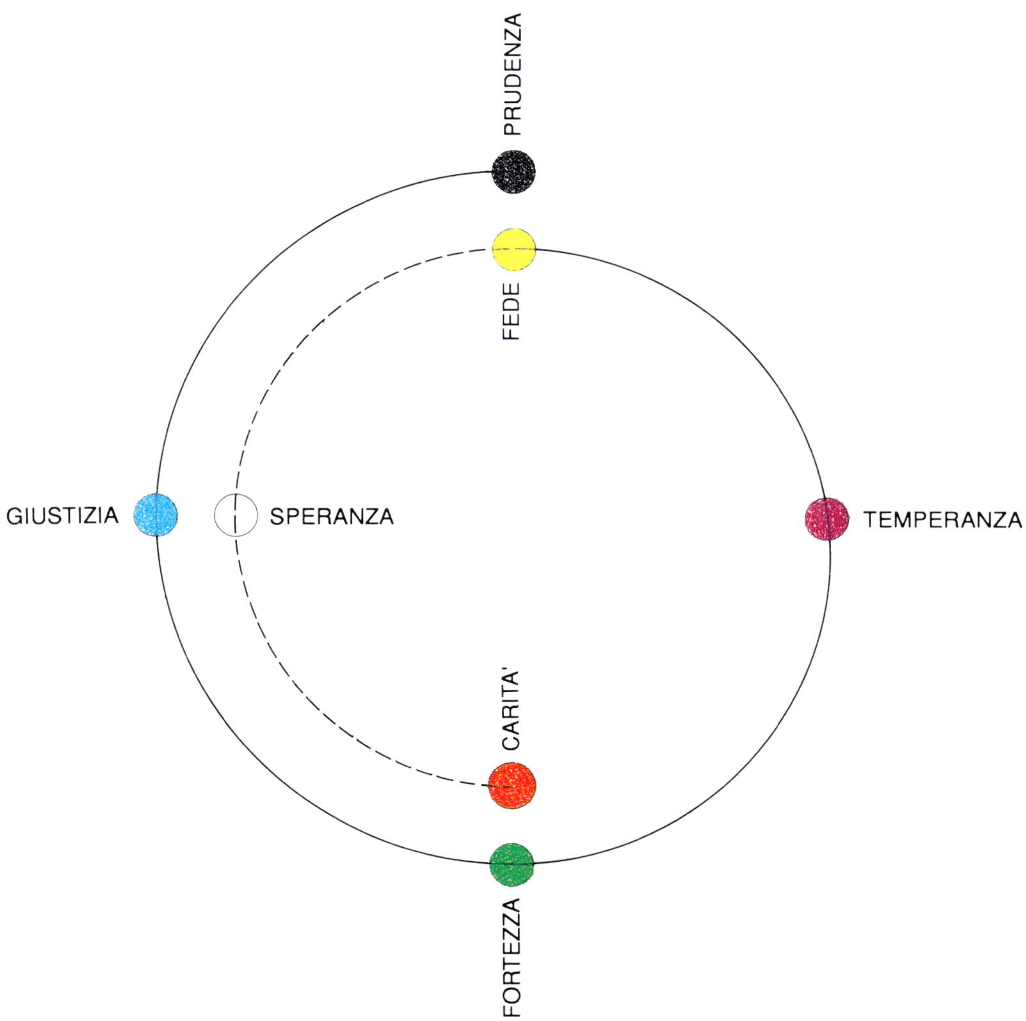

ABB. 221-1

und mit ihnen die Farben – so in einem Viereck (Abb. 220-1) an, daß sich möglichst große Gegensätze gegenüberliegen; also liegt die Weisheit der Tapferkeit und die Gerechtigkeit der Besonnenheit gegenüber. Über dieser eher mit irdischen Dingen befaßten Konstruktion bringen wir das auf den Himmel verweisende christliche Trio in Form eines Dreiecks an, wobei die Anordnung der Farben – und damit der Tugenden – so gewählt wurde, daß ein kompletter Durchlauf des Siebengestirns möglich ist, der beim feierlichen Gold des Glaubens beginnt und beim finsteren Schwarz des Wissens endet. Vielleicht ist es den Menschen früherer Zeiten wie eine Schwarze Kunst (Nigromantie) vorgekommen, wenn Einsichten in die Natur und ihre Kräfte gelungen sind, und noch Faust selbst verbündete sich mit dem Teufel, um zu verstehen, was die Welt im Innersten zusammenhält.

69 ANTHROPOSOPHIE

Die Anthroposophie ist das Werk des österreichischen Philosophen und Gelehrten Rudolf Steiner. Er wurde 1861 in Kroatien geboren und starb 1925 in Dornach bei Basel. Rudolf Steiner wurde maßgeblich von der Naturphilosophie Goethes beeinflußt. Zwischen 1890 und 1897 war er in Weimar als Mitarbeiter an der großen Goethe-Ausgabe tätig, wobei er die Edition der Farbenlehre betreute, für die er auch das Vorwort verfaßte und die Anmerkungen redigierte. Nach Berlin übersiedelt, trat Steiner der Theosophischen Gesellschaft bei, von der er sich 1913 löste, um die Anthroposophische Gesellschaft zu gründen. Diese hatte Sitz in Dornach, wo später auch das Goetheanum gebaut wurde.

Die anthroposophische Lehre von Steiner betont das theosophische Interesse für die Natur, die Bestimmung des Menschen und den geistigen Befreiungsprozeß, der die Entwicklung des Menschen kennzeichnet. Ausgangspunkte der anthroposophischen Lehre sind die Unterscheidung des Menschen in sieben Prinzipien und den Kreis der Wiedergeburt, dazu bestimmt, sich bei der Rückkehr des universalen Geistes zu schließen. Die Anthroposophie entstand zum Zeitpunkt einer tiefen Krise der europäischen Gesellschaft und Kultur. Sie bestach durch ihre besondere Aufmerksamkeit der Form gegenüber und verbreitete schnell und erfolgreich eine neue Kultur künstlerischen Tuns. Die »Eurythmie« (Bewegungskunst und -therapie, bei der Wörter oder Melodien in Bewegung umgesetzt werden), die Aufmerksamkeit auf die Natur und ihre Morphologie, der Gebrauch der Farbe und die spirituellen Erfahrungen der Anthroposophie haben viele europäische Künstler der Zwischenkriegszeit beeinflußt.

Steiner hat zwar keine eigentliche Farbtheorie verfaßt, wohl aber in einer Anzahl von Vorträgen und Schriften einige Prinzipien beschrieben, wie das Phänomen Farbe zugänglich gemacht werden kann. Besonders drei Vorträge vom Mai 1921 in Dornach beziehen sich auf Farbe, sie sind zusammen mit anderen Schriften in »Das Wesen der Farben« enthalten.

Im ersten Vortrag analysiert Steiner die einzelnen Farben: Grün ist der Pflanzenmantel, der die Erde bedeckt. Die Pflanze besitzt nebst ihrem »physischen Körper« einen »ätherischen Körper«, und dieser macht ihr eigentliches Leben aus. »Grün stellt dar das tote Bild des Lebens.« Pfirsichblüt ist die »Farbe des menschlichen Inkarnats«, der »menschlichen Hautfarbe«. Diese Farbe verdeutlicht das dem Menschen eigentliche, seelische Moment, denn wenn es sich aus dem Gesicht zurückzieht, wird dieses grünlich. Somit kann Pfirsichblüt als das Bild der Seele, genauer, als »das lebendige Bild der Seele« betrachtet werden. Steiner unterstreicht, daß hinter dem Pfirsichblüt nicht etwa der Tod steht (wie beim Grün): Wenn das Pfirsichblütenfarbene verschwindet, verschwindet das Animistische, nicht aber das Lebendige.

Weiß bezieht sich nicht auf ein Sein der äußerlichen Welt, sondern auf das Licht und – mittels kosmischer Erfahrung – auf die Sonne. Steiner beobachtet, daß zwischen dem Weiß, das sich als Farbe zeigt, und dem Licht eine besondere Beziehung bestehen muß. Das Licht wird nicht auf die gleiche Art wahrgenommen wie die Farben. Es ist vielmehr gleichermaßen Bedingung der Wahrnehmbarkeit von Farben und notwendig, um unser Ich zu erreichen: »Weiß oder Licht stellt dar das seelische Bild des Geistes.«

Schwarz ist die Finsternis. In der Natur bezieht sich die Erfahrung des Schwarzen auf die Kohle. So wie Weiß von der Art ist, unweigerlich auf Schwarz zu verweisen, so verweist die Kohle auf das Transparente. Die Kohle »kann auch durchsichtig und klar sein – dann ist sie ein Diamant«. Malt man schwarz auf weiß, so wird die weiße Oberfläche vom Geist durchdrungen: »Schwarz stellt dar das geistige Bild des Toten.«

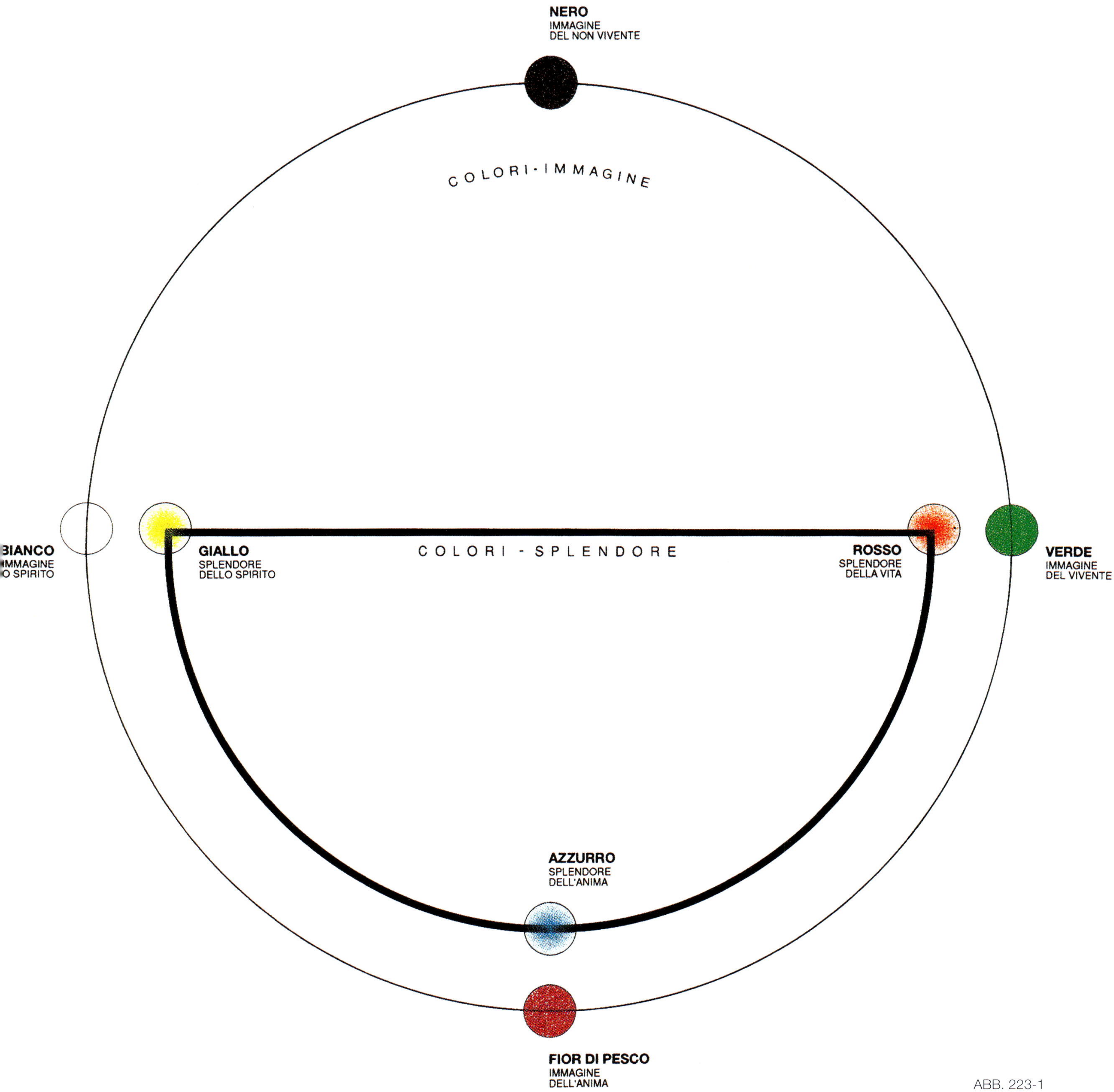
NERO
IMMAGINE
DEL NON VIVENTE
COLORI-IMMAGINE
BIANCO
IMMAGINE
O SPIRITO
GIALLO
SPLENDORE
DELLO SPIRITO
COLORI - SPLENDORE
ROSSO
SPLENDORE
DELLA VITA
VERDE
IMMAGINE
DEL VIVENTE
AZZURRO
SPLENDORE
DELL'ANIMA
FIOR DI PESCO
IMMAGINE
DELL'ANIMA

ABB. 223-1

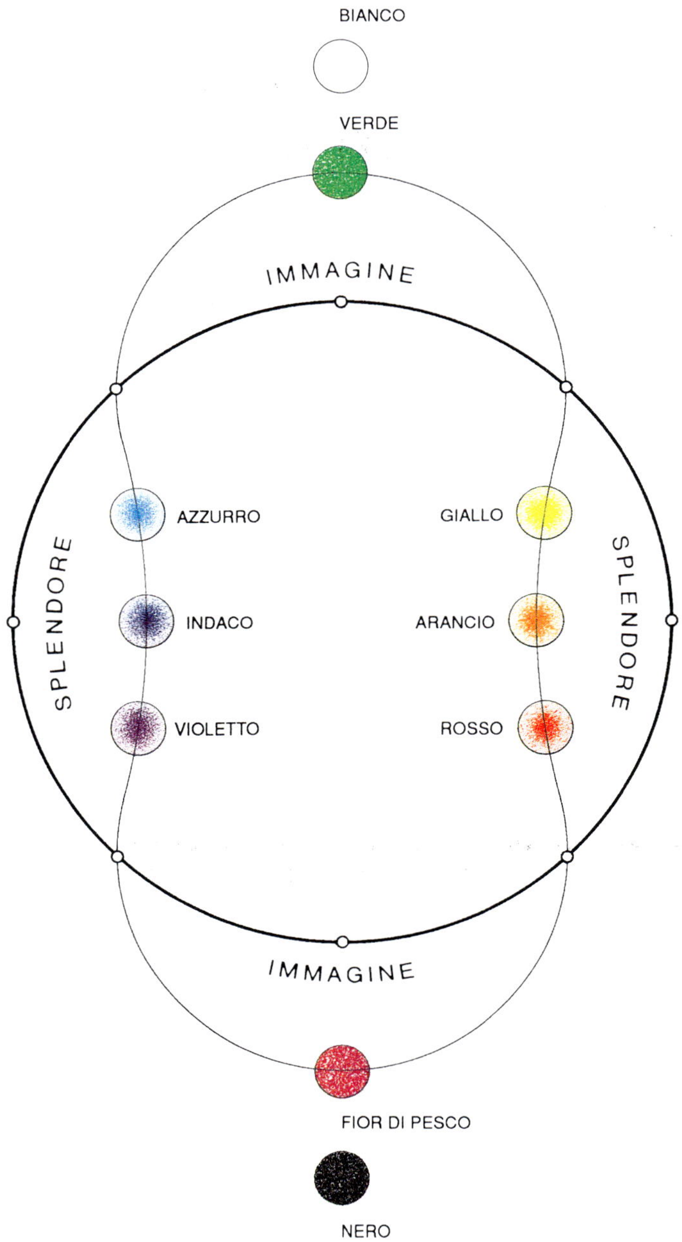

ABB. 224-1

Steiner faßt sein Schema zusammen: »Wenn ich also die Reiche der Natur nehme, das tote Reich, das lebende Reich, das beseelte Reich, das geistige Reich, dann steige ich auf – geradeso wie ich aufsteige vom Toten zum Lebenden, zum Seelischen, zum Geistigen –, so steige ich auf: Schwarz, Grün, Pfirsichblüt, Weiß.« Diese vier Farben sind nicht real, sondern nur Bild. Deshalb werden sie als »Bildfarben« bezeichnet. Steiner verbindet die vier Farben kreisförmig: Vom Schwarz, dem spirituellen Bild dessen, was tot ist (Reich der Mineralien), zum Grün, dem toten Bild des Lebens (Reich der Pflanzen), zum Pfirsichblüt, dem lebenden Bild der Seele (Reich der Seele), zum Weiß, dem animistischen Bild des Geistes (Reich des Geistes), und schließlich vom Geist zum Toten beziehungsweise zum Schwarzen. Das Modell ist in einer im Text des Vortrags enthaltenen Zeichnung skizziert. Diese Darstellung hebt den abfolgenden, aber auch eine Steigerung und Bereicherung erfahrenden Prozeß hervor, in dem jedes folgende Element etwas von seinem vorhergehenden behält.

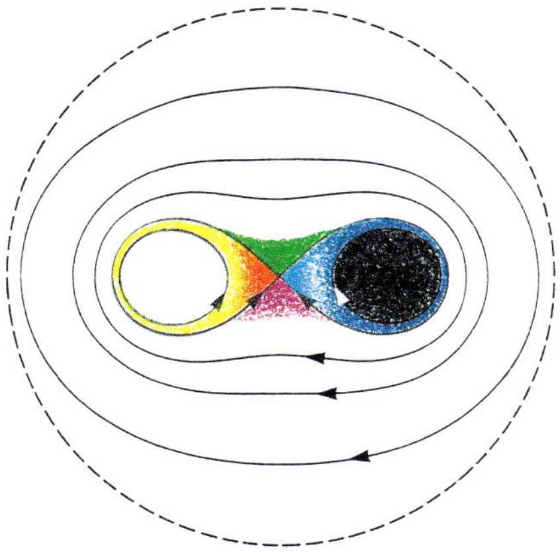

ABB. 225-1

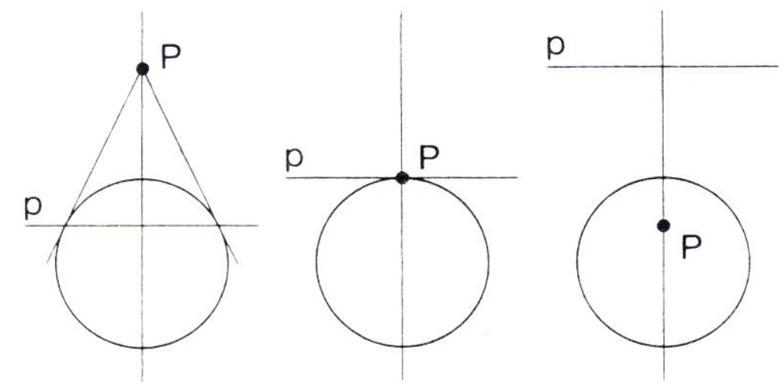

ABB. 225-2

Neben den vier Bildfarben analysiert Steiner die drei »Glanzfarben« Blau, Rot und Gelb. In der Zeichnung (Abb. 223-1) sind sie längs eines in den großen Kreis eingefügten Halbkreises angelegt, um eine Verbindung zwischen den komplementären Farbenpaaren des traditionellen Farbkreises zu erhalten. Erkennbar ist das Thema der Drei und der Vier, des Dreieckes und des Quadrates. Wenn hier statt dem Dreieck ein Halbkreis gewählt ist, so, um den steinerschen Geist besser aufzufangen, der dazu neigt, weiche, fließende Übergänge vorzuziehen, sei es zwischen den Formen als auch zwischen den Farben.

Gelb ist die Farbe, die vom Zentrum »genährt« werden muß. Sie muß – mit nach außen abnehmendem Glanz – ausstrahlen können. »Es spricht nicht das Gelbe, wenn es begrenzt ist, denn das Gelbe will nicht begrenzt sein, das Gelbe will nach irgendeiner Seite hin strahlen.«

Blau nimmt keine einheitlich gefärbte Oberfläche an. »Das Blau, das staut sich an seinen Grenzen und rinnt in sich selber, um so einen Grenzwall um ein helleres Blau herum zu machen. Dann offenbart es sich in seiner ureigenen Natur, dieses Blau.«

Rot »will weder strahlen noch sich inkrustieren, es will weder strahlen noch sich stauen, es bleibt«.

Die Art von Beziehung, die zwischen den Farben des anthroposophischen Systems besteht, kann auch als wellenförmiger Rhythmus ausgedrückt werden, wobei die gemäß dem Farbenkreis angeordneten Farben zwischen dem Bild und dem Glanz, zwischen der Kontraktion und der Expansion, zwischen konkav und konvex, Innen und Außen einer idealen Kreislinie pendeln. Abbildung 224-1 stellt diesen Rhythmus dar; sie bezieht sich auf den zweiten Vortrag von Dornach und zeigt folgende Farbreihe: Den Glanzfarben Rot-Gelb (Segment) folgt die Bildfarbe Grün. Von ihr führt der Weg zu den Glanzfarben Blau-Violett (Segment) und zuletzt zur Bildfarbe Pfirsichblüt. Steiner sagt, daß das Weiße und das Schwarze aufgrund ihrer Polarität ein mysteriöses Privileg gegenüber den anderen Farben besäßen: »Nur liegt da noch geheimnisvoll zugrunde das andere der Farben, Schwarz und Weiß.« Schwarz und Weiß bilden die Extreme der Bildfarben, den Anfang und das Ende des fortlaufenden Zyklus, der die Essenz und die Erfahrung der Farbe vervollständigt.

Die drei kleineren Zeichnungen (Abb. 225-2) zeigen ein analoges Problem aus dem Bereich der Geometrie. Auch hier der rhythmische Verlauf zwischen Außen und Innen, vergleichbar jenem zwischen Bild und Glanz des anthroposophischen Systems: Zu einem äußeren Punkt P (einem Pol) korrespondiert immer eine Polare p (Verbindungslinie der Berührungspunkte zweier von einem Pol an einen Kegelschnitt gezogener Tangenten). Umgekehrt entspricht einer äußeren Gerade immer ein Punkt im Inneren. In der Tangente fallen Pol und Polare, Außen und Innen zusammen.

Abbildung 225-1 schließlich zeigt die sieben Farben in Form des Kurvensystems von Cassini. Diese Familie der Kurven vierter Ordnung, die das kontinuierliche mit dem diskreten System verknüpft, ist im Werk Steiners ersichtlich, besonders in den Skizzen für den Bau des Goetheanums in Dornach. In dem einen Feld befinden sich die Bildfarben, im anderen die Glanzfarben. Die Zentren sind von Weiß und von Schwarz besetzt. Zentrum ist gleichzeitig Unendlichkeit, Inneres und Äußeres sind eins.

70 L'ARCHÉOMÉTRE

Im Jahre 1903 veröffentlicht der Franzose Saint-Yves d'Alveydre ein riesiges Werk mit dem Titel »L'Archéomètre«, das – laut Untertitel – den Schlüssel zu allen Religionen und allen Wissenschaften der Antike liefern soll. Das System, mit dem er das Altertümliche vermessen will, stellt er als einen randvollen Kreis mit zwölf Segmenten dar, der als »Rapporteur Synthétique des Hautes Études« bezeichnet wird, also als ein speziell konstruiertes System, das die Ergebnisse fortgeschrittener Studien anbietet (Abb. 227-1). Den erwähnten Kreissegmenten des Informationsträgers, deren Mitte im Außenrand jeweils durch eine entsprechende Maßangabe

É,H,cH
B
VOU
HE
S.Sh
P.Ph
Assyrien
Syriaque
Kaldéen
Samaritain
Français

ABB. 227-1

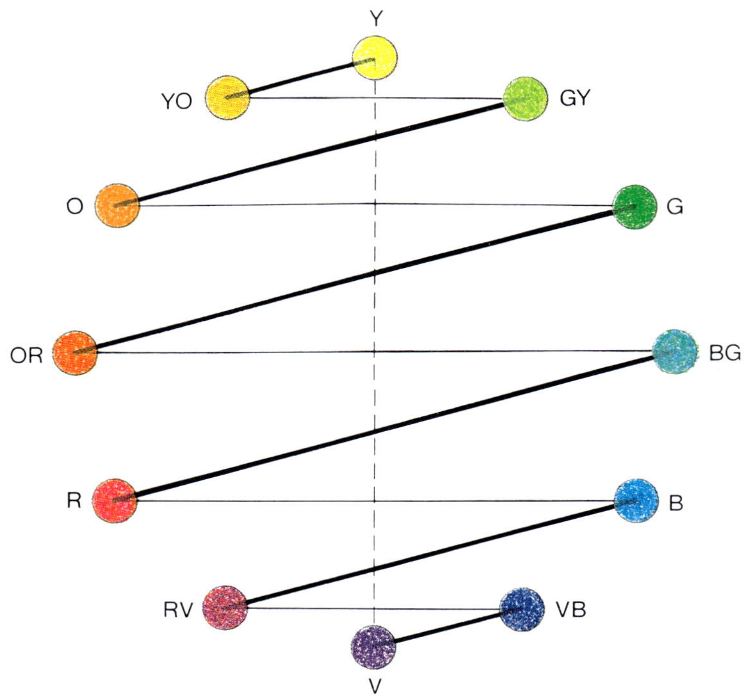

ABB. 228-1

gekennzeichnet ist, steht jeweils ein Winkel von 30 Grad zu. Die zwölf Farben der verschiedenen Kreisbereiche, die aus den drei Primärfarben Rot, Blau, Gelb und den drei Sekundärfarben Orange, Violett, Grün hervorgehen, wirken dabei auch zur Beruhigung des Auges, das sonst durch die vielen Symbole leicht verwirrt werden könnte. Auf der Scheibe des Archéomètre finden sich nämlich unter anderem Planetenangaben neben Sternzeichen und Noten neben Buchstaben, wobei so unterschiedliche Sprachen wie das Französische, das Syrische, das Assyrische, das Samaritanische, das Kaldäische, das Arabische und noch einige mehr aufgeführt werden.

Die musikalischen Noten bilden einen farblos gehaltenen Ring im äußersten Kreis der inneren Scheibe. Unterhalb von ihm erkennt man die bekannten Symbole der Sternbilder. Von der 12-Uhr-Position im Uhrzeigersinn gelesen sehen wir: Steinbock, Schütze, Skorpion, Waage, Jungfrau, Löwe, Krebs, Zwillinge, Stier, Widder, Fische, Wassermann. Der sich darunter befindende Kreis – der letzte vor der sternartigen Figur im Inneren, die die Farben versammelt – scheint auf den ersten Blick die Zeichen der Planeten zu enthalten. Wenn wir sie in der gleichen Reihenfolge wie oben lesen, finden wir zunächst Saturn, Jupiter, Uranus, Venus, Merkur, Sonne und Mond. Dann aber kommt die Folge der Symbole zu ihrem Ende, das heißt, sie wird – mit der Ausnahme von Sonne und Mond – spiegelbildlich wiederholt. Im Grunde finden sich hier also nur sieben Zeichen, und sie können zum einen mit den Tagen der Woche und zum anderen mit musikalischen Tönen verbunden werden. Was die Symbolik der Wochentage angeht, so repräsentiert die Sonne den Sonntag, der Mond den Montag, Mars den Dienstag, Merkur den Mittwoch, Jupiter den Donnerstag, Venus den Freitag und Saturn den Samstag. Und was die heute geltenden Tonarten angeht, so entsprechen ihnen folgende Planeten: Zum C gehört Jupiter, zum D gehört Mars, zum E gehört die Sonne, zum F gehört die Venus, zum G gehört Merkur, zum A gehört der Mond, und zum H gehört Saturn.

Damit ist uns eine Vermutung möglich: Offensichtlich hatte Saint-Yves d'Alveydre Astrologie im Sinn, als er seinen alleswissen-

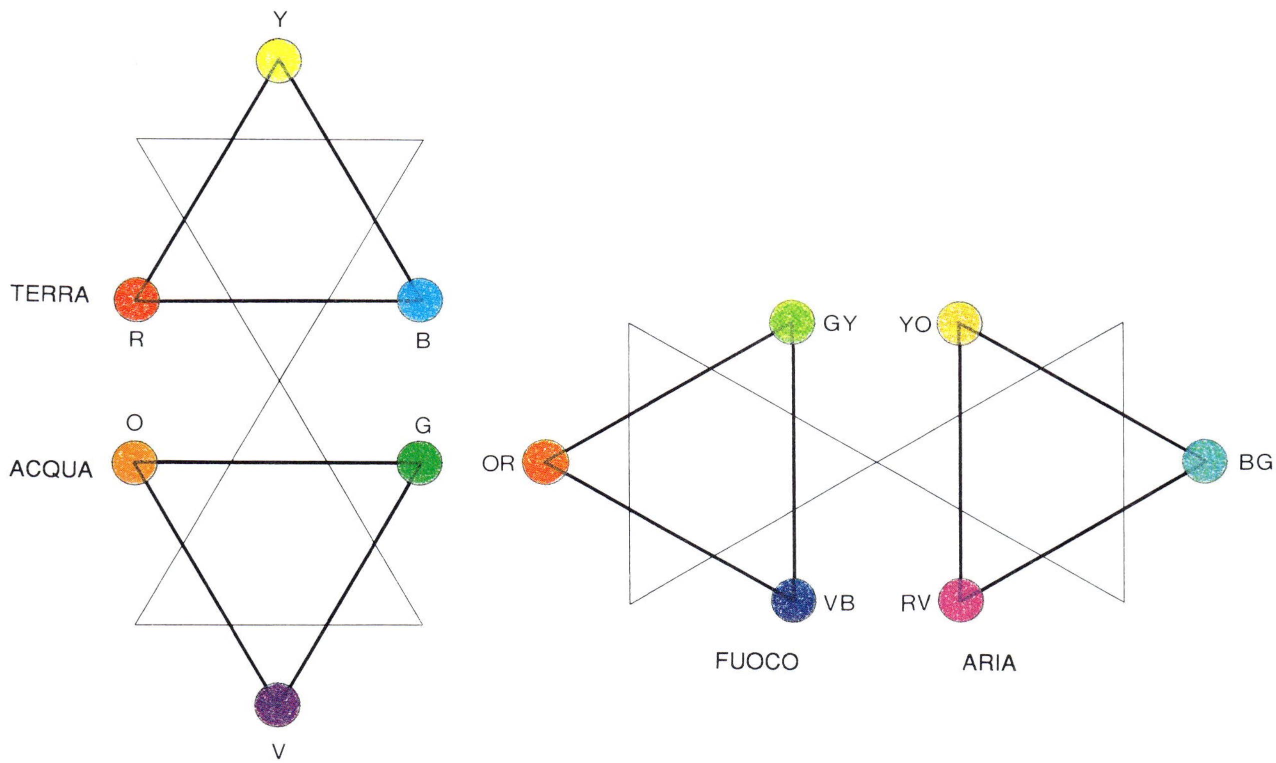

ABB. 229-1

den Kreis zusammenstellte. Vielleicht erlaubt sein System ja auch einen Blick auf unsere Zukunft, wenn wir nur mit ihm umzugehen wüßten.

Wir aber wollen statt dessen die zwölf Sternzeichen auf vier Dreiecke verteilen (Abb. 229-1), denen dann – nicht nur im Archéomètre – die vier Elemente der Antike (Erde, Wasser, Feuer, Luft) zugeordnet werden. Den astrologischen Dreiecken können wir mit Hilfe der alleswissenden Scheibe farbige Eckpunkte zuweisen. Das Dreieck Steinbock–Jungfrau–Stier erhält demnach die Eckpunkte Gelb (Y für Yellow), Blau (B für Blue) und Rot (R für Red). Ihm wird die Erde (Terra) zugewiesen. Das Dreieck Fische–Skorpion–Krebs erhält die Eckpunkte Orange (O), Grün (G) und Violett (V). Ihm wird das Wasser (Acqua) zugeordnet. Das Dreieck Schütze–Löwe–Widder bekommt die Eckpunkte Grüngelb (G Y für Greenyellow), Violettblau (VB) und Orangerot (OR). Ihm entspricht das Feuer. Das Dreieck Wassermann–Waage–Zwillinge erhält die Eckpunkte Gelborange (YO für Yelloworange), Blaugrün (BG) und Rotviolett (RV). Es repräsentiert die Luft (Aria).

Erde und Wasser als sogenannte primäre Dreiecke stellen dabei die sogenannten nächtlichen Bilder dar, und Feuer und Luft als sekundäre Dreiecke weisen auf die Tage hin. Durchläuft man die kreisförmige Konstruktion des Archéomètre auf in Abbildung 228-1 gezeigte Weise, wechselt man ständig zwischen Nacht und Tag, also zwischen Dunkelheit und Licht. Der Weg beginnt und endet im Dunkel – wie unser Leben, das nur wie ein Licht zwischen zwei endlosen Nächten wirkt.

GLOSSAR

Achromatische Farben: Schwarz, Grau und Weiß.

Additive Farbmischung: Die Mischung von Licht unterschiedlicher Farbe, realisiert zum Beispiel durch Projektoren (mit geeigneten Filtern), deren Licht auf einer Leinwand zusammentrifft. Bei der additiven Farbmischung können bunte Farben zusammen Weiß ergeben.

Brillanz: Der Glanz einer Farbe, der von der Oberfläche des farbigen Gegenstandes abhängt.

Buntfarben: Das Wort für Farben, wenn man Schwarz, Weiß und Grau ausdrücklich ausnehmen will.

Chromatische Farben: Ein anderes Wort für die Buntfarben.

Chromatizität: Ein anderes Wort für den Grad der Sättigung einer Farbe.

CIE: Die Abkürzung des französischen Namens für die Internationale Beleuchtungskommission, die 1931 das nach ihr benannte CIE-Diagramm vorgelegt hat, das in Fachkreisen auch als Normvalenz-Tafel bekannt ist. CIE = Commission Internationale de l'Eclairage.

Colorimetrie: Ein anderes Wort für Farbmessung.

Dreifarbentheorie: Die vor allem von Physikern vertretene Idee, daß sich alle Farben durch die Mischung aus drei Grundfarben hervorbringen lassen, wobei dafür meist Rot, Grün und Blau genannt werden. Ihre biologische Verankerung und Bestätigung findet die Dreifarbentheorie im Auge, wo sich im wesentlichen drei Rezeptoren nachweisen lassen.

Farbempfindung: Die Bewußtseinsregung durch die Wahrnehmung einer Farbe.

Farbenlehre: Ein Versuch, die Beziehungen und Bedeutungen der Farben im Rahmen einer Ordnung zu verstehen.

Farbdiagramm: Eine Kurve, die alle sichtbaren Farben umschließt und einige ihrer Beziehungen zueinander zu konstruieren gestattet – zum Beispiel das Ergebnis einer Mischung. Das bekannteste Diagramm ist die CIE-Farbtafel aus dem Jahre 1931, die sich hufeisenförmig präsentiert. Im CIE-Diagramm wird die Linie, auf der die Spektralfarben liegen (der Spektralfarbenzug), durch die Purpurgerade zu einem geschlossenen Gebilde.

Farbkonstanz: Die Tatsache, daß die Farben der Dinge weitgehend unabhängig von dem Licht sind, das von einem Gegenstand ausgeht. Ein weißes Blatt Papier ist weiß am Morgen, Mittag und Abend, obwohl das Licht, das von ihm reflektiert wird, sich im Laufe eines Tages stark ändert. Die Farbkonstanz ist die in diesem Zusammenhang wichtigste Leistung des Gehirns unter dem Gesichtspunkt der Evolution.

Farbkoordinaten: Die drei Koordinaten der Farbe: Farbton, Sättigung und Helligkeit.

Farbkörper: Die dreidimensionale Anordnung von Farben, die zumeist von einem Farbenkreis ausgeht. Vom Zentrum des Kreises aus in Richtung seiner Peripherie nimmt die Sättigung der Farben zu, und senkrecht zur Kreisebene ändert sich die Helligkeit – nach oben zum Weiß und nach unten zum Schwarz hin.

Farbkreis: Die Anordnung der Spektralfarben auf einem Kreis, wobei die beiden Enden des Spektrums durch Purpur verbunden werden.

Farbmessung: Der Versuch, die Farbempfindung von Subjekten objektiv zu messen und in Zahlen zu erfassen.

Farbmetrik: Der Versuch, Farbmessungen mathematisch zu erfassen.

Farbmischung: Man unterscheidet additive und subtraktive Mischungen. Bei einer additiven Mischung treffen Lichtstrahlen unterschiedlicher spektraler Zusammensetzung aufeinander. Durch ihre Summierung entsteht eine neue Farbe. Nur sie wird gesehen. Eine besondere Form der Lichtmischung findet statt, wenn einzelne Farbpunkte – etwa auf Bildschirmen oder Gemälden – so klein gehalten werden, daß der Betrachter sie nicht einzeln erkennen und nur ihre Wirkung als Gruppe wahrnehmen kann. Werden einer gegebenen Lichtstrahlung Komponenten entzogen (subtrahiert), ändert sich die Farbe. Dies kann durch Reflexion an einer Fläche oder durch Absorption mit einem Filter geschehen. Werden Farben aufeinandergeschichtet, kommt es durch subtraktive Mischung zu neuen Farben. Die Regeln der subtraktiven Mischung sind komplizierter als die der additiven Form.

Farbnuance: Ein feiner Unterschied im Parameter des Farbtons.

Farbqualität: Die Eigenschaft einer Farbe, einen bestimmten Farbton zu haben (bunt zu sein).

Farbraum: Die dreidimensionale Darstellung der Farben, die sich als Konsequenz der Tatsache ergibt, daß jede Farbe durch drei Größen (Farbton, Helligkeit und Sättigung) bestimmt werden kann.

Farbskala: Die Vielfalt der Farben, die von einem Organismus (z. B. Schmetterling) oder einem Designer präsentiert wird.

Farbspektrum: Farbig neutrales (weiß empfundenes) Licht besteht aus Strahlungen, in denen alle Wellenlängen zwischen 380 und 760 nm vertreten sind. Leitet man einen weißen Lichtstrahl (zum Beispiel von der Sonne) durch ein Prisma, werden seine Bestandteile durch Brechung unterschiedlich abgelenkt. Ein regenbogenartiges Lichtband wird sichtbar, das als Spektrum bezeichnet wird. Das Spektrum beginnt am langwelligen Ende mit Rot, ändert sich über die mittelwelligen Grün und Gelb und endet am kurzwelligen Blau. Das physikalische Spektrum ist nach beiden Seiten hin offen (infrarotes und ultraviolettes Licht).

Farbsystem: Der Versuch, die Vielfalt der Farben durch ein geschlossenes System zu erfassen und damit zu verstehen. Farbsysteme werden oft als geometrische Farbkörper (etwa Doppelkegel) präsentiert. Technisch gesehen sind Farbsysteme Methoden, einen Teil oder die Gesamtheit aller Farben mit Hilfe materiell ausgeführter Standards zu kennzeichnen und zu ordnen.

Farbton: Der Unterschied zwischen bunten und unbunten Farben, eigentliche Qualität einer Farbe, die nach Helligkeit und Sättigung variieren kann.

Farbvalenz: Die drei Farbwerte, durch die eine Farbmischung beschrieben werden kann.

Farbwert: Der Beitrag, mit dem eine Primärfarbe an einer additiven Mischung beteiligt ist.

Gleichabständigkeit: Das Ziel eines Farbsystems liegt oftmals darin, die Farben so anzuordnen, daß gleiche Unterschiede in der Farbempfindung gleichen Abständen zwischen den Farben im System entsprechen. Die Frage ist, ob die angestrebte Gleichabständigkeit der Empfindung erreicht werden kann.

Grauwert: Der Graugehalt einer Farbe.

Grundfarben: Gemeint sind gewöhnlich Rot, Gelb, Grün und Blau. Andere Ausdrücke sind Primär-, Haupt- oder Urfarben. Oft definieren Autoren ihre eigenen Grundfarben. Maler denken anders über solche Farben als Physiker oder Chemiker.

Grundlegende Farbwörter: Farbausdrücke, die allgemein benutzt werden und sich nicht bloß auf eine spezielle Nuance beziehen.

Hellbezugswert: Im CIE-System das Maß für die Helligkeit einer Farbe.

Helligkeit: Eine der drei Bezugsgrößen, die – neben Farbton und Sättigung – eine Farbe bestimmen. Man kann sie sich als Weiß- oder Schwarzbeimischung vorstellen, wobei Farben heller oder dunkler werden.

Kalte Farben: Gewöhnlich Blau, Blau-Grün und Violett.

Komplementärfarben: Farben, die bei additiver Mischung weiß und bei subtraktiver Mischung schwarz ergeben. Sie liegen sich in Farbkreisen zumeist gegenüber und lassen sich im CIE-Diagramm durch die Linie finden, die durch den Unbuntpunkt verläuft.

Natürliche Farben:	Farben, die durch natürliche Stoffe zustande kommen, etwa eisenoxydhaltige Felsen oder bunte Pflanzen.
Normlichtart:	Die für eine Farbmessung verbindlich vorgeschriebene Lichtquelle.
Opponenten-Theorie:	Die Theorie, die auf der Beobachtung basiert, daß es zwar ein rötliches Gelb und ein grünliches Blau, aber weder ein grünliches Rot noch ein gelbliches Blau gibt. Erklärt wird diese Erscheinung durch Opponenten-Zellen.
Opponenten-Zellen:	Nervenzellen, die für die Blau-Gelb- bzw. Rot-Grün-Wahrnehmung verantwortlich sind. Sie sind aktiv, wenn auf geeigneten (zumeist kreisförmigen) Stellen auf der Netzhaut die passende Kombination aus den genannten Komplementärfarben auftrifft.
Optimalfarbe:	Theoretische Farben, bei denen eine Wellenlänge zu 100% oder gar nicht vertreten ist.
Pigment:	Im Auge das Molekül, das Licht von einer bestimmten Wellenlänge (Energie) absorbieren kann.
Polarität:	Die Bedeutung einiger Farben kann durch polare Gegensätze erfaßt werden, was Goethe als Polarität bekannt gemacht hat. Während Gelb für Wärme, Nähe und Kraft steht, stellt Blau Kälte, Ferne und Schwäche dar.
Primärfarben:	Die Farben, von denen ein Künstler oder Wissenschaftler ausgeht, um die anderen (Sekundär-, Tertiärfarben) zu mischen.
Prisma:	Ein Glaskörper mit dreieckiger Grundfläche, der weißes Sonnenlicht in seine Spektralkomponenten zerlegt.
Prismatische Farben:	Ein anderer Ausdruck für Spektralfarben.
Reine Farben:	Farben ohne Beimischung eines anderen Farbtons. Physikalisch Licht von einer Wellenlänge.
Rezeptor:	Im Auge ein Molekül, das Licht empfangen kann.
Sättigung:	Das Ausmaß, mit dem eine Farbe durch eine bestimmte Wellenlänge dominiert wird. Eine Buntfarbe kann vergraut werden, ohne ihren Ton zu ändern. Das unglückliche Wort »Sättigung« stammt aus der Chemie, wo eine gesättigte Lösung ihre Farbe nicht mehr ändert, wenn mehr Farbstoff hinzugefügt wird.
Sekundärfarben:	Farben, die durch Mischung von Primärfarben entstehen.
Simultankontrast:	Die unterschiedliche Wahrnehmung ein und derselben Farbe in unterschiedlichen Umgebungen.

Spektralfarben: Die Farben des Spektrums, die ein Prisma aus dem weißen Licht der Sonne hervorbringt.

Subtraktive Farbmischung: Die Mischung von Körperfarben, bei der bunte Farben zusammen schwarz ergeben können. Es müssen nur genug Farbschichten aufeinandergeschichtet werden.

Sukzessivkontrast: Bei einem Nacheinander von optischen Eindrücken entsteht ein Nachbild als Gegenbild zu einer fixierten Farbe. Das Nachbild zeigt die Komplementärfarbe, die sich auf diese Weise bestimmen läßt.

Tertiärfarben: Farben, die durch Mischung von Primär- und Sekundärfarben entstehen.

Trichromatizität: Ein anderes Wort für die Dreifarbentheorie.

Unbunte Farben: Schwarz, Weiß, Grau.

Unbuntpunkt: Der Punkt im CIE-Diagramm, der für das Weiß steht, bei dem die Beiträge aller Spektralfarben die gleiche Energie haben. Diese auch als »Mittelpunktsvalenz« bezeichnete Stelle wird im CIE-Diagramm entweder als E oder als U bezeichnet. Zwei Farben auf dem Spektralfarbenzug des CIE-Diagramms sind komplementär, wenn die Linie, die sie verbindet, durch E bzw. U verläuft.

Vierfarbentheorie: Die zuerst von psychologisch orientierten Physiologen vertretene Vorstellung, daß neben den drei Farben Rot, Grün und Blau auch Gelb eine rein und unvermischt wahrgenommene Farbe ist. Die moderne Hirnforschung bestätigt diese Idee (Opponenten-Zellen).

Vollfarbe: Eine Farbe ohne Beimischung von Schwarz und Weiß.

Warme Farben: Magenta, Orange, Gelb.

Bitte beachten Sie auch folgende Veröffentlichungen aus unserem Verlag:

Josef Albers:
Interaction of Color
Grundlegung einer Didaktik des Sehens

Vorwort von Erich Franz. 112 Seiten mit acht farbigen und einer einfarbigen Abbildung, kartoniert ISBN 3-7701-4014-1

Josef Albers gilt wie kein anderer Maler des 20. Jahrhunderts als Magier und Analytiker der Farbe. In »Interaction of Color«, einem Grundlagenwerk der modernen Farbtheorie, formuliert er seine Überlegungen zur Wirkung von Farbe und ihrer visuellen Wahrnehmung. Das Resultat ist eine Anleitung zum produktiven Sehen, die nach wie vor unentbehrliches Basiswissen für alle ist, die sich mit visueller Koummunikation beschäftigen.

»Ein Maler macht es sich zur Aufgabe, sich in oder mit Hilfe der Farbe auszudrücken. Für manche Maler ist Farbe Zierat im Vergleich zur Form oder anderen Bildinhalten, und folglich von untergeordneter Bedeutung. Für andere – und ihre Zahl ist heute wieder im Steigen begriffen – ist die Farbe das strukturbestimmende Element in der Bildsprache. Bei diesen Malern wird die Farbe autonom. Meine Bilder gehören zur letzteren Richtung. Mir geht es vor allem um den psychischen Effekt – ästhetische Erfahrung, hervorgerufen durch die Interaktion der Farben.«

»Demzufolge trifft auf das Betrachten der Farbe zu, was Kandinsky oftmals für das Betrachten von Kunstwerken sagte: Nicht das Was zählt, sondern das Wie.« *Josef Albers*

Josef Albers (1888 – 1976) studierte am Bauhaus und war dort von 1923 bis zu dessen Schließung 1932 als Lehrer tätig. Ein Jahr später emigrierte er in die USA, wo er zunächst am Black Mountain College und später an der Yale University lehrte und nachhaltigen Einfluß auf die Entwicklung der amerikanischen Malerei ausübte.

Harald Küppers: Das Grundgesetz der Farbenlehre

232 Seiten mit 66 farbigen und 86 einfarbigen Abbildungen, Bezugsquellenverzeichnis, kommentierten Literaturhinweisen, kartoniert (DUMONT Taschenbücher, Band 65)
ISBN 3-7701-1057-9

»Es ist ein logisch aufgebautes Lehrbuch, das die Gesetze der Farbenlehre wie in einem Gesetzbuch abhandelt. Nach dem Lehrsatz folgt die Beschreibung eines Versuchs, der die Gültigkeit des Lehrsatzes beweist. Zumal der Leser die Versuche selbst anstellen kann, wird er auch komplizierte Zusammenhänge begreifen können. Für Harald Küppers ist Farbe keine physikalische, sondern eine physiologische Erscheinung. Farbe ist ausschließlich Farbempfindung. Farbentheorie hat also mit den Grundgesetzen zu tun, nach denen unser Sehorgan arbeitet. Und deshalb nimmt Küppers beim Auge seinen Anfang. Dieses Buch hat eine klare didaktische Konzeption. Es ist eine Studienausgabe für Drucktechniker, Künstler und Kunstpädagogen.« *Der Polygraph*

»Der Autor gibt mit diesem Taschenbuch eine allgemeingültige und verständliche Farbenlehre heraus, die auf wissenschaftlich gesicherten Fakten aufbaut. Es werden alle Disziplinen und Anwendungsgebiete der Farbe einbezogen.« *Graphik*

»Daß die Wirkungsweise von Farben keineswegs eine Geheimwissenschaft ist, demonstriert das DUMONT-Taschenbuch ›Das Grundgesetz der Farbe‹ auf fast verblüffende Weise. Der Leser lernt verstehen, was Farbe ist, wie sie wirkt, was sie zum Erlebnis werden lassen kann.« *Saarbrücker Zeitung*

Harald Küppers:
Schule der Farben

Grundzüge der Farbtheorie für Computeranwender und andere

187 Seiten mit 40 farbigen und 54 einfarbigen Abbildungen, kartoniert (DUMONT Taschenbücher, Band 274)
ISBN 3-7701-2841-9

»Schon seit langer Zeit gehören der Name Harald Küppers und das Gebiet der Farbenlehre untrennbar zusammen. Der Autor wendet sich in diesem Taschenbuch ausdrücklich an Computeranwender, doch ist das Buch insbesondere in seinem Grundlagenteil auch für andere empfehlenswert, die sich mit Farben zu befassen haben. Dabei wird ein weiter Bogen gespannt von der sinnlichen Wahrnehmung und dem anatomischen Aufbau des Sehorgans über das Zusammenspiel zwischen Licht und Materie bis hin zur Ordnung der Farben, der Farbmischung in Theorie und Praxis, der Farbwiedergabe und dem CIElab-System der Farbmetrik. Jedes der Themen wird anschaulich dargestellt, wovon sowohl der Anfänger als auch derjenige, der sich einen Überblick verschaffen will, profitieren. Im Innenteil bieten 40 Abbildungen auf Hochglanzpapier eine farbige Darstellung der erläuterten Sachverhalte und Begriffe, zu denen auch die bekannte Farbensonne des Verfassers gehört.«
Farbe + Lack

»Das Buch ist die Überarbeitung einer Artikelserie in der Zeitschrift ›Page‹ zum Thema Desktop-Publishing des Farbtheoretikers und auf dem Gebiet der Reproduktionstechnik tätigen Autors Harald Küppers. Der Autor beschränkt sich programmatisch auf die Darlegung der eigenen Farbtheorie und ihrer praktischen Konsequenzen, was für dankenswerte begriffliche Klarheit sorgt...Didaktisch ist das Buch ausgezeichnet; Wortwahl, graphische Darstellungen, Rückbezüge, sorgfältige Erklärungen, überlegter Aufbau ermöglichen leichtes Einlesen und guten Fortschritt.« *Wiener Kunsthefte*

Erich Küthe:
Marketing mit Mustern

208 Seiten mit etwa 160 farbigen Abbildungen und Diagrammen, Bibliographie, Leinen mit Schutzumschlag
ISBN 3-7701-4154-7

Die glatten weißen Oberflächen des Funktionalismus sind spätestens seit den achtziger Jahren überwunden. Hochwertiger wird eine neue Generation von Produkten in Zukunft durch dekorierte Oberflächen in expressiver Ästhetik. Im Einsatz von Mustern wird heute die Frage nach den Ursprüngen von Ornamenten und Dekoren neu gestellt und für Designer und alle, die mit der Entwicklung von Produkten befaßt sind, wieder aktuell.

Doch wo informiert man sich über tradierte und neue Dessins, wenn die Musterbücher vergangener Jahrhunderte nicht mehr oder nur noch schwer verfügbar sind? Erich Küthe bietet eine umfassende, doch überschaubare Dokumentation und Systematik für Ornamente, Dessins, Strukturen und Texturen zur unmittelbaren Anschauung, verständlich erläutert.

Ein Workbook für den Einsatz in der Praxis für Design, Produktmanagement, Marketing und Werbung mit Beispielen aus der Praxis von Unternehmen wie Keramag (Badkeramik), Dornbracht (Badarmaturen), Burg (Badmöbel) oder Laufen (Fliesen).

Erich Küthe lehrt an der Universität Köln Produktmarketing und Produktgestaltung. Er entwickelt für namhafte Unternehmen Konzepte zu Fragen der Produktentwicklung und -positionierung, Farb- und Designpolitik, die als Fallbeispiele in seine wissenschaftliche Arbeit einfließen.

EDITION FARBE COLOR COULEUR

Die neue Reihe zum Thema Farbe von den Autoren der „Farbsysteme in Kunst und Wissenschaft“

Herausgegeben von Klaus Stromer

Ernst Peter Fischer:
DIE WEGE DER FARBEN
144 Seiten, durchgehend farbig,
Format 11,8 x 22 cm, engl. Broschur,
fadengeheftet
DM 30,- ISBN 3-85862-707-0

Aus dem Inhalt: Vom Prisma zur Quantenphysik; Farbkonstanz und Land´s Mondrian; das Auge und die Gene; das Gehirn und die Farben; Opponenten-Zellen, Blobs und Interblobs; die Namen der Farben; die Farben der Kinder.

Ernst Peter Fischer:
FARBSCHICHTEN
144 Seiten, durchgehend farbig,
Format 11,8 x 22 cm, engl. Broschur,
fadengeheftet
DM 30,- ISBN 3-85862-710-0

Aus dem Inhalt: Vom Indigo und Türkischrot zur IG Farben; Plinius d. Ä., Cennini, Alberti, da Vinci, van Gogh, Kandinsky; die beiden Rots; Teilchen und Wellen; Farbordnungen; Farbvokabulare.

Klaus Stromer (Hrsg.):
RUNGES FARBEN HEUTE
80 Seiten mit 14 Farbabbildungen,
Format 11,8 x 22 cm, engl. Broschur,
fadengeheftet
DM 25,- ISBN 3-85862-711-9

Aus dem Inhalt: Runges Farbenkugel, angelehnt an die heutige Schreibweise und Begrifflichkeit; Runges Kunst und die Farben: Runge im Cyberspace, Fahrten durch die Farbkugel; Abbildungen der Rungeschen Illustrationen.

Werner Schmidt:
FARBE UND FARBEMPFINDEN
144 Seiten, durchgehend farbig,
Format 11,8 x 22 cm, engl. Broschur,
fadengeheftet
DM 30,- ISBN 3-85862-712-7

Aus dem Inhalt: Geschichte der Farbsehforschung; wie aus Schwarz-Weiss Farbe wird; Farbenmessung; „Farbenblindheit“; Verhüllung und Glanz; Flickerfarben; psychosomatische Farbwirkung; Licht als Lebenselixier.

Prof. Ernst Peter Fischer ist Physiker und Biologe. Er lehrt Wissenschaftsgeschichte an der Universität Konstanz und ist u. a. Herausgeber des Mannheimer Forums. In einer Vielzahl von Veröffentlichungen setzt er sich mit dem Thema Farbe auseinander.

Klaus Stromer ist Ausstellungsmacher, Autor und Verleger. Seine jüngste Ausstellung über Farbsysteme in New York fand internationale Resonanz. Er ist Gründer der Buchreihe „Edition Farbe“ und bereitet derzeit eine neue Ausstellung über Farbe vor.

Prof. Werner Schmidt ist Biophysiker mit dem Schwerpunkt Photobiologie und lehrt an der Universität Konstanz. Er ist u. a. Mitarbeiter der ESA (European Space Agency) und Verfasser eines Standardwerks der Optischen Spektroskopie.

Demnächst erscheinen:

FARBEN VIA COMPUTER –
Problemstellungen und Lösungen

TRADITIONEN & FARBE:
Farben im Buddhismus

DIE BIOLOGIE DER FARBEN
Farbe und Entwicklungsgeschichte

REGENBÖGEN
Von der Mythologie zur Kunst

NEWSLETTER FARBE '99

NEUE FARBORDNUNGEN (Katalog)

Für Bestellungen und weitere Informationen:

EDITION FARBE COLOR COULEUR
Regenbogen Verlag

Münzgasse 3 / Marktstätte 12
D-78462 Konstanz
Telefon + 49 75 31 / 2 19 59
Fax + 49 75 31 / 2 25 44